U0148435

生死鬼神與善惡報應的思想論證

鄭 基 良 著

文 史 哲 學 集 成
文史哲出版社印行

國家圖書館出版品預行編目資料

生死鬼神與善惡報應的思想論證 / 鄭基良著. --
初版 -- 臺北市：文史哲，民 99.08
　　頁；　公分（文史哲學集成；587）
參考書目：頁
ISBN 978-957-549-915-0

1. 生死觀 2. 生死學 3.善惡 4.因果

197　　　　　　　　　　　　99014351

文 史 哲 學 集 成　　587

生死鬼神與善惡報應的思想論證

著　　者：鄭　　　　基　　　　良
出 版 者：文 史 哲 出 版 社
　　　　　http://www.lapen.com.tw
　　　　　e-mail：lapen@ms74.hinet.net
登記證字號：行政院新聞局版臺業字五三三七號
發 行 人：彭　　　正　　　雄
發 行 所：文 史 哲 出 版 社
印 刷 者：文 史 哲 出 版 社
　　　　　臺北市羅斯福路一段七十二巷四號
　　　　　郵政劃撥帳號：一六一八○一七五
　　　　　電話886-2-23511028・傳真886-2-23965656

實價新臺幣五四○元

中 華 民 國 九 十 九 年 （2010）八 月 初 版

序

　　生死學是由旅美學人傅偉勳博士所倡導，而在台灣本土成長的學術思想，有別於西洋的死亡學（thanatology）。目前，生死學的研究範疇，大致有十類：生死哲學、生死宗教、生命教育、生死社會學、生死心理學、生死禮儀、臨終關懷、悲傷輔導、自殺、生死管理等。本書從哲學、宗教和禮儀（喪禮與祭祀）三方面探討生死的意義。

　　生死是一體而相對的兩個概念。何謂生？生是從沒有生命到有個體的生命，有胎生、卵生等動物的出生；另有植物的種子發芽生長或無性生殖，例如：大腸桿菌、藍藻等原核生物，一個細胞直接分裂爲兩個，就是無性生殖。何謂死？一般而言，死亡的科學觀，具有不可避免性（inevitable）、不可逆性（irreversibility）、普遍性（universality）等意義，凡生物都無法逃避死亡，不能死而復生。因此，有生必有死，死亡具有普遍一致性。

　　然而，從哲學和宗教的觀點看生死，卻有不同的意義：生是愛的和諧，死是愛的大化；生是愛的圓融，死是愛的完美；生是愛的喜樂，死是愛的逍遙；生是愛的全真，死是愛的至善；生是愛的潛能，死是愛的實現。

　　我們發現生死與愛密不可分，沒有愛就沒有生死。生死是愛的具體表現，因爲有父母的愛，才有我們的生命，也因爲有我們的愛，才有後代子孫的生生不息。生活的意義在付出愛，生命的

意義在完成愛，這就是生死的意義。誠如傅偉勳教授所說：以愛的表現貫穿生與死的生死探索，重新肯定每一單獨實存的生命尊嚴與價值意義，而以愛的教育幫助每一個人建立健全有益的生死觀和生死智慧。

　　希望讀者閱讀本書，能有新的生死體會。因為，我們談生死哲學，不要忘記傅偉勳博士一再的叮嚀：心性體認本位的生死學和生死智慧。他所強調的是「本心本性的自我體認」。期望我們能夠在世俗之中，追求勝義真諦：在生活中實踐人生的價值，以內在精神體驗生命的尊嚴，自我實現生死的智慧，最後臻於生死的超越。

　　本書分甲、乙兩篇，甲篇論述生死觀、鬼神思想、喪禮與祭祀等三章。第一章生死觀，生死觀是生死哲學的核心思想。由於個人生死觀的差異，因此，大千世界人人追求不同的人生目標和生命意義，儒、釋、道是傳統文化的三大主流，而《周易》卻是中國最古老的一本經典。

　　《周易》的生死觀是一種生成論，這種化生思想相當符合科學的自然法則，〈繫辭下傳〉所謂「唯變所適」近似生物演化「自然淘汰」和「適應幅射」的學說。

　　道家計有老子、莊子、列子的生死觀，道家的「道」是宇宙萬物創生的源頭活水。道創生萬物，德養育萬物，更確切地說是萬物自生、自化、自死，是自然的生死觀，因此，道家對生老病死是達觀的，其人生哲學是精神逍遙的快樂主義。

　　佛教影響民間最深遠的兩個思想是三世因果業報和六道輪迴。其前提是「人死非斷滅」，「人死非斷滅」是佛家生死觀的基礎。阿賴耶識是輪迴的主體，有情眾生的生死流轉，源於十二因緣的「無明」，如滅無明，則無煩惱憂苦及無老死。

　　儒家重生且樂生，追求精神生命、文化道德的不朽。孔子以仁為道德生命，孟子以義為道德生命，成仁取義成為儒家最高的道德情操。儒家以禮貫通生死，更以孝道貫通生死。「生，事之以禮；死，葬之以禮，祭之以禮。」，對儒者而言，一生為責任和理想奮鬥，面臨死亡才能心安理得，死而無憾。

　　生死事大，生命自生至死，數十寒暑，何其短暫。由於個人生死觀的差異，因此，人人追求不同的人生目標和生命意義。

　　第二章鬼神思想，鬼神是死後世界的範疇，人死曰鬼，鬼神也是人的終極問題，人從哪裏來？死後往何處去？人類學家泰勒認為先民相信萬物有靈，這是宗教的起源。臺灣的民間信仰，就是萬物有靈論的泛神信仰。

　　先秦的鬼神思想，計有：《尚書》、《詩經》的尊神，墨子明鬼，《左傳》的厲鬼、魂魄、黃泉陰間；孔子敬鬼神而遠之、不語怪力亂神；荀子否定鬼神的存在，強調淫祀無福；莊子提出形神二元的觀點，《莊子・知北遊》說：「精神生於道，形本生於天。」等。

　　《淮南子》托鬼神以伸誡；王充論證人死無知，不為鬼，不能害人。魏晉南北朝的鬼神思想，主要是儒、佛的形神爭論，佛家主張形盡神不滅，反佛者強調形盡神滅，雙方的代表人物是慧遠和范縝。朱熹的鬼神思想可以代表宋明理學家的觀點，他融會貫通傳統儒學的鬼神思想，又賦予鬼神新義。

　　第三章喪禮與祭祀，喪禮與祭祀是生死禮儀和生死禮俗的範疇。喪禮起源於子孫對過世父母的不忍之情，傳統以入土為安的土葬為主，然而，各民族的喪葬習俗不同，還有人殉和人祭的惡習。傳統以儒家的喪葬思想為主流，是孝道的表現。不過，長久以來，民間流傳風水之說，有識之士如：呂才、司馬光、謝應芳、

呂坤、張居正、陳確等人，無不痛斥風水之說不足信，墓地吉凶之說，只是風水先生利用子孫孝親的心理詐財而已。祭祀也是孝道的表現，祭祀祖先是延續孝敬父母的行為，因此，祭祀是教化的根本，凡是有功於人民、社會、國家者，死後都應祭祀，以示感恩。

乙篇論述先秦、兩漢、魏晉六朝、唐宋、明清時期的善惡報應思想。第一章說明善惡報應的傳統意義是：天命有德、天討有罪、天降威、天降命，禍福隨善惡。也就是天道福善禍淫。人為善，天降之百祥，人為不善，天降之百殃。先民相信：人行善者，天賞之以福，不行善者，天殃之以禍。此一思想，源於先秦時期《尚書》與《詩經》「天命靡常」的思想，「天命靡常」是一種「道德定命論」的思想，其進一步引申是「以德求福」。易言之，「求福以德」的思想，是善惡報應的具體內涵。《周易‧坤‧文言》云：「積善之家，必有餘慶；積不善之家，必有餘殃。」是將道德定命論視為善惡報應的普遍法則。

第二章兩漢時期以「天人感應」為善惡報應的重要前提，災異以見天意，董仲舒認為「災者，天之譴也，異者，天之威也。」。不過，王充強調天道自然無為，《論衡》基於「自然天」的思想，反對天命思想，否定天人感應，沒有災異譴告。

第三章魏晉六朝儒、佛爭論的議題是形神關係和「三報論」，佛家主張形盡神不滅及「三報論」，儒家主張形盡神滅及反對「三報論」，代表人物是佛家的廬山慧遠及儒家的范縝、何承天。

第四章唐宋時期，儒釋道三家各有不同的論述，《地藏菩薩本願經》、《金剛經》、《觀音經》都是民間信仰普遍流傳的佛教善書。《太上感應篇》是第一本民間勸善書，自宋流傳迄今，也是道教的勸善書。目前在台灣民間，仍然流傳勸善三聖經，包括：《太

上感應篇〉、《文昌帝君陰騭文》、《關聖帝君覺世真經》；《玉歷至寶鈔》以死後十殿的最後審判，教化人心改過遷善，其思想核心就是善惡報應。

值得注意的是，劉禹錫的〈天論〉明辨天人關係，他主張「天之道在生殖，人之道在法制，天與人交相勝。」、「人能勝乎天者，法也；法大行，蹈道必賞，違善必罰。」、「法大弛，是非易位，賞恆在佞，人能勝天之具盡喪。」劉禹錫強調天不能干預人事的吉凶禍福，猶如人不能干預天的四季更替，人只能利用天時地利，參贊天地化育。換言之，上天不能賜福降禍於人，雖然天人關係交相勝、還相用。

第五章明清時期，論述善書教化與勸善小說的禍福果報。《了凡四訓》是明、清迄今，流傳最廣的勸善書，民國九十三年四月，法務部印行《了凡四訓白話譯註》，分送監所收容人，人手一冊，以為勸善教化。《天主實義》是天主教的善惡報應之基本教義，其核心思想是人死後必有天堂、地獄的賞罰，也就是「最後審判」。不過，有兩個前提，一是天主的存在；二是靈魂不滅。明清時期，勸善筆記小說也頗為精彩，尤以《剪燈新話》、《聊齋誌異》、「三言」、紀昀《閱微草堂筆記》、袁枚《子不語》等書值得一提。民國以來，《歷史感應統紀》收錄《左傳》、《史記》、《前漢書》、《後漢書》、《三國魏志》、《宋書》、《唐書》、《宋史》、《明史》等正史中的歷史人物，論述善惡報應故事，以史為鑑，作為勸善教化。

第六章結論，論述生死鬼神與善惡報應的現代意義。

此外，必須說明的是，所謂論證（argument），是由數個語句（有真假可言的直述句）做前提（premise）和一個語句做結論（conclusion）所構成的推理，依邏輯的觀點，前提有事實、理由、假設等意思。由於前提有真假可言，所以，論證有的有效，有的

無效。換言之，不能得出必然爲真的結論，其知識不具有必然性的真理。不過，從文化人類學及哲學、宗教的觀點而言，其結論卻是重要的思想信仰，尤其對臺灣民俗及民間宗教信仰而言，迄今仍有深遠的影響。

希望本書論證建構生死鬼神與善惡報應的思想體系，不失真誠忠實之意，更有益於世俗道德教化之旨。惟書中所言或有謬誤，惟祈賢達君子，多予賜教。

中華民國九十九年八月一日
鄭基良謹誌於國立空大中正軒

生死鬼神與善惡報應的思想論證

目　　次

甲　篇

第一章　生死觀

第一節　《周易》的生死觀

　　《周易》是中國最古老的一本經典，相傳伏羲畫八卦，八卦是八個思想符號，易學上稱為「象」，八個卦象分別代表八種自然界的現象，它們是天、地、雷、風、水、火、山、澤。伏羲氏畫八卦是觀察自然萬物和人類生活種種現象，探尋人物生命的來源為根據，推論宇宙化生的原理。

　　後來，文王演易，使《周易》成為六十四卦，文王作「卦辭」，他的兒子周公作「爻辭」。文王之後五百多年，孔子贊易，他放棄《周易》原有的筮術占斷，完全以哲學思想和倫理道德來解說卦爻辭，集孔子及弟子們的著作，成為〈十翼〉，包括：〈上經的彖辭〉、〈下經的彖辭〉、〈上經的象辭〉、〈下經的象辭〉、〈繫辭上傳〉、〈繫辭下傳〉、〈文言〉、〈說卦傳〉、〈序卦傳〉、〈雜卦傳〉。

一、太　極

　　相傳伏羲畫八卦，體察萬物和人類生活等種種現象，探求人物生命的源頭，深究宇宙生生不息的自然法則。〈繫辭下傳〉第二章說：古時候包犧氏治理天下，仰上觀察日月星辰的現象，俯下觀察大地各種法則，觀察鳥獸羽毛的文采、山川水土的地利，就

近取象於人的一身，遠的取象於宇宙萬物，於是創出八卦，參贊天地的化育。天地的化育，由太極而來，太極生兩儀（天、地），兩儀生四象（金、木、水、火或太陰、少陰、太陽、少陽），四象生八卦（乾、坤、坎、離、巽、震、艮、兌）。

何謂太極？太極是形而上的道，宇宙變易的本體，在起源時是太極，太極沒有始終，絕對而無待，它是一個總名稱，包括宇宙萬物一切的變化。太極就存在而言，它是永久的存有，太極不是空無，它包含萬理，遍在一切，又超越一切，太極就化生宇宙萬物而言，它具有生物的德性，所謂「生生之謂易」生生不息，變化不已，就是易之太極。

〈繫辭下傳〉第一章說：天地的大德，在於使萬物生生不息，太極變化而產生天地，天和地相互遇合，促使天下萬物欣欣向榮，光明美好。天地不斷變化，形成春夏秋冬四季的運行，天地四時的轉變，有一定的節度。所謂節度，就是一定的自然法則，春來冬去，春去夏來，不會混亂，春夏秋冬運行不休。

〈序卦傳〉開宗明義說：「有天地然後萬物生焉」有天地然後萬物生長不息，天地萬物的分辨，就是雌雄男女的相合相生，有男女然後有夫婦，有夫婦然後有父子、兄弟、姊妹的人倫常理。人類繁衍愈多，又有朋友的情誼以及上尊下卑的君臣關係，道德禮義的節度於焉產生。所以，五倫的關係，以夫婦為首，夫婦相處之道，影響家庭和樂非常深遠。

二、陰陽二氣

天地代表兩種氣，天為陽，地為陰，天地陰陽二氣相互纏綿，交密會合，使萬物感應。雌雄男女，形體交接，陰陽相感，萬物化生，〈繫辭下傳〉第五章所謂：「男女構精，萬物化生」凡是天

地之間兩種相對的現象，例如：晝夜、剛柔、強弱、成敗、男女、雌雄等，都喻稱爲陰陽。一陰一陽相對相生，運行不息，爲宇宙萬物生死存亡的根本，就是「道」，「道」雖然寂然不動，陰陽二氣卻能感而遂通，〈咸卦彖辭〉說：天地感而萬物化生。

　　陰陽二氣自然感通，就像雌雄男女相互感應，相反相求一樣，男女相對而不敵對，異性相吸相求，陰陽感通，就是天地相交，萬物源源不斷的化生。〈泰卦彖辭〉說：天地交而萬物通也。相反的，〈否卦彖辭〉說：天地不交而萬物不通也。泰卦具有亨通的德性，象徵天地二氣相互交感，萬物得到亨通，上下能夠交相感應是因爲彼此的心志相同的原故；相反的，否卦表示閉塞不通，天地閉塞不通，不相交感應，萬物就不能互相感通，上下不相交感通，天下就沒有太平的國家了。

　　因此，陰陽沒有交感互通是有害的，就像男女如果沒有感通相交，人類即將滅亡。因爲男女結合是天經地義的事，陰陽二氣如果不相互感通而結合，萬物即將消滅，所以說少女出嫁是爲人的終始。陰陽的感通，是恆久不已的天地之道，是一種剛柔相應、剛柔相推、剛柔相摩的現象。從自然現象來說，剛柔就是晝夜，夜來晝去，夜盡晝來。從宇宙自然而言，變化就是宇宙自然的循環運行，日月交替，而有光明的出現，寒暑往來，而有春夏秋冬四時的推移。

　　《周易》以八卦代表八種天地間的自然物象，乾卦爲天，坤卦爲地，震卦爲雷，巽卦爲風，坎卦爲水、雨、月，離卦爲日、電、火，艮卦爲山、陵，兌卦爲海、澤，這八種基本的自然物象，相互鼓動摩盪，生成宇宙萬物。乾是構成男性的象徵，坤是構成女性的象徵。乾代表時間，所以知道天地的開始；坤代表空間，所以能夠作成萬物。

三、乾坤二卦

從《周易》六十四個卦來說,卦的前後次序說明宇宙化生的原理,〈序卦傳〉說得很詳細。最重要的兩個卦是乾卦和坤卦。《周易》談宇宙變化,是從乾坤兩個卦開始的,乾坤相對,乾坤是《周易》的兩扇門。乾為陽,坤為陰,陰陽結合,造就一定的剛柔體系,可以體察天地之間一切的作為。

乾坤的關係至為密切,乾為天,運行不息,白晝夜晚分明,是很容易讓人知道的;坤為地,渾然成物,功能是簡易而明白的。乾坤都具有生生之德,乾卦六爻皆陽,純陽而剛健,當它安靜的時候,是專一而不變,當它變動的時候,是勇往直前,所以,廣大的宇宙從此產生。坤卦六爻皆陰,溫柔敦厚,當它安靜的時候,是收斂隱藏,當它變動的時候,是開放廣佈的,所以廣大的萬物從此產生。換言之,乾的表現是天下最剛健的,恆久而大公無私的德性,可以察知天下危險困難的事情;坤的表現是天下最溫柔的,恆久順從而簡明的德性,可以察知天下險阻危難的原因。

《周易》以各種不同的物象論乾坤的關係,以剛順而言,乾是剛健的;坤是柔順的。以人倫關係而言;乾為父,坤為母;以人身的關係而言,乾為首,坤為腹。以動物而言,乾是馬,馬有剛健的象徵;坤是牛,牛有柔順的象徵。從天地的物象而言,乾為純陽剛健,所以是天,天生長並主宰萬物,像一國之君,一家之父,所以是君、父。

四、乾元與坤元

乾卦的卦辭說:「乾:元、亨、利、貞」乾包含元、亨、利、貞四種德性,元代表萬事萬物的源頭根本,它是通達而沒有阻礙

的，對萬物有益。」具有祥和而忠貞潔淨的德性。換言之，乾元是天地萬物的根本，它是創造天地萬物亨通的開始。所謂利和貞，是指乾的性情而言，由於乾元以最完美的功能創生萬物，有利萬物的生存，而自己不以為有功。所以，沒有比乾元更偉大了，偉大的乾元，它具有剛健中正的精神，精純無瑕的美德。

乾卦彖辭以為偉大的乾元，它是一切的源頭，化生萬物的開始，萬物都靠它做根本，才有原始的生命，它是統帥宇宙萬物的根元。天上雲雨的聚散運行，一切萬物的流行變化，都是乾元的功能，它是宇宙光明的開始和終結的本源。六爻的爻辭都以龍作為六爻變化的象徵，（例如：初九是潛龍勿用，上九是亢龍有悔）就像六條龍一樣，統御天道運行的自然法則。

乾道是變化形成宇宙萬物的道體，萬有物類，都是由於它而有真正的性命，萬物如果能夠保持自己均衡和適當的狀態，就有大利而貞潔的生命。乾元是首先生出萬物的創生者，帶給世界各國平安和康寧。

值得注意意的是，乾元與太極有何差別？太極是一個總名稱，總括宇宙萬物一切變化作用而言；乾元是一切變化生長最先的初動之微，整個宇宙萬物由此初動之微而生生不息。

坤卦的彖辭以為偉大的坤元，萬物都靠它而有生命，它柔順的承受天道的法則，它代表大地的深厚而載育萬物的象徵。它的德性，也和大地一樣，有無比的疆土，含藏弘博、光明、忠貞，最終會有吉慶的，因為祥和、安全、忠貞的德性和大地一樣，具有宏遠深厚的疆土。

《周易》化生（生生）思想的特徵，在於形上思想和道德人生相貫通，天與人何以能夠相互感通？有兩個原因：第一在本體上說，是因為人和天地萬物同體共氣，天地只有一氣；第二在運

用上，因為人在日常行為以天地為法。《周易》斷定吉凶的標準就在效法天地或不效法天地，而六十四卦的象辭都勉人「效法天地」效法天地（法天）成為最重要的修養工夫，例如〈乾卦象〉說：「天行健，君子以自強不息」。乾卦是天道的象徵，有大志的君子要成就德業，應當效法乾道的剛健，自己堅強起來，永無休止的求進步，不斷努力，像天道一樣，永恆的精進運行。

五、生成論

《周易》的生死觀，是一種生成論（Theory of generation），以陰陽、乾坤、男女、雌雄為兩極主軸，彼此之間，自然感通，相交結合，不斷的化生萬物，所謂「生生之謂易」。生生之德的表現是「大生」和「廣生」，也就是生生不息，不斷的創生。這種化生思想相當符合科學的自然法則，卦爻的排列順序各有不同的意義，爻與爻組合相交，千變萬化，猶如細胞中的染色體，可以分裂無窮的變化，例如一個男人，一輩子產生的精子可達天文數字，但是，沒有兩個精子是相同的，DNA 也是如此，在分裂重組中，千變萬化，不可窮盡。《周易》所謂「簡易、變易、不易」的易理，充分說明生物進化之理。

〈繫辭下傳〉第八章所謂「唯變所適」恰如生物演化「自然淘汰」（natural selection）和「適應幅射」（adaptive radiation）的學說。自然淘汰是生物演化過程的主要機制，「最適者生存」是自然淘汰的中心思想，《周易》的「唯變所適」近似「最適者生存」的思想，例如胎生哺乳類動物，為了適應各種不同的生態環境，演化出陸棲的狗、樹棲的猴子、兩棲的海豹、水棲的鯨魚、會飛的蝙蝠、會掘土的地鼠等動物，這種「唯變所適」的現象，生物學家稱為「適應幅射」。更由於古聖先賢效法天地（法天）的修養

工夫，參贊天地的化育，臻使宇宙萬物與人類生生不息。

第二節　道家的生死觀

一、老子的生死觀

（一）道

　　老子的生死觀，是宇宙形成亦即道生萬物的生死觀，《道德經》第四十二章說：「道生一，一生二，二生三，三生萬物。」何謂道？《道德經》第一章說：「道可道，非常道」。可以說出來的道不是常道。這個常道是老子對宇宙和人生終極思考的最勝義，也是老子生命體驗的最高境界。常道是不可用語言文字去定義的形上實體，常道沒有特定的名稱，也沒有一定的形態。雖然沒有固定的形式，卻善於完成萬物的生長。常道是一種形上實體，稱為道體，道體不落形像，道體亦非實物，卻是真實存在，道體從質量上說是最小的本質；從精神上說，是一種精神生命。常道更是宇宙萬物創生的源頭活水。從古至今，吾人若能體認常道，則可以察知萬物生死的始末。

　　常道既是宇宙萬物創生的源頭，當然比天地先存在，而且是絕對的唯一，永不改變。常道是渾然天成，真樸的狀態，先於天地而生，寂然無聲，動靜無形，絕對而永遠的存有，不會改變，無所不在，周而復始，循環不息，是天地萬物的根本源頭，我們很難形容它的名稱，勉強稱呼為「道」，又稱為常道。

　　常道又稱大道，大道在宇宙中的地位，具有生養萬物的作

用。大道流行，有生生之德，萬物依靠它生長，而大道不誇言它的偉大；大道成就萬事萬物，而不私自擁有功勞；大道生長萬物，而不自以為主宰。萬物雖然都由大道而生，但是，大道好像對萬物毫無施惠。由於大道「不辭」、「不有」、「不為主」，才能真正成就它的偉大和不朽。

值得注意的是，在老子《道德經》的哲學裡，「道」是宇宙萬物創生的源頭活水，而「德」是主導宇宙萬物的實現與成長。換言之，德是宇宙萬物內在生命的動力。道是老子哲學的最高意義，德的重要性僅次於道，宇宙萬物由於道和德的作用而能自我成長與實現。

道創生萬物，德養育萬物。萬物表現各種生態，形成自然界的大環境。萬物以道為尊，以德為貴，道和德所以尊貴，在於對萬物不予強制命令，而是順從萬物自然成長。因此，道創生萬物，德養育萬物，使萬物成長，開花結果。道和德生成萬物卻不佔為己有，大有作為卻不自恃能力，養育萬物卻不自以為主宰，這就是最高深的境界。

（二）道生一：萬物自生自化

道是形上實體，絕對無雙，非具體物象，落實到宇宙萬象，用數字來表示為「一」。這個絕對唯一的常道，天賦陰和陽兩種相對的氣，自然界也顯現雌雄、男女、夫婦等兩性。陰陽兩氣自動的互相吸引，相互交合，萬物都在這種天然的常態中產生。萬物的生長都是向著陽光，背對陰暗。陰陽兩氣是相對而不敵對，相吸而不相互排斥，這就是自然的常態。

道生一的「一」，是自然界的開始，如渾沌般的一體之氣，這個唯一的渾沌之氣，是完全的圓滿和諧。宇宙萬象都是從這個

渾沌之氣而來，由這個渾沌之氣而有天的清朗，地的寧靜，河谷
的盈滿，萬物的生長。在這種生死存亡的變動中，要在動中求靜，
使宇宙漸漸的清朗，也要在靜中求動，使萬物漸漸的活動起來，
完全的動或靜都不是自然的法則。唯有道之士，才能動靜合宜，
不求自滿，日新月異，生生不息。

　　須知，道生萬物，不是具體的生產，不是生產線上的量產。
明確的說，老子哲學的宇宙生死觀，是萬物的自生自化，是一種
無爲而無不爲。換言之，常道創生萬物是萬物自生自化，順其自
然而沒有人的欲求和妄爲，就是無爲而無不爲。執政者如果能夠
持守虛靜恬淡，萬物就會自然生長。常道的精神是「無爲」、「無
欲」、「無名」。能夠不妄爲，不求名，沒有貪欲，萬物就能清靜，
天下就能自然的安定。

（三）反和弱

　　宇宙萬物生死存亡的兩大法則是「反」和「弱」。「反」是歸
返，意指不斷的循環。萬物不斷的生，也不斷的死，萬物隨時出
生，也隨時死亡。「弱」是柔軟，柔軟是生命的現象，死亡就變成
乾枯堅硬。人活著時，身軀柔軟有彈性，死亡變成僵硬，花草樹
木生長時是柔脆的，枯萎時變成乾枯。強硬僵化是死亡的現象，
柔軟表示有生命的活動。

　　因此，柔弱勝剛強，生命的活動現象是柔弱（軟）和循環。
柔弱是道的作用，循環是道的運行。道的運行不息，造成萬物生
命的不斷循環。萬物生於「有」，「有」生於「無」。「無」就是形
上的道體，「有」就是宇宙渾沌之氣。換言之，「無」是天地的開
始，「有」是萬物的源頭。從「無」到「有」是說明形上道體落實
現象界而產生天地萬物的歷程。

（四）有和無

「有」和「無」不僅是形上學的問題，有和無也是相對的兩個觀念。一般人往往只重視具體的實用之「有」，而不重視非具體的「無」。「無」不是沒有，而是一種「空」的狀態，例如一個杯子是「有」，杯子中空的地方稱為「無」。杯子中空才有用，因為杯子中空才能裝水盛物，否則，杯子一點用處也沒有。因此，我們可以發現「有」和「無」是一體的兩面，兩者共存，相互為用，例如：任何的車輛、器皿或房屋的擺設，都由「有」和「無」結構而成。「有」是外在的架構，「無」是中空的部份，某物因為中空，才能使用，才有它的效用。

（五）生死之徒

在人類的族群中，有些人可以活得長命，有些人早夭，正常的高壽或短命，都是自然的生死。有些人本來可以活到八十歲，因為貪欲太多，傷害身心，結果英年早逝。只有少數人做到少私寡欲，自然無為，才是真正的養生。老子以為生死本是自然正常的現象，在無數的人類族群中，有十分之三的人是長命的，有十分之三的人是短命的，有十分之三的人本來可以長命，卻貪圖享樂，多欲傷身，提早病亡。

從社會的角度看人民的生死，有些人是因為自己有太多的貪欲而早逝，但在暴君的苛政下，卻有許多人在年輕時，由於嚴刑峻法而死於非命。過去，中國歷史上的改朝換代，大都由於天然災害、饑餓和統治者的暴虐，迫使人民鋌而走險，輕於犯死。老子以為人民為什麼饑餓？是因為統治者胡作非為，人民為什麼冒死走險？是因為統治者苛政斂財，以求奢侈享樂。所以，老子強

調清廉自守的人，勝過奢侈享樂的人。

　　再從「「道」的角度看宇宙的生死，自然的變化無窮，以道生萬物的生生不息而言，道是永存不死的，《道德經》第六章所謂「谷神不死」。「谷神」是對「道」的形容與稱謂。道生萬物是無窮的，自然的變化也無窮，道有深不可測的化生能力，這個不可思議的化生大門，叫做天地的源頭，它綿長不絕，永恆而不可見，創生作用無窮盡，造就了天長地久，死而不亡。

　　《道德經》第七章說：「天長地久，天地所以能長且久者，以其不自生，故能長生。」天地不是為己私而生萬物，所以能夠生生不息。這種生生不息，萬物生生死死，死死生生，生死只是萬物的生命現象，可謂死而不亡，而道卻是永恆。

（六）自生自化自死

　　老子的生死觀，是道生萬物的化生論。萬物不斷的自生，不斷的自化，也不斷的自死。生命是不斷的循環，生命的現象是柔弱和循環。從宇宙自然法則而言，一切萬物都是平等，只是人類站在自私的立場，對萬物妄加善惡的價值判斷，站在萬物全體的立場，沒有所謂的好壞差別，只有食物鏈的生態平衡而已，因此，不管人或動物的生命，都應該得到尊重。

　　從環保生態上來說，地球上所有的人類、動物和植物都是生命共同體。從哲學的宇宙論而言，所有的生命都是「同體共氣」。人類應該要和所有的生物共存、共榮、共生，以老子的「三寶」（慈、儉、不敢為天下先）對待萬物，是環境倫理的不變法則。每一個人要憐憫愛護萬物，生活節儉，不浪費自然資源，更不要以萬物的主宰者自居。因此，有修養的現代人在日常生活上要「去甚」、「去奢」、「去泰」，在衣食住行上，不要貪淫，避免奢侈。尊

重萬物的生命，保護地球是人類責無旁貸的責任和使命。

二、莊子的生死觀

(一) 道

　　莊子繼承老子道生萬物的思想，莊子認為「道」雖然沒有形體，確是真實存有，在天地之前，自古以來就已經存在，它生出天地，沒有人知道它的始終，可謂道貫古今，無時不在。「道」雖然有情有信，但不可見，不可言，不可聞，所以，不可以口相傳。「道」雖然沒有名稱，也不可以有名稱，但是，既內在又超越，道內在於萬物，又超越於萬物。

　　《莊子‧知北遊》記載東郭子和莊子的對話非常有趣，東郭子問莊子說：所謂道，在何處？莊子說：無所不在。東郭子說：具體指出一個地方。莊子說：在螻蟻裡面。東郭子說：為何如此卑下？莊子說：在稊稗裡面。東郭子說：為何更加卑微？莊子說：在瓦甓裡面。東郭子說：為何愈加卑微？莊子說：在屎溺裡面。東郭子不回應了。莊子強調「道」使萬物有始終而本身卻沒有始終，「道」使萬物有聚散而自身卻沒有聚散，「道」使萬物有盈虛而自己卻沒有盈虛。換言之，「道」使萬物有生死，而自己卻沒有生死。生死是萬物的現象，道非萬物，因此，道沒有生死始終。

(二) 對生老病死的達觀

　　《莊子‧至樂》記載：莊子的太太過世，惠子去弔喪，見到莊子坐在地上，正在一邊敲打樂器一邊唱歌。惠子說：你太太和你相處多年，養育兒女，如今衰老死亡，你不傷心痛哭也就算了，還敲打樂器唱歌，太過份了吧！莊子說：非也，她剛死的時候，

我是很悲傷的，但是，想想看，人本來是沒有生命的，不但沒有生命，也沒有身體，不但沒有身體，也沒有呼吸氣息。

人的生命在恍惚之間，變成有氣，氣變成有形體，有形體就有生命，現在又死了，生命如此生生死死，如同春夏秋冬的四季變化。現在，我太太安息在宇宙天地之間，而我仍在嚎啼哭泣，我認爲這是不明白生死變化的道理，因此，停止哭泣。從這一段描寫，我們知道莊子對生命的生老病死是相當達觀的。或許，我們會懷疑莊子不愛他的妻子，所以表現不在乎的態度，甚至還很高興。但是，在《莊子·列禦寇》中，我們發現莊子的偉大。

莊子臨終的時候，他的學生打算厚葬他，莊子反對厚葬。莊子說：我以天地當做棺木，以日和月當做雙璧，以天上的星星當做珠璣，以萬物做爲殉葬的贈物，我的葬禮不是很完備了嗎？何必增加一些不必要的東西。學生們說我們擔心天上的飛鳥啃食你的屍體呀！莊子說：擺在地上被鳥類吃，埋在土裡被蟲蟻吃，你們想從鳥嘴裏把我的肉拿給蟲蟻吃，不是偏心了嗎？

（三）肉體生命有限，精神可以無窮

《莊子·養生主》記載：老聃過世，他的朋友秦失去弔唁，哭了三聲就走掉了。秦失的弟子問他，老聃不是老師的好朋友嗎？秦失說：是呀！弟子問：這樣簡單的弔喪可以嗎？秦失說：可以。從自然的道理看，老聃在適當的時候來到人間，又在適當的時候死去，只要我們適應自然的變化，不違背自然的道理，不爲生死所苦，忘生死，哀樂就不能侵擾心中的寧靜。很多人經常表現不必傷心而哭泣，是逃避自然，違背常理。其實，人由生至死，只不過是一種自然的轉化，不是真正的消失，猶如薪盡火傳，肉體的生命有限，精神可以無窮。

（四）順從自然的變化，內心不悲傷

《莊子·大宗師》記載：孟孫才的母親過世，他雖然哭泣，但是沒有掉眼淚，內心不悲傷，服喪期間也不悲痛。孟孫才為什麼會有這樣的表現呢？好像跟一般人不一樣。其實，他是真正知道喪禮的人，喪禮應該盡量簡化，而常人卻把喪禮複雜化，徒具虛文。孟孫才不去分辨什麼是「生」？什麼是「死」？不知道生在前、死在後，他只是順從自然的生死轉化，以應對不可知的人情變化。他以為人有身體的自然變化，而對內心是不傷的，雖有生死的轉化而精神可以不朽，如果能夠順從自然的變化，即可以達到「道」的境界。

（五）生死變化，如同晝夜

《莊子·至樂》記載：支離叔和滑介叔兩個人一起到丘陵荒郊遊玩。突然之間，滑介叔的左手臂長出一個瘤，支離叔問他：你厭惡它嗎？滑介叔說：我沒有厭惡它。

我們的身體只不過是一些質料的聚集，由各種物質的結合而有生命，生命只是短暫的合成，生死的變化如同白晝和夜晚的轉化，是自然的現象，我們仔細觀察自然萬物的生死變化，保持超然的態度，現在自然的變化發生在我身上，我並不厭惡手臂上的瘤。

《莊子·至樂》記述莊子和一個骷髏的對話。莊子去楚國，見到一個骷髏。莊子問骷髏：先生是違背常理而死的嗎？或是國家滅亡遭到殺害？先生是有惡行，使父母受辱、妻兒蒙羞而死的嗎？你是饑餓凍死的呢？還是壽終正寢的呢？莊子講完話，把骷髏當枕頭睡覺。

　　到了深夜，莊子作夢，夢中骷髏對他說：你的話聽起來像雄辯家，不過，你所說的話，都是活在人世間的累贅，死亡就沒有這些煩惱，你想聽死亡的情形嗎？莊子說：好呀！骷髏說：死亡的世界，沒有君王，沒有臣屬，也沒有春夏秋冬四季的冷熱變化，悠然自得，和天地並存，君王的快樂也不能比。莊子不信，說：我叫管理生命的鬼神恢復你的身體，使你回到父母妻子身邊，你願意嗎？骷髏面有難色的說：我怎能放棄比國王還快樂的死亡世界而回到人間的辛勞痛苦呢？

　　從以上兩個故事的描述，可以得知莊子對生死的體悟非常達觀，一般人貪生怕死，是因為不了解生死只不過是自然的變化。宇宙之間，萬物的生命都是從自然之中生長出來，很快的，又回到自然之中，甚至我們看不到的微生物、細菌等，更以飛快的速度自生自化，自長自滅，生生滅滅，永無終止。

（六）生死只是氣的聚散離合

　　從哲學的宇宙觀而言，生死只是氣的聚散離合。《莊子·天地》以為宇宙的元始是「無」，沒有萬物的存在，也沒有任何名稱，只是呈現渾沌的狀況，沒有任何物體，但有陰陽二氣，陰陽二氣的結合運轉，就生出萬物，每一物的形成都有它的生成之理，有理就有形。形就是形體，有形體就有精神。萬物各有生成的自然法則，稱為「性」，人有人性，物有物性，例如牛有牛性，馬有馬性，各不相同。

　　宇宙太初，由於陰陽二氣相應相照，相消互長，雌雄交合，產生萬物。氣的聚散離合，而有萬物的生死存亡。《莊子·知北遊》強調：生是死的連續，死是生的開始。人物的生長，是氣的聚合，氣的集合就有生命，氣的離散，就是死亡。因此，萬物是

一體的，皆是氣的流行發用，生與死，美與惡，神奇與臭腐，彼此之間相互轉化，都統一於氣。換言之，宇宙萬物都是氣化的朗現。所以說：「通天下一氣耳」。

（七）方生方死，方死方生

莊子以為從根本上而言，人與萬物的生命，只是氣的聚散離合，雖然，有的人短命，有的人長壽，但是，差別非常小，生命實在很短暫，不足以來分辨人世間的是非善惡。人生活在天地之間，如同陽光照射一下空隙，瞬間即逝。春天來臨，生機蓬勃，萬物油然而生，但是，很快的變化消失，萬物又紛紛死去。從無到有，自化而生，又從有到無，自化而死，人類對生命的無奈與短暫感到悲傷，真所謂「方生方死，方死方生。」任何人物隨時出生就有可能隨時消亡，隨時消亡又隨時生出，所以，我們要以死生存亡為一體。

（八）死生存亡為一體

《莊子‧大宗師》記述：子祀、子輿、子犁、子來等四人聊天，誰能夠把「無」當作頭，把「生」當作背脊，把「死」當作背脊的尾部，誰能夠得知死生存亡為一體，就與他為友。四個人相視而笑，彼此相互為友，成了莫逆之交。過了一陣子，子輿生病，子祀去探視他，子輿說：偉大的造物者，把我的身體變得彎曲不能伸直。可是，子輿的內心非常悠閒，不以身體彎曲為苦。

子祀問子輿：你厭惡身體的彎曲嗎？子輿說：我不厭惡。造物者如果把我的左臂變成公雞，我就可以在早上啼叫。其實，人的生命是適時而有的，失去生命，也是順從自然而亡的，能夠安於時間的遷流而順應自然變化的人，哀樂就不會侵擾他的內心。

人世間不能自我解脫的人，是受到外物的約束。

　　過了一陣子，子來有病，氣喘將死，他的太太在子來身邊哭泣，子犁去探望他，對子來的太太說：請你離開，不要吵子來。他對子來說：偉大的造物者，又要把你變成老鼠的肝臟嗎？或是要把你變成昆蟲的翅膀？子來說：大自然對人而言，如同父母，造物者給我身體，年輕時生活勞苦，年老才有空閒，死亡才安息。所以說：「善吾生者，乃所以善吾死也。」換言之，生死皆美。

（九）精神超越，生死兩忘

　　《莊子・大宗師》記述：子桑戶、孟子反、子琴張三個人在一起談話，誰能夠出於自然，不著痕跡的與人為友，誰能夠精神超越，生死兩忘。三個人相視而笑，成了莫逆之交。過了不久，子桑戶過世了，還未埋葬，孔子知道了，請子貢去幫忙料理後事。子貢聽見孟子反、子琴張兩個人唱著歌說：子桑戶呀！子桑戶，你已經返本歸真，回歸自然，而我們還在世為人。

　　子貢上前去，問說：敢問對著亡者唱歌，是一種禮節嗎？這兩人相視而笑說：子貢不懂真正的喪禮。子貢回去告訴孔子。孔子說：他們是方外之人，不受儒家禮教的約束。他們和造物者為友，悠遊於宇宙天地之間，他們把生死看作是氣的聚散。把生當作贅肉或是肉瘤一般，把死當作是腫瘡流膿一樣。他們不理會生死先後的差別，逍遙於自然無為之中，悠遊於塵世之外，所以說：「魚相忘乎江湖，人相忘乎道術。」魚有了江湖之水悠遊自在，人契合宇宙人生本原之大道就能逍遙。

（十）萬物的生死是有和無的變化

　　莊子對生死的看法，不僅達觀，更有他的形上學基礎。莊子

生死觀的形上學基礎，就是〈大宗師〉所謂「殺生者不死，生生者不生」。道的流行發用，能夠使萬物生生死死，而道本身沒有生死。《莊子·庚桑楚》說：宇宙有生死出入的現象，稱爲自然的大門，就是「有」和「無」的變化，宇宙不能以「有」生「有」，萬物生於「無」。換言之，「有」生於「無」，聖人悠遊於「無」的境界。這個「有」就是萬物；這個「無」就是道。

（十一）生命始終循環，沒有窮盡

生命從無中萌生，死了又歸於無，生命始終循環，生生死死，沒有窮盡，如同白天黑夜的不停運轉。所以，如果我們洞悉生死是每一個人都要走的坦途，應該就可以生而不喜，死而不悲。人的生命極爲短暫，一個人在世間的生命比不上他沒有生命的時間。以短暫的生命去追尋無窮盡的知識範疇，必然會感到憂愁迷亂而不能自得。

由於凡人想以有限的時間去追求無窮的生命，所以，一生憂苦，即使長壽，但壽命長的老人整天昏沉，久憂不死，何其痛苦！一般俗人危害身心，追求外物，豈不悲哀，就像有一個人，用貴重的珠寶去射擊停在高處的麻雀，別人一定會笑他，因爲他使用的珠寶比麻雀貴重。

人的生命，比珠寶還貴重，但一般人卻不知道養生，爲了世俗的相對得失而苦惱。《莊子·秋水〉記載：莊子逍遙自在的在濮水之上釣魚，楚王派遣兩位大夫來探望，向莊子說：楚王願意把國家的政務交給莊子管理，莊子拿著釣竿沒有回頭。

莊子說：我聽說楚國有一隻神龜，已經死了三千年之久，國王用絲巾包裹神龜，把它放在竹箱裏，擺在廟堂之上。請問：這隻神龜寧死留下龜殼受人尊敬，或是寧願好好的活著，在泥巴裏

爬行？兩位大夫說：寧願活著在泥巴裏爬行。莊子說：請兩位大夫回去吧！我寧願像神龜一樣好好的活著，逍遙自在的在泥巴裡快樂爬行。

（十二）天地與我並生，萬物與我為一

《莊子‧秋水》記載：惠施當了梁惠王的宰相，莊子想去看他。有人對惠施說：莊子想當宰相。於是，惠施感到緊張，到處尋找莊子，找了三天三夜。莊子去看惠施，向他說：南方有一種跟鳳凰同類的鳥，牠的名字叫鵷鶵。從南海飛向北海，不是好的梧桐樹牠不棲息，不是成熟竹子的果子牠不吃，不是甘美的天然泉水牠不喝。有一隻貓頭鷹找到一隻腐爛的老鼠，恰巧鵷鶵飛過，貓頭鷹抬起頭看著鵷鶵大聲吼叫，想用吼叫聲嚇牠，現在，你也要用梁國來嚇我嗎？

《莊子‧秋水》最後一段描寫說：莊子與惠子在濠水的橋上悠哉的閒遊。莊子說：魚兒從容自在的游水，是魚兒的快樂。惠子說：你又不是魚，如何知道魚兒的快樂呢？莊子回答說：你又不是我，如何知道我不知道魚兒的快樂？惠子說：我不是你，所以不知道你；你不是魚，所以也不知道魚兒的快樂，已經很明白了。莊子回答說：我在濠水的橋上直覺的知道魚兒的快樂。

從莊子與惠子的對話中，我們知道惠子運用邏輯的思辯，而莊子是有深切體悟「天地與我並生，萬物與我為一。」的自得之樂，也就是「齊物」的境界。人與萬物沒有差等，沒有貴賤的分別，我們不要以為人貴而物賤，不要以人為主宰，不要任意宰制萬物。只要我們與萬物和諧相處，自然能夠體認天地生生不息的美麗與快樂。

值得注意的是「天地與我並生，萬物與我為一」是現代環境

保護與生態保育的最高境界。人和自然最好的關係是人與大自然打成一片，並且儘可能的保持原有的風貌，不要任意加以人工的破壞、建築或裝飾。科學家發現在沒有人類破壞的熱帶雨林或原始森林，所有的生命彼此是一種「共生」的存在，有充足平衡的食物鏈，所有的生命是一個大和諧，這就是天地與我並生，萬物與我為一。

總之，莊子的生死觀，代表一種快樂的人生，莊子可說是一位快樂大師。《莊子·至樂》探究人生快樂的問題。莊子表示：人世間有沒有最大的快樂呢？一般人所尊貴的是財富、顯貴、長壽、美名；所享樂的是身體的舒適、豐盛的美食、華麗的服裝、好看的顏色、悅耳的聲音；所厭惡的是貧窮、卑賤、夭折、惡名；所苦惱的是身體得不到舒適、吃不到美味、穿不到華麗的衣服、眼睛看不到漂亮的顏色、耳朵聽不到悅耳的聲音。如果得不到這些享樂，就大為憂慮。只為外在的形體享樂，不是很愚昧嗎？

現在一般人追求的物質、感官享樂，到底是快樂，還是不快樂？莊子認為「清靜無為」才是真正的快樂，這種真快樂是「至樂無樂」。最大的快樂可以保養身心，而只有「清靜無為」可以得到最高的快樂。因為上天無為，自然清明，大地無為，自然安寧，天地無為，自然相合，萬物化生，又有多少人能夠學得這種無為之樂呢？

〈齊物論〉末段描述莊子大夢，夢裏自己成為蝴蝶，悠遊愉快，不知道自己是莊周，忽然清醒，發覺自己是莊周。不知道莊周夢為蝴蝶，或是蝴蝶夢為莊周。莊周與蝴蝶雖然有所分別，但已經融合物化，「物化」就是物我合一，與天地萬物為一體的悅樂。

莊子是一位崇尚自然的快樂哲人，他追求絕對自由的悅樂，這種無為、無待而自得的境界，就是逍遙。《莊子·逍遙遊》描寫遠方的北海，有一條大魚，牠的名字叫鯤，鯤的體積龐大，有好

幾千里，化成爲鳥，牠的名字叫鵬，當吹起海風的時候，牠直飛南方的天然大池。

〈逍遙遊〉描寫莊子的精神生命超越有限的時空環境，達到恆久的絕對自由。莊子能有如此境界，得之於他的「無待」。一般人常有依待，依於名、依於利，依靠外在的、相對的、有條件的、有限的資源，而莊子「無己」、「無功」、「無名」，消除心中對功名、利祿、權位的依賴，無條件、無依靠而自然、自由與自得。

莊子精神的逍遙快樂，超越人世間相對的高低、大小、貧富、壽夭、得失、成敗、是非、善惡、美醜、榮辱、生死等等。〈逍遙遊〉末段，惠子說：魏王送我一粒葫蘆種子，我種了以後，長出五石的大葫蘆。拿來盛水，不夠堅硬，拿來做瓢，不夠實用，我以爲它沒有用處，把它打破。

莊子說：你有五石的大葫蘆，爲什麼不把它拿來當船，可以悠遊於江湖上，不亦快哉！反而煩惱它大而無當，真是茅塞不通呀！莊子生活在人世間，深刻體會人與人之間的各種紛爭，出於喜用智謀，求名逐利。所以，要我們「心齋」與「坐忘」。

心齋就是使內心空靈明覺，不迷於外物，不被積習所牽引；而坐忘就是要忘名利、忘是非、忘聰明、忘形體、忘生死。忘是超越，人生在世，超越相對價值，一切依於天理，安時處順，順乎自然，則哀愁不能侵擾，達乎至樂，臻於無譽無訾，調和天下，與時俱化，與天地萬物爲一體，是爲天樂。

三、列子的生死觀

（一）萬物皆出於機，皆入於機

列子，名禦寇，是春秋時代的道家學者。《列子・天瑞》說

列子住在鄭國的圃田，圃田又稱甫田，四十年沒有一個人認識他，鄭國的國君看他如一般平民。有一年，鄭國鬧饑荒，列子移居到衛國。

列子往衛國的途中，在路旁用餐，見到一個已經死了百年的骷髏頭，他去除頭骨上面的雜草，向他的學生百豐說：只有我和他（骷髏頭）知道萬物都未嘗生，也未嘗死，沒有所謂生死，只是「萬物皆出於機，皆入於機」。也就是說，萬物腐化了，變成微小的物質，生命又從這個微小的物質化生出來，死了又化成一些微小的物質。

列子以為物質的先後始終是相互循環的道理，相當符合生態系食物鏈的法則。遠從太古之初就很難窮盡，某一物質的開始，又是另一物質的終了；某一物的終了，又是另一物的開始，如此，無窮盡的生生死死。《列子‧周穆王》說：天地所開始蘊育的，陰陽所變化的，叫做生，叫做死。這種自然的生死，隨時產生形體出來，又隨時消滅，生死沒有兩樣。

〈天瑞〉中的林類，就有這樣的達觀。〈天瑞〉記載：林類已經活到一百歲了，當春天來臨的時候，他還穿上厚重的衣裳，在已收割的田裡撿拾稻穗，邊走路邊唱歌。孔子到衛國，看他在田裏，向弟子們說：那位長者可以跟他談談。

子貢於是向前去，對林類嘆息說：先生不後悔嗎？林類不理他，邊走邊唱。子貢連續問了好幾次，他才仰頭回答說：我為什麼要後悔呢？子貢說：先生年少時不努力修德，長大了也不爭名利，老了沒有太太沒有小孩，老而將死，還有什麼快樂？

林類笑說：我享受快樂的事，其他人一樣會有，只是別人反以為是憂愁罷了。因為不爭名求利，才能使我有如此的高壽，也因為沒有妻小家累，老而將死，才能使我如此快樂。

　　子貢說：長壽是一般人所追求和喜歡的，死亡是一般人所厭惡的，你以死亡爲快樂，這是爲什麼呢？林類說：死和生，正是一去一來。因此，死在這裏，怎麼知道不是生在那裡？我怎麼知道死生是不相同呢？我又怎麼知道匆忙求生不是迷惘呢？怎麼知道我現在的死不會勝過以前的生呢？這就是列子所「生不知死，死不知生」的道理。

（二）自生自死

　　列子認爲生死是一種自然的運轉，自然的運轉沒有休止。一物的氣逐漸成長，它的形體逐漸虧損，只是沒有察覺它的成長和虧損，就像人從出生到老死，面貌、體形沒有一天不在改變，而且皮膚、指甲、頭髮，也時常生成和脫落，這是「自生自死」的自然現象，沒有不死，沒有永生。自生自死的現象，只是自然生、自然死。

　　列子這種「自生自化」的生死觀，有其形上學本體論的基礎，就是〈天瑞〉所謂「有生不生，有化不化，不生者能生生，不化者能化化」。宇宙有各種生命的存在，是因爲有產生生命者；有各種形體，是因爲有產生形體者。所產生出來的生命逐一死亡，而產生生命者從未終止，這現象都是自然無爲，沒有人爲因素。

　　換言之，「不生者」是沒有生死變化的本體，本體能夠產生萬物的生命；「不化者」也是沒有變化的本體，「不化者」化生萬物各種變化。自然界陰陽交感，春夏秋冬四時運行，都是本體的常生常化。本體是無形，一切有形的物體都生於無形的本體，而有形的天地由太易、太初、太始、太素所形成。

　　「太易」是宇宙沒有顯現氣化的時候，「太初」是顯現氣化的開始，「太始」是決定物形的開始，「太素」是形成物質的開始。

這一連串的變化，由「一」開始，一者，易也，就是「太易」。「一」
是物體變化的開端，清而輕的氣飄浮而上成為天，濁而重的氣下
沈而成為地，天地之間，陰陽相交之氣謂「精」，這種精氣使得萬
物不斷的化生。

（三）自壽自夭、自窮自達

天地萬物和人類共生存，皆為同類，同類沒有貴賤的差別，
只是以形體的大小、智力的多寡相互依存，形成一個食物鏈，彼
此共生，並不是某一物為某一物而生，人類取得可食用的東西，
不是上天為人類生長萬物；相對的，蚊蟲也要吸人的血維生，也
不是上天為蚊蟲而生人類。

因此，人類不以萬物的主宰者自居。不可有宰制萬物、征服
自然的心，真正做到「在己無居」、「能而不為」。因為人類與萬物
的生死，不是個人所能決定的，而是自然的現象，也就是天道自
然的交會循環與運行，這種自然天命的表現是：自壽自夭、自窮
自達、自貴自賤、自富自貧。

《列子‧力命》舉例說：彭祖的智慧不比堯舜高，而壽命據
說活到八百歲。顏淵的學問不比孔子其他弟子差，而只活到十八
歲。孔子的道德人格不比諸侯差，而在陳蔡受困。殷紂的品行不
比微子、箕子、比干三人好，而居王位。如果人的力量能夠主宰
的話，為什麼有的人高壽，有的人早夭？聖賢窮困，亂世者顯貴，
善者貧窮，惡者富有呢？所以，沒有制定天命的主宰者，一切只
是自然的高壽，自然的早夭，自然的顯貴，自然的窮困。

（四）萬物齊生死

一個人從出生到死亡，經歷四次大的變化：嬰兒、少壯、老

年以及死亡。嬰兒時期，心無雜念，純真無邪，是最溫和的時候，他的德性也最精淳。當死亡來臨，則是永遠的休息，回到本來原始的地方，死亡是每一個人的終結。如果過著正常的日子而善終，也就沒有什麼憂慮。一般人只想追求物質生活的快樂，卻不知道追求享樂的痛苦，也不知道死是永久的安息。死亡是每一個人最終的歸宿，古人說死人是歸去的人，又稱爲鬼，鬼就是歸，回到原來的地方。死是任何人以及一切萬物最後的歸宿。所以，死是人類和萬物相同的結果，事實上，萬物齊生死，一年也是死，十年也是死，百年也是死，人與萬物的生死沒有差異，所不同的是個人創造生命的意義。

第三節　佛家的生死觀

一、人死非斷滅

佛教自東漢傳入中土以來，影響民間最深遠的兩個思想是三世因果業報和六道輪迴。不過三世因果業報和六道輪迴的前提是「人死非斷滅」，「人死非斷滅」是佛家生死觀的思想基礎。

（一）《瑜伽師地論》以緣起思想，反駁人死斷滅

《瑜珈師地論》卷七，以緣起思想，反駁人死斷滅。佛家認爲主張人死斷滅，稱爲「斷見」。斷見論者認爲人死就像瓦片、石塊破裂，不可再重新組合，不再完好如初。《瑜伽師地論》反駁斷見論者，如果說人死斷滅，是說人死後「五蘊」斷滅，或是說「我」斷滅？

我們不能說五蘊斷滅，因爲五蘊（色、受、想、行、識）始

終是生滅無常，而又互為因果相續不斷。有因必有果，前因必生後果，不可能停止間斷，不論是心理活動，還是生理活動，隨時都在生滅相續。這種生滅現象，不因肉體死亡，生理活動停止而斷滅。

我們也不能說死亡是「自我」的斷滅，因為人的生命只是地、水、火、風所組合而成，包括生理和心理活動的五蘊集合，本來就沒有一個常住不滅的「我」，如果說人死是自我斷滅，更是不合緣起性空的道理。

（二）《楞嚴經》以恆河之水譬喻覺妙本心，論人死非斷滅

《楞嚴經》卷一，佛陀認為眾生從有生以來，念念不滅，念念不忘有生有滅的妄相。因此，迷失真性，顛倒行事，失去覺妙心性，認物為己，由此陷於輪迴之中，自取流轉，不得解脫。因此，《楞嚴經》卷二，以恆河之水譬喻常住本心，不生不滅之性。

《楞嚴經》卷二，佛陀對波斯匿王解說人死非斷滅的道理。波斯匿王說：從前，未接受佛法的時候，受到外道思想的影響，外道認為人的肉體死後，一切都消滅了。現在，雖然聽信佛法，仍然懷疑未定。如何才能證知人死非斷滅，此心是沒有生滅的本體？佛陀告訴波斯匿王：你的肉身永遠不壞呢？或是終究要毀壞？

世尊！人的肉身不能永存不亡，終究要死亡。雖然我還沒有命終，但是，我察覺到我的意念是不斷地變遷，前一個意念滅後，後一個意念又生，新的意念不斷出現，永遠沒有停息，猶如燃薪成火，薪盡成灰，柴火逐漸消失一樣。從這種永不停息的生滅現象中，察知人的肉身終究要消亡。佛陀說：大王！你現在的身體

已經衰老，容顏是否和童年一樣？

　　世尊！我在童年時，膚澤光滑，長大成人，充滿血氣，容光煥發。如今衰老了，憔悴無光，精神昏昧，滿頭白髮，恐怕不久人世，豈能與年輕時相比！佛陀說：大王！你容貌應該不是短時間就衰老的吧！

　　世尊！容貌的改變非常細微，我自己也察覺不到。我是在四季交替中逐漸衰老的。為什麼是這樣呢？當時我二十歲時，雖然年輕，但面貌比十歲時老了，三十歲時，又比二十歲時老了。現在六十二歲，回想五十歲時，比現在年輕強壯。世尊！生命不斷地變化，從年少到老死。這種變化是一天一天的改變，再仔細觀察與思惟，這種改變是在剎那之中，是在一念之間，從無止息之時，隨時在變化。由此可知，人的肉身終究在剎那變化之中消亡。

　　佛陀告訴波斯匿王：你看見身體的變化，遷流不息，覺悟到肉身終究要毀壞，但是，你是否知道人身之中還有不滅的本性？大王說：我三歲時，母親帶我去拜見耆婆天神，渡過恆河。佛陀說：大王！在你三歲時看到的恆河，到你十三歲時看到的恆河是否一樣？大王說：即便現在我已經六十二歲，恆河的水沒有改變。現在看到的恆河，和三歲時所看到的恆河，沒有差別。

　　佛陀說：大王！你的臉上雖然很多皺紋，但你精妙的本性卻未曾變化。皺紋是一種衰老的變化，有變化者終究要走向毀滅，而沒有變化的精妙本性，從來就沒有生滅。換言之，真心本性沒有生滅變化，更不能說人死斷滅，更確切的說是人死非斷滅，毀滅的只是肉體而已。

　　《楞嚴經》強調五陰（色、受、想、行、識）、六入（眼、耳、鼻、舌、身、意六根）、十二處（六根加六境。六境即色、聲、香、味、觸、法）、十八界（六根、六境加六識。六識即眼識、耳

識、鼻識、舌識、身識、意識）等，都是因緣和合而生，又隨因緣離散而寂滅。七大（地、水、風、火、空、見、識）也是識心分別計度。更指出吾人的肉體，猶如虛空中的微塵，若存若亡，好比大海中漂浮的水剎那生滅，惟有本覺妙心才能常住不滅。

（三）《法句經》論身死神不喪，生死不斷滅

《法句經・生死品》認為生死好像果實即將成熟，時常恐懼凋零飄落；所有的生命皆苦，誰能臻於不死？生命從父母恩愛開始，又因情欲而墮入輪迴；生命形成快如閃電，晝夜不停流轉。形體終究要毀壞，有形的生命猶如陶製器皿一樣，滅亡是必然的結果，只有識神沒有一定的形體。所以，身死識神能更生，罪福業力如影隨形。

生命的開始與結束，不是一生一世可以終結。只要痴愛不除，生死總要輪迴，生命一再輪迴，苦樂不斷。形體雖死，識神不滅亡。身體只是地、水、火、風四大和合，都是有形物質。受、想、行、識為四陰，是無形的心法，四陰產生十八種有情，十八種有情都因為十二因緣而起。凡夫被貪、瞋、痴三毒所蒙蔽，盲目妄動，常生妄見；或謂死後如生時，身死識神滅。

識神出入三界（欲界、色界、無色界）以及善與不善等五處，瞬間來去，沒有聲息。欲界、色界、無色界並非真有，一切皆依宿世業力而行，好比種子隨其果實，凡夫善惡果報如影隨形。

識神寄生於肉身而被稱為「精神」，猶如燃燒薪而稱「薪火」，燃燒蠟燭而稱為「燭火」，燃燒木炭而稱為「炭火」，火因為燃燒的材料不同而有不同的名稱。

心為法本，心驅動一切，內心存善，言語、行為就表現善；心中有惡，言語、行為就表現惡。心法起則萬法起；心法滅則萬

法滅，起滅變化，難以捉摸，輾轉輪迴不相識。

識神出入於六道（天、人、阿修羅、畜生、餓鬼、地獄等六道）之中，沒有一道不經歷。捨棄此人肉身，又受形於彼人肉身，輪迴轉世猶如車輪旋轉，不斷著地行走。識神以肉身爲房屋，身死識神不滅亡，猶如人身居住房屋內，直到命終棄舊屋。

識神寄居形體內，猶如麻雀關在鳥籠之中，鳥籠破壞，麻雀飛走。身死識神離去再更生轉世。識神自今世流轉到未來世，貪、瞋、痴三毒，色、受、想、行、識五蘊，造成人間苦難十二因緣，罪惡銷盡，脫離苦海便得歡樂。

身口意三業斷絕之後，方知肉身沒有什麼價值，生命只不過是有呼吸、有感覺意識諸因緣和合而成，捨棄肉身，諸因緣轉眼消失。當人死亡，屍體僵硬，猶如乾枯草木，一無所知，見此肉身原來如此，只是虛假幻有，而愚昧凡夫卻貪戀不捨此一臭皮囊。

二、法相唯識以阿賴耶識為輪迴主體

從以上所論，佛家依緣起法則，論說人死非斷滅。所謂緣起，意指依緣而起，「緣」是指條件、關係；「起」是指發生、生起。緣起思想就是一切現象都依照一定的條件而發生，由相互依存的因果關係而成立。換言之，各種條件聚集結合，產生相互作用，造成各種特有的現象，當這些條件消失了，相應的現象也就消失了。

依緣起法則看眾生的生死，都是因緣和合，緣生緣滅，生滅不斷，因果業報，六道輪迴。既然，人死非斷滅，而有業報輪迴，那麼，到底誰在造業？誰會遭受報應？誰在輪迴？誰能解脫？應該是「我」，可是，原始佛學又強調「諸法無我」，如何解決這個看似矛盾的難題呢？

　　於是，部派佛學提出各種不同的觀點：大眾部以「根本識」為輪迴主體；化地部以「窮生死蘊」為輪迴主體；犢子部以「非即蘊非離蘊補特伽羅」為輪迴主體；經量部以「勝義補特伽羅」為輪迴主體，而法相唯識以「阿賴耶識」為生死輪迴的主體。

　　《八識規矩頌》認為阿賴耶識，又名藏識，是輪迴的主體。阿賴耶識具有三種含藏的功能：（一）是「能藏」，含藏萬事萬物的一切種子。（二）是「所藏」，含藏受薰而成新的種子。（三）是「執藏」，被第七識執為自我。

　　阿賴耶識具有能藏、所藏、執藏的三種功能作用。這三種功能作用永恆無限，不可窮盡。其他前七識都是由阿賴耶識變化而生起。以譬喻而言，阿賴耶識是海水，其他七識是波浪。阿賴耶識含藏眾生的一切種子，阿賴耶識也可以接受眾生帶來的薰習而產生新的種子。阿賴耶識是眾生生死輪迴的主體，也是萬物生死的根源。

　　值得注意的是，《八識規矩頌》所謂「去後來先作主公」是阿賴耶識，「去後」就是死後，「來先」就是生前。人身在入胎時，阿賴耶識先進入，人死命終時，阿賴耶識最後才離開。換言之，當新生命形成的時候，阿賴耶識進入母胎，因此，阿賴耶識又稱為入胎識。

三、十二因緣論有情眾生的生死流轉

　　佛家以十二因緣說明有情眾生的生死流轉，生老病死，不斷輪迴。十二因緣又稱十二緣起，生死就是由這十二個因果關係的序列所構成。

（一）無　明

無明就是愚痴無知，不明事理，尤其是不明緣起性空、緣生緣滅、諸行無常、諸法無我的佛理。有情眾生由於有「我」的執著，所以引生貪、瞋、痴等煩惱。由於眾生的無明，而有生死的流轉。因此，無明是一切煩惱、痛苦、生死的總根源。

（二）行

行為或動作。由身體引起的行為是身業，由口舌說出來的話是口業，由心意所造成的是意業，身口意三業。

（三）識

眼識、耳識、鼻識、舌識、身識、意識，就是我們能夠認識外界的主觀要素。

（四）名　色

我們所認識的客觀要素，名是名稱，我們以名稱認識外在事物，色是形狀外貌。

（五）六　入

人類感覺的認識器官，有眼、耳、鼻、舌、身（觸覺感官）、意等六種感官。

（六）觸

六種感官的感覺，又稱六觸。

（七）受

有愛、憎等不同反應的感受。

（八）愛

欲望，對外界事物的喜好和追求。

（九）取

執著，想把外界事物佔為己有。

（十）有

意指外界事物的存在，有情眾生執著於「有」，而生煩惱痛苦。

（十一）生

每一生命個體（個人）的存在。

（十二）老死

每一個體的衰老和死亡。

《雜阿含經》卷十二對十二因緣作了詳細的解說。十二因緣把人生分為十二個彼此成為條件或因果關係的過程。最先就是「無明」，意指人心的無知迷惑，不明緣起性空。由「無明」生「行」，包括心意、口舌、身體的動向。由「行」生「識」，由「識」生「名色」。由「名色」而生「六入」（六處）。

由「六入」生「觸」，由「觸」生「受」，由「受」生「愛」，由「愛」生「取」。由「取」生「有」。由「有」而「生」，除了個體的生命存在，還有來世的更生及六道輪迴。有「生」必有「老

死」。每一生命個體必有生老病死，此爲流轉門。對十二因緣從因向果來觀證，稱爲「順觀」。

反之，從果向因來觀察，稱爲「逆觀」。可以說「老死」是「生」的果。「生」是「有」的果。「有」是「取」的果。「取」是「愛」的果。「愛」是「受」的果，「受」是「觸」的果，「觸」是「六入」的果。「六入」是「名色」的果。「名色」是「識」的果。「識」是「行」的果。「行」是「無明」的果。以此逆觀，最後得知：如滅「無明」，則無煩惱憂苦及無老死。

換言之，我們如果能夠修習觀十二因緣，使「無明」始生即滅或根本不生「無明」，而生般若智慧，就可以使生與老死及煩惱、憂愁、悲傷等苦陰身心，都如實而滅，臻於涅槃境界。涅槃才是人生究竟的歸宿，是常樂我淨最圓滿的境界，此爲還滅門。

四、寒山子〈生死譬〉

寒山子，唐貞觀時僧人，生平不詳，他經常在山林岩壁竹片上寫詩，現有《寒山子詩集》傳世。

> 欲識生死譬，且將冰水比；水結即成冰，冰消返爲水。
>
> 已死必應生，出生還復死；冰水不相傷，生死還雙美。

寒山子看待生死，已經臻於解脫的境界，超越一般人對生死的迷惘，貪生怕死。寒山子了脫生死，他認爲生死是一體兩面，相對的平等。他以「水」比喻「生」，以冰譬喻「死」。水和冰形態不同，水是液體，冰是固體，水是動態，冰是靜態。水和冰看似不同，本性相同。

水遇到寒冷天氣結成冰，然而，冰在春暖花開的季節又融化爲水，這是自然的變化，猶如《莊子·齊物論》所謂「方生方死」、「方死方生」，生死一體，沒有分別心。由於寒山子長年過著青山

綠水的山林歲月，他與天地萬物為一體，深切體悟自然的天道。
生死正是自然天成的大道，一切自然順成，無畏無懼生死的自然
變化。寒山子在千山萬水之間逍遙快樂，過著「忘生死」的悅樂：

> 千山萬水間，中有一閒士。白日遊青山，夜歸岩下睡。

> 倏而過春秋，寂然無塵累。快哉何所依，靜著秋江水。

寒山子自稱「閒士」，他已經沒有人間名利的凡心，沒有世
俗的塵累，內心非常的平靜，宛如秋天的明月，猶如清澈的潭水，
沒有一絲的塵念，沒有生死的分別心，超越生死，與天地萬物合
而為一，臻於天人合一的最高精神境界，就是「生死雙美」。

五、六祖慧能超越生死

禪宗六祖慧能的開悟詩是：菩提本無樹，明鏡亦非台；本來
無一物，何處惹塵埃？慧能深切體悟佛家的緣起性空，緣起性空
是佛學的核心思想，萬事萬物是各種條件和合而成，沒有永遠存
在的事物。因此，我們要隨緣，緣生緣滅，不要執著。

慧能在先天二年（西元七一三年）八月初三（這年十二月改
元為「開元」），於國恩寺吃過齋飯，對弟子們說：你們都在自己
的坐位上坐好，我要向你們告別。法海說：和尚，留什麼教法，
讓後世的眾生明心見性而成佛？

慧能說：我現在教你們，認識自心、自性，見自心的佛性。
只因為眾生迷失了自心的佛性，而不能成佛。自性若能開悟，眾
生就是佛；自性如果迷妄，佛就變成眾生。自性平等的對待一切
（沒有分別心），眾生就是佛；自性如果邪惡陰險，佛就變成眾生。
值得注意的是，六祖慧能特別強調「自心是佛」（《六祖壇經·付
囑》），意指人人都有的佛性，誠如慧能所謂「人雖有南北之分，
佛性沒有南北的差別。」換言之，人人皆可成佛。

慧能說：自己心中的佛才是真佛。你們自己的心就是佛，不要再有懷疑。所以經上說：心生種種法生，心滅種種法滅。六祖說：你們保重了，我滅度後，你們不要像世俗凡人一樣哭泣，不要接受別人弔祭，也不要穿孝服。如果你們有舉行世俗的喪禮，就不是我的弟子，也不是佛家的正法。只要體悟自己的本心、自己的本性，就能無動無靜，無生無滅，無去無來，無是無非，無住無往。

慧能說完話，端坐到三更，忽然對門人說：我走了！就平靜地離開了人世。

六、洞山良价勞生息死

禪宗曹洞宗的祖師是洞山良价（西元八〇七至八六九年）。當他生病即將圓寂之際，對徒眾說：我有世俗虛名，誰能為我去除這個虛名？（出家人不求名利）大家無言以對。這時，有一位小沙彌說：請問和尚法號。洞山說：我的虛名已經去除了。

有個和尚問他：最近和尚生病，是否還有不生病的人？洞山說：有。

對方又問：那個不生病的人有沒有來看和尚？洞山回答：是我去看他。

對方又問：和尚怎樣看他？洞山回答：當我看時，看不見有病。

值得注意的是，洞山良价所謂「不生病的人」意指可以開悟、可以成佛的自性。換言之，我們的肉體（色身）會生病，生老病死，而「自心是佛」、「本性是佛」的「自性」是沒有生滅的，永遠健康圓滿而不生病者。

唐咸通十年（西元八七〇年）三月，洞山知道自己不久人世，

叫人給他理髮、敲鐘，然後端坐。當時僧眾悲傷大哭，洞山突然張開眼睛，說：出家人心不執著，不為生死悲傷，才是真正的修行，人生辛勞幾十年，死了才能休息，有何悲傷？於是，召來主事僧速辦「愚痴齋」，呵責僧眾迷戀生命。僧眾延了七天，才辦好齋食。洞山與僧徒一起用齋。餐後，洞山對僧眾說：「安靜一點，不要悲傷，出家人當別人臨終時，不要喧動。」隔天，沐浴後端坐而逝。洞山臨終前動人的一幕，是我們體悟生死最好的榜樣。

第四節　儒家的生死觀

先秦儒家（孔子、孟子、荀子）的生死觀，二千多年以來，對中華文化的傳承與發展，影響非常廣大深遠。

一、孔子的生死觀

孔子是儒家的創立者，好學不厭，誨人不倦，是炎黃子孫的萬世師表，「有教無類」迄今仍是教育的宗旨。

（一）自古皆有死

《論語‧顏淵》子貢問如何治理政務。孔子說：充足糧食，充足兵力，使人民相信政府。子貢說：如果逼不得已，要先去掉哪一項？孔子說：去掉兵力。子貢說：如果不得已，再去掉哪一項？孔子說：去掉糧食。自古迄今，人人不免一死。如果人民不信任政府，國家的信用就沒有了。換言之，治理國家，執政者不可失信於民，失信於民，終遭人民唾棄。

值得注意的是，孔子所謂「自古皆有死」的生死觀，是不變

的自然法則。生死的自然法則是「有生必有死」。一般人總是貪生怕死，希望長生不死，有權位者常命人祭禱益壽，晏子以爲誣妄可笑。

《晏子春秋・外篇・景公置酒泰山四望而泣晏子諫第二》記載：景公在泰山上飲宴，酒酣之後四處眺望，喟然而嘆，傷心哭泣說：寡人老矣，將棄國而死！左右三人一起哭泣，說：微臣都怕死，何況君王？棄國而死，情何以堪？此時，只有晏子大笑說：今天喝酒真痛快！景公生氣說：寡人正在悲傷，你卻大笑，爲什麼？

晏子回答說：今天看到一位膽怯的君王，三位阿諛的臣子，實在好笑。凡人生而有死，如果古代王者長生不死，先君太公至今仍然健在，那麼，陛下如何能成爲君王？生命由盛而衰，生之有死，這是自然的現象，從古至今都是如此，沒有什麼可悲的。年老怕死，這是膽怯，左右近臣陪著哭泣，這是諂諛，豈不可笑！

（二）未知生，焉知死

《論語・先進》子路問孔子：敢問人死後的情形？孔子說：生前的事物尚且不能全然知道，如何知道死後的事？孔子回答子路的問話，並沒有說不可以問死，只是表示應該以活生生的現實人生爲本。一個人如果不知「所以生」之道，只是茫然度日，或者違法亂紀，生命毫無意義，又如何能知「所以死」之理？

所以，知「生之道」，則知「死之道」，盡事生人之道，就是盡事鬼神之道。因爲人死曰鬼，生死人鬼並無二道，因爲人從生到死，只是一個「盡」字，孔子的仁道，孟子的「由仁義行」，都是一個盡之而已。孔子所關心的是人在人倫（五倫）社會中的現實生活，而對人的死後世界，並不像宗教神學，主張最後審判的

善惡報應。

　　孔子強調人活著的時候，應該努力學習文化，修養道德，實現人生的價值，追求生命的意義，這是一種重生輕死的「樂生」文化。何謂「樂生」？《論語》首章孔子開宗明義說：學而時習之，不亦說（悅）乎！有朋自遠方來，不亦樂乎！人不知而不慍（怨恨），不亦君子乎！

　　從這幾句話中，我們深切感受孔子好學的快樂、師友志同道合的快樂、修養道德人格而不求聞達的快樂。孔子自述說：吃粗米飯、喝白開水，彎起手臂當枕頭，這種生活，也自有樂趣，不應得的富貴，像是天上的浮雲。這種安貧樂道的道德人格，是傳統知識份子的典範。

　　有一次，葉公向子路問孔子的為人，子路沒有回答。孔子對子路說：你為甚麼不說我的為人，用功的時候，連飯都忘記吃，時常高興的忘了憂愁，不知老年就快到了。孔子也非常稱讚顏回，他說顏回真賢，一碗飯，一杯水，住在一條很窄的巷子裡，這種生活，別人難以忍受，顏回自得其樂。

　　有一次，哀公問孔子，弟子誰最好學？孔子說顏回最好學，他不遷怒，不貳過，可惜短命死了。孔子十五歲就立志向學，而且勤敏好學，不恥下問，孔子說他整天不吃東西，整夜不睡覺，而去思考，卻徒勞無功，還不如學習比較好些。孔子自信在一個很小的地方，一定有像他一樣忠信的人，但沒有像他那麼好學的人。

　　所謂好學，誠如子夏所說每天能夠學習一些不知道的知識，每個月能夠複習已學過的知識，如此，便可以溫故而知新。孔子自己說並不是生來什麼都懂，他只是喜歡古聖先哲留下來的智慧而勉力求學的。這種力學的精神要學思並進，因為不用心思考的

學習，仍是罔然無所知；只是空想而不學習，得不到真實的知識。

　　孔子非常用心的把聽到的、看到的，默記在心中，孜孜不厭的勤求學問，諄諄不倦教誨學生。他內省不疚，不憂愁，不迷惑，不懼怕，唯一的憂患意識是擔心道德不修明，學業不講習，聽到好的事，不能吸取別人的優點以改進自己，發覺自己不好的事，不能改善自己的缺點。所以，他斷絕了四種毛病：不憑空任意猜測，不以己意強人所難，不固執而能從善服義，不自私自利，善與人同。

　　孟子以繼承與發揚孔子的思想爲己任，他進一步詮釋孔子的「樂生」精神。孟子說：有道德人格的君子，有三種快樂：第一種快樂是享受人倫親情的和諧之樂；第二種快樂是存心克己、尊德樂義、心安理得的心性之樂；第三種快樂是有教無類、培育英才、爲人師表的快樂。

　　這三種快樂都是盡心的精神悅樂，更是推恩愛人的快樂。孟子說：「萬物皆備於我矣，反身而誠，樂莫大焉。」（《孟子·盡心上》），君子慎獨，誠信不欺，反求諸己，推己及人，親親而仁民，仁民而愛物，以其所愛，及其所不愛。愛己、愛人、愛物，達到內聖外王、心物一體、天人合一的快樂。

（三）君子疾沒世而名不稱焉

　　《論語·衛靈公》孔子說：君子深怕死後他的道德人格沒有被人讚揚。俗話說：人死留名。人人希望死後留下不朽的成就，爲人稱頌。孔子以此勸人修德，以免死後留下惡名。這就是叔孫豹所謂「三不朽」。

　　《左傳·襄公二十四年》魯襄公派叔孫豹到晉國，范宣子問他：古人所謂死而不朽，是什麼意思？叔孫豹還沒有回答之前，

范宣子又說：從前，我的祖先，堯、舜時代，稱陶唐氏，夏代封為御龍氏，商代為豕韋氏，周代為唐杜氏。如今在晉國，又封為范氏，這是不是所謂死而不朽？

叔孫豹說：依我所知，這只能稱為「世祿」，並非不朽。魯國的先大夫，名叫臧文仲，既死之後，他的言論與事跡，仍留傳在人間，這才是死而不朽。死而不朽最好的榜樣是樹立道德人格的典範，例如：黃帝、堯、舜等。其次是建立事功，譬如：夏禹、后稷等。再其次是樹立說話的典範，例如：臧文仲、史佚（周史官）等。所謂立德、立功、立言三不朽，這三種人可以死而不朽，並非世世代代為官，祭祀不絕，這是「世祿」不是死而精神不朽。

《論語‧季氏》說：齊景公有馬匹四千，因為沒有好的德行，他死後，人民對景公沒有甚麼好的事跡可稱道的。伯夷、叔齊雖然餓死在首陽山下，人民至今仍然稱道他們的美德。這就是孔子所謂君子疾沒世而名不稱焉。

（四）朝聞道，夕死可矣

《論語‧里仁》孔子說：早上充分理解仁道，就是當晚死了也可以。值得注意的是，孔子之「道」是仁道。仁是孔子道德人格的至善準繩。換言之，仁是孔子的道德生命。在《論語》一書中，共有 106 個仁字，其內涵大義有三：

1.實踐力行

孔子以仁為道德生命，最重實踐精神，整部論語，教人行仁，成就德行。孔子說：「知之者，不如好之者，好之者，不如樂之者。」（《論語‧雍也》）這表明孔子樂道踐仁的真精神。須知，仁非但俱屬於人的內在精神與人格世界，更是人之所以為人的本質，也是道德生命的總歸結點。孔子以禮樂的陶冶，孝悌忠恕信義等德

目的提倡，實踐仁道。

2.內聖外王

「內聖外王」一語雖出自莊子，卻是仁的本義。所謂「內聖外王」意指由己而人，從內達外的仁道，這種內聖外王之道，就是孔子所謂「一貫之道」。曾子以忠恕說明一貫之道，忠是至誠無妄，盡己的意思；恕是推己及人，大公無私，大中至正的意思。子貢問孔子，有沒有可以終生奉行的一句話？孔子說：就是己所不欲勿施於人的恕。「己所不欲，勿施於人」只是忠恕之道的消極面；更積極的是己立立人、己達達人。申言之，忠者，成己；恕者，成物，成己成物，就是內聖外王。

孔子的外王思想，以「天下為公」的大同之治為理想，《禮記‧禮運》的大道之行，就是孔子的仁道，這是道德和政治的融合，也是內聖與外王始終一貫的忠恕之道。

3.愛人惜物，天人合一

孔子以愛為仁道的根本義。仁者不僅愛人，更能愛物，愛人者，人恆愛之。孔子強調愛人以孝弟為先，因為孝弟是人類至性至情之德，孝弟以孝順自己的父母，友愛兄弟姊妹為修身齊家之道，所謂「親親而仁民，仁民而愛物」。這種順乎人類自然的愛、可以擴充發展，不僅「老吾老以及人之老，幼吾幼以及人之幼」，更使人不忘本，不但愛自己的生命，同時也敬愛祖先及民族的生命，更愛惜宇宙萬物的生命。仁者對待萬物，重視自然的生生不息，不忍心摧殘萬物的生命，使人與萬物為一體，人生和自然打成一片，這是天人合一的境界。

（五）志士仁人，無求生以害仁，有殺身以成仁

《論語‧衛靈公》孔子說：有志於仁道和有仁德的人，不會

爲了苟且偷生、保全性命而傷害仁德、只有犧牲性命而來完成仁道。曾子也強調士（讀書人）要有弘大剛毅的志氣，以仁爲己任，任重道遠，死而後已。

《孟子‧告子上》孟子說：生命能夠活下去，是我想要的；義也是我想要的，如果兩者不能同時得到，我寧願捨棄性命而取義。生命雖然可貴，可是，還有比生命更爲可貴的。因此，有志節的讀書人不可苟且偷生；死亡是人人所厭惡的，可是，還有比死亡更讓人厭惡。所以，國家民族生死存亡的責任也就勇於承擔，決不逃避。

可知，孟子以「義」爲道德生命，而孔子以「仁」爲道德生命。孔子成仁和孟子取義，是儒家最高的道德情操，爲了國家民族的大義，當危急存亡之際，寧可殺身成仁，捨生取義；或是鞠躬盡瘁，死而後已。這種成仁取義的節操，不絕於史。

1.諸葛亮：鞠躬盡力，死而後已

諸葛亮，字孔明，生於西元一八一年，卒於西元二三四年。輔佐劉備，三分天下。劉備臨終，對孔明說：「我的兒子劉禪，如果你認爲可以輔佐，就輔佐他；如果你認爲不值得輔佐，就廢掉他」。孔明非常感動，淚流滿面，說：「我一定盡忠全力輔佐他，死而後已。」

孔明先後五次伐魏，積勞成疾，真是鞠躬盡瘁，死而後已。〈前出師表〉孔明說：「臣本布衣，躬耕於南陽，苟且性命於亂世，不求聞達於諸侯。先帝不以臣卑鄙，猥自枉屈，三顧臣於草廬之中，諮臣以當世之事，由是感激，遂許先帝以驅馳。」。〈後出師表〉孔明又說：「先帝慮漢、賊不兩立，王業不偏安，故託臣以討賊也…臣鞠躬盡力，死而後已，至於成敗利鈍，非臣之明所能逆覩也。」

　　孔明生前給後主劉禪上奏章，說：「若臣死之日，不使內有餘帛，外有贏財，以負陛下。」。孔明死後，果然如他所言，沒有遺留財寶，只留下高貴的志節、出眾的才能、不朽的人品，永載史冊，爲後人所景仰。

2.文天祥：人生自古誰無死，留取丹心照汗青

　　西元 1279 年，宋朝狀元宰相文天祥兵敗被俘，囚於北庭兩年，而作〈正氣歌〉一首。〈正氣歌〉說：

> 天地有正氣，雜然賦流形，下則爲河獄，上則爲日星，於人曰浩然，沛乎塞蒼冥⋯時窮節乃見，一一垂丹青⋯是氣所旁薄，凜烈萬古存，當其貫日月，生死安足論。地維賴以立，天柱賴以尊，三綱實係命，道義爲之根⋯仰視浮雲白，悠悠我心悲，蒼天曷有極，哲人日已遠，典型在夙昔。風簷展書讀，古道照顏色。

　　文天祥不屈於異族，不投降元軍，浩然正氣，生死置之度外，他說：「人生自古誰無死，留取丹心照汗青。」（〈過零丁洋〉），終於慷慨就義，其妻在他的衣帶中找到一篇有序言的贊：

> 吾位居將相，不能救社稷，正天下，軍敗國辱，爲囚虜，其當死久矣！頃被執以來，欲引決而無問。今天與之機，謹向南百拜以死。其贊曰：「孔曰成仁，孟曰取義，惟其義盡，所以仁至。讀聖賢書，所學何事？而今而後，庶幾無愧！」宋丞相文天祥絕筆。

　　文天祥以救國救民爲己任，如果不能完成任務，就應該死，「當死」殉國。豈可爲了榮華富貴而投降！唯有以身殉國，才能成仁取義，無愧於天下，這也是讀聖賢書應有的節操。

　　又如陸秀夫，當元軍破崖山，陸秀夫驅使妻子入海，隨後，即負衛王跳海死。謝枋得，以忠義自任，知信州，元兵犯之，戰

敗城陷，終不食而死。

　　值得注意的是，明末殉國者更多。明思宗朱由檢，於崇禎十七年李自成陷京師，自縊於煤山。劉宗周於杭州失守後，絕食二十三天而死。這些忠臣義士，犧牲性命，成仁取義，他們的志氣節操永垂不朽。

（六）死生有命，富貴在天

　　《論語・顏淵》司馬牛憂傷地對子夏說：別人都有兄弟，唯獨我沒有兄弟。子夏說：「死生有命，富貴在天。」君子處事謹慎而沒有過失，與人相處恭敬有禮，四海（天下）之內，都是兄弟。君子何必憂慮沒有親兄弟？

　　子夏所謂「死生有命」源自孔子「得之有命」的觀點。《孟子・萬章》記載：孔子在衛國，居住在賢大夫顏讎由（《史記》作顏濁鄒）家。衛靈公寵臣彌子瑕的妻子，和子路的妻子是姊妹。彌子瑕對子路說：「孔子如果住在我家，就可以當衛國的卿相。」於是，子路向孔子報告這件事。孔子說：「得之有命」。

　　可知，孔子的進仕從政或退隱不仕，都以禮、義為依歸。至於得到卿位或得不到，都不必強求，因為外在的環境，不必然適合於自己的條件，這就是「不知命，無以為君子。」也正是「即命顯義」。

　　孔子不僅「即命顯義」，更是「即命顯德」、「即命顯仁」。孔子自述他的生平，年少志學，三十而立，學有所成，四十而不惑，五十而知天命。這是孔子一生好學和生命歷程的重要關鍵。五十歲知天命是下學上達的踐仁工夫所達到的境界，他的內心親切感受上天的召呼，自信「知我者其天乎！」（《論語・憲問》），負有上天的無上使命，對人有無限的責任感和道德感。

　　所以，孔子五十歲所體認的天命，是道德性的天命，不是宗教性的天命（上帝），是普遍性和永恆性的道德天。他的知天命，是對自己的道德完全自覺、自證和自命。人當以仁自命，應自踐其仁，應自踐其義。人只要行仁，天命自然對人有所召喚，或有艱難困厄的時候，總是不怨天不尤人，不憂無悔，終究樂天知命。

　　例如有一次，孔子和弟子們到了「匡」這個地方，當地人誤認孔子是殘暴他們的陽虎，民眾把他們圍住，弟子們驚慌，害怕受到傷害，孔子非常鎮定，安慰弟子們說：周文王死後，由我繼承文化道統，如果上天要毀棄這個道統，就不會由我來承擔繼往開來的任務。如果上天不想毀滅這個文化道統，匡人不會傷害我們。

　　又據《論語・述而》記載：孔子離開曹國，到宋國，與弟子們在大樹下習禮。宋國司馬向魋（桓魋）欲殺孔子，把大樹砍掉。弟子說：趕快離開。孔子說：上天既然賦予我仁義道德，桓魋將奈我何？

　　可知，儒者的言行，進退以禮義為依歸，幸或不幸，得或不得，總是安於命，更安於生死。這就是《中庸》所謂「君子素其位而行」，張載〈西銘〉說：「存，吾順事；歿，吾寧也。」張載強調當我們活著，就依循天理仁義為人處世；如果不幸而亡，我們也能心安理得，俯仰無愧；朱熹直言「聖人安於死」。

（七）生，事之以禮；死，葬之以禮，祭之以禮

　　《論語・為政》記載：孟懿子（魯國大夫）問孔子如何行孝。孔子說：不要違背禮節。之後，樊遲為孔子駕車，孔子告訴他這件事。樊遲說：不要違背禮節是什麼意思？孔子說：父母在世的時候，依一定的禮節孝順父母；父母過世，依一定的禮節喪葬，依一定的禮節按時祭祀。

　　孔子以禮貫通生死，更是以孝道貫通生死。誠如《中庸》第十九章所言「事死如事生，事亡如事存，孝之至也。」祭祀過世的父母，如同他生前一樣；依照一定的禮節祭祀過世的祖先，猶如他活著時一般，這才是孝道。

　　因此，《孟子・離婁上》孟子說：「不孝有三，無後為大。」「無後」是最大的不孝，沒有子孫，斷絕祖先的祭祀。因為我的生命，由祖先而來，子孫的生命，自我的生命而有。所以，子孫的繁衍，可視為祖先和我的生命未嘗滅絕的直接血脈。子孫祭祀祖先，是生命不朽的直接證明，也是孝道的表現。

二、孟子的生死觀

　　孟子繼承孔子的儒學與仁道。他的生死觀，深受孔子的影響，對後世也有深遠的影響。

（一）生於憂患，死於安樂

　　《孟子・告子下》孟子說：上天要把重責大任賦予某人時，必先艱苦他的心志，勞動他的筋骨，饑餓他的身體，貧窮他的家庭。不斷的困擾，使他的作為都不順遂，為的是要激勵他的志氣，堅忍他的節操，增進他的能力。人時常有了過錯，然後才能改進，工作不順遂，然後才能奮發圖強。國內如果沒有忠臣的輔佐和忠諫的賢士，國外又沒有敵對的國家，造成外來的憂患，這個國家往往會滅亡。因此，我們知道：在憂患的條件中才能存活；反之，在安樂的的環境中就會滅亡。

　　因此，孟子進一步說：夏商周三代能夠統一天下，是由於仁德，得民心而得天下，後來，不得民心而失掉政權，是由於沒有仁德，殘暴人民。所以天子沒有仁德，就不能保有天下，個人沒

有仁德（殘暴不仁），就不能保全他的生命。現在很多人，一方面厭惡死亡，一方面卻時常做殘暴不仁的事，就好像不喜歡酒醉的人，卻又勉強飲酒，是多麼的矛盾！

（二）殀壽不貳，修身以俟之，所以立命也

孟子強調人要「知天」、「事天」，要如何知天？必須盡量擴充自己的靈明本心，就可以知道自己稟受於天的本性（性善源於天），知人之性就可以知天；存養自己靈明的本心和天賦善端，就可以事天而無違天道。

至於自己的壽命長或短，毫不考慮，只專心修養道德人格，發揮上天的稟賦，不以人為私欲殘害本然善性，這就是完成天命之道。須知，孟子的知天，源於《中庸》。人為什麼要知天？因為「天命之謂性」（《中庸》第一章），人的善端本性是上天所賦予的。

此外，《孟子・盡心下》說：「君子行法以俟命而已矣」源於《中庸》第十四章所謂「君子居易以俟命」。所謂「居易」，素位而行。一個有道德修養的人，應該就當前所處的環境去做他該做的事，安份守己。無論處在富貴的地位、處在貧賤的環境，或處在患難的時候，總是端正自己的行為，對待別人無所奢求，不怨天，不尤人，自然沒有什麼怨恨和危險。因此，孟子說：君子只是依據禮義行事，等待天命而已。

除了立命、俟命，孟子還有「正命」之說。《孟子・盡心上》說：「盡其道而死者，正命也。」孟子以為人生的吉凶、禍福、富貴、貧賤、夭壽，都是上天所賦予，只要素位而行，順受正道，就是「知命」。只要能夠盡己、修身、養性，平安壽終，就是「正命」；相反而言，為非犯法，犯罪而死，都是自己所為，死於非命，就不是正命。

（三）養生喪死無憾，王道之始也

孟子的政治思想，主張仁政王道。以不忍人之心行不忍人之政，就是仁政。以德行仁者，就是王道。仁政王道首先要讓人民的基本生活有所安頓，使人民在養生送死兩方面都沒有欠缺，能使人民養生送死沒有悔恨，就是王道的開始。因此，仁政的原則是使人民有足夠的能力，奉養父母，養活妻兒子女；豐年可以吃得飽，荒年也能免於餓死，生活安定，沒有怨恨，教化百姓向善，就很容易。

三、荀子的生死觀

（一）天行有常，不為堯存，不為桀亡

荀子，名況，字卿，亦作孫卿，戰國時代趙國人。重視人道，不重天道。天道只是自然的法則，自然法則永遠不會改變。天道對人的生死存亡、吉凶禍福沒有任何影響。天道不會賜福給人，也不會降禍於人。

《荀子·天論》說：天道有一定的常軌，不因個人的善惡而賜福降禍，不會因為堯的仁愛而存活他，不會因為桀的殘暴而滅亡他。

例如：一個人努力農耕，勤勞節儉，天不能使他貧困窮苦。養生有道，飲食節制，營養均衡，注重衛生，適當的運動，天不能使他生病。修養道德，不犯禮法，天不能使他遭禍。相反而言，一個人荒廢農耕，不事生產，奢侈浪費，天不能使他富裕；暴飲暴食，飲酒吸毒，天不能使他健康。一切的生死存亡、吉凶禍福，都是自己造成的，能夠明白天和人的分際，就不會迷信天的權威，而忘了自我的努力。

（二）天地合而萬物生

《荀子‧禮論》說：天地是萬物的父母，天地自然生養萬物，沒有目的，沒有計畫，沒有偏私，沒有分辨萬物的高低或善惡。陰陽交接而有萬物生生不息的變化。換言之，宇宙萬物的生命，由天地自然運轉而生，萬物的生命不是由上帝或神所創造，也不是由天道所創生。

既然萬物的生命由天地而來，人的生命亦由天地而來。沒有天地，就沒有自然萬物，也就沒有人類的存在，所以，荀子說：「人之命在天」。值得注意的是，荀子所謂「天行有常」、「天地合而萬物生」，源自孔子「天何言哉？四時行焉，百物生焉，天何言哉？」。

《論語‧陽貨》孔子說：我不想說話了！子貢說：如果老師不說話，弟子們如何傳述老師的學問呢？孔子說：上天有說話嗎？然而，四季照常運轉，萬物生生不息，上天沒有說話呀！

（三）大哉死乎！君子息焉，小人休焉

個人的生死無所逃於天地之間，個人的生活更無所逃乎夫婦、父子、兄弟、朋友、君臣之間。人的生命由父母而來，五倫造端於夫婦。男女的結合才有夫婦、父子、兄弟、朋友，然後才有國家的形成和君臣的關係。面對小我和大我之間，一個人的生命如何才有意義？如何才能不虛此生，死而無憾？這是人生的大問題。因為生死是人生最重要的大事，人生在世，數十個寒暑，生命極為短暫，如何活得有意義？是每一個人必須面對的嚴肅問題，個人可以離群獨居而不顧人倫綱常嗎？

《荀子‧大略》借用子貢和孔子的對話，闡明個人的生活和生命，與人倫綱常的密切關係。個人只要還有一口氣在，就不能

逃避學習、事君、孝親、持家、安養妻小、耕種等重責大任。對
君子來說，一生為責任和理想奮鬥，面臨死亡才能心安理得。

　　有一次，子貢遭遇了挫折，心灰意冷，對孔子說他倦於學習，
不想做事君的工作。孔子回答說：部屬對長官要有恭敬的態度，
從事公務不敢懈怠，事君不是容易的事，君臣關係豈可棄而不顧！
子貢又說他不想事親了。孔子回答說：子女孝順父母，永無休止，
事親要以孝道教育下一代，事親不是容易的事，父子關係豈可棄
而不顧！

　　子貢又說他不想與妻子相處了。孔子回答說：夫婦是人倫的
開端，與妻子相處不是容易的事，夫婦關係豈可棄而不顧！子貢
又說他不想與朋友相處了。孔子回答說：朋友要互相鼓勵幫助，
與朋友相處不是容易的事，朋友關係豈可棄而不顧！子貢又說他
不想耕種了。孔子回答說：耕種要及時配合季節，勤於農耕，種
田不是容易的事，耕種豈可棄而不顧！

　　子貢感慨的說：如此說來，人生無處可以休息了嗎？孔子
說：當我們望著高高的墳墓，就知道什麼是永遠的休息了。子貢
說：死亡確實是人生的大事，君子充實而有光輝的生命，死而無
憾，可以永遠安息了。至於如何維繫人倫親情與社會的和諧？荀
子強調以禮行義。禮是人生無往而不善之道，禮更是生死之道，
禮是社會的規範，唯有力行禮義之道，才能實現社會正義。

第二章　鬼神思想

第一節　先秦的鬼神思想

一、泛靈的信仰

　　人類學家泰勒（E. B. Tylon，西元一八三二～一九一七年）認爲宗教的起源，是先民對於「靈的存在（spiritual beings）」的信仰。所謂靈的存在，表示一種超越自然現象的存在，因爲所有自然界的萬物，都受到時間和空間的限制，而先民相信「靈」是無所不在的，能夠超越有限的時空，並且相信天地萬物都有靈，這種泛靈的信仰，稱爲萬物有靈論（animism）。先民以泛靈的思想，解釋天地之間各種現象，包括：天災、貴賤、貧富、疾病和生死。

　　泰勒又認爲靈有三類：（1）是存在於活人身上的靈魂（soul）；（2）是死後離開身體的鬼魂（ghost）；（3）是人類以外的精靈（spirit），存在於日月山川、草木、鳥獸、風雨、雷電等自然萬物之中。以傳統的宗教信仰而言，就是天神、地祇和人鬼，統稱爲鬼神。

　　值得注意的是，台灣民間的宗教行爲，就是一種泛靈的信仰，這種多神的民間信仰，可以分爲自然崇拜、人鬼崇拜、幽靈崇拜、器物崇拜等四類。

　　所謂自然崇拜，相信日月星辰和動、植物，都有神靈的存在，認爲太陽是太陽星君，月亮是太陰娘娘，還有火德星君、土地公、大樹公、石頭公等。

　　所謂人鬼崇拜，相信人死以後，鬼魂是不滅的，可以影響人間的吉凶禍福。此外，受到儒家慎終追遠的孝道影響，子孫祭祀祖先以及崇拜古聖先賢，諸如：孔子、關公、媽祖、開漳聖王等。

　　所謂幽靈崇拜，是祭祀無主的孤魂野鬼，相信那些橫死或溺死的鬼魂，能對陽間的世人作祟，爲了安撫這些孤魂野鬼，農曆七月十五日的中元普渡，相當普遍。

　　所謂器物崇拜，認爲人類製造或使用的器物具有神靈，而加予祭拜，例如門有門神，灶有灶神，尤其是孩童睡的床有「床母」，老一輩的人都把祂當作是孩童的守護神而祭拜。

　　至於鬼神的意義是什麼？《禮記·祭法》認爲人死了以後，就稱爲「鬼」；《列子·天瑞》認爲人死後精神離形，各歸其真，所以稱爲「鬼」。何謂神？《禮記·祭法》以爲凡是山林、河谷、丘陵地帶，有雲氣風雨，出現不尋常的現象或東西，都稱爲「神」；《周易·繫辭上傳》說：陰陽不測之謂「神」；《孟子·盡心》說：聖而不可知之謂「神」。

　　古書中常見鬼神合稱，《管子·內業》認爲萬物的精氣，結合起來就有生命，在地上生成五穀，在天上化爲日月星辰，流佈在天地之間，稱爲「鬼神」。《禮記·祭義》認爲鬼神的思想，是神道設教的極則，有生必有死，死後歸土，謂之鬼。換言之，人死之後，魂氣歸於天，形魄歸於地，所以說：鬼者，歸也。因爲中國自古以來，即以宗法立國，祭祀鬼神源於對祖先的孝敬，由人鬼而尊崇天地神祇，再由天地神祇而崇拜最高的尊神，《尚書》稱爲上帝，或稱帝，又稱天。

二、上帝是尊神

《尚書‧湯誓》是商湯討伐夏桀的誓師之辭，意思是說夏桀不憐恤人民，荒廢農事，夏桀的罪惡多端，上帝命令我（商湯）去討伐他，我商湯害怕上帝，不敢不去征伐夏桀。

《尚書‧多士》是周成王遷都殷商所遺留的官吏及頑民於雒邑，周公以王命告誡的說辭。意思是說上帝是引導人民明德修身，過安樂的生活，不可以過度淫逸。因為夏桀不能聽從上帝的命令，過度淫樂，上帝就命令成湯革了夏桀的命。從成湯到帝乙，沒有不明其明德，謹慎修身愛民，勤於祭祀，不敢違抗上帝的命令，到了紂王，不顧人民，過度享樂，於是，上帝就降下滅紂的大禍，這是上帝不把天下給那德行不好的人，凡是天下諸國所以滅亡的原因，沒有不是由於有了大的罪過而應受懲罰的。

《尚書‧立政》是周公告訴成王任用官吏之道。周公要俊傑之士尊敬上帝，夏桀因為不遵守以往任用官吏的原則，所以，行為殘暴，亡國絕後。到了成湯在位時，他能夠遵循上帝顯赫的命令，依照用人的道理，提拔俊傑。

《詩經》中也有不少上帝的稱呼。《詩經‧大雅》是說文王的為人，小心謹慎，敬事上帝，所以能夠得到很多幸福。文王有美德而無邪，因此，四方的國家都來歸附。

〈大雅〉又說：偉大的上帝，顯赫威嚴，臨視天下，上帝監察各國，探求人民疾苦，只有夏、商二國，政治最不清明，其他的國家，上帝嫌棄政局不好，惟獨周室很有德行，天意遂歸文王，成為天子。

三、墨子明鬼

　　墨子強調鬼神具有賞善罰惡的能力，他以為鬼神有不同的類型，有天鬼、山水的鬼神，還有人死以後變成為鬼。至於鬼神有多明智呢？《墨子‧明鬼下》認為即使在深山溪澗，一言一行都要謹慎，因為有鬼神明察每一個人的言行善惡。

　　如果以大家所見所聞而言，從前，周宣王殺害無辜的杜伯，杜伯臨終說：宣王無理殺害我，不出三年，我一定要讓他知道鬼神賞善罰惡的能力。到了第三年，周宣王集結諸侯，在圃田打獵，到了中午，杜伯的鬼魂乘坐白馬素車，穿戴朱紅色的衣冠，手持朱紅色的弓箭，一箭把宣王射死，這個時候，隨從數千人都看見了，並且記載在國史上，做為國人的警惕，凡是殺害無辜的人必然遭受鬼神的處罰，很快得到悲慘的下場。

　　墨子以為鬼神賞善罰惡、賞賢罰暴是非常靈明的，像從前夏桀貴為天子，富甲天下，可是他對上天和鬼神不尊敬，對人民不愛護，於是，上天就命令商湯去討伐他，雖然夏桀有一批武士，也不能抵擋鬼神的誅罰。

　　所以，墨子認為如果能夠讓每一個人都相信鬼神的存在，相信鬼神能夠賞善罰惡，這是治理國家，有利萬民的好方法。那些貪污、淫亂、殘暴、盜賊、搶奪、殺人等等罪行，鬼神都看得見，這樣，惡人因為害怕遭受鬼神處罰，種種罪惡會減少很多，於是，國家安定，天下太平。

　　值得注意的是，墨子的明鬼思想，主要目的是勸人為善去惡，促使政治清明，國家安定。即使對鬼神崇拜與祭祀，也不祈求鬼神無故降福，而是人先做善事，鬼神才降福，不是用祭品去奢求鬼神，成就個人的求福願望。可以說墨子的明鬼思想，具有

道德勸善意義和宗教情操，並非鼓吹迷信。

　　《墨子‧公孟》記載：墨子有一次生病，他的弟子跌鼻問墨子說：老師以爲鬼神非常靈明，能夠賜福降禍，賞善罰惡。當今，老師可以算是一位有善德的聖人，怎麼還會生病呢？是不是老師說的話不對？是不是鬼神沒有靈明？墨子回答說：我雖然生病，不見得鬼神就不靈明，因爲人生病的原因很多，有的病是由於受了風寒，天氣太冷或太熱，有的病是由於工作太勞累，或感染瘟疫等，並不是有善德的人，鬼神就保佑他永遠不會生病。

　　此外，王充在《論衡‧福虛》中記述：儒家之徒董無心和墨家之徒纏子，兩人見面時論辯自家的思想。纏子稱贊墨子明鬼，引用秦穆公有德，因此，天神賞賜他多活十九年的壽命。董無心以堯、舜雖然是有德的聖王，並沒有得到上天賞賜的高壽，而桀、紂是無德的暴君，也沒有被上天減少壽命爲例，反駁纏子。換言之，纏子論述鬼神能夠禍福於人；相反的，董無心說明鬼神根本就不能賞善罰惡，禍福於人，其目的是否定鬼神的存在，使人相信沒有鬼神。

四、西門豹治巫

　　先民的泛靈思想，相信山有山神，河有河伯，雷有雷公。一些不肖之徒，遂利用此一信仰，進行不當的詐騙。

　　據司馬遷《史記‧滑稽列傳》記載：西門豹是戰國時代魏國著名的官吏。魏文侯時任鄴令，鄴地的地方官員與女巫勾結，利用漳水經常氾濫，造成水災爲患，謊稱河伯娶親，向人民詐索財物，以此謀財害命。西門豹到任後，了解百姓爲河伯娶親所苦，於是，宣佈願意親往河上，與父老共同送女子給河伯爲妻。

　　到了河伯娶親那一天，三千人觀禮，等待舉行爲河伯娶親的

儀式時，西門豹察看送給河伯為妻的女子，然後告訴巫祝說：該女子不好，麻煩老巫嫗入河報告河伯，另找更好的女子，改天再送給河伯。於是，令吏卒抱老巫婦投入河中，迫使七十餘歲的女巫自食謀財害命的惡果。之後再投入三位弟子。西門豹還想嚴懲縣吏和豪紳，迫使他們入河，這些騙徒自知騙術已被西門豹揭穿，無不驚恐萬分，叩頭求饒，血流滿地，臉色如死灰。從此，沒有河伯娶親，婦女不再受害。西門豹興修水利，根除水患，增加生產。

從思想本質而言，「河伯」象徵天然災害在人們心中，造成鬼神禍福於人的想像空間，西門豹不僅揭穿謀財害命的騙局外，更從水利工程的實務中，破除河伯（鬼神）禍福於人的信仰。可知，人類對自然界種種現象了解越廣大深入，從自然界得到的自由思想就越多，相對的，對鬼神禍福於人的依賴就越少。

五、《左傳》厲鬼、魂魄、黃泉地下

《左傳》的鬼神思想，有厲鬼、魂魄以及黃泉地下等概念。《左傳‧昭公七年》記載：春秋鄭國大夫良霄，字伯有，貪愎又多欲。子晢、駟帶等人攻伐他，伯有戰死，死後成為厲鬼。有人夢見伯有，伯有說他要殺死駟帶和公孫段。後來，駟帶和公孫段果然死了，大家都很害怕。子產就立了公孫洩和良止（伯有的兒子）做大夫，安撫大家的不安。

子產說：鬼有了歸宿就不會危害人間了。子產以為人從小吸收很多動、植物的營養，魂魄就強壯起來，所以，人的精神靈性最高，一般人如果橫死，他的魂魄還能依附在活人身上，危害別人，何況，伯有是先君穆公的後代，他遭到殺害，死後成為厲鬼，也是可能的。

　　子產所謂魂魄，就是一個人的神靈，表示生命的存在與活動。分別而言，附形之靈爲魄，附氣之神爲魂。所謂附形之靈，是說人初生時，耳目心識，手足運動，能夠啼呼喊叫；所謂附氣之神，是指精神性識，漸有所知，種種認知功能。以生命的成長而言，魄在前，魂在後。魂魄離開人的身體，表示生命的死亡，可知，人的生命是由魂與魄所構成。

　　值得注意的是，子產所謂「鬼有所歸，乃不爲厲。」鬼有了歸宿就不會害人，是指人死以後，要有後代子孫的祭祀，此說流傳影響至今，民間信仰相信沒有後代子孫祭祀的孤魂野鬼，能夠危害人間，所以有中元普渡，祭拜所謂好兄弟。

　　自秦漢以下，魂魄是陰、陽之氣。魂氣屬陽，死後歸於天；形魄屬陰，死後歸於地。《禮記・郊特牲》所謂：魂氣歸於天，形魄歸於地。〈禮運〉的「知氣」就是〈郊特牲〉的「魂氣」。魂升天無所不在，所以，人死招魂，招魂復魄，希望死者復活。

　　此外，《左傳・隱公元年》鄭伯克段于鄢，鄭莊公把母親姜氏置於城潁，誓言：不到黃泉，不再相見。所謂黃泉，就是人死後所居住的世界，黃泉又名九泉，人們相信這個黃泉陰間世界，就像人間世界一樣，所以，死者要有實用的陪葬品，以及人殉和人祭。孔子等儒者提倡以象徵意義的「明器」陪葬，以示孝道，同時也表達孝子的不忍之心。後來，佛、道教另有地獄及地府之說。

六、鬼神是祖先之靈

　　先民的宗教觀，認爲鬼神是決定人生吉凶禍福的權威主宰，所以要不斷的祭拜和祈福。但是，我們從孔子的言論中，可以發現孔子淡化人們對鬼神的依賴，以人文精神淨化鬼神，並且把以

鬼神爲主宰的世間，轉化爲以人爲本的人間世界。《論語‧先進》：
季路問事鬼神，子曰：未能事人，焉能事鬼？

　　孔子回答子路的問話，沒有說不可以事鬼神，只是表示應該
以事人爲先，以活生生的人道爲本。一個人如果不能誠敬忠信事
人或務民，不能以孝道事父母，又何能以虔誠之心祭祀鬼神（祖
先），父母在世不能盡孝，父母死後祭拜何益？《論語‧雍也》：
樊遲問知，子曰：務民之義，敬鬼神而遠之，可謂知矣。

　　一般人都相信鬼神，孔子不依賴鬼神，他對鬼神雖然尊敬，
但不親近，爲什麼要尊敬鬼神？因爲從生命源流而言，鬼神是祖
先的神靈，我們的生命從祖先而來，當然不能忘本，更不能背祖，
應該以感恩的心定期祭祀。

　　《論語‧爲政》孔子說：「非其鬼而祭之，諂也。」自己的
祖先應當祭祀，表示「慎終追遠」及「報本返始」之義。「非其鬼」
是指自己祖先以外的天地神祇，祭祀天地神祇，無非是祈福求財、
消災避禍的心理，當然是一種媚求的行爲。

　　《論語‧述而》記載：孔子生病了，病得很嚴重，子路請孔
子祈禱求福。孔子說：有這一回事嗎？子路說：有的，祈禱詞說：
向你上下的天神地祇祈求。孔子說：那我的祈禱已經很久了

　　孔子自認生平修養道德，四十不惑，五十知天命，六十耳順，
七十從心所欲不逾矩，仰不愧，俯不怍，沒有什麼要祈求的。所
以，孔子以爲一個人的言行，如果違背天理仁義，在什麼地方祈
禱都沒有意義，可知，孔子對鬼神的態度是相當理性的。《論語‧
述而》：「子不語：怪、力、亂、神。」

　　孔子以爲鬼神是一種崇拜、祭祀和信仰的對象，不是人類知
識所能論究。此一觀點近似康德的思想。康德認爲上帝存在和靈
魂不滅在思辯理性的範疇之內而言，是一個假定，作爲一種說明

的原則。不過，假定上帝存在是主觀的道德需要，而不是客觀的知識，這種實踐上的主觀需要，可以稱爲「信仰」（faith），就是道德實踐的信仰。

可知，儒家對鬼神存而不論，但是，重視祭祀祖先，祭祖是孝道的表現，祭祀祖先是教化人心之道，而非純粹的宗教行爲，表示不忘本和感恩之情。

七、荀子形具而神生

荀子繼承孔子重人事輕鬼神的思想。值得注意的是，荀子在〈天論〉中提出「形具而神生」的看法，他肯定有形體然後才有精神，形體是第一性，精神是第二性，精神不能離開形體而獨立存在，形體是精神的物質基礎，他強調精神只能依賴形體才能存在。這種「形具而神生」的思想，簡稱爲「形神一元論」，基本上代表儒家的觀點。

對於鬼神的看法，荀子認爲一般人以爲有鬼，必然是在恍惚、眩惑時的錯覺。他在〈解蔽〉中以爲一般人觀察事物，如果不專注，心中有所蒙蔽、疑惑，對事物的觀察就不能正確精準。如果思慮不清明，就不能明確判斷。在黑暗中走路的人，看到一塊橫臥的石頭，誤以爲是伏著的老虎，看見一片林立的樹木，誤以爲是站立的人，這是由於昏暗蒙蔽了他的眼睛。喝醉酒的人，走過一條百步寬的水溝，誤以爲只是半步寬而已，這是酒醉昏亂了他的精神。

荀子說：夏首南邊，有一個人名叫涓蜀梁，生性愚蠢膽小，在月光明亮的夜晚走路，低頭看見自己的影子，以爲是趴在地上的鬼，抬頭看見自己的頭髮，以爲地上站立的妖怪，回頭趕緊跑回家，等他急忙跑到家，就斷氣而死了，豈不可悲！因爲一般人

以爲有鬼，都是在精神恍惚、心智眩惑的情況下，以錯覺爲真實，把無當成有，把有當成無，而妄自遽下定論。

所以，有人患痺症（風濕病），不知求醫診治，反而敲鼓、烹豬，祈禱鬼神除病，這樣做，必然敲壞了鼓，浪費了豬，而不能痊癒，多麼愚蠢呀！可知，荀子否定鬼神的存在，同時也認爲淫祀求福，無濟於事，根本不能求神治病。荀子雖然否定鬼神的存在，但是，爲了禮義教化，強調喪禮與祭祀的重要性。

八、莊子養神與養形

鬼神思想在莊子哲學體系中，主要論述形神問題，莊子提出形神二元的觀點，引發魏晉南北朝有關形盡神滅或形盡神不滅的爭論。

《莊子》以「道」爲思想的核心，「道」能生天、地，道無所不在，萬物由「道」而來。「道」無形，無形之道，能生有形之物。所以，《莊子・知北遊》說：精神生於道，形本生於天。

精神是從「道」生出來的，而非出自天，形體是從精氣中生出來的，形體並非出於地。換言之，宇宙的原始是「無」，只有「道」的渾然一體，沒有個別的形體，卻有陰陽的分別，萬物得於「道」而生成，這是陰陽之氣大化流行的作用，而產生了萬物。萬物生成具有不同的生命現象，稱爲「形體」，形體保有精神，各有不同的身心之理，稱爲「性」。也就是說，「性」是由形體和精神結合而成。因此，《莊子》強調養形和養神並重的養生思想。

如何養形？主要是吐納和導引。《莊子》認爲吐納（吐故納新）就是行氣，吐出體內的污濁之氣，吸入自然的清新之氣，以及導引之術，可以延年益壽。所謂導引，是搖筋骨動肢節，導是導氣，引是引體，導氣使人心平氣和，引體使人肢體柔軟，有強

壯關節筋骨，促進血液循環的健身功效。

　　不過，對於行氣和導引，《莊子》沒有提出具體的方法。後來，葛洪的《抱朴子》和陶弘景的《養性延命錄》有詳細的說明。馬王堆漢墓出土的帛書有《導引圖》，模仿各種禽獸的動作，又據《後漢書・方術列傳》說，華陀傳授吳普五禽戲：（1）虎戲，（2）鹿戲，（3）熊戲，（4）猿戲，（5）鳥戲。《養性延命錄》記述五禽戲的具體方法，是現存文獻中最早的記載。

　　至於如何養神呢？《莊子》強調人要效法自然的道理，寧靜專一而不妄動，生活恬淡，樸實純真，心齋虛己，無為，坐忘，就是忘掉年紀、歲月、生死，忘掉是非、禮樂、仁義，使內心悠遊於無窮的境地，順從自然而行，這是養神的道理。從事養神的人，不要受到外在環境的影響而感到痛苦或快樂，所謂「安時而處順，哀樂不能入。」，精神和「道」相通為一。

　　值得一提的是《莊子・達生》一則鬼故事。齊桓公在野澤裏打獵，管仲駕車。桓公看見鬼，急忙捉住管仲的手說：你看見什麼？管仲回答說：我什麼也沒有看見。桓公回去，受驚而生病。齊國賢士皇子告敖說：陛下是自己憂傷驚嚇，鬼豈能傷害您！桓公問說：世上有鬼神嗎？

　　皇子告敖說：有的。水井中有履神，又稱為「漏」；戶有灶神，名「髻」，又稱為「浩」；門有門神，稱為「雷霆」；住宅東北邊牆之神，稱為「倍阿鮭」，西北邊牆之神，稱為「泆陽」。住宅外，水中有罔象神，丘陵有峷，高山有夔神，郊野有彷徨神，湖澤有委蛇神。

　　《莊子・達生》的鬼神思想，就是萬物有靈的觀點。依《呂氏春秋》及《禮記》的記載，天子在一年之內，要按照季節時令，祭拜天地之神、四方之神、山川之神，以及戶、灶、門、井、中

霤之神（土神）。天子爲什麼要祭拜群神？因爲天地山川、門戶、灶、井、土地等，跟我們的日常生活密切相關，百姓賴予生存的地方，應該定期祭祀，以示報恩之義。

第二節　兩漢的鬼神思想

一、淮南子的燭火之喻

《莊子》形神二元以及養形和養神的思想，對《淮南子》有深遠的影響。《淮南子》也認爲人的生命，是形神二元的結構。〈精神訓〉說：人的生命有形體和精神兩元素，分屬天地陰陽二氣，精神受之於天，形體稟之於地，必須天地陰陽二氣的結合才能表現生命的現象。換言之，生命是形神結合而成。

從實然的層面而言，形體和精神同樣重要。〈俶真訓〉說：形體遭受寒暑燥濕的傷害時，形體衰弱而精神尚能健在，精神遭受喜怒憂慮的傷害時，精神不振而形體尚有餘力。因此，突然橫死的人，他的鬼魂能害人，正常壽終的人，他的魂神是安定的，這種現象說明形體和精神並沒有同時一起死亡。聖人掌握自己的心性，使形體和精神相互依存，兩者扶持而使生死共同始終。

爲了形神相扶，因此，不但要養神，也要養形，養神和養形往往是互爲因果，相輔相成，形神相養的益處是可以使我們耳目精明，思慮周密，審知禍福。不過，〈泰族訓〉認爲最好的養生方法是保養精神，其次才是保養形體。如果神志能夠清平，凡事都會得到安寧，這是養生的根本。因爲，精神才是主宰生命的制約者。換言之，一個人的生命，只能以精神制約身體，不能以形體

制約精神，因爲精神貴於形體。

　　人有理性，也有感官的本能情欲，要以清明的精神理性去制約感官的情欲，如果理性精神克制不了情欲，將會傷害身體的健康，帶來禍患，例如抽煙、喝酒、吸毒，不能節制物欲和情欲，將使生命枯竭。因此，〈原道訓〉說：

　　此膏燭之類，火逾燃而消逾亟。

　　值得注意的是，〈原道訓〉第一次以養生的觀點，提出「燭火之喻」，把形體比喻膏燭，精神比喻燭火，精神耗損愈多，形體加速滅亡，所以說：太上養神。

　　此外，〈氾論訓〉探究鬼神思想的根源有四個原因：

（一）由於神志不清，喝醉酒或膽怯造成的錯覺

　　〈氾論訓〉繼承《荀子・解蔽》的觀點，荀子認爲一般人以爲有鬼，是在恍惚眩惑、愚蠢膽怯時的錯覺。

　　〈氾論訓〉認爲喝醉酒的人，俯身進入城門，以爲是七尺的閨門（上圓下方的小門）。跨越長江、黃河，以爲是普通的水溝，這是因爲酒精迷亂他的神志。膽怯的人晚上看見測量日影以記時的圭表，以爲看到鬼。晚上看見擺在地上的石頭，以爲是老虎，這是由於膽怯愚蠢喪失了他的勇氣。

（二）由於膚淺無知和少見多怪

　　一般人的科學知識非常有限，而且，總是少見而多怪，例如深山的動物，深海的魚類，非本地生產的動、植物，我們都以爲是怪物，所以有所謂山怪、水怪、海怪等傳聞。又如一些少見的疾病，現代醫學稱爲罕見疾病，有人以爲是怪病，不找醫生診治，反求鬼神、巫術或偏方，不僅造成財物的損失，家人的不安，更

賠上了寶貴的生命。

（三）托鬼神以伸誡

〈氾論訓〉認爲世界上的事物太多了，不可能每一種現象都明白其道理，因此，聖人利用鬼神賞善罰惡之說，制定各種禁戒。比如說：世俗百姓以爲祭祀鬼神或祖先，以豬肉爲上等的供品；埋葬死者，不能把皮裘埋葬在墳墓裏；拿利刃相互嬉戲，祖先會推開他的胳膊；枕著門檻睡覺，鬼神會踩在他的腦袋等等，都有真正的用意。

認爲豬肉是最好的祭品，並不是豬肉會比其他肉品好，而是豬是家畜，容易得到豬肉，所以，依照它的方便而認爲豬肉是最好的供品。皮裘不能埋在墳墓裏的原因，是因爲皮裘是難得而價格昂貴的衣物，當成陪葬物對死者沒有益處，而對生者可用來保暖身體，因此，按照實際用處而禁忌陪葬。用利刃互相嬉戲，祖先會推開他的胳膊，是因爲擔心失手傷人，而有刑罰之災。枕著門檻睡覺，將受風寒，容易得病，因此，假借鬼神來告誡世人。

或者由於對自然科學的知識不足，對於自然現象無知，例如：地震、日蝕、月蝕等，由於無知而生恐懼，所以，〈氾論訓〉認爲對於天下的奇怪異物，只有聖人能夠明察；對於人事吉凶禍福，行善是否得福？行惡是否得禍？只有智者通達禍福之理，而一般人對於自然異物，以及人事的吉凶禍福卻深感迷惑。

凡是以上種種，爲的是愚蠢的人，不知道它的危險性，於是，依托鬼神的威勢，強調其教化，由來已久，而一般人認爲是吉凶禍福的禁忌，只有智者才能明白真正的意義。

（四）祭祀報功永懷德澤

〈氾論訓〉認爲百姓祭祀門、戶、井、灶、床等，不是因爲灶神、門神、井神等能享用祭品，而是因爲百姓經年累月都要使用它們，祭祀是表示不忘記它們的功勞。

只有泰山的的雲雨，能在短時間內澤及廣大土地。也只有長江、黃河在大旱三年後，還能潤澤滋生草木，這就是天子感恩它們而祭祀的原因。所以，牛、馬在患難中能使主人免於一死的，死後都要好好安葬，何況那些曾爲百姓建立大功勞的人呢？這就是聖人祭祀報功，永懷德澤，神道設教的原因。

〈氾論訓〉認爲炎帝以火治天下，死後被尊爲灶神，因爲炎帝教人用火；后稷教人種植五穀，死後被尊奉爲穀神；羿爲天下除害，死後被尊爲禳除災害之神，凡此種種，對社會人民有功勞的人，死後都被尊奉爲神，受人祭拜，這就是鬼神思想所以產生的原因。

可知，〈氾論訓〉認爲聖人爲了伸誡教化和感恩報功，借鬼神之威以聲其教。所以說：百姓以爲鬼神可以主宰人間的吉凶禍福，而只有智者才能明白鬼神的教化意義。

二、王充人死無知，不爲鬼，不能害人

王充對形神關係的論證，除了說明人死形盡神滅外，更強調人死無知，不爲鬼，不能害人。他認爲人也是萬物之一，其他動物死了不能變成鬼，爲什麼人死後能變成鬼呢？因此，王充以爲沒有鬼神，人死不能害人，他做了四個論證：

（一）以精氣論證

王充《論衡‧論死》認為人的生死是由於精氣的聚散，人之所以有生命，是由於有精氣的聚合。所謂精氣，就是人的血脈，血脈流通，保持精氣。人死血脈乾枯，精氣消散，形體腐朽，只存屍骨，屍骨憑藉什麼能變成鬼呢？所以，人們所看見的有形體的鬼神，不是死人變成的。因為所謂鬼神是恍惚無形而不能看見的東西，人死精氣消散在天地自然之中，骨骸存留墓地而成灰土，人死曰鬼，鬼是歸的意思；神是恍惚無形的意思。

精氣生人，就像水遇冷凝聚變成冰，精氣凝聚變成人，冰融化變成水，水流歸大海，猶如人死精氣復歸於天地之中。王充又以為人的精氣藏在形體之中，猶如粟米裝在袋子裏一樣，人死形體腐朽，精神離散消失，如同袋子破裂，粟米漏出散失一樣，粟米散失，袋子破消，再沒有飽滿的樣子，同理，人死精氣消散，怎能再使人看見他的形體呢？

（二）以鬼多論證

王充以為如果說人死變成有形體可見的鬼，自有人類以來，生生死死，不知有多少？道路上應該有許多的鬼，不只看見一、二個鬼而已。以天地自然的本性而言，火能重新不斷的產生，如果火已熄滅，就不能重新燃燒起來；同理，人能不斷地生出新生命，卻不能使死人重新活過來。依據火熄滅不能復燃來類比，死人不能變成有形體可見的鬼，是自明之理。

也許有人看見鬼火，以為是鬼，其實，鬼火只是骨骸中含有磷，磷的燃點低，能自燃，青色火光，稱為磷光，俗稱鬼火。《論衡‧論死》說：被兵器殺死的人，世俗傳說他的血變成磷。血是

活人的精氣，磷火是死人的血枯乾後變成的，並不像人的形體，只是一團火光的形狀，並不是可見的鬼。

或許有人認爲人死精神不滅，如果有形體可見的鬼真的由死人的精神變成，那麼，人們看見鬼，應該只看見沒有穿衣服的鬼，因爲衣服沒有精神，衣服只是物質而已，人死了衣服與屍體一起腐爛，人們所看見的鬼，怎麼能穿著衣服呢？

（三）以無知論證

王充認爲人未受胎前，在天地元氣之中是無知的，死後精氣復歸於天地元氣之中。因爲人的精神知覺，必須依附形體，人之所以聰明而有才智，是由於五臟（心、肝、脾、肺、腎）在身體之中，內臟不傷不病，人就健康聰明，內臟有了疾病，人就神志不清，愚蠢痴呆。

換言之，身體必須依靠精氣方能形成人形，精氣必須依靠身體才能產生精神知覺。天下沒有離開物體而能獨自燃燒的火，同理，天下沒有脫離身體而獨自具有精神知覺的精氣。可知，人死精氣滅，而成朽灰，形體腐壞，沒有精神知覺。

如果人死有知，那些無辜被殺害者，應當知道被何人殺害，應當能告訴家人或官吏是被何人所殺，但是，很多命案不能偵破，表示被害者死後無知。

（四）以無力論證

王充認爲人之所以能說話，是因爲有力氣，力氣強盛，是因爲有豐盛的飲食。如果減少飲食，力氣就衰弱，如果沒有飲食，一點力氣也沒有，人就不能說話了。至於人的死亡，不再飲食，怎能再說話呢？

　　換言之，一個人要有充足的飲食，才有飽滿的力氣，筋骨強壯，才能害人。如果生病，不能飲食，身體虛弱，沒有力氣，即使仇人在他身旁，他也不能大聲呵叱，即使強盜奪取他的財物，他也不能禁止或反抗，而死亡是虛弱之最，豈有能力害人？

　　從以上四點論證，王充強調人死不能爲鬼，也沒有知覺，更不能害人。《論衡・死僞》，引用古書關於人死變成鬼，鬼魂報仇的一些故事加以類比推論，辨析人死無知，不能害人。

　　《左傳・昭公七年》子產所謂「強死者能爲鬼」，解釋伯有命不該死而遭人殺害，可能成爲厲鬼害人，王充辨析說：如果命不該死而遭人殺害，或沒有罪過而冤死的人，都是不得善終而成厲鬼，那麼，自古以來，不當死或冤死的人豈止伯有一人，伯有不得善終能成厲鬼，比干、伍子胥、屈原等忠臣爲什麼沒有變成厲鬼？

　　況且，春秋時代，被弒殺的君王有三十六人，三十六位被弒的君王死後並沒有變成厲鬼，那些殺害君王的人也沒有被鬼魂復仇而遭殺害，至於最無道的桀、紂被誅殺，也沒有變成厲鬼。如此說來，子產所謂「強死者能爲鬼」的說法，是不正確的觀點。

　　又如《史記・呂后本紀》所載：漢高祖劉邦的皇后呂后（即呂雉），嫉妒戚夫人受寵，毒死戚夫人所生的兒子趙王如意，又殺害戚夫人。呂后到軹道，遇到一隻灰狗咬傷她的左腋，忽然灰狗又不見。呂后找人占卜，說是趙王如意作祟，終於呂后因爲腋傷而病死，占卜的人說如意的鬼變成灰狗咬傷呂后，是厲鬼報仇。王充辨析說：呂后派人毒死如意，如意並不知道誰下的毒，如何找呂后報仇？如果死人有知覺，那麼，漢高祖一定非常痛恨呂后，因爲劉邦喜歡如意，想立他爲太子，高祖的鬼應該找呂后報復才對。

又如《史記・魏其武安列傳》記載：丞相武安侯田蚡，因故與大將軍灌夫、丞相竇嬰成仇，田蚡害死灌夫和竇嬰。後來，田蚡身染重病，病中喊叫，表示認罪。派人占卜，占卜的人看到灌夫和竇嬰的鬼魂，坐在田蚡兩側，導致田蚡的病情加劇而死。王充辨析說：爲什麼田蚡在病中喊叫表示認罪呢？這是因爲田蚡作了虧心事，內心悔恨，精神錯亂的現象，而占卜的人爲什麼說看到灌夫和竇嬰的厲鬼，坐在田蚡的身旁兩側？因爲占卜的人知道田蚡害死灌夫和竇嬰這件事，並根據厲鬼的傳說而認定，其實，這只是一種流傳的說法而已。

究竟何謂鬼神？王充《論衡・論死》說：鬼神是陰陽二氣屈伸的別名，人的生命，得之於陽氣成爲他的精神，又得之於陰氣，成爲他的形體。人死以後，他的陽氣和陰氣又復歸於天地的陽氣和陰氣之中，猶如冰融解成水。所以，人死之後，不能還存有生前的形體像貌，作爲他的鬼。

可是，有些人辯稱看見鬼，王充《論衡・訂鬼》認爲有些人辯稱看到鬼，並不是人死以後的鬼，而是當人生病的時候，對某一種東西或某人思念存想所產生的幻覺。尤其身染重病時，由於憂懼害怕，悔恨心虛，精神不集中，理智不清明，容易引起幻覺，這些思念存想可能從眼睛裡表現出來，也可能從耳朵裡表現出來。

如果從眼睛表現出來，他就看見所思念存想的人之形體；如果從耳朵表現出來，他就聽到所思念存想的人之聲音，因爲人在精氣衰弱的時候，容易產生虛妄的人物幻象，或是潛意識裡的仇敵或被害者，自以爲見鬼，爲祟報仇，其實，並非真見鬼，只是因爲他的精神錯亂，引起感官或心識的幻覺或幻聽。

可知，王充的鬼神思想，是一種經驗主義的理性論證。

第三節　魏晉南北朝的形神爭論

魏晉南北朝的鬼神思想，主要表現於儒、佛的形神爭論，佛家主張形盡神不滅，反佛者強調形盡神滅。所謂形盡神不滅，認為人死以後，識神不滅亡，識神離開形體，不斷更生轉世，六道輪迴；反佛者以為生命只有一世，沒有更生轉世，沒有六道輪迴。這就是儒、佛爭論。

一、牟子〈理惑論〉

〈理惑論〉一問一答，問者代表儒家之徒，對佛教感到迷惑而提出的詰難，答者代表牟子，對佛教的擁護以及對世人詰難提出的答辯。問者詰難：佛教主張人死更生，六道輪迴，中土所未聞，真有這種事嗎？

牟子回答說：中國古代，人剛死去，家人爬上屋頂呼叫他的名字，這是招魂，稱為「復」，此人已死，呼喚誰呢？百姓會說：呼喚死者的魂魄。牟子說：神魂如果回來了，死人就會復活，如果神魂一去不回，到底去何處？百姓會說：人死變成了鬼神。

牟子說：這就對了。神魂是不會死滅的，只是肉體會腐爛。肉體猶如五穀的種子。值得注意的是，牟子的比喻除了要說明人死形盡神不滅之外，也為佛教的因果關係和六道輪迴作詮釋。雖然這種比喻相當獨特，可是，卻有困難存在。我們不能將人的精神比喻為種子，因為種子是具體存在的物質，而精神不是物質，所以，用種子比喻精神不恰當。

更何況種子發芽，長成根葉，開花結果，這時候的種子已經

不存在了。但是，人的形神關係不同於植物的根葉和種子的關係，因為植物的根葉是由種子發芽生長出來，但是，人的形體不是由精神所產生。雖然，種子可以開花結果，再生種子，可是，再生的種子已經不是原來的種子，作為承受輪迴的主體。

問者詰難：不信佛的人會死，信佛的人也會死，兩者有何差別呢？

牟子說：虔誠信佛的人，雖然肉體難免一死，但是，死後的神魂終歸福堂；為惡的人死了之後，他們的神魂必然遭受禍殃，這就是佛教的因果報應、六道輪迴。信佛行善和不信佛為惡比較，好像黃金比草芥；行善與為惡相比，猶如光明與黑暗，怎麼會沒有差別呢？

問者詰難：佛教喜歡談論生死和鬼神，豈不是違背聖人之道？牟子回答說：孔子批評子路做事不分本末輕重，所以，當子路問孔子如何祭祀鬼神時，作出「未能事人，焉能事鬼。」的回答。其實，儒家是重視生死鬼神的。《孝經》以孝道貫通生死與鬼神，設立宗廟，祭祀祖先，春秋兩祭，按時追思去世的親人。父母在世時要敬愛孝順，父母死了以後，要對他們表示哀戚，這難道不是讓世人事奉鬼神，了解生死嗎？從前，周公代理成王攝理朝政，在國都郊外祭天時，把他的先祖后稷配祀上天，又在明堂祭祀時，將父親文王配祀上帝。

又據《史記‧魯周公世家》記載：周武王姬發，是周文王的兒子，滅商紂，建立周王朝，武王滅商紂兩年後病重，周公想替代武王死，於是，向祖先請命，周公說，旦巧能多才多藝，能事鬼神。可知，儒家並非不談生死鬼神，此與佛經談論生死鬼神，是同類相通的道理。

〈理惑論〉以儒家重視祭祀祖先，論證儒家也是主張「形盡

神不滅」，此一觀點，後來引發爭論，梁朝曹思文也以祭祀證明形盡神不滅，而范縝認為祭祀只是聖人神道設教，祭祀只是孝道的行為表現，並不足以論證形盡神不滅。

從上得知，〈理惑論〉以下列三點，論證形盡神不滅：

（一）以中土傳統招魂（復）習俗，論證形盡神不滅。

（二）以神魂比喻五穀的種子，肉體比喻五穀的根葉，根葉終歸衰亡，種子可以再生，論證形盡神不滅，而且生命可以更生輪迴。

（三）以儒家重視祖先祭祀，說明鬼神是存在的，亦即論證形盡神不滅。

二、慧遠〈形盡神不滅〉

慧遠是東晉後期佛教的高僧，一生以弘揚佛法為己任，培養佛家學者，支持外來僧人譯經，貢獻很大。其道德人格高潔偉大，甚得朝野尊崇，他的〈形盡神不滅〉思想，是魏晉南北朝儒、佛爭論，主張形盡神不滅的代表作。

〈形盡神不滅〉以一問一答的方式論證神不滅。問方代表神滅的看法，以「氣」的聚散論生死，氣聚則生，氣散則死，氣散形死而神滅，因為「氣」是形而下的物質，必有毀壞；相反地，慧遠把「神」詮釋為形而上的精神性之存有，非物質性的「氣」，因此，形盡神不滅。

主張形盡神滅論者，認為萬物的形體和精神，都是稟氣而生，生命終結，形神同歸滅盡，神雖是微妙之物，也是陰陽之氣所化生，形神二者並沒有本質上的差異，形神始終同在一起，生死聚散，都是自然的變化。

如果說形神有所差別，神處於形體之中，猶如木柴燒火，有

木柴火才能燃燒，沒有木柴（或木柴燒光）火就熄滅，所以，沒有形體，神就沒有寄託，形盡神滅，這是自然的現象。

也就是說，神滅論者的觀點，主要有三：

1. 形神一氣

神滅論基於氣化論的思想，視人的形體和精神都是氣化而成，形體由粗氣所生成，精神由精氣所生成，二者只有精粗的差別，本質沒有差別。

2. 形神一體

形離則神散而罔寄，木朽則火寂而靡託，沒有獨燒之火，同理，沒有無形而獨存之神。換言之，形神一元。

3. 生盡不化

神滅論者認爲生死只有一生一世，沒有再生，沒有更生，這一生結束生命後，沒有輪迴轉世，因此，形盡神滅。

針對神滅論的詰難，慧遠提出「形盡神不滅」的主張。〈形盡神不滅〉云：

> 夫神者何耶？精極而爲靈者也…神也者，圓應無生，妙盡無名，感物而動，假數而行。感物而非物，故物化而不滅，假數而非數，數盡而不窮。

慧遠所謂的「神」，是形而上精神性的存有，不是形而下物質性的氣。「神」極爲精妙而至靈，是超越語言文字所能表達。易言之，「神」是超越經驗現象和物質世界，而爲絕對的存有。因此，不是任何形象所能表示的，即使有上智，也不能確定其形狀，窮盡其幽微，所以，聖人說神能夠神妙的化生萬物。

有些人以世俗常識懷疑「神」的存在，產生很多不正確的看法。對於「神」，我們只能在不可名狀中勉強姑且作一些敘述。「神」能化生萬物而自己沒有固定的實體，也沒有一定的名稱（無名無

相）。「神」雖然感召萬物，也受萬物的感動，但是，神本身並不是具體之物。所以，物有生死變化而消亡，「神」卻不會變化而消亡，「神」能夠假借某種自然規律而行，但是，「神」本身不是自然規律。

換言之「神」（法身）有週遍感應的能力，也是絕對不變的主體，然而，必須依託形體才能表現。神（法身）雖能感知外物，卻非物質性之物。

值得注意的是，慧遠〈形盡神不滅論〉所謂『感物而非物，故物化而不滅」的觀點，近似《莊子・知北遊》所謂「物物者非物」及「物物而不物於物」（〈山木〉）的思想。

慧遠認為有情眾生的生死流轉（六道輪迴），由情識感通而動，而有觸、受、愛（渴愛）、取，情識是生死流轉的基礎，情識有感召外物的功用，而「神」是情識的根據。「神」是生死流轉的主體，「神」就是輪迴的主體。換言之，慧遠以「神」貫通十二因緣。

慧遠以為世人沒有徹悟之心，不知「神」在冥冥生死流轉中不斷輪迴於六道之中，為什麼如此說呢？因為情與物相感召，其變化無窮，各種因緣交互作用，「神」則在冥冥之中不知不覺發生輪轉，如果不是有所體悟的人，誰能了別其變化？又有誰能知其輪迴？

我們不妨以具體的事例比喻說明，火之傳於薪，猶如「神」之傳於形，火從此薪傳至彼薪，猶如「神」從此形體輪迴到另一形體，前薪不是後薪，則知薪火相傳之妙，前一世的形體不是後一世的形體，則知情識與外物相感召之妙。

那些沒有深悟的人，看見人死形腐，真以為人死形神俱滅，就好像看到一塊薪材燒光之後，認為火也熄滅了。如果真像有些

人的主張，人的生命，來自於天地自然之氣，凡聖愚智同稟自然之氣，人死以後，形神俱滅，那麼，是稟受於「形」呢？還是稟受於「神」呢？如果稟受於「形」，則父子之形體應該相同或非常相似才對；如果稟受於「神」，父子之凡聖愚智應該相同或非常相似才對，例如：丹朱（唐堯之子，名朱，封於丹淵，故曰丹朱，不肖，故堯禪位於舜）應當與唐堯齊聖；虞舜應當與瞽瞍（虞舜之父，屢次欲殺舜而不成）同樣凡愚，但是，事實並非如此。

由此可知，人出生時，其「形」與「神」並不是一起稟受的，人死亡時，「形」與「神」也不是同時消滅，而是形盡神不滅。人之生所稟受的「神」是善或惡，是愚或聖，是由前世因緣業報所決定，在生命初成時就已經決定。可知，丹朱之「神」非傳自唐堯；虞舜之「神」不是傳自瞽瞍。丹朱稟自惡的「神」，唐堯稟自善的「神」，瞽瞍稟自惡的「神」，虞舜稟自善的「神」。只有以形盡神不滅的思想解說形神關係，才合乎歷史事實，又合乎佛理。

以上簡述慧遠〈形盡神不滅論〉的思想，有三個特徵：

（一）以「神」為輪迴的主體

佛教大小乘對輪迴的主體各有不同的說法，在小乘佛教有所謂「補特伽羅」、「一味蘊」、「窮生死蘊」、「有分識」等，作為生死輪迴的主體，「補特伽羅」或譯為人我、數取趣，是輪迴的主體，由於它沒有實體，只是假立的，所以又稱為「世俗補特伽羅」。而大乘佛教有以「法身」作為世間超越生死的主體，法相宗的「阿賴耶識」（又名異熟識、本識、藏識、一切種識）也可以解釋六道輪迴之謎。換言之，阿賴耶識是輪迴的主體。而慧遠則以「神」為六道輪迴的主體。「神」雖然沒有形跡可尋，對事物必有感召，如果沒有精神為之主宰，人無法臻於西方極樂淨土。所以，要肯

定有一個追求極樂淨土的永恆主體,就是「神」的存在。

(二) 以形神二元,反駁形神一元的氣化論

慧遠強調人的形體是由地、水、火、風四種物質因緣和合而成,以作為「神」居住的宅舍,人因為無明,更由於貪愛的執著,四大集結而成形體。「神」非精氣之物,形神二元,形神相異,因此,形體雖有生死存亡,而「無生」「無名」、「非物」之「神」不會化滅,可以脫離形體而獨存,所以,形盡神不滅。

(三) 以「生不盡於一化」反駁氣化論

氣化論者認為形體為粗氣所化,精神為精氣所化,人死精粗之氣同時盡滅,因此,生命只有一次,沒有更生輪迴。慧遠藉用《莊子‧養生主》所謂「指窮於為薪,火傳也,不知其盡也。」的思想,強調燭薪的燃燒是有窮盡的,火卻可以傳續下去,沒有窮盡的時候。莊子以此比喻人由生而死,只不過是一種轉化,方生方死,方死方生,生命無窮。換言之,慧遠主張「神」並非隨一生的形體之死亡而消滅,而是更生輪迴,沒有窮盡。

三、范縝〈神滅論〉

齊梁之際,形盡神不滅或形盡神滅的儒、佛之爭,爆發了一次激烈的論辯,那就是由范縝〈神滅論〉所引發的爭論。值得一提的是,正式使用「神滅」一詞者,始於范縝,他所反對的思想,顯然就是慧遠等人所主張的「形盡神不滅論」。

范縝〈神滅論〉一發表,朝野震驚,蕭子良集僧徒及文人撰文反駁,如沈約撰寫〈難范縝神滅論〉、〈神不滅論〉、〈形神論〉、〈因緣義〉、〈均聖論〉等,但不能使范縝屈服。太原王琰從儒家

孝道的立場，譏諷范縝不孝，主張神滅，表示不相信神靈，就是不知道祖先神靈所在。范縝反駁王琰說，你既然知道自己祖先的神靈所在，爲什麼不殺身去侍奉祖先，以盡孝道？

蕭子良再派王融去遊說范縝，王融對范縝說，你所堅持的神滅論有傷教化，更違逆當權者的思想，對你自己有什麼好處呢？如果你願意放棄神滅論的說法，憑你的才學多識，擔任中書郎不成問題。范縝大笑說：要我賣論求官辦不到。

范縝身處在朝野深信佛教的環境，梁武帝更以帝王的命令，定佛教爲國教，強迫百姓放棄其他思想信仰，並且把中國的聖人老子、周公、孔子，視爲如來的弟子。爲了維護儒家的教化，爲了挽救佛教造成的時弊，范縝〈神滅論〉不隨世俗，不顧個人安危，不受高官利誘，勇敢的表明自己與眾不同的看法，這種知識份子的道德勇氣，確實難能可貴。

范縝〈神滅論〉全文用問答體寫成，這種一問一答的體裁，適合逐步深入，詳細論述自己的思想，並逐條反駁反方的觀點。范縝自設問題，表示神不滅論者的詰問，自己回答，表示他的神滅思想。

（一）形神相即

問：所謂形盡神滅，怎麼知道神滅呢？

答：神就是形，形就是神。所以，形體存在，精神就存在，形體消亡，精神就消失了，精神離不開形體。

由此可知，范縝〈神滅論〉的主要思想是「形神相即」。「形神相即」就是「形神一元論」，相對地，慧遠〈形盡神不滅〉是「形神二元論」。形神一元論表示形神一體，形與神是一體的兩面。〈神滅論〉其餘的推論，都由「形神相即」而論證。

問：以人的生命而言，形體是沒有知覺的部份，精神是有知
　　覺的部份，有知覺和沒有知覺顯然有別，根本就是不同
　　的，不應混為一談。所以，形體和精神應該不能沒有差
　　異。所謂形體和精神不可分離，從來沒有聽說過這種說
　　法。為什麼說形體就是精神，精神就是形體？

答：形體是精神的物質實體，精神是形體的功能作用，形體
　　和精神是體用關係，不能把形神分開為二。換言之，形
　　體和精神不能看作兩種不同的存在。

　　值得注意的是，范縝以「質用關係」說明形體和精神，范縝
〈神滅論〉說：

　　形者，神之質；神者，形之用。

　　質有體質、形質、本質的意義，引生為主體、實體；用就是
功能作用。形體是精神賴以存在的實體，精神是形體的功能作用。
質與用相互依賴，相即相依，顯微無間，形神一體，形神關係，
名異而不二。換言之，形神未嘗相離，無所偏廢。

　　范縝強調，沒有形體，精神無以為用；沒有精神，形體無所
措。形神缺一不可，有形則有神，有神則有形。有形而無神，其
形為死物；有神而無形，其神無所依。所謂形神關係，其實只是
一體，就是一個人的生命。不過，還要注意一點，就是形與神的
主從關係，依范縝的觀點，以形體為主，以精神為從，所以他說
「形謝而神滅」，不可說「神滅而形謝」，例如當今醫學所謂「腦
死」者，他的形體尚可依靠醫學的維生系統存活

（二）利刃之喻

　　范縝再以鋒利與刃的比喻，進一步論證「形質神用」的一體
關係。刃是刀器鋒利的地方，刃之所以稱為刃，必然能「鋒利」，

否則就不能稱之爲「刃」。

　　范縝以爲鋒利是「神」的功能作用，刃是「形」的實體。雖然，鋒利不是刃，刃不是鋒利，但是，沒有刃，就沒有鋒利，沒有鋒利，就不能稱爲「刃」，未曾聽過沒有刃了，還有其鋒利。所以，豈能在形體亡腐之後，精神還能存在？

　　換言之，以利刃喻形神，說明形體是一切精神活動的主體和本源基礎，精神是形體的屬性和功能作用。可知，精神絕對不能脫離形體而獨立存在，沒有形體，精神也就沒有了，兩者不可分離，名殊而一體。

（三）質的差異與變異

　　范縝進一步分辨「木之質」和「人之質」的差異性。因爲人有「知」，而「知」由「形」所生，所以，知爲「形」之「質」；而木之「形」沒有「知」的功能作用，所以，木之「無知」就是木之「質」。

　　問：形神關係不同於刃與鋒利的關係。人既有如樹木那樣沒有精神知覺的物質實體（其形質如指甲毛髮），又有異於樹木而有精神知覺的物質實體（其形質如肌膚感官），如此，豈非樹木只有一種形質，而人有兩種形質？

　　答：人的形質，本來就有精神知覺，而樹木的形質，本來就沒有精神知覺。人的形質，不同於樹木的形質，人只有一種形質，並沒有兩種形質，並不是人有像樹木無知的形質，又有不同於樹木的精神知覺。

　　問：人有精神知覺的形質，所以異於樹木的形質，人的形質如果沒有知覺，與樹木有何差異？

　　答：人無沒有精神知覺的形質，如同樹木無有精神知覺的形

質。

問：死者的形骸，其形質豈不是如同樹木的形質一樣，沒有
　　精神知覺？

答：死者的形質已經不是活人的形質。

問：果真如此，豈不是人具有與樹木一樣沒有精神知覺的形
　　質，又具有與樹木一樣而有精神知覺的形質嗎？

答：死者的形質有如樹木的形質，是沒有精神知覺的，而活
　　生生的人具有精神知覺的形質，人只要還活著，其形質
　　就與樹木不同。

以上說明，表示范縝認清每一種事物的本質各有不同，例如
動物和植物就有本質上的差異。雖然，人的本質相同，可是，人
由生而死，本質已經產生變化。換言之，活人的質和死人的質不
相同，只有活人的質才具有精神知覺的功能作用和屬性，而死人
的質就沒有精神知覺的功能作用和屬性。

（四）先榮後枯

范縝再說明特定的形質，有特定的屬性，並產生特定的功能
作用，並以樹木先榮（茂盛）後枯（枯萎），論述生死之變。

問：死者的骨骸難道不是生者的形骸嗎？

答：生者的形質不同於死者的形質，死者的形質已非生者的
　　形質，生者的形骸怎麼會是死者的骨骼呢？

問：如果生者的形骸，不是死者的骨骼，那麼，死者的骨骼
　　從何而來呢？

答：生者的形骸，變為死者的骨骼。

問：生者的形骸變為死者的骨骼，豈非因生而有死？可知，
　　死者的形體猶如生者的形體。

答：生命由生至死的變化，猶如樹木由榮（茂盛）變枯（枯萎），枯死的樹木難道與生長中的樹木一樣嗎？

問：樹木由生至死，由榮木（活著的樹木）變成枯木（枯死的樹木），看起來，枯木就是榮木，猶如蠶吐絲，再紡成線縷，縷體就是絲體，有何差別嗎？

答：如果枯木（枯死的樹木）就是榮木（活著的樹木），榮木就是枯木，那麼，樹木枯死以後應該還會開花結果。如果枯木就是榮木，那麼也無所謂由生至死的變化。如果枯木就是榮木，那麼，樹木能否先枯而後榮？為什麼一定要先榮而後枯？至於蠶絲和線縷是同時存在的，不能作為生死榮枯的比喻，其關係另當別論。

值得注意的是，范縝以「先榮後枯」為譬喻，論證人的生死，有時間上的先後，先有「生」而後有「死」，就好像樹木是先榮而後枯，榮木和枯木雖然都是木，可是在本質上已經有了變化，前者以「榮」（茂盛）為「形質」，後者以「枯」（枯萎）為「形質」因此，枯木已非榮木。同理，人之生有「知」的形質，人之死沒有「知」的形質，所以，「死者」已非「生者」，在本質上已經產生變異。

（五）是非之慮，心器所主

問：生物死亡，應該是立即死亡，為何死亡大多數有一個漸進的過程呢？

答：萬物的生死各有不同，有些生物頓時而生，其死也是頓時而亡；有些生物逐漸出生，其死也是逐漸而亡。大多數的動、植物都是逐漸而生逐漸而死，生死有頓有漸，這是萬物生死之理本然如此。

問：如果說形體就是精神，精神就是形體，那麼人的手足也
　　是精神嗎？

答：人的手足也是精神的一種。

問：如果人的手足也是精神的一種，精神能思慮，手足也能
　　思慮嗎？

答：手足有痛癢的知覺，而沒有是非的思慮。

問：知覺與思慮是否相同？

答：大體而言，知覺就是思慮，從性質差異而言，淺的為知
　　覺，深的為思慮。

問：如上所說，那麼，人應有兩種思慮。思慮既有兩種，精
　　神也有兩種嗎？

答：人只有一個形體，怎麼會有兩種精神。

問：如果人只有一種精神，怎麼既有痛癢的知覺，又有是非
　　的思慮呢？

答：如同手和足，雖然有別，然而同是一人的手足；是非思
　　慮和痛癢知覺雖然有別，但總是一個人的精神所統管。

問：是非思慮，與手足無關，那麼，是非思慮由何者所管？

答：是非思慮，是由心所統管。

問：是五臟中的心臟嗎？

答：是的。

問：五臟有何差別？為什麼只有心獨有是非思慮？

答：不但五臟各有不同的功能作用，七竅亦各有其功能作用。

問：怎麼知道是非思慮是由心所主管？

答：如果思慮由眼睛所主管，那麼，視力何不由耳朵主管呢？

問：因為思慮無方無所，所以，可以寄託於眼睛。視力自有
　　其依托之本，所以，不必寄託於耳朵。

答：如果思慮不本於某個人的形體，那麼，張三的情感思慮，
　　可以寄託在李四形體之中，王五的性情思慮，也可以寄
　　託在趙六的身體之中，可以這樣嗎？當然不可以。

范縝特別強調五臟各有所司，人體的任何一種器官，都有專
門的功能作用，眼睛的功能作用是「視覺（sense of sight）」，耳朵
的功能作用是「聽覺（sense of hearing）」，鼻子的功能作用是「嗅
覺（sense of olfaction）」可知，感官的知覺都有相應的生理器官
爲基礎。

范縝認爲是非思慮，由心器所主管，以現代醫學而言，應是
大腦。（cerebrum），大腦是精神作用的器官，有理解、判斷、記
憶的功用，所以，大腦某一局部受損，某些知覺或運動就有障礙。
范縝所謂「心器」，是「唯物論」的觀點。

由於范縝唯物論的思想，因此，他認爲聖人之所以爲聖人，
是因爲聖人具有凡人沒有的「心器」。范縝此一觀點，不同於儒家
思想，孟子認爲人人可以爲堯舜，荀子也認爲「塗之人可以爲禹」。
人在本質上是相同的，能不能成爲聖人，在於個人的努力修德，
而范縝強調凡聖的差別，在於「心器」的良莠，正是唯物論的思
想。

（六）神道設教

問：如果說形盡神滅，敢問《孝經・喪親》所謂「爲之宗廟，
　　以鬼享之，春秋祭祀，以時思之。」，這是什麼意思？
　　祭祀鬼神（祖先）有何意義？

答：這是聖人神道設教。其實，祭祀是教化人心的孝道。子
　　孫到宗廟祭祀，表達敬意，以示不敢忘掉祖先的恩德。
　　須知，祭祀祖先，只是孝道的表現而已，不能由祭祀而

推論鬼神的存在。因此，孔子對鬼神存而不論，如果說
人死為鬼，鬼又變為人，我不相信佛家所謂報應輪迴之
說。

范縝秉持孔子「敬鬼神而遠之」的精神，對鬼神存而不論，
基於孝道與祭祀之禮，沒有完全否定鬼神的存在。依傳統而言，
人死曰鬼，何況人未能經歷死亡，如何知道鬼神是否存在？范縝
主要目的在否定輪迴更生之說，反對佛家因果業報和六道輪迴。

以上是范縝〈神滅論〉的主要思想內容。對於范縝激烈而徹
底的神滅思想，篤信佛教的梁武帝蕭衍，態度開明，他作〈敕答
臣下神滅論〉，表示他不贊同范縝的神滅思想，命臣下就〈神滅論〉
進行論辯。當時，信佛的大臣中，有蕭琛、曹思文、沈約等，撰
文論辯。梁武帝另作〈立神明成佛義記〉及〈淨業賦〉等文，明
示「形盡神不滅」及成佛的思想。

梁武帝的佛教思想，主要是涅槃和般若學，《涅槃經》主張
一切眾生都有佛性，《般若經》主張諸法性空，無生無滅。蕭衍認
為人的行為和修行，主要來自於他的信念和信仰，而正確的信念
和信仰，來自於正確的見解。有了正確的見解，各種異端邪說就
不能迷惑他，而正信確立之後，內心就沒有疑惑了。

然而，堅定的信仰和正確的見解依據什麼呢？那就是佛家所
說的「不斷滅的神明」，這種今生來世前後相續不斷滅的「精妙之
神」，必定能夠成佛，成就涅槃妙果。涅槃妙果是常住的，但眾生
「不斷滅的神明」是無常的。所謂無常，是說一切有為之法，剎
那剎那有生、住、異、滅的變化，猶如人生，生死事大，無常迅
速，前滅後生，念念不住。如果心專注於外境而變動，則前識必
不同於後識，如此，神識與外境俱化，何者才能成佛呢？

佛經上說：「心為正因，終成佛果。」，又說：「若無明轉，

則變成明。」。根據佛經上所說的，我們可以知道「心」是各種現象的根本。《華嚴經‧十地品》說：「三界所有，唯是一心。」三界所有的一切，都是心所變現，或謂之「心法」。換言之，世間和出世間的一切現象都由「一心」所現，又被「一心」所攝。可知，心只有一個，而外在的現象各有不同，各種現象雖然有生、住、異、滅的變化，但作為其根本的「心」卻是不移的，這個根本的心，也稱為「無明神明」，有情識的眾生，其心識本應清明，湛然常靜，但因外境所染污而有迷惑，故稱「無明」。「無明」特指不明緣生故生、緣滅故滅、無常、無我的佛理。「無明」是一切生死、痛苦、煩惱的總根源。

　　心識是有情眾生的「體」，而眾生的生、住、異、滅是其「用」。「用」有興廢，「體」無生滅。作為有情眾生本體的心識並不會隨死亡而消滅，慧遠稱為「形盡神不滅」。有些人看到有情眾生生死無常，便以為「形盡神滅」。所以，特別對「無明」加以詮釋說明，無明就是神明，神明本性不遷不斷，不會隨形體死亡而消滅。

　　怎麼知道形盡神不滅呢？譬如有人前心作無間重惡，後識生起非想妙善，前惡後善相差懸殊，如果沒有一個共同的根本依據，怎麼會前惡後善如此相續呢？可見，前惡妄念雖然消失，但是，產生這個惡念的心識並沒有消失，之後，雖然又生善念，然其本體仍是原來的心識。所以，佛經上說：「心識為煩惱遮蔽，名為無明；心識與諸善法俱在，名為明」。

　　梁武帝在〈淨業賦〉中說：心識是一個如如不動的本體，湛然常靜，就其功能作用而言，感物而動，隨著不同的因緣而顯現各種現象。所以，有情眾生的形體是生、住、異、滅，生死輪迴，遷流不息。但是，作為本體的「心識」是不滅的。因此，眾生可以成佛的道理是不言自明的。這就是蕭衍所謂「神明以不斷為精，

精神必歸妙果。」

　　以上是范縝的〈神滅論〉及梁武帝的〈立神明成佛義記〉。范縝是形神一元論者，他認為形是質、是體；神是用、是派生的。換言之，神是形的屬性（attribute）、功能作用，因此，形盡而神滅。梁武帝表示反對，他認為心是本、是體；生滅是用，作為本體的「心識」相續不斷，因此，有情眾生的形體生、住、異、滅，輪迴不息，但作為本體的心識是永恆存在的，所以說形盡神不滅。

　　除了梁武帝，還有蕭琛、曹思文、沈約等人撰文反對范縝。其實，范縝的〈神滅論〉具有承先啟後的時代意義。他繼承了自荀子、桓譚、王充、何承天「形盡神滅」的思想，並提出「形神相即」、「形質神用」、「利刃之喻」等創新譬喻，對佛教的因果報應、六道輪迴提出批判，並對後世產生深遠的影響，例如：劉孝標、朱世卿、邢邵、胡適等人，均受其影響。

　　例如胡適在《四十自述·從拜神到無神》中記述：某一天，胡適正在溫習朱子的小學，讀到一段司馬溫公的家訓，其中有論地獄的話：形既朽滅，神亦飄散，雖有剉燒舂磨，亦無所施…胡適再讀了這幾句話，突然的，高興的跳起來。目蓮救母、玉歷鈔傳等書裡的地獄慘狀，都呈現在眼前，但不覺得害怕了…

　　有一天，胡適讀到《資治通鑑》第一百三十六卷，記載范縝反對佛教的故事，說：縝著〈神滅論〉，以為「形者神之質，神者形之用也。神之於形，猶利之於刃。未聞刃沒而利存，豈容形亡而神在哉？」此論出，朝野諠譁，多人責難他，仍不能使范縝屈服。

　　胡適覺得司馬光和范縝講得非常明白，非常有理。司馬光的話使他不信地獄，范縝的話使他走上了無鬼的路，從小，胡適不知不覺的成為無鬼無神的人。可知，胡適深受范縝〈神滅論〉思

想的影響。

四、干寶《搜神記》

干寶《搜神記》卷十六記載四篇人鬼相戀的愛情故事，影響迄今，台灣社會，仍有「冥婚」的真實情節，更彰顯愛情的可貴，古今不變。因為人死曰鬼，鬼只是生命的另一種存在，不同於人的形態而已。所以，人與鬼「冥婚」不僅沒有恐怖的感覺，反而是人世間的一段佳話，完美的結局。當然，這種鬼信仰，有「鬼有所歸，不為厲」的思想。此外，卷十五「王道平妻」是一則人死復活，復活的文榆再與自幼相愛的王道平結為夫妻，活了一百三十歲的故事，干寶說這是他們的精誠感動天地，而獲得如此感應。

人鬼之愛見於「紫玉韓重」、「駙馬都尉」、「談生妻鬼」、「盧充幽婚」四篇。「紫玉韓重」敘述吳王夫差小女兒紫玉與韓重生死不變的忠貞愛情。紫玉是吳王夫差的女兒，與韓重私定終身。韓重到齊魯求學，臨走，囑人向夫差求親，夫差不同意紫玉嫁給韓重，紫玉憂悶而死。

三年後，韓重回來，知道紫玉已死，十分悲傷，準備祭品到紫玉墳前祭拜。突然，紫玉的鬼魂從墳墓走出來，流著眼淚對韓重哭訴，並邀請韓重和她一起回到墓中。韓重說：死生異路，人鬼殊途，人鬼之戀，恐有災禍。紫玉說：你害怕我是鬼，會有不測之災嗎？我的忠誠你還不相信嗎？韓重被紫玉的一片真誠感動，兩人一起回到墓中。

韓重與紫玉過了三天三夜的夫妻生活，臨別時，紫玉送了一顆明珠給韓重，要他保重。韓重離開墳墓以後，求見夫差，稟報奇遇。夫差大怒，認為韓重盜墓，假託鬼神之說，下令逮捕他。

韓重逃離，到紫玉的墓哭訴，紫玉說：我現在就回去告訴父王。此時，夫差正在梳妝，突然看見紫玉，驚恐悲喜。

紫玉下跪，說：她與韓重真情相愛，生死如一，送他一顆明珠，他沒有盜墓，希望父王不要逮捕韓重。夫差的夫人聽說紫玉回來，想抱她，紫玉像一縷青煙消失不見。

傳統民間信仰最可怕的是鬼吏抓人，民間傳說某人死亡，是因為他的死期已到，鬼吏屆時抓人。不過，如果有德或孝行者，可以延壽。

《搜神記》卷五記述王祐病危見鬼，請求鬼吏相救的故事：散騎侍郎王祐，身染重病，由於病危，與母親訣別。忽然有賓客來訪，訪客對王祐說：我們都是知識份子，今年國家有大事，上天派三位將軍尋找有德者。我們十餘人是趙公元帥的部屬，看重你的德行，希望能夠與你結交。王祐知道他們是鬼吏，懇求說：我不幸染病，死在旦夕，有幸遇見你們，懇請救我的性命。

鬼吏回答說：生死是必然之事，遲早而已。我現在領兵三千，需要你的幫忙。王祐說：我母親年老，又沒有兄弟，一旦死去，老母無人奉養。鬼吏說：你位居高位，而家無餘財，是有才德的人、又是一位孝子，我怎麼忍心讓你死呢？我來想辦法。

隔天，鬼吏又來了，王祐說：你能答應救我嗎？鬼吏說：我已經答應了，不會騙你。更不會把你帶走。鬼吏又對王祐說：我送你十多枝朱筆，無論發生什麼事，都能夠避免災禍，永保安康，朱筆可以送人。

過了幾天，王祐的病痊癒了，凡是擁有朱筆的人，雖有疾病或兵亂，都能無恙。

這則故事表示有德者或孝子，可以延壽，又可以得到天地鬼神的保佑。此一思想對民間信仰影響深遠。所謂「孝感」，就是孝

心感動天地鬼神，民間流傳的孝感故事甚多。

　　值得注意的是，《搜神記》卷十六有一則「三疫鬼」的故事：上古，顓頊氏（傳說黃帝孫）有三個兒子，死後都變成「疫鬼」。一個在長江裏，是瘧疾鬼；一個在若水（雅碧江），是魍魎鬼；一個在人家屋裏，喜歡驚嚇小孩，是小鬼。於是，後來的帝王在每年元月，命令方相氏（古官名，職掌驅逐疫鬼之事）舉行「儺」祭，驅逐疫鬼。

　　所謂「疫鬼」，就是瘟疫，流行急性傳染病的總稱，如瘧疾、傷風、天花、霍亂等，明代吳有性著《瘟疫論》，他認爲四時不正之氣發爲瘟疫。民間信仰以爲有疫鬼或瘟神，造成瘟疫流行，因此，有儺祭以驅逐疫鬼，《論語‧鄉黨》所謂「鄉人儺」，台灣的迎神活動或迎王爺，也與驅逐疫鬼有關。

第四節　朱熹的鬼神思想

　　朱熹，字元晦，生於宋高宗建元四年（西元一一三〇年），卒於宋寧宗慶元八年（西元一二〇〇年）。他的學問淵博，很多著作，其中以《四書集注》影響深遠，是元、明以後科舉考試的範本。又在福建長期講學，對台灣儒學與文化，也有很深遠的影響。朱熹的鬼神思想，可以代表宋明理學家的觀點，其思想淵源，約有五點：

（一）孔　子

　　季路問如何事鬼神。孔子說：未能事人，焉能事鬼。樊遲問知。孔子說：務民之義，敬鬼神而遠之，可謂知矣。孔子的回答

說明儒家關注現實人生的道德實踐。因此，有人問朱熹到底有沒有鬼神？他說：「須於眾理看得漸明，則此惑自解…待日用常行處理會得透，則鬼神之理將自見得。」儒家並沒有否定鬼神的存在，因為人死曰鬼。只是儒家重視眼前的日常生活，現實的人事物都不能理會（處理）得當，豈能枉費心力去思索死後的世界？所以，他說：「鬼神事自是第二著，那個無形影，是難理會底，未消去理會。」。所謂「第二著」是次要的，不是最重要的事。換言之，最重要的是「事人」，不是「事鬼」。

（二）莊　子

《莊子‧知北遊》說：「人之生，氣之聚也，聚則為生，散則為死。」。莊子以為人物的生死是氣的聚散，整個宇宙萬物，都是氣的流行發用。這是莊子宇宙論的氣化思想。朱熹沿襲莊子氣化宇宙論的思想，他說：「鬼神只是氣」。又說：「通天地人只是這一氣」。朱熹認為天地間無非是氣的流通，而且人的氣和天地的氣常相接觸，沒有間斷。

（三）子　產

《左傳‧昭公七年》子產說：「人生始化曰魄，既生魄，陽曰魂，用物精多則魂魄強。」，〈昭公二十五年〉又說：「心之精爽，是謂魂魄，魂魄去之，何以能久。」子產所謂「魂魄」，依現在的話說是「精神」。子產以為一個人開始化生的，叫做魄，有了魄，又生陽氣，叫做魂。朱熹也主張「先有魄而後有魂」。

（四）程伊川

《近思錄》卷一程伊川說：「鬼神者，造化之迹也。」。程伊

川認為我們所謂鬼神，就是天地造化所顯現的各種現象。何謂「造化之迹」？朱熹回答門人說：日月星辰風雷，四時代謝，春夏秋冬等，都是天地造化的現象。分別而言，「造」是自無而有，是生；「化」是自有而無，是死。換言之，鬼神只是陰陽二氣的表現而已，若以陰陽兩種氣而言，鬼是陰之靈，神是陽之靈。但是，若以一氣而言，神是氣之伸，鬼是氣之屈，宇宙萬物的生死現象，都是氣的伸屈往來。

（五）張　載

《近思錄》卷一張載說：「鬼神者，二氣之良能也。」。所謂「二氣」就是陰陽兩種氣。陰陽二氣象徵雌雄男女，女是陰，男是陽，陰陽相互感通，萬物生生不息，都是自然現象。換言之，宇宙萬物的生死，都是陰陽二氣自然而然本有的變化，陰陽的屈伸往來，是二氣自然能如此，沒有安排佈置。何謂「二氣之良能」？朱熹回答門人說：「氣之方來皆屬陽，是神；氣之反（返）皆屬陰，是鬼。例如：中午以前是神，中午以後是鬼。人自嬰兒到壯年是神，衰老是鬼。草木欣欣向榮是神，凋殘衰落是鬼。」朱熹以鬼神譬喻萬物的生死，表示生命由生至死，僅是自然現象而已，鬼神只是各種自然現象的形容辭，並非有一客觀的鬼神存在。

從上可知，朱熹不僅繼承傳統的鬼神觀，更能融會貫通，賦予鬼神新義，簡要說明四點：

一、氣之聚散與屈伸

朱熹以為鬼神只是氣，天地間只是氣的屈伸往來。分別而言，神是伸、鬼是屈；神是來，鬼是往。例如：風雨雷電開始發作是神，到了風止雨過、雷住電息是鬼。鬼神只是陰陽消長而已，

例如：日月晝夜、風雨晦冥。朱熹又說：氣聚則生，氣散則死。

　　朱熹以陰陽二氣的聚散與屈伸往來論鬼神，是他的形上學氣化論。不過，不同於莊子的氣化思想，是朱熹的理氣二元論。他認爲合天地萬物而言，只是一個理，如果沒有理，天地不成天地，也沒有人物。就宇宙自然而言，則說理和氣，有理便有氣的流行，發育萬物，天下沒有無理之氣，也沒有無氣之理，有理便有氣，理不能獨立存在，理必須存在氣之中，沒有氣，理也沒有掛搭的地方，理未嘗離開氣。

　　所謂理，是沒有形跡的形上實體，只是個淨潔空闊而已，淨潔表示沒內容，空闊表示沒有限界。但是，氣卻能醞釀凝聚生物，有消長、屈伸的活動和作爲。氣的一切活動作爲，有一定的範疇，不能外於理。所以，氣能生物，而物的生成莫不有種，如人類、草木、禽獸，都有自己的種子，草木的種子長出草木，人類的種子（精卵結合），生成人類，不會混亂，不會草木長出人類，人類也不會生出草木。

　　朱熹以爲天地萬物之間，有理有氣，理是形而上之道，生物的根本；氣是形而下之器，生物的材質。所以，萬物的生成，必稟該物之理，然後有性；必稟該物之氣，然後有形體。因此，理在物先，未有這個物，先有這個理，理是物的形式（form）；所謂氣，是生物的材質（matter）。可知，天地人物的生成，就是理與氣的合一。《朱子語類》卷四朱熹說：

> 人之所以生，理與氣合而已。

二、生死的常理與非常理

　　朱熹以爲人與萬物皆得之於天地陰陽之氣，氣聚則生，氣散則死，例如一個人，由嬰兒、青少年、壯年、老年，不斷老化至

命終，盡其天年而氣散，這是生死的常理，也是生命的常態，一般人都是如此，即使生命有長短之分，或夭或壽，或病死或無疾而壽終正寢，總是氣散，消散無餘。因此，聖賢安於死，死而無愧，心安理得，何曾見堯舜做鬼來！

換言之，人的生死，只是氣的聚散，氣聚則生，為神（有知覺思慮等精神作用）；氣散則死，為鬼（魂氣歸於天，形魄歸於地）。有生必有死，有始必有終，鬼神只是天地造化精氣一聚一散的過程，不是在氣聚之前先有神。朱熹所謂「神者以其主乎形氣也」表示精神是生命的主宰，當人死後，這精神知覺是否還在。朱熹以為人死氣盡，這知覺思慮的精神作用也就盡了，死後氣都消散盡了，鬼神魂魄也就不可常存了，即使聖人也是如此，因為聖人安於死。不過，有人舉《左傳》鄭國大夫伯有，死後成為厲鬼的事，請問朱熹。

朱熹強調「伯有為厲」別是一理。伯有成為厲鬼是特殊的個案，或許有人遭受酷刑而死，或是忽然橫死，或是冤死，精氣一時之間仍然聚而未散，這是生死的非常理。但是，精氣終究會散，伯有也不例外。

又如釋、道企圖保持肉身長久不壞，只是自私其身而已。浦城山中有一位道士，常在山中鍊丹，後因打坐入定出神，吩咐友人說：七天後沒有出定醒來，就把道士的身體火化。未滿七天，友人已把道士火化了。後來，道士想出定的時候，找不到自己的身體，常有喊叫聲要他的身體，也能在牆壁上寫字，只是墨較淡，不久就沒有聲音了。這也是生死的非常理，雖然，道士不得其死，強氣一時未散，久之也不會不散。

三、魂　魄

朱熹論鬼神，兼論魂魄，綜合陰陽鬼神魂魄三者，頗多創新之義，約有五點：

（一）人初生時，先有魄（形體），而後有魂（精神），嬰兒時氣多魄少，及長，魄漸強盛，到老時，魄又少了。

（二）人的言語動作是氣，屬神；精血是魄，屬鬼，魂魄主於人身而言。

（三）魂是氣，神之盛，屬陽，有知覺的精神作用，死後魂氣歸於天；魄是精，鬼之盛，屬陰，有主幹的形體，死後形魄歸於地。

（四）動者，魂；靜者，魄。動靜括盡魂魄，魂魄是形氣的精英，稱為靈，人為萬物之靈。

（五）有魄（形體）就有魂（精神），不是外面進來的。換言之，精神是形體的屬性，形神一元，人的精神由形體所生成，不是輪迴轉世的神識。

四、祭祀的感通

祭祀原本是古老的宗教行為，其目的是向天地鬼神祈求各種福報或赦免罪過。儒家以孝道的人文教化，轉變祭祀的宗教意義。因此，祭祀是神道設教，更是孝道的道德實踐。子孫祭祀祖先，不求賜福，而是感恩與思念。

儒家對有功於社會人民的聖賢，也主張定期祭祀，以表彰其道德人格，以此感化人心，教化子孫，這是人文化成，傳承聖賢文化，也是道德的教育。基於此一信念，朱熹肯定祭祀的人文作用。

　　朱熹以「氣」貫通子孫與祖先的感應，因為子孫的氣源自祖先，子孫的氣即是祖宗的氣，兩者也只是一個氣。

　　換言之，子孫的身體血脈在世，祖宗的血脈之氣就在世，兩者的血脈之氣必然貫通，例如江水浪波，後水不是前水，後浪不是前浪，後波不是前波，然而，卻只是一片江水波浪。祖先的「根」已經在子孫身上茁壯。

　　因此，子孫祭祀，只要盡心誠敬，必能召呼祖宗，以子孫的精神感召，就可以感應祖宗的魂魄，因為子孫的精神魂魄屬於祖宗代代相傳所獨有，能盡其誠敬，就有感格，這是生死的常理，也是祭祀應有的心態，更是孔子所謂「祭如在，祭神如神在。」的精神，這就是「感通之理」。

　　雖然，儒家教人子孫常常定期祭祀，不過，必須把握「祭其所當祭」的原則，例如：天子祭天，諸侯祭社稷，百姓祭祖先。如果百姓盛行媚求鬼神的宗教活動，這是尚鬼的風俗，朱熹主張去淫祠，例如：狄仁傑（唐太原人，歷任河南巡撫、豫川刺史等官職，常毀淫祠，為唐之名臣。）常毀淫祠，只留吳太伯伍子胥廟，壞了許多廟，鬼神亦不能為害。

　　換言之，所謂「淫祀」是祭其所不當祭，應無感通之理，故應去之，以正人心之教化。

第三章　喪禮與祭祀

第一節　喪禮的起源與葬俗

一、喪禮的起源

　　孟子在〈滕文公〉篇中以為在上古時代，人類普遍不葬死者，父母兄長過世，就把屍體抬到野外，丟棄在澗坑裏。過了幾天，經過棄屍的地方，看到狐狸野獸啃食親人的屍體，蚊蟲吸吮屍體的血，突然之間，為人子女者內心悔愧，額頭出汗不忍之情油然而生。於是，急忙回家，拿出挖土的工具，把親人的屍體好好掩埋。孟子強調埋葬屍體實在是應該做的事，這是孝子仁人以禮葬親的由來。朱子註說：

　　　　此葬埋之禮所由起也，此掩其親者，若所當然，則孝子仁
　　　　人所以掩其親者，必有其道，而不以薄為貴矣。(《四書集注・
　　　　孟子卷三》)

　　《周易・繫辭下傳》說：古時候的喪葬，用厚重的木材堆積在屍體上面，任意埋在荒野中，沒有堆土成為墳墓，也不種樹。居喪也沒有一定的期限。後世聖人，重視喪禮，用棺槨埋葬死者。

　　儒家基於人倫親情，重視喪葬之禮，以死為大，入土為安，這是傳統農業社會，喪禮以土葬的主要原因。

二、喪葬習俗

其實，各民族在長久的歷史發展中，基於不同的時空環境和宗教信仰，形成特有的喪葬習俗。根據人類學家的田野調查，除了土葬之外，還有懸棺葬、樹葬、水葬、火葬等。

懸棺葬是中國古代南方少數民族的葬俗，把棺柩置放在懸崖之上。

樹葬又稱風葬或掛葬，把屍體放置在深山野外的樹上，一般認為這種葬俗和遊獵生活有密切的關係。

天葬是藏族的喪葬習俗，西藏各地都有天葬場。天葬場通常設在高坡或山崗上。藏人普遍信奉喇嘛教，除了達賴、班禪塔葬，活佛、大喇嘛火葬外，其他人是天葬。基於宗教信仰，在天葬場將屍體剁成塊，撒餵鷲鷹。水葬是比較卑賤的葬俗，多用於早夭的兒童和死於傳染病的貧窮人家，將屍體肢解後，投入河中。

火葬是自古以來西南地區少數民族流傳的葬俗，《荀子·大略》說：散居於雲南、貴州的少數民族，包括：羌族、白族、阿昌族、瑤族、納西族、土家族、彝族等，他們不以被俘掠為憂，而憂心死後不能火葬。

火葬在宋元時期，頗為流行，明洪武三年朱元璋下令嚴禁火葬，認為火葬傷恩敗俗，莫此為甚。因此，《大明律·禮律》規定：其從尊長遺言，將屍燒化及棄置水中者，杖一百。

此外，在《墨子·節葬下》和《列子·湯問》出現一段大致雷同的葬俗記載。墨子說：從前，越國東邊有個輆沐國（列子說輒沐之國），他們的長子一出生，就把他肢解吃掉，叫做「宜弟」，表示對弟弟有福。祖父死了，就背著祖母把她丟棄在野外，認為死人的妻子是鬼妻，鬼妻不可以和子孫住在一起。

　　楚國南方有一個吃人國，他們的父母死了，都把屍體的肉剔下來丟掉，然後埋葬屍骨，才算是孝子。秦國西方有個義渠國（西戎國名，在今甘肅省寧縣一帶），父母親死了，架起木柴，用火焚燻屍體，認爲靈魂可以隨煙上升而登天，這樣做才算是孝子。

　　從人類文明發展的歷史來看，吃人也是上古時代的普遍現象，《淮南子》一書中的〈主術〉和〈精神訓〉說：易牙蒸煮自己的長子給齊桓公吃（此事亦見《韓非子·十過》。又《史記·殷本紀》記載：暴君商紂殺死九侯，製成肉醬，殺死鄂侯，製成肉乾，這種「脯醢」是極爲殘酷的刑罰，也不妨看作是吃人的遺風。

三、人殉和人祭

　　依古代文獻和人類考古資料來看，人殉和人祭是人類喪葬史上兩種最殘忍、極不人道的喪俗，這是迷信鬼神和君王集權的表現。

　　所謂人殉，就是以活人殉葬，作爲陪伴和侍奉死者而犧牲陪葬，主要的對象是死者的妻妾、僕從。

　　所謂人祭，又叫人牲，是作爲祭品而被殺，人祭的主要對象是戰俘和奴隸，不是死者的親信。

　　人殉的屍骨完好，人祭的屍骨殘缺不全。根據考古學家的說法，殷商之際是人祭最盛行的時代，凡是王室或貴族的墳墓，都有人殉或人祭。不過，《左傳》記載周代人殉的情況還是不少。

　　《左傳·文公六年》記載：秦穆公逝世，把子車氏的三個兒子奄息、仲行、鍼虎做爲人殉，跟秦穆公一起下葬，他們都是秦國的忠良之臣，秦國人哀痛三人殉葬，爲他們賦〈黃鳥〉這篇詩。

　　《左傳·宣公十五年》記載：

　　　　初，魏武子有嬖妾，無子。武子疾，命顆曰：必嫁是。疾

> 病則曰：必以為殉。及卒，顆嫁之，曰：疾病則亂，吾從
> 其治也。

　　魏武子有一位愛妾，但是沒有生子。武子生病，告訴魏顆說：
以後必須改嫁這位愛妾。到了武子病重時，改口說：必定把她殉
葬。等到魏武子死了以後，魏顆就把她改嫁，並且說：重病時心
神不清，我是遵從心神清明時的命令。可知，王公貴族的愛妾，
往往是陪葬的人殉。

　　《左傳・成公十年》記載：晉景公正要吃麥飯的時候，肚子
脹痛，不小心跌落到茅坑裏，死了。有一位小臣半夜做一個夢，
夢裏背著晉景公升天。到了中午，果真背了景公從茅坑裏爬出來，
於是，就把這個小臣殺了，為晉景公殉葬。

　　《左傳・昭公十三年》記載：夏五月癸亥，楚靈王在芊尹申
亥家中上吊自殺，申亥遂把他兩個女兒殉葬，做為人殉。

　　春秋戰國以來，人殉逐漸減少，出現以俑代人的現象，殉葬
的事，往往沒有實行。《禮記・檀弓下》記載：陳子車是齊國的大
夫，客死於衛國，他的妻子和家宰決定用活人殉葬。陳子車的弟
弟陳子亢奔喪到衛國，他們把人殉的計劃告訴他，說：陳子車死
的時候，健康情況不好，沒有人在黃泉陰間侍奉他，因此，想用
活人殉葬。陳子亢說：用活人殉葬，是不合禮制的，最好取消這
個決定，如果真的有需要，應該以他的妻子和家宰最恰當。終於，
取消殉葬的事。

　　《禮記・檀弓下》又記載：陳乾昔病危，吩咐他的兄弟，並
且命令他的兒子說：等我死了，要為我做個大棺，以兩位愛妾殉
葬，分別躺在我的身旁。陳乾昔死後，他的兒子說：用活人殉葬，
是不合禮制的，何況，還要三個人殮在一個棺木裏，終於，沒有
將兩位愛妾殉葬。

帝王殉葬，自漢唐至宋元，雖未絕跡，已是少見。然而，明朝朱元璋死後，人殉死灰復燃，至明英宗始廢。不過，民間仍有人殉之風。

第二節　儒家的喪葬思想

先民的葬俗，隨著主客觀的條件而演變，客觀上受到地理環境、生活形態的影響；主觀上受到親情自覺、鬼神崇拜、宗教信仰、學術思想的影響，逐漸形成一定形式的葬禮。

《禮記‧表記》認為周代推崇禮法，相傳周公制禮作樂，雖然敬事鬼神，但是，不以鬼神之道立教。尤其到了春秋戰國時代，學術思想百家爭鳴，儒家、墨家和道家，對喪葬思想，各有論述，其中以儒家最重視喪葬和祭祀之禮。

儒家出於司徒之官，對於喪葬之禮，知之甚詳。儒家的喪葬思想，以孝道為基礎，以禮為標準。《論語‧為政》孟懿子問孝，孔子說：無違。無違表示孝子體貼父母親之心，順從父母親之令，成全父母親之志。父母親在世時，子女要依禮侍奉，孝順父母。父母過世了，子女要依禮辦理喪葬，依禮祭祀父母祖先。

一、《孝經》的喪葬思想

《孝經‧紀孝行》主張子女的孝行應該做到：致敬、致樂、致憂、致哀、致嚴。父母在世，恭敬奉養；父母死後，應以哀痛的心情料理喪事；祭祀的時候，以端莊嚴肅的心態致祭。《孟子‧滕文公》也認為辦理父母親的葬禮，本來就是子女應盡的孝心。曾子說：生，事之以禮；死，葬之以禮，祭之以禮，可謂孝道。

　　《孝經》認為孝道是所有德行的根本，也是一切教化的源頭，父母在世的時候要使父母安心。因此，不敢毀傷身體髮膚，做人做事，更要揚名於後世，使父母榮耀；父母死後。要定期的祭祀，使父母的靈魂也樂於享受子女的祭祀。如此，天下和平，沒有災害，禍亂不再發生。

　　《孝經》特別推崇周公的大孝，周公姓姬，名旦，他是文王之子，武王之弟，武王死後，輔佐成王，攝理大政，制定郊祀之禮。自古以來，只有周公將祖先配祀上帝，他在祭天的時候，把周朝的始祖后稷配祀上帝。后稷是虞舜時代的農官，教民耕種，封於邰，是周朝的始祖，傳十五世，至周武王而有天下。

　　周公又在明堂祭祀的時候，把他的父親文王配祀上去。因此，全國的諸侯，各盡他們的職責，一起前來幫助周公，參與祭祀，周公的孝行，無人能比。

　　《孝經》強調孝道是天經地義的事，人民應有的行為。父母生我、育我，子女孝敬父母，是出於人類天生的本性，因此，父母親過世，子女傷心痛哭，但也有應盡的喪禮。

　　《孝經‧喪親》孔子說：子女失去了父母親，由於悲傷，痛哭得聲嘶力竭，容貌也沒有像平常那樣端莊有禮，穿上華麗的衣服，內心感到不安；聽了美妙的音樂，內心也不快樂；有美味的食物，也不覺得好吃，這是為人子女對父母過世時，悲傷憂戚的真情表現。

　　不過，也不可以過度的哀傷，父母親過世，三天之後就可以吃飯，這是教人民不要因為過度哀傷死者，而傷害到生者的健康，也不要因為過度的哀傷，而滅絕人性的常情，這是聖人對孝道所施行的訓勉。

　　居喪不超過三年，過了三年，應恢復日常的生活。父母親去

世，子女要備妥棺、椁、衣、衾，舉行小殮和大殮，陳列祭品，傷心痛哭，哀送出殯，占卜墳墓，入土安葬，興建宗廟，招祖先之靈來享受祭祀，如期舉行春秋二祭，過年過節，追思祖先德澤。

在生之時以愛和敬事奉父母，父母親過世，以悲傷和哀痛料理喪事。能夠盡孝，生民應盡的本份都盡了，養生送死的大義也完備了。換言之，生事愛敬，死事哀感，這就是孝道。

值得注意的是，《孝經》一書，只有出現孔子和曾子二人，一般認為該書係曾子門人所編錄，彰顯孔子的孝道思想，應無問題，與《論語》的孝道和喪葬思想也相當符合近似。例如：《論語·泰伯》記載：「曾子生病了，召集他的學生，說：你們看我的腳，看我的手。《詩經》上說：戒慎恐懼，好像站在深淵的旁邊，又好像踏在薄冰的上面。現在，我想我的身體是完好的，沒有任何毀傷。」正是《孝經·開宗明義》所謂：「個人的身體，是從父母親得來的。所以，要善加保護，不敢使身體毀傷殘廢，這是孝順的開始。並對社會有所建樹貢獻，把名聲顯揚於後世，這是孝道的完成。」的寫照。

《詩經·蓼莪》說：

哀哀父母，生我劬勞…長我育我…欲報之德，昊天罔極。

此詩充分表露子女對父母養育之恩的思念，於今欲報父母的恩德，無奈上天不惠，奪我父母，使我不得孝敬終養。儒家的喪葬與祭祀思想，正是從親情骨肉的不捨而立論。《論語·子張》曾子說：只有遭逢喪親，才能從內心發出真情，不能自己，而專力為之。《論語·子罕》孔子也說：喪事不敢不勉。喪事當然盡心盡力去做。

《論語·八佾》林放問禮的根本原則是什麼？孔子以為在禮節上，與其偏於奢侈，寧可偏於節儉；在喪事上，與其熟悉節文

而無哀痛，寧可哀戚而節文不足。

二、《禮記》的喪葬思想

《禮記·檀弓上》子路聽孔子說過，舉辦喪禮，與其欠缺內心的哀痛，僅致力於節文的完備，還不如禮儀少一點而內心充滿悲哀；舉行祭祀，與其內心缺少尊敬之意，僅致力於節文的完備，還不如儀式少一點，而內心滿懷感恩和敬意，《禮記·少儀》所謂：「祭祀主敬，喪事主哀。喪禮唯哀為主矣。」（《禮記·問喪》）。「喪禮，忠之至也。」（《禮記·禮器》）。「喪禮，哀戚之至也，節哀順變也，君子念始生之者也。」（《禮記·檀弓下》）

《禮記·檀弓下》認為在喪禮中，孝子的心情極為悲傷。但是又有種種的禮節來節制過度的哀痛，這是順著孝子的心情，使他逐漸調適這種巨變，此乃孝子思念先人的原故。〈雜記下〉云：

> 子貢問喪：子曰：敬為上，哀次之，瘠為下。顏色稱其情，
> 戚容稱其服…君子不奪人之喪，亦不可奪喪也。

《禮記·雜記下》記載：子貢問喪，孔子強調君子不可奪喪。何謂「奪喪」？就是刻薄喪葬之禮。君子不但不刻薄別人的喪禮，也不要刻薄自己父母的喪禮。《荀子·禮論》申論說：對死者刻薄而增益生者，對生者刻薄而增益死者，或以人殉葬，都是不合禮的奪喪。

所以，《禮記·曲禮下》說：臨喪不笑，望柩不歌。居喪不言樂。喪禮以敬、哀為宜，憔悴的外表為下，更不應偽裝成哀傷憔悴的樣子。換言之，居喪時沒有哀戚的心情，這種人實在不足可取。《論語·述而》記載：孔子和有喪事的人在一起吃飯，從來沒有吃飽過；孔子在同一天內，如果弔喪哭過，就不再唱歌了。

孔子所謂君子不可奪喪，就是以禮治喪，並非提倡厚葬，在

財物方面，要量力而爲。《論語·子罕》記載：孔子生病了，愈來愈嚴重，子路使門人用家臣的名義準備治喪的事。後來，孔子的病好了，孔子說：仲由的虛僞使人痛心，這個時候，我並沒有官位，根本沒有家臣，卻要假裝有家臣，我騙誰？我欺騙上天嗎？我死的時候，與其有什麼家臣送葬，寧願有我的學生來送終，縱使不能用大官的喪禮，難道就無人處理我的喪事嗎？這一段記載，說明孔子強調以禮治喪。

《禮記·檀弓上》子游向孔子請教送喪的標準。孔子說：和家庭財力多寡恰當就可以了。如果經濟條件好，就可以準備充實完善，但不可踰越禮制；如果家計困難，只要衣衾足以包藏屍體，而且殮畢即葬，葬時用手拉著繩子下棺，只要盡力而爲，怎麼會有人責備他失禮呢！

《禮記·檀弓下》子路說：貧窮真是難過，父母在世，不能盡孝奉養；父母過世，不能依禮治喪。孔子說：即使吃粥喝水，但能使父母歡心，就是孝了；父母過世，只要有衣衾足以藏飾屍體，殮畢即葬，沒有槨（葬時加在棺外的一層套棺）也無妨，能以自己的經濟能力治喪，就是合禮了。

《論語·先進》記載：顏淵好學，不幸早逝。顏淵過世，孔子很傷心，絕望的說：我完了！我完了！跟隨的學生說：老師哭得太哀傷了。孔子說：太哀傷了嗎？我不爲這樣好學有德的人傷心而爲誰傷心呢？於是，同學們想要厚葬他。孔子說：不可以。同學們仍然厚葬顏淵。孔子說：顏淵視我爲父親，我卻不得把他看作兒子一樣，厚葬不是我的本意，是同學們的主張。朱子也認爲顏淵家貧而厚葬，是不合宜的喪禮。

《禮記·檀弓上》記載：孔子小的時候，父親就過世了，不知道墓地在哪裏。後來，遭母喪，問了別人，然後才把父母親合

葬在一起。孔子說：我聽說古代的墓是沒有墳的（墳是墓上堆起來的積土）。但是，我到處奔波，居無定所，不能不做一些辨識。於是，就在墓上加了積土，不足一米高。孔子先回家，弟子們還在墓地，下了一陣大雨，弟子們回來了，孔子問說：你們怎麼回來這麼晚？弟子們回答說：堆積的墳被水沖壞了，連續說了三次，孔子哀傷流淚說：我聽說過古人是不在墓地上積土的。

《禮記‧檀弓上》子游說：從前，孔子住在宋國，看見宋國大夫桓司馬親自設計石棺，石匠用了三年的時間，還沒有雕琢完成，可見極其考究。孔子就說：一個人去世，如果要如此奢侈，不如讓屍體快一點腐化。孔子所謂人死快一點腐化的話，是專爲桓司馬說的。

從以上這些記載，我們可以得知孔子是主張儉葬，反對厚葬，反對以貴重的物品陪葬，所以，主張送死者「明器」。古代用活人殉葬，並爲死者準備日常生活的用具，富貴人家以珍貴的物品陪葬，就是認爲死者的靈魂繼續存在，仍像陽間一般的生活，但是，後來這些陪葬物只是象徵性的東西，沒有實用價值，稱爲「明器」。孔子贊成送死者明器，他以爲送葬而認定死者無知，是從理智的觀點看待死者，這是不仁，缺少親情之愛，孝子不可以有這樣的態度；送死而認定死者仍有活人的感官知覺，是從情感的觀點看待死者，這是不智，缺乏理性，孝子也不可以有如此的心態。

「明器」是孝子在情感上不忍親人已死的親情表現，不需要在理智上對死者有知或無知的懷疑和判斷，這是儒家把仁道思想貫徹到喪禮之中，純粹孝道的表現。因此，我們可以說，儒家的喪禮不是一種迷信或巫術，也沒有任何功利的想法，只是孝子仁心的表露。所以，孟子說：

哭死而哀，非為生者也。（《孟子‧盡心》）

孟子強調親人死了，哀痛的哭，不是為了別人，更不是做給別人看，盡仁盡孝。如此，儒家把原始的鬼神觀念端正過來，成為人倫道德的規範，是思想的一大進步。

值得注意的是，明器和祭器不同，明器是為死者特製的器具，是不堪使用的；祭器是孝子以實用的器皿來祭祀祖先。

《禮記‧檀弓上》記載宋襄公葬他的夫人，陪葬了百甕的肉醬。曾子說：明器是不能使用的陪葬物，不必真實可用。孔子更認為以明器陪葬的人，是知道喪葬的道理，如果用活人使用的東西來陪葬，不是近似用生人殉葬了嗎？其實，像泥土做的車子，草紮成的假人，自古以來就有了，用草人陪葬的孝子宅心仁善。陪葬物如果是雕刻得栩栩如生的木頭人，不是近似用活人殉葬嗎？

《論語‧學而》曾子說：慎終追遠，民德歸厚。「慎終」就是謹慎父母的喪事，「追遠」就是不忘記祖先的祭祀。慎終追遠的真實意義，要使人民力行孝悌之道，社會風氣自然趨向仁厚。曾子的思想，相當符合孔子的仁道精神。

三、孟子的喪葬思想

《論語‧堯曰》說：為政的三件大事是：人民的日常生活、喪禮和祭祀。我們可以說這三件事，就是孟子所謂「養生送死」，養生是為生者能夠謀生；送死是為死者得以安葬，能夠讓人民養生送死都沒有遺憾悔恨，正是王道的政治。孟子認為養生固然重要，送死更為重要，一般人生活無缺，能夠在衣食上奉養父母，雖盡孝道，只是人情之常；只有父母過世，喪葬盡禮，才算是應盡的責任。

《孟子·離婁》）孟子說；

> 養生者，不足以當大事，惟送死可以當大事。

孟子所謂「惟送死可以當大事」的觀點，就是「君子不以天下儉其親」的主張。《孟子·公孫丑》記載：孟子把母親的靈柩，從齊國運回魯國安葬。葬畢，孟子又回齊國，在嬴邑停留，他的學生充虞問說：日前，老師派我監造棺木，當時相當匆忙，不敢請問老師，現在喪事已經辦妥，想私下請問一件事，那棺木好像太好了，是嗎？

孟子回答說：上古時代，內棺外槨，厚薄沒有一定的標準，到了周公制禮以來，規定內棺七寸厚，外槨的厚度與內棺相稱，上從天子下至一般百姓，都是一樣的。非但為了外表美觀，因為棺槨堅固一些，屍體比較不易快速腐朽，這樣才能表達孝子的不忍之心。如果禮制不當而受限，不能這樣做，孝子的心會不悅不安；如果因為財力不足，不能這樣做，孝子的心也會不安不悅。既符合禮法，又有可用的財力，古時候的人，都使用這種棺槨了，我為什麼不能這樣做呢？何況把棺木做得堅固些，死者安息在裏面，不使泥土附著在肌膚上，在孝子的內心，難道不安慰嗎？我聽人說過，君子葬親竭盡心力，一切以心安為主。所以，不在自己父母的身上吝惜財物。

孟子這種「君子不以天下儉其親」的做法，外界似乎誤解他，不明白孟子是依禮、稱財、盡心、盡孝。《孟子·梁惠王》說：魯平公將外出，有個親近的小臣，名叫臧倉問說：以往君王要出宮，事先告知要去什麼地方，今天車子已經準備好了，駕車的人還不知道要去哪裏。魯平公說：我要去拜訪孟子。臧倉說：以國君之尊，要去拜訪平民學者，君王認為他是賢人嗎？賢人的表現是禮義之道，可是，孟子辦理母親的喪禮，超過以前父親的喪禮，如

此厚母薄父，真不知禮義之道，君王不必去看他。

　　魯平公說：好吧！之後，樂正子（孟子弟子，魯國之臣）去見魯平公，說：王為何不去看孟子呢？平公說：有人告訴我，孟子厚母薄父，辦理母喪，逾越之前父喪之禮，因此，不去看他。樂正子說：是否指他以前父喪以士的葬禮，後來母喪，用大夫的喪禮？魯平公說：不是，是指孟子母喪用的棺椁衣衾過於美好。

　　樂正子說：彼一時，此一時，貧富不同，不能說母喪超過父喪，只是盡心盡力而已。樂正子向孟子報告這件事。孟子感慨說：人的行為，有人可以阻止。但是，道之行或不行於天下，不是少數人所能左右。這次不能與魯平公相遇，或許是天意，臧倉怎麼能夠阻止我永遠不與平公相遇呢！

四、荀子的喪葬思想

　　荀子認為凡人最大的欲望是保有健康的生命和快樂幸福的生活，希望長壽百歲，而最厭惡的一件事是死亡。生是人的開始，死是人的終了，為了對死者的尊敬和感恩，要以「慎終」的哀敬之心，妥善辦好喪事，才合乎禮義的孝道。

　　《荀子‧禮論》說：死亡是永遠的訣別，喪禮是為了子女對父母的孝敬，臣屬對君長的尊重。送死不忠誠，是刻薄無情。對死去的父母或君長怠慢無禮，更是違背孝道。所以，天子的棺椁有十層，諸侯的棺椁有五層，大夫的棺椁有三層，士的棺椁有二層。殮尸用的衣服和被子的多寡依貴賤上下而各有不同，以示敬重，使生死始終合乎禮義。所謂敬始而慎終，不要厚其生而薄其死，這是先王之道，忠臣孝子的應盡責任。

　　天子的喪禮，哀傷感通於天下四海，聚合諸侯；諸侯的喪禮，哀傷感通於彼此和好之國，聚合大夫；大夫的喪禮，哀傷感通於

同朝的官吏，聚合為官的公務員；士的喪禮，哀傷感通於一鄉；平常百姓的喪禮，聚合親族，哀傷感通於州里。遭刑而死者的喪禮，不得聚合親族，只能聚合妻小，棺槨只限三寸，衣衾只限三領，棺槨不得裝飾，不得白天出殯，只能在夜晚時埋葬，妻子只穿平常的衣服，沒有哭泣的禮節，沒有喪服，埋葬以後，恢復日常生活，好像沒有喪事一般，這是對遭刑死者的最大恥辱。

荀子以為吾人對於生死吉凶之事，應該謹慎，而且要有一定的禮節。例如：父母或君長病危，孝子忠臣傷痛之餘，以新的綿絮放在病人的鼻口之上，細聽呼吸的氣息，雖然知道父母或君長已經病危。但是，不忍心去準備殯殮所需的器具，雖然傷心哭泣，還是希望病者能夠康復。

因此，盡全力的搶救醫治，到了不幸逝世之後，才開始準備喪事。所以，雖是富貴人家，必須隔一天才能入殮，入殮三天後，親屬各依禮制，穿上應有的喪服，然後昭告遠近的親友，準備喪葬的事宜。所以，喪禮久的不超過七十天，快的不少於五十天，為什麼這樣呢？因為要有充裕的時間準備喪事，而且忠臣孝子應盡喪禮各種儀式節文，遠方的親友可以前來弔喪，充分表現對往生者的思慕。

喪禮是以哀敬送葬為常道，死亡是人生最大的變化，對死者應予尊重，各種儀式以示莊嚴，輓聯祭品以示隆重，且有一定的程序出葬，誠如《禮記·檀弓上》子游說：在房屋牆壁側面的窗下，以珠玉米貝之類放在死者口中（天子用玉，諸侯用璧），在寢室當戶處小殮（（衣屍曰小殮），在主位（主人接賓之處）大殮（以屍入棺），在客位停柩，在廟前庭裡祖奠（發引前一夕之奠曰祖奠），然後出葬於墓地。喪禮的六個過程，表示死者逐漸遠去，又守三年之喪，使孝子的內心逐漸適應這種巨變，則哀慟之情漸減，

而恢復正常的生活。

　　所以，對待死者，如果缺少各種禮節的儀式，是粗俗野蠻，對死者不拘禮節，則不敬。送葬不哀不敬，則與禽獸無異，這是君子感到羞恥的事。

　　荀子以為喪禮是以在世的生活之道對待死者，表示不敢因為死者沒有知覺，不能說話而欺侮他。送葬的過程就像有生之時一樣，以示不違孝道。所以，事死如事生，事亡如事存，生死存亡始終不變。

　　當親人過世，為死者洗頭洗澡，束髮化妝，修飾容貌，如不洗頭則理髮，如不洗澡則擦澡，耳朵用絲綿塞住，餵以生米，口含貝類，表示生時子女應盡的孝順。給死者穿上三套新衣服，插笏於沒有鉤的大帶。用白帛掩面，用絲帶束髮，不加冠和笄，書寫死者之名於銘旌，懸於三尺長的竿木上。

　　喪禮是送死之道，表現孝子的哀戚；祭祀表現孝子的誠敬。所以，喪禮的用意無他，明白死生大義，以哀敬送葬死者，而終於入土為安，妥為埋葬。因此，埋葬是敬藏死者的身體，祭祀是敬仰先人的精神，銘誄繫世，流傳千古。事生送死，始終一貫，完成子女的孝道，這是聖人之道，儒者應盡之事。如果怠慢死者，增益生者，是刻薄無情；怠慢生者，增益死者，是痴迷惑亂；如以活人殉葬，是殘賊人性，皆非禮義之道，儒者不為也。

　　現代人送給喪家的東西，主要有輓聯、祭品和賻儀，以及參加喪禮的告別式等禮節。由於現代交通便捷，親友與祭相當方便，少有古代奔喪日行百里的不便。

　　《荀子‧大略》說：親友拿錢財襄助喪事，稱「賻儀」；送給喪家車子和馬，稱「賵」；贈送死者殯葬用的衣物，稱「襚」；送給死者玩好之物，稱「贈」；送給死者玉和貝，稱「唅」。致送

賻和賵，是幫助生人治喪之用；致送贈和襚，是送給死者之物。送死不及柩尸，弔喪不及葬時，非禮也；奔喪日行百里，務求及時致哀，是禮也。

　　「古代以斬衰、齊衰、大功、小功、緦麻為五種喪服，斬衰是父母的喪服，為期三年，乃喪服中最重的一種，是不縫衣旁及下邊的粗麻素衣。齊衰是祖父的喪服，以熟麻布為之，為期三年。大功是本宗堂兄弟的喪服，以熟布為之，為期九個月。小功是本宗曾祖父母、叔伯祖父母的喪服，為期五個月。緦麻是五服中最輕者，以熟布為之，為期三個月，凡本宗為高祖父母，以及五服內在小功以下者，又異性中為表兄弟、妻父母、婿、外孫等的喪服。

第三節　三年之喪

　　儒家基於喪禮是孝子對父母仁心之不忍，因此，主張三年之喪。《論語‧陽貨》記載：宰我認為父母過世，守孝三年，時間太久了，守孝一年應該夠了。孔子以為君子居喪，有美味的東西不覺得好吃，有好聽的音樂也不覺得好聽，因為內心覺得哀痛不安，所以不去做享樂的事。孔子責罵宰我不仁，對父母沒有感恩之心，真是不孝，三年之喪，是天下通行的喪禮。所以，《中庸》第十八章說：直系親屬的三年之喪，天子也必須遵守；至於父母之喪，無論尊卑和貴賤都一樣服三年之喪。

　　孟子也強調為父母守三年喪期，是天經地義的事，父子至親，孝子至情，豈可短喪！《孟子‧盡心》記載：齊宣王想縮短三年的喪期。公孫丑說：縮短為一年的喪期，比不穿孝服好吧！

孟子說：好比有一個人，要扭傷他哥哥的手臂，你告訴他慢慢地扭轉，可能會傷到他哥哥的手臂。依我看，你應該教他孝悌之道，讓他知道兄弟不可暴戾相向。此外，齊王有個庶子，他的生母死了，因為還有嫡母在，不能服三年喪，他的老師替他請求幾個月的喪服，公孫丑說：像這件事該如何呢？

　　孟子說：他原本想服三年之喪，卻不可能辦到，縱使多服一天，總比不穿孝服好。我剛才所說的孝悌之道，是針對那些沒有人禁止他，而他自己不肯服三年喪期的人說的，意思是說三年之喪，是應有的孝道。

　　《孟子・滕文公》記載：滕定公去世了，世子文公向他的老師然友說：日前經過宋國，孟子曾經與我會談，我的心裏始終不忘。現在不幸遭逢父喪，我想請你去請教孟子，再舉辦喪禮。然友到鄒國向孟子請益。

　　孟子說：世子如此謙虛非常好。辦理父母親的喪禮，本是子女自盡哀情的孝行。曾子說過父母在，依禮奉養，父母去世，依禮殯葬，依禮祭祀祖先，這是孝道。我也聽說過，父母去世，應服三年之喪，從天子到一般百姓都一樣，夏商周以來都是如此。

　　然友回來報告世子，世子決定遵行三年的喪禮。可是，宗親的長老和朝廷的重臣都不同意。他們說：魯國的先君未曾遵行三年的喪禮，滕國的先君也未曾遵行三年的喪禮，現在，世子要違反先君的禮制，是不可以的，因為古書說喪禮與祭祀，應當遵從祖先的遺志，意思是有所傳承，怎麼可以違禮呢？

　　世子又對老師說：我以前沒有好好念書，喜歡騎馬舞劍，現在宗長和朝臣對我不滿，恐怕不能把喪禮辦好，你再去請教孟子。然友再到鄒國向孟子請益。孟子說：不錯，這件事不必徵求他人的意思，靠世子自己決定就可以。孔子說過，國君死了，一切政

務由家宰來處理,嗣君只是守喪即可,朝廷百官,沒有人還敢不悲痛,因爲君王的德行像風,臣屬的行爲像草,上行下效。

後來,世子在中門外築廬而居,守喪五個月,哀傷不言,沒有下達任何命令,百姓和宗親都稱讚世子知禮。到了安葬之日,四方來參加喪禮的親友,看見世子精神哀戚,傷心哭泣,弔喪的人對世子的孝行,深表讚賞。

荀子也主張三年之喪,他以爲禽獸喪親,尚有哀鳴,何況人是萬物之靈,《荀子‧禮論》認爲爲什麼孝子要爲父母服喪三年?這是衡量人情哀傷的輕重,而制定的禮儀。因爲父母對子女有養育之恩,父母不幸逝世,子女至感哀傷,不是短時間可以恢復平靜的。所以,穿著粗麻素衣,手持竹杖,住在簡陋的木屋,吃稀飯,睡草席,用土塊當枕頭,表示至深的傷痛。服喪三年,孝子的哀痛並未完全消除,思念之情並未忘懷。但也應有節制,恢復正常生活,避免哀傷過度而嚴重傷害健康。

人爲萬物之靈,對於親人的亡故,理應永懷恩澤,終身不忘。然而,人有賢愚不同,一些鄙陋邪淫者,或許親人朝死而夕忘之,如此不孝,比禽獸還不如。

天地間的萬物,只要是比較高等的動物,都有情感知覺。比較大型的動物,如果失去同伴或配偶,就是過了一個月或一個季節,還會回來哀鳴或徘徊,然後才依依不捨的離去,就是燕子、麻雀等小鳥,如果失去伴侶,還會悲傷鳴叫,然後離去,禽獸都有悲傷不忍之情,更何況是萬物之靈的人類。所以,子女對父母,應該是終身感恩懷念。因此,三年之喪,理應人情之常。

對於儒家主張三年之喪,墨子表示反對,墨子強調節葬短喪,依據《墨子‧節葬下》的說法,厚葬久喪並非聖王之道。墨子強調厚葬久喪對國家和人民都不好。因爲爲厚葬久喪必使國家

貧困、人民減少、政治混亂，導致大國攻打小國，鬼神也不能賜福。

　　因此，墨子制定喪葬的方法是：棺木的厚度只有三寸，能使屍體不露出外面就夠了，三件壽衣，能使屍體在衣服裏面腐爛就夠了；挖掘的墓穴不必太深，地下沒有水，屍體的臭味不外洩就可以了；墳墓不要太大，能使親人紀念就可以。辦妥喪事以後，即可恢復工作，不必服喪三年，不要過度哀傷，並且按時祭祀祖先，以盡孝道。

第四節　喪葬禮儀

　　人類學家范・吉納普（V. Van Gennep，西元一八七三～一九五七年）認為無論哪一個民族，人的一生，必經出生到死亡的過程，每一個文化都有獨特的各種儀式，每個儀式大約有三個階段：分離、過渡、再統合。

　　人的一生，大抵通過誕生儀式、成年禮、結婚儀式、喪葬儀式。這些儀式，都具有形上的功能（meta-function），在思想上具有一定的意義，此謂「通過儀式（rite of passage）」。例如儒家崇尚孝道，祭祀祖先。因此，喪葬儀式極為莊嚴慎重，一連串的喪禮與祭祀，代表人倫親情的分離、過渡、再統合。誠如《禮記・坊記》云：

> 喪禮每加以遠，浴於中霤，飯於牖，小斂於戶內，大斂於
> 阼，殯於客位，祖於庭，葬於墓，所以示遠也。

　　傳統喪禮分為幾個階段，每到一個階段，就離家愈遠，表示分離的意思。根據《荀子》、《禮記》等書的記載，我們大約可以

看到春秋戰國時期，儒家喪葬禮儀的情況，茲簡述如下：

（一）屬　纊

當父母病危時，孝子用絲綿放在病人的鼻口上，仔細聽看呼吸的氣息，因爲綿絮很輕，當綿絮停止不動時，表示斷氣了。在死亡之前，雖然知道已經病危，仍不忍心準備喪事，期望病人奇蹟出現，恢復健康，極力延醫搶救，到了不幸逝世，才開始準備殯殮所需之物。

依據《禮記・曲禮下》的說法：天子死曰崩，諸侯死曰薨，大夫死曰卒，士曰不祿，庶人曰死，父死曰考，母死曰妣，妻死曰嬪，壽考曰卒，短折曰不祿。《禮記・檀弓上》說：受脅迫而畏懼自盡，不小心被壓死，溺水而死，這三種情形都是輕身不孝，不足恤。所以，不必去致弔。

（二）復

復就是招魂。依《禮記・喪大記》的說法，招魂是表現無限之愛，依依不捨的方式，當父母斷氣的時候，招魂的人就登上屋頂，向天空喊叫：某人啊！你該回來呀！無論死者的身份貴賤如何，招魂的人都從東南方的簷角爬上屋，在屋脊的正中用竹竿揭起衣服，向北方大喊死者三次。然後捲好衣服，擲向屋簷下，平日掌管衣服的人把衣服接住，覆在死者身上，招魂的人從西北角的屋簷下來。死者如果是男性，就喊他的名，死者如果是女性，就喊她的字。先民認爲人斷氣後亡魂離開肉體，而親人總是希望亡魂回來，死者能夠復活，所以有招魂的儀式。

（三）沐　浴

喪禮是以在世的生活方式奉侍死者，表示不違孝道。沐浴是為死者洗澡，把頭髮、身體清洗乾淨，修剪手和腳的指甲，束髮化妝，修飾容貌，沐浴一般使用清水，但是，天子等貴族，用秬鬯酒洗澡。

（四）飯　唅

根據《荀子》、《禮記》的說法，「飯唅」是把東西放在死者口中，不忍心死者沒有東西吃，不用活人吃的熟飯，是表示自然的生米和貝殼較為美好耐久。上古天子飯唅，用九個貝殼，諸侯七個，大夫五個，土三個。鄭玄認為夏朝死者飯唅用貝，周朝改用玉。又據鄭玄注說，大夫以上官人死後，由賓客為其飯唅，本來飯唅之禮要揭開覆在死者臉上的巾，據說因為公羊賈害怕看見死者的臉，所以在嘴巴的地方，剪開覆巾，將飯唅送入口中，稱為「鑿巾以飯」，這是大夫之禮，但是，公羊賈是士人，所以失禮。

（五）襲

襲又稱小殮，就是穿衣，《荀子·禮論》說：給死者穿上三套新衣服。《禮記·喪大祭》說：小殮的時候，不可以把衣服顛倒，衣襟都是向左開，並且用布條打結，表示不再解開，不同於世間活人的穿法，世人的衣襟是向右開，使用鈕扣，容易解開。

除了小殮，還有「掩」、「瑱」、「幎目」「覆衾」等禮儀。「掩」是把死者的頭髮包起來，並在脖子下打結。「瑱」是用絲綿將死者的兩耳塞住。「幎目」是將死者的臉部覆蓋。「覆衾」是將被子蓋在死者身上，完成小殮儀式。

（六）立喪主

喪主是喪家的主人，一般情形由死者長子擔任，若長子已死，由長孫充當。

（七）為　銘

把死者的名氏寫在旌上，也稱「明旌」，就是幡旗，書寫姓名的明旌，代表亡靈的幡旗，由於死者的身體已不可見，所以用旗子做標誌，旌旗的竹竿長三尺，置於西台階上。由於敬愛他，因此寫他的姓名當為象徵。

（八）設　重

「重」是木製的牌位，象徵死者亡魂。人剛死，未立神主牌，以「重」為亡魂的依憑。到了下葬後，將亡魂接回來，安置在神主上，盧祭之後，把「重」取下，埋入祖廟門外的東邊土中。

（九）訃

「訃」就是報喪，將死訊喪事通知死者的親友、上司或屬下。現在通行的「訃文」就是訃。天子諸侯的死訊，還要通告鄰國。凡是家中有喪事，訃告國君，應該說：君之臣，名某某者死了。民間也有派人口頭告知親友或刊登報紙。

（十）殯

殯就是大殮，把死者安置棺內。為什麼天子從殯到葬，要七個月，諸侯五個月，大夫、士、庶人也要三個月？因為地位愈高，親友的交遊範圍愈廣，遠道來參加葬禮的人愈多，古代交通不便，

要較多的時日，而且地位愈高，喪禮的準備也要更多的時間。

大殮的時候，先陳列入殮的衣服，國君大殮用的衣服，都排列在庭裏，共一百套，衣領向北，從南面排起。大殮以後，和死者有關的親屬，衣食住行不同於以往的日常生活，稱居成服。父母之喪，服斬衰的人，三天不吃東西，大殮以後吃稀飯。安葬以後，可以吃乾飯，小祥以後，可以吃果菜，大祥以後，可以吃醬醋，禪祭以後，可以喝甜酒，吃肉先吃乾肉，孝子逐漸減輕哀傷，以不傷身心健康為原則，老人及病人不必停止進食酒肉等食物，避免危害健康，這是權宜之計。如果居喪的時候生病，也可以吃肉喝酒，但要有些草木的味道，佐以薑桂等藥材，對疾病有所助益。

（十一）弔

接到訃告（文）的親友，趕赴喪家弔唁。弔唁是慰問喪家和對死者的哀悼。因此，弔唁者避免穿著華麗的衣服，並在腰部繫一條麻布帶子，叫「腰絰」，弔唁完後，喪主叩頭致謝弔唁者。

（十二）賻　儀

弔唁者送給喪家禮品，稱為「賵」。送給死者陪葬的馬，叫「賵馬」，送給喪家的馬，叫「賻馬」，送給死者衣服，稱為「襚」，當今，送給喪家賻金，稱為「奠儀」。

（十三）奠

奠是敬向死者供奉祭品，這是整個喪葬禮儀中最為繁複的過程，從死亡到下葬，大致要完成十幾種不同的祭奠，如：小殮奠、大殮奠，朝祖奠等。祭品主要有魚、肉、酒、水果、五穀雜糧等。

（十四）筮　宅

停柩期間，由專門管理墓地的冢人占卜墓地，選擇墓壙方位，準備埋葬。

（十五）朝　祖

朝祖又稱告廟。下葬的前一天晚上，用轂車載靈柩到祖廟致奠。

（十六）大遣奠

葬禮當天，先舉行大遣奠，這是所有祭奠中最為隆重的禮儀，當今有告別式，包括家祭、公祭等。還要陳列陪葬的「明器」，都是一些不能實用的日常生活用具。大遣奠完成後，移靈柩到墓地，稱「啓殯」，馬車將靈柩及明器送往墓地，孝子及親屬步行護柩，長輩及賓客乘車隨後，稱「送葬」，由賓客以繩索或白布牽引靈柩前進，稱「執紼」。將靈柩放入墓壙，稱「下柩」，最後填土，葬禮完成，喪主拜謝親友幫助。

（十七）盧　祭

盧祭是安葬以後，當天中午舉行的安神祭，表示亡靈已經安息，葬禮當天盧祭，是表示孝子不忍一天和死去的親人失去連繫。祭與奠不同，祭是吉禮。盧祭之後是「卒哭」，卒哭祭表示「生事畢而鬼事始」，祭祀的對象是鬼（人死曰鬼）。第二天，舉行「祔祭」，就是到祖廟去祭祀，把亡靈祔屬於祖靈祭典。

（十八）小　祥

服喪滿一年，到十三個月改服練冠而祭，稱「小祥」，又稱「練祭」，可以除去絰帶，但不要飲酒作樂。

（十九）大　祥

逝世兩週年的祭禮，稱「大祥」。父母過世，雖服三年之喪。但是，居喪要逐漸寬鬆，逐漸恢復正常的生活。所以，小祥以後可以吃果菜，大祥以後可以吃醬醋，禫祭以後可以喝甜酒。在住的方面，小祥以後，可以住在不加塗飾的房屋裏，睡覺也可以有席子。大祥以後，可以住在寢室裏，禫祭以後，恢復正常生活起居。

（二十）禫　祭

大祥再過一個月，是除服的禫祭。禫祭以後，喪家生活一切恢復正常。不過，每年的忌日仍要祭拜，終身思念，不辱父母。《禮記‧祭義》說：

> 君子有終身之喪，忌日之謂也。

君子對於父母，生則敬養，死則祭祀，一輩子都不敢犯錯，不使父母蒙羞受辱。君子有終身的喪事，就是父母過世的忌日，除了祭拜外，不做其他的事，並不是那一天不吉利，而是特別眷慕父母，沒有心情去做別的事情。

從屬纊到禫祭，大致可以分為四個階段：初死之禮、停柩之禮、葬埋之禮、葬後祭祀。俟服喪完成後，隨之而來的是定期的祭祀。大體而言，祭祀比喪禮更為重要，因為祭祀的範疇更為廣大深遠。

第五節　各家喪葬思想

　　著名的秦皇陵兵馬俑，工程浩大，是厚葬的具體表現。從秦始皇開始，歷代帝王大興厚葬，除少數皇帝除外，如西漢文帝。由於帝王的厚葬風氣，造成社會普遍流行厚葬久喪，歷代有識之士，不斷反對厚葬，主張薄葬、儉葬等思想。以先秦為例，除了墨子以富國利民為目的而反對厚葬外，莊子也是反對厚葬，莊子以「天地與我並生，萬物與我為一。」的自然生死觀，反對厚葬。其他的喪葬思想，簡述如下：

一、《呂氏春秋》節喪、安死

　　《呂氏春秋》是呂不韋召集門下賓客集體編撰而成。該書有〈節喪〉、〈安死〉兩篇反對厚葬、提倡節喪。〈節喪〉首先強調聖人要「知死」，即如何做到使死者安息。如何使死者安息？（1）要真正為死者著想。就是墳墓不被盜掘，屍骨不被搬移。（2）如何確保屍骨不被移動？最重要的是不使盜墓者有利可圖，有寶可盜。因此，唯有「節喪」才能「安死」。換言之，唯有薄葬，墳墓沒有金銀珠寶，沒有人盜墓，才能使死者永遠安息，才算真正為死者著想。

　　易言之，厚葬非為死者著想，因為厚葬只會引來盜墓者，厚葬往往是活著的人借此誇耀自己的財富，想得到他人的讚譽，滿足自己的虛榮而已。《呂氏春秋‧安死》強調：人生不滿百，自古至今，沒有不滅亡的國家，也沒有不被盜挖的大墓。至於像宋平公、齊莊公的大墓，國家未亡而大墓已被盜挖。

　　所以說，厚葬大墓引誘賊匪盜掘，是孝子愛親反而害親的愚行。因此，先王（堯、舜、禹）都是節葬、安死，葬禮合乎「儉」、「合」、「同」三原則。所謂合、同，是墓地不破壞當地的環境生態，例如堯葬於穀林，遍地都種樹木，墓地與生態合而爲一，這樣才能避免墳墓被盜，死者受辱。

　　值得注意的是，〈安死〉篇記載孔子反對以寶玉入殮季平子的事。魯國季平子的喪事，孔子前去弔唁，進門後站在左邊西階賓客之位。主喪者（季平子之子季桓子）要把國君才能配戴的寶玉，作爲季平子的陪葬物而入殮，孔子立即穿越中庭，快步向東，登階而上說：「以寶玉入殮，猶如把死者暴屍在荒野。」孔子是賓客，穿越中庭，違反禮節。然而，他要勸止以寶玉入殮，說明孔子反對厚葬。

　　可知，《呂氏春秋》反對厚葬，主張「節喪」，是爲了使墳墓不被盜挖，讓死者「安死」，永遠安息。

二、楊王孫裸葬

　　楊王孫，漢武帝時人，據《漢書》卷六十七本傳記載：他學黃老思想，身體力行。雖然家業富有，臨終前，立下遺囑，死後裸葬，不要衣衾，不要棺槨，裸屍入土，裸葬以歸自然，希望他的兒子不要改變他的囑意。他的兒子對父親的遺囑深感爲難，不照辦的話，違背父親遺願；照辦的話，內心不忍。於是，求見父親的朋友祁侯。

　　祁侯寫信給楊王孫說：如果人死無知，裸葬也無所謂；如果人死有知，裸葬豈不是羞辱死者於地下，將裸體去見自己的祖先。況且，《孝經》說：爲之棺槨衣衾。這是聖人的遺制。所以，裸葬是不可取的行爲，願楊王孫再思考，不要執意裸葬。

　　楊王孫回信給祁侯，主要強調兩點：

1.他要以裸葬矯正厚葬的不良風俗

　　造成厚葬風氣的主要原因，源於秦漢以來的帝王，尤以秦始皇、漢武帝爲甚，開風氣之先，上行下效，民間百姓也以厚葬爲尚。因此，楊王孫要以裸葬矯正厚葬的不良社會風氣。因爲厚葬對死者無益，而對生者有害，勞民傷財，生死無益。厚葬引誘賊匪盜墓，今日下葬，明日被盜，情何以堪！

2.楊王孫以爲人死無知，形神俱滅

　　生死只是自然的變化，死亡是終身之化，返於天地之中，回歸自然。精神離開形體，精神歸於天，形體腐於地，形神俱滅，人死無知。厚葬者既昧於死者無知，又不懂生者得不到益處，他的裸葬，正是要破除世人的愚昧和糊塗。

　　值得注意的是，楊王孫所謂「精神者天之有也，形骸者地之有也，精神離形，各歸其真，故謂之鬼，鬼之爲言歸也。」與《淮南子‧精神訓》所言「精神天之有也，而骨骸者地之有也。精神入其門，而骨骸反其根，我尚何存？」兩者的思想一致。又與《論衡‧論死》所謂「人死，精神升天，骨骸歸土，故謂鬼神，鬼者歸也；神者，荒忽無形者也。」的看法一脈相承。

　　楊王孫的裸葬，對後世產生影響，其中以趙咨和皇甫謐爲最。趙咨繼承和發揚楊王孫的生死觀，表示對他的裸葬志有所慕。皇甫謐生前著〈篤終〉一文，要求裸體入葬，以身親土。

　　趙咨，字文楚，東郡燕人，漢桓帝延熹元年，以至孝有道被推薦爲博士，歷任敦煌太守、東海相、議郎等職。據《後漢書》卷三十九記載：他爲官清廉，當他在京師養病時，購置一個小素棺，準備了黃土二十石。臨終前，告訴其故吏朱祇、蕭建等人，他死後以單衣薄葬，素棺內放置黃土，欲令屍體儘速腐朽，早日

歸土。子孫不聽，於是，他給兒子趙胤寫了一篇遺書。

趙咨認爲萬物有生必有死，萬物的生命都有一定的期限，人不可能長生不死，這是自然的現象。生死存亡就像朝夕晦明一樣。所以，生不足喜，死也不悲戚。死亡意謂元氣（來自天的精氣）離開人的肉體，又回到元氣化生萬物之前的自然狀態，無邊無際的宇宙之中。

至於人的屍體，人死無知，屍體腐朽後化爲塵土，塵土沒有知覺，豈有性情？對於棺槨的大小，衣物的厚薄，墓穴的燥溼，屍體毫無知覺。只是生者不忍親人暴屍，而有喪葬之禮，厚葬並非聖人之道，以厚葬表示孝道，非常不可取。

因此，趙咨強調墓的大小，只要容納棺木即可，不要大墓，有墓無墳，只把墓穴用土塡平，墓的上面不必堆土爲墳。不要卜時日（擇日）、不必看風水，墓旁不必種樹。趙咨說他非常嚮往楊王孫的裸葬。因此，他的薄葬上同古人，無可非議，希望他的兒子，不要聽信一些批評，就違背他的遺願。趙咨這種敢於挑戰世俗風水、擇日的薄葬，本傳說「時稱明達」。

趙咨之後，晉朝的皇甫謐，也主張裸葬。《晉書》卷五十一記載：皇甫謐，字士安，好學不倦，博通典籍，旁貫百家。武帝時，屢徵不仕，自號玄晏先生，著有《玄晏春秋》等。

皇甫謐著〈篤終〉一文，自訂葬送之制。他認爲生死存亡是自然現象，凡人總是貪生怕死，雖然貪生，也不能長生；雖然怕死，也必然一死。人死之後，精神知覺消亡，形體腐朽，魂氣消散，歸於宇宙大化自然之中。所謂埋葬，只是藏屍而已，入土爲安即可。如果以貴重的棺槨厚葬，很多陪葬物，墳墓廣大，無異於在路旁埋設金銀珠寶，而且在地上詳加說明，引來賊匪盜挖，真是愚昧可笑。

　　他本想裸葬，以身親土，朝死夕葬，或夕死朝葬，不用棺槨，不必沐浴化妝，不穿新壽衣。唯恐遭人批評，為難家屬，因此，要求家屬薄葬。氣絕命終之後，只穿日常便服，用粗竹席裹屍，以麻繩束綑，將屍體放在床上，擇荒野不毛之地挖坑洞，深十尺，長一丈五尺，將屍體置於坑內，陪葬物僅《孝經》一卷，坑內僅有裹屍的粗竹席，墓與地平，不必積土為墳，不必種樹，如此，以身親土，才是最好的葬禮。

　　從以上楊王孫裸葬，趙咨和皇甫謐薄葬而言，他們都反對厚葬，此一思想，與王充所謂「死人不為鬼，無知，不能害人。」及薄葬的思想一脈相承。

三、王充《論衡·薄葬》

　　王充反對厚葬，主張薄葬。他認為世人崇尚厚葬，主要原因在於儒家論述人死有知或無知不夠明確；墨家雖然主張薄葬，卻又崇敬鬼神，以為鬼神可以禍福於人，是相互矛盾的思想。儒家的孝道，強調祭祀，也助長厚葬。

　　易言之，厚葬之所以成為社會風氣，是由於俗人不知道人死無知，不能害人，不能禍福於人，以及為了免於不孝的罪名所造成的後果。

　　王充強調如果讓大家都知道死人無知，厚葬無益的事實，讓這個事實成為社會的定論，就沒有人厚葬死人了。因為厚葬死人，死者並沒有知覺，對於報答親人的養育恩德又有什麼益處呢？因此，論述死人無知，不能禍福於人如果不詳盡，如果俗人相信死人有知，能夠禍福於人，那麼，厚葬的風氣不會停息，社會流行厚葬，傾家蕩產，百姓貧困，將使國家危亡矣。

四、呂才〈敘葬書〉

　　喪葬之禮，原有選擇墓地的問題，上古社會，百姓總是在村莊附近，選擇地勢較高，避免淹水的丘陵，做爲家族的墓地，稱爲「族葬」。如《周禮・春官宗伯》說：墓大夫管理王邦中人民所葬的墓地，令國人聚族而葬。至於冢人管理君王所葬的墓地。最早葬在新墓地的君王墳墓在中央，以昭穆（父曰昭，子曰穆）分爲左右，君王子孫爲畿內諸侯者，其墳墓在王墓的左右後方，因戰爭而死亡者，不得葬在王墓之內，凡有大功勳者，葬在王墓的正前方，墳墓的高低大小與種植樹木多少，各依爵位而定。

　　可知，上古葬禮以族葬爲主，並無墓地風水的問題。隋唐以後，墓地風水之說廣爲流傳，相傳晉朝郭璞著《葬經》，以氣化感應思想，強調墓地風水吉凶與親人子孫的貧富貴賤密切相關，對後世的影響非常深遠，歷代至今，民間仍有風水先生，爲人擇墓相地。

　　不過，歷代有識之士，無不反對風水，尤其以隋朝的楊堅，是歷代帝王最先反對墓地風水的人。他認爲如果說他家祖墳不是好風水，他卻當上了皇帝；如果肯定祖墳是好風水，他的兄弟，又已經陣亡，如何認定吉凶？

　　唐朝的呂才，著〈敘葬書〉，據《舊唐書》卷七十九記載：呂才認爲喪葬之禮，由風水先生擇日、擇地，大言吉凶，各種葬俗禁忌，都是妖妄之說。因爲古禮並無擇日、擇時的問題，只是從殯到葬，天子要七個月，諸侯五個月，大夫、士、庶人三個月，有一定的期限做好準備。所謂葬有定期，不擇年、月、日、時。

　　呂才強調從歷史人物的傳說來看，富貴、官爵來自個人的德行、才能，並非祖墳的吉凶所致。而且，人臣的名位，常有進退，

貴賤常有變化，有的人初賤而後貴，有的人先貴而後賤。因此，他認爲墓地吉凶之說，只是風水先生利用子孫孝親的心理詐財而已。

五、司馬光〈葬論〉

司馬光著〈葬論〉（《司馬溫公文集》卷十三）。他說：當他任諫官時，奏請朝廷禁止天下葬書流傳，因爲葬書所言不足信。所以，當宋仁宗趙禎死後，英宗趙曙繼位，他把朝政不振、內外焦困的原因，歸罪陵寢風水，想找風水先生相地。司馬光表示反對，認爲政治的興衰，與陵寢無關。

司馬光說：元豐五年，他太太的葬禮沒有找風水先生擇時相地，迄今兩年沒有事故。又說：他的先祖喪葬，因家貧而無棺槨。自太尉公開始，才有棺槨，然也未曾以金銀珠寶陪葬。太尉公的葬禮，應族人要求，表面上雖有風水先生，其實，以他的兄長司馬伯康的意見，決定時日與墓地。宗族從仕爲官者有二十三人，司馬光又任宰相。他說別人謹用葬書，家勢未必勝過他。

六、謝應芳《辨惑編‧治喪》

元朝謝應芳在《辨惑編》卷二中認爲：當時民間喪禮有兩大弊端：一是舖張祭儀，甚至破家蕩產，流行盛大的禮儀虛文，舖張浪費。二是和尚念經，大作佛事，甚至經旬逾月，所謂超度亡靈等法會，已經習以成俗，不論貧富貴賤。

謝應芳強調喪禮不應舖張侈靡，不應追求華麗的虛文，而應以哀敬死者爲本質，真誠表達內心的哀悼之情。因此，他自己以身作則，家遭二喪，都不用世俗所尙之禮。他認爲古人擇地以葬其親，本是孝子的用心，出於對親人的哀敬。然而，後世惑於風

水之說，往往是出於自身的私利著想，使親人的屍骨不得及時歸土，入土為安，情何以堪！所以，他要速葬，他說：余之死欲速埋，素志也。

七、呂坤《去偽齋集‧塋訓》

呂坤，字叔簡，號新吾，生於明世宗嘉靖十五年（西元一五三六年），卒於明神宗萬曆四十六年（西元一六一八年）。著有《去偽齋集》、《呻吟語》、《實政錄》等書。

《去偽齋集》卷八論斥風水之說。呂坤強調天生百姓，人人各有分定，造化之權在人不在天，奈何世俗風水，捨人而求之枯骨（屍體骨骸）。其實，在風水盛行的社會，眾多百姓並不因為深信風水，而使他們康泰幸福；在不行風水的社會，民眾並不因為不信風水，而使他們貧賤夭死。

歷史告訴我們，帝王的陵墓何其宏偉，世代擇地，終將敗亡。事實上，就是一家之子，雖然同一個祖先，相同的風水，個人的際遇卻大不相同，有的富貴，有的貧賤。就以長安古都而言，秦亡於長安，而漢（劉邦）卻在長安稱帝。

呂坤以歷史的省察，論說世俗風水荒誕而不可信。他又以不同區域的葬俗，反對風水之說，例如西夷以火化為葬俗，江南有以水葬為喪禮，他們的子孫也各有不同的興衰、窮達。因此，呂坤說：

君子以天理為地理，以心田為墓田。

世俗深信風水，往往為了尋找龍穴寶地，而使父母屍骨終年累月不葬，何其不孝！相傳郭璞著《葬經》，也沒有得到風水的福蔭，終究不保性命，慘遭殺害，可見風水不足信也。

至於擇時卜吉、避殃求福，所謂良辰吉日之說，呂坤也認為

可笑。因為周朝百姓的嫁娶都在仲春二月，秦朝的習俗，百姓安葬都在三月清明，難道仲春都是吉時嗎？難道清明時節都是良辰嗎？世俗相信擇日，深信時日吉凶。呂坤認為：問吉凶於卜筮者，惑也。(《去偽齋集》卷七)。因此，他遺囑兒孫，在他死後，風水、陰陽、僧道家言，一切勿用。」(《去偽齋集》卷九)

八、張居正〈葬地論〉

張居正，生於明嘉靖四年(西元一五二五年)，卒於明萬曆十年(西元一五八二年)。著有(《張太岳文集》等。他在《張太岳文集卷十五‧葬地論》中認為世俗相信葬地能致人禍福，若葬得吉地，家必興隆；若葬在惡地，家必衰敗。風水之說，皆虛妄。

張居正認為人死以後，精神消散，魂氣飛揚，屍骨與土石一樣沒有知覺，雖葬在所謂吉地，豈能得福？所以，古代沒有墓祭，認為祖先的神靈不在墳墓。如果相信風水之說，想憑借墓地靈氣福佑後代，想為後代子孫富貴的人，應該盡快去死，趕快葬在寶地，何必在人世間勞苦呢？

有趣的是，張居正指出兩種民間流傳信仰的矛盾。一種是善有善報、惡有惡報的善惡報應，另一種是葬地吉凶可以禍福子孫的風水之說。前者強調人只要行善就可以得福，後者認為只要葬在吉地就可以福佑子孫，兩者顯然矛盾。所以，張居正認為如果葬地能禍福子孫，那麼就不必行善了。可知，風水之說不足信。

九、陳確〈葬書〉

陳確，生於明萬曆三十二年(西元一六○四年)，卒於清康熙十六年(西元一六七七年)，著有〈葬書〉等，現有《陳確集》傳世。陳確曾說：生平筆札紛紛，了無足取，唯論葬與世俗異。

又說：欲黜地師，復族葬，以救一時痴愚狂惑之俗。他生平最痛恨地師（葬師），俗稱風水先生。他認為風水之說，妖言惑眾。

他在《陳確集・別集卷六・葬書》自序中提出「及時、族葬、深埋、實築」之喪葬綱領，反對久喪、分葬、淺葬、厚葬。民間停柩，往往過久，有數十年不葬，有數世不葬，數十棺不葬，而終於不知去向者。崇禎元年，浮棺蔽河，子孫不能辨，終入大海。

他說：天無私覆，地無私載，天豈有善惡之分？地豈有吉凶之別？人之善惡，自為禍福。天與地豈能禍福於人？風水豈能禍福子孫？

陳確說：清順治七年三月三日，他太太過世，四月二十六日祔葬祖先墳墓。有人批評葬禮太快，而且時日向煞，不利喪葬，次年吉利等等風水擇日之說，皆妄也。如果要擇年而葬，是否必要擇年而死？如果要擇月而葬，是否也要擇月而死？

古人擇墓地，是選擇墳墓安全，不被破壞的地方，不是所謂龍穴寶地。因此，程子說：擇墓地，當避免五種後患：使他日不為城牆、不為道路、不為溝池、不為豪門所奪、不為耕犁所及農田。易言之，選擇俗人不爭之荒地為墓地。因為喪葬是為死者，非為生者；為死者安息，非為子孫求福。然而，風水禍福之說，因何而起？陳確認為源於葬師（風水先生）洞悉孝子求福、孝親之心而詐財。

值得一提的是，陳確與志同道合的朋友，成立了「葬社」，推行「族葬」、「儉葬」、「深葬」、「及時」，反對當時流傳的「分葬」、「厚葬」、「淺葬」、「擇時」，他自己以身作則，晚年購地十畝，準備族葬。除先葬父母外，又葬其三兄，並令支下子孫難於覓墓地者，都可祔葬。他強調古代《周禮》已有完善的族葬，《周易》說：「方以類聚，物以群分。」所以，生者應與生者類聚，死者應與

死者類聚。生時既已聚族而居，死後亦應聚族而葬。

〈葬書下〉說：族葬有五善：（1）子孫族葬，骨肉完聚；（2）不浪費農田耕地；（3）不必擇年、擇月、擇日、擇時。常見兄弟為了擇日而終年不葬父母；（4）不必擇地。常見子孫為了擇地而數年不葬父母，免於風水先生侔利；（5）族葬墓祭，省時、易行；分葬墓祭則費時、不易。

總持〈葬書〉葬法有六要：（1）時。及時下葬，不出三月；（2）近。不出鄉里；（3）合。就是子孫族葬；（4）深。至少掘地五、六尺，棺槨深藏，安固，祖先安息；（5）實。深葬則實。棺外槨內以灰沙填實，不留空隙；（6）儉。儉葬不事虛文，不要厚葬。

第六節　祭　祀

祭祀是人類普遍的現象，自先民以來就有祭祀。綜觀中國歷史，為何上至天子、下至庶民，都重視祭祀呢？《禮記・祭統》說：先儒認為治人之道，沒有比禮更為重要，禮有五種：吉、凶、賓、軍、嘉。祭祀屬於吉禮，居五禮之首。所謂祭禮，並不是外在環境有什麼客觀條件，使人不得不祭祀，而是出於真誠的內心，有所感恩懷念，而表現崇拜的行為，就是祭禮了。因此，唯有賢能通達之士，能夠真正了解祭祀的真義。

一、祭祀的意義

（一）祭祀是孝道的表現

《禮記・祭統》說：

> 祭者，所以追養繼孝也。孝者畜也，順於道不逆於倫，是
> 之謂畜。

祭祀的首要意義是孝道的表現。《禮記‧祭統》說：祭祀祖先是補充生前未盡孝的奉養，而延續孝敬父母的行為。所以，孝子事親有三原則：生前敬養，亡則喪葬及服喪，喪畢則祭祀。奉養時要順從，喪禮要哀傷，祭祀要誠敬和按時，力行這三個原則，就是孝道的表現。

祭祀是孝道的表現，在儒家典籍中多處可見。《中庸》認為周武王和周公是天下最盡孝的人。所謂孝道，是能善於繼承先人的遺志，完成先人的志業。

《孝經》認為從前賢能的帝王，奉養父親非常孝順，所以，郊祭祀天的時候，能夠明白上天庇護萬物的道理。奉養母親也非常孝順，所以，社祭后土的時候，可以明察大地孕育萬物的道理。知道天地養育萬物之理，又孝順父母，神明顯揚，降福佑民。到宗廟祭祀，內心誠敬，表示不忘祖先的恩澤，努力修德，謹言慎行，恐怕自己犯錯，有了過失，會羞辱祖先的美譽。以誠敬祭祀，力行孝悌，可以感通神明，光耀天下。

（二）祭祀有祈求、報恩、消除災禍的作用

《禮記‧郊特牲》說：

> 祭有祈焉，有報焉，有由辟焉。

〈郊特牲〉認為祭祀有三種作用：祈求、報恩、消除災禍。《春秋繁露‧祭義》董仲舒說：祭祀是報謝上天之所賜，又以上天所賜獻給祖先，是尊天敬祖的表現。所以，祭祀是重大的禮儀，祭品不求太多，但要清潔，祭祀的次數不求頻繁，但要恭敬而且按時不誤。主祭者親自參與，表達內心的誠敬，鬼神欣然享受祭

品。

聖人對於鬼神，敬畏祂而不敢欺騙祂，相信鬼神存在，但不獨自太信任祂，祭祀鬼神而不依賴祂，相信鬼神的公平正義，福佑有德的人，使正直的人能夠得到幸福，不正直的人不能得到幸福，使道德與幸福能夠符合一致。

（三）祭祀是教化的根本

《禮記·祭統》認為祭祀順乎天理人情，所準備的祭品十分完善，是國家的大事，更是教化的根本。為什麼說祭祀是教化的根本基礎？因為君子的教化，教人對外要尊敬君長，對內要孝順父母。重視社稷和宗廟的祭祀，則子孫順從兄長，慎重祭祀之道，端正祭祀之義，就有教化的功用。

因此，君子事奉他的君長，必須身體力行，這樣才能體會《大學》所謂「絜矩之道」的道理。凡是批評別人不好（無禮或不忠不孝）而自己卻不守禮法，不能以身作則，都不是教化之道。

二、祭祀應有的態度

（一）誠　敬

祭祀應有的首要態度是誠敬。《禮記·祭統》說：有賢德的人祭祀，必能表達他的誠信與忠敬，供奉祭品，遵行祭典禮節，按時與祭，用心純潔，沒有其他的要求，純粹是孝子的感恩之心。

《禮記·表記》云：

　　子曰：祭極敬，不繼之以樂。

〈表記〉認為祭祀要盡心表達敬意，雖然也有飲酒的禮儀，卻不是以作樂為目的。

《禮記·祭義》說：孝子祭祀祖先，是盡其虔誠之心，而表現為敬謹的態度，盡其信仰而確信存有祖先的神靈，盡其敬意而事奉祖先。盡其禮節，不會過與不及，進退都很恭敬，猶如聆聽神明的使喚。

進一步說，孝子與祭，站立而屈身鞠躬，前進奉上祭品，表情愉快。進獻祭品，希望神明喜歡，獻後而立，彷如傾聽神明的吩咐，到了祭禮完畢而退出時，誠懇虔敬的精神仍然留在臉上。

相反來說，如果站立而不鞠躬，就顯得粗野；前進時沒有愉悅的樣子，就顯得生疏；進獻祭品，不想神明喜歡就顯得漠不關心，獻上祭品退後站立時，表情不像要聽神明吩咐，就顯得傲慢，最後移去祭品，完成祭禮，若沒有誠懇虔敬的臉色，則顯得忘本，如此祭祀是不對的。

可知，孝子祭祀，只是誠敬而已。所以，《禮記·禮器》說：

> 祭祀不祈，不麾蚤，不樂葆大，不善嘉事，牲及不肥大，薦不美多品

祭祀的真義不是祈求福報，不是祈求升官發財。要依時而祭，不可以隨便提早或延後日期，也不要因為祭祀的次數較多而不恭敬，所謂「勿瀆神」。祭牲不必養得很肥大，祭品也不必要很多，只需豐年不要奢侈浪費，凶年也不可苟且簡略，以誠敬不欺為原則就可以了。

（二）齋　戒

恨據《大清會典》的規定，朝廷舉行祭祀之前，皇帝以及王公百官，凡是參與的人，都要齋戒，不飲酒吃肉，不聚餐，不聽音樂，夫妻分房等等，使身心內外清潔乾淨。又依《禮記·祭義》的思想，祭祀之前，先要調攝身心，排除外面的雜務，隔絕交際，

避免各種娛樂，清除內心的雜慮，準備祭服祭品，修葺宮室宗廟，以及相關事務。

　　為什麼祭祀之前要齋戒？因為祭祀是五禮之首，當然要專注身心，才能與祖先的神靈感應交通。不齋戒就不能拒絕任何事，也不能完全沒有嗜欲，到了齋戒的時候，必須完全拒絕外在的引誘，而且禁止嗜好和情欲，使心志專一，不起雜念，與道合一，手足也不亂動，必依於禮。

　　齋戒的時候，時常想念死者生前起居、笑語、志業，以及他的嗜好、歡樂等等情形，點滴在心頭。如此，三天之後，死去的親人就能活現在子孫的心中。到了祭祀的時候，進入宗廟，好像看見親人的模樣，祭拜之後，彷彿聽到親人的聲音，不忘他的心志，彷彿可以直接和親人的靈魂交談，彷彿祖魂正在享用那些祭品，這都是孝子敬愛之心的表現。

　　值得注意的是，《禮記》所謂：「齋三日，乃見其所為齋者。」，子孫看見祖先正在享用祭品，這只是孝子誠摯心志所顯現，祖先並不是真的出現，也不是迷信，相信祖先真的會出現。所以，《論語·八佾》說：

　　祭如在，祭神如神在。子曰：吾不與祭，如不祭。

三、祭祀的對象

　　《論語·為政》子曰：

　　非其鬼而祭之，諂也。

　　孔子強調不是我們的祖先而去祭祀，是一種媚求。儒家強調什麼身份的人祭祀什麼對象，是不可以錯亂的。依據《禮記·曲禮下》的說法，只有天子能夠祭祀天地之神、四方之神、山川之神、戶、灶、門、井、中霤之神，一年之內徧祭之。諸侯在其境

內祭祀山川之神、五祀（戶、灶、門、井、中霤）之神。大夫祭
五祀，士人則祭祀祖先。有些祭祀，因為朝代不同，有的已經廢
除，就不再舉行，有的一定要祭祀，例如有功於國家、社會、人
民者，就不能廢除。如果祭拜不應該祭祀的鬼神，稱為「淫祀」，
意指多餘而不必要的祭祀，淫祀無福，根本沒有意義，而且是一
種媚求。值得吾人深思的是，臺灣有太多的「淫祀」，急需改善此
一不良風氣。

　　因此，《禮記・祭法》說：凡有功於人民，因公務而死亡，
有安邦定國的功勞，為人民防災除禍，保護人民避免受苦，凡是
這些人死了，都要祭祀。另外，日月星辰是人民賴以見識天文，
區分季節，有利農耕，也要祭祀。還有山林川谷丘陵，是人民賴
以生活的地方，也都值得感恩祭祀，除此之外，不得祭祀。

　　值得注意的是，中華文化的傳統，不以祭祀為純粹的宗教行
為，而是國家重要的慶典，一直到現今，政府仍然每年舉行祭孔
大典，祭祀忠烈等祭禮，而民間的祭祀更是普遍和盛大。

四、各家祭祀思想

（一）荀子的祭祀思想

　　荀子認為祭祀並非純粹宗教的行為，更重要的意義是表示子
孫的孝心，對祖先的懷念，是一種人文道德的表現。《荀子・禮論》
說：祭祀的禮節，是一種孝道的表現，對祖先忠信愛敬，不忘本，
不背祖，思慕祖先的恩情，發揚光大祖先的德澤。只有聖人才知
道祭祀的人文精義，君子安而行之祭祀的禮儀，政府官吏持守祭
祀的職掌，百姓民眾以祭祀為風俗習慣。

　　值得注意的是，荀子分別祭祀的兩個社會層面。對知識份子

而言，祭祀是人文精神和孝道的行為，是理所當然的人道表現；對一般百姓而言，祭祀是祭拜鬼神的宗教行為。《荀子‧禮論》說：

> 祭者，志意思慕之情也…其在君子，以為人道；其在百姓，以為鬼事也。

子孫對祖先的祭祀，出於真誠的孝思。所以，事死如事生，事亡如事存，誠敬的祭拜，雖然不能看見祖先的形影，雖然不能使祖先復活，然而，祭祀正是人文禮義的孝道。

（二）《墨子》的祭祀思想

墨子主張明鬼，對鬼神的崇敬，隨之而來的就是祭祀。《墨子‧魯問》說：魯國有一位專門主事祭祀的人，準備用一頭小豬去祭祀，祈求鬼神降賜百福。墨子聽見了，說：這樣做不可以。只用一頭小豬去祭拜鬼神，卻奢求鬼神賞賜百福，如此，鬼神害怕主事祭祀的人，再用較大的牛羊去祭祀，要求鬼神更多的賜福。其實，古代聖王敬奉鬼神，只是祭祀而不求賜福的，不是用祭品去奢求鬼神賜福，達成個人的求福願望。

一般人對祖先的祭祀，不僅表示對祖先的崇敬和感恩，祭拜完後，祭品並沒有丟棄，可以邀請宗族的親戚和鄉里的朋友聚餐，增進親朋好友的感情，這也是一件好事。

此外，在《墨子‧公孟》中，公孟子與墨子明鬼持相反意見。公孟子是個不信鬼神的儒家之徒，明確主張沒有鬼神，又肯定三年之喪和君子必學祭祀。墨子對此主張責難說：相信沒有鬼神而學習祭祀，猶如沒有賓客而學習迎賓之禮，沒有捕魚而結網一樣，是沒有意義的。

《淮南子‧詮言訓》也有近似的觀點，〈詮言訓〉說：「祭祀思親，不求福。」祭祀祖先，只是思念和感恩親人，不要求福。

同樣的，祭祀天地、日月、星辰、山川、宗廟等，也不是爲了向鬼神求福，而是出於崇敬與感恩。

（三）董仲舒的祭祀思想

董仲舒的祭祀思想，見於《春秋繁露》之〈郊義〉、〈郊祭〉、〈四祭〉、〈郊祀〉、〈祭義〉等篇。《春秋繁露・郊義》說：帝王每年都在京城南郊祭天，稱爲郊祭。郊祭一定在正月第一個辛日（正月八日）舉行，表示郊祭是最重要的祭祀，宗廟的祭祀依照四季的改變而舉行四次。

《春秋繁露・郊祭》說：天子不可以不祭天。依春秋大義，國家遭遇重大的喪事，停止宗廟的祭祀，可是，不停止郊祭。每當國家要出兵征戰，一定先舉行郊祭，告訴上天之後才征伐。

《春秋繁露・祭義》說：一年四季，上天賜給我們五穀食物，因此，宗廟祭祀有四次。春季以韭菜祭祀宗廟，稱爲「祠」；夏季以麥子祭祀宗廟，稱爲「礿」；秋季以黍子祭祀宗廟，稱爲「嘗」；冬天用稻米祭祀宗廟，稱爲「蒸」。祭祀宗廟，是重要的禮節，祭品要清潔，態度要恭敬，親自參加，表達內心的誠敬，祈求祖先享祭，祖先欣然享受，祭祀才有意義。

因此，董仲舒認爲祭祀有兩個意義：（1）是察。用美好的供品祭祀祖先及天地山川之靈，敬奉鬼神。（2）是交際。明白祖先及天地山川之神靈必須祭祀，明白天命鬼神與人的密切關係，敬畏天命鬼神，相信有德者得福。

（四）王充的祭祀思想

王充的祭祀思想，見於《論衡》之〈譏日〉、〈解除〉、〈祀義〉、〈祭意〉諸篇。《論衡・譏日》說：事實上，各種祭祀都沒有真正

的鬼神存在，死人也沒有知覺。因此，祭祀不會得到福佑，不祭祀也不會招致災禍。各種祭祀都是爲了報答被祭祀者的恩德，表示生者沒有忘記死者的恩澤。

《論衡·解除》說：世俗相信祭祀可以消災除禍，延長壽命，祭祀一定會有福佑。王充認爲各種災禍，起於政治的衰亂，例如桀、紂的暴政，各種災禍群起；堯、舜的德政，各種災禍都消除了。災禍與祭祀無關，如果祭祀可以得福去禍，帝王可以盡國家財力，求取最大的福報；富貴人家可以大舉祭祀，求取最多的福祿壽。其實，祭祀不能求得福佑，幸福非由祭祀而來。王充說：

> 衰世好信鬼，愚人好求福。

從前，春秋末晉國大夫中行寅，被趙國大敗，準備逃亡之際，召來掌管祭祀的太祝（古代管理祭祀的官吏），想要追究太祝的罪過。中行寅（姓荀，名寅）說：你負責祭祀祈福，是祭品不豐盛？還是齋戒不誠敬？致使晉國敗亡，究竟原因爲何？太祝說：先君中行密子（中行寅之父）有十輛車子，不爲車少而苦，只爲自己的德義不足而憂。如今，您有百輛華麗車子，不爲自己的德義不足而憂，只爲車少而苦。可是，向百姓徵收重稅，人民的怨恨詛咒勝過我一人的祭祀祈福，祭祀對國家還有益嗎？

《論衡·祀義》說：世俗相信祭祀者必有福，不祭祀者必有禍。因此，凡人生病，就去占卜、祭祀，以爲祭祀鬼神，可以消災除病，使人康復，尤其瘟疫流行，祭祀更盛。事實上，祭祀的目的，只是爲了報答被祭祀者的功勞與恩情，祭祀者盡其殷情心意而已。例如祭祀社稷，是爲了報答土地神和穀神生長穀物的功勞；宗廟祭祀，表示不敢忘記祖先的恩德。祭祀並非爲了求福。《論衡·祭意》說：

> 凡祭祀之義有二：一曰報功，二曰修先。

祭祀的意義有二：一是報答有功勞的人；二是敬奉祖先。凡是有恩德的人，都受到尊崇，勉勵子孫建立功業，普及教化，這是聖王的職責。易言之，祭祀無關人的禍福。

（五）葛洪的祭祀思想

王充認為祭祀不能求福、延壽，葛洪也以為祭祀無益。《抱朴子・道意》說：祭祀不能攘除災禍，也無益年壽。如果祭祀可以延壽，豐盛的祭禱可以消災去病，那麼，有錢的人一定可以長生，而富貴之家一定沒有疾病。

有趣的是，《抱朴子・道意》引用《風俗通義》「淫祀」的故事，說明淫祀無福。

從前，汝南郡有人在田裡設繩套，捕到一頭獐，主人尚未發覺。有路過的人把獐取走，放了一條鹽漬的魚在繩套上。主人回來，看見繩套上有魚，甚覺驚奇，以為是神怪，不敢拿回家。此事流傳鄉里，百姓修廟供奉，稱「鮑君廟」，香火不絕。七、八年後，魚的主人從廟前經過，問其緣由，魚主人說：這是我留下來的魚，有何神怪！從此，鮑君廟的香火不再有人祭祀。（亦見《風俗通義》卷九）。

汝南郡彭氏墓園靠近大路，墓前有一座石人像。一位老婦人到市場買了幾個餅，回家路上，因為天熱，在墓園樹下休息，暫時將餅掛在石人像，趕路卻忘了拿走餅。路過的人見石人像頭上有餅，好奇問人，有人開玩笑說：這個石人有靈，能為人治病，常有治癒者以餅前來致謝。此事流傳鄉里，許多人都來祈求石人像治病。有一天，那位忘記餅的老婦人聽說了，對人說明原委，石人像的香火，不再有人祭祀。（亦見《風俗通義》卷九）

（六）沈顏〈祭祀不祈說〉

　　沈顏，生於唐末，著有〈祭祀不祈說〉等文，均見《全唐文》卷八六八。沈顏強調祭祀的目的是敬奉祖先，德澤子孫；表彰有功，功施於民，不是祈求神明福佑。

　　祭祀如果能夠得到福佑，就沒有夏、商、周的易世，也沒有秦、漢、唐的改朝。如果能夠盡其祭祀，享其福祚，就沒有水災，沒有火災，沒有疾病，沒有夭亡，沒有國家滅亡了。可知，祭祀祈福無益。

　　然而，爲何祭祀祈福歷久不易世俗？因爲歲收有好壞，年運有吉凶（歲收好則年運吉），智識有巧拙，工夫有深淺，人事有得失，事業有成敗，世人不明道理，自己不求精進，奸巫以祭祀祈禱妖言禍福，竟以成俗。

　　明代的呂坤也認爲祭祀求福，不是君子之心。因此，祭祀祖先，不謀利，不責難，不求祖先福佑，祭祀只是爲了追養繼孝，對祖先的仁孝誠敬之心，豈能求福於先人。

乙　篇

第一章　先秦天命靡常之天道福善禍淫

第一節　《尚書》、《詩經》

　　善惡報應的傳統意義是：天命有德、天討有罪、天降威、天降命、禍福隨善惡。也就是天道福善禍淫。人爲善，天降之百祥；人爲不善，天降之百殃。先民相信：人行善，天賞之以福；人行惡，天殃之以禍。此一思想，源於《尚書》、《詩經》。

一、《尚書》

　　《尚書》各篇，大部份是先秦的國家公文，其內容可以顯示當時主政者的政治思想，引徵如下：

> 〈皋陶謨〉：天敘有典⋯天秩有禮⋯天命有德⋯天討有罪⋯天聰明，自我民聰明，天明畏，自我民明威。達於上下，敬哉有土。

　　《尚書》的「天」，是賞善罰惡的權威主宰，是有意志的人格神，天任命有善德的人爲主政者，並討伐不愛民的有罪者。所以，擁有國家的君王，要勤政愛民，謹慎奮勉！值得注意的是，爲政者不僅要服從天命（天意），更要重視民意，因爲天意和民意是緊密相通的，更以民意象徵天意，所以說：天視自我民視，天

聽自我民聽。這是民本思想的基礎，若有違背，如商紂之亡國。因此，〈酒誥〉所言，皆戒酒之事，並以紂王為例，說明紂王只顧自己喝酒作樂，過度放縱享樂而不勤政愛民，上天知道他的罪惡，於是降下滅亡的災禍，商紂的敗亡，只是自己招致的罪過。

〈湯誓〉：非台小子，敢行稱亂，有夏多罪，天命殛之。

〈湯誓〉是商湯討伐夏桀的誓師之辭，商湯誓師時說：並非我商湯敢去作亂，只因為夏桀的罪惡多端，上天命令我去討伐他。這種上天命令有善德者去討伐有罪的人，其目的是顯揚善人，懲罰惡人，正是「善惡報應」的思想，此一思想的特徵是「天命靡常」。所謂「天命靡常」，是說上天並不是命定某一個人永居王位，而是隨時可降新命，重新命定有善德的人為王，例如夏桀多罪，不能再有天命，商湯有德，遂有天命。

〈洪範〉：惟天陰騭下民…天乃錫禹洪範九疇。[1]

洪範是立國大法，周武王說：上天在冥冥之中，保護人間善良的百姓。箕子說：從前鯀治水無功，上天發怒，鯀被誅，禹治水有功，上天賜他九大立國大法，所謂洪範九疇。九疇之一：庶徵，就是五種氣象徵兆，包括下雨、晴天、溫暖、寒冷、刮風，適時，過多或太少都不好，正常而適時適當，所謂風調雨順，可以國泰民安。

善的徵兆是：皇上（天之子）若態度恭敬，就會及時下雨（沒有乾旱）；皇上若有治國的才能，就會及時晴朗（沒有水災）；皇

---

1 陰騭的因果相對詞是陰德。所謂陰德是行善（德惠）不為人知。《漢書‧丙吉傳》云：「臣聞有陰德者，必饗其樂以及子孫。」世俗以為上天陰騭有陰德的人。比較著名的道教勸善書《文昌帝君陰騭文》，在明清時期對社會人心產生較大影響。《文昌帝君陰騭文》的主要內容是勸人行善積陰德，諸惡莫作，眾善奉行，則常有吉神擁護，近報則在自己，遠報則在兒孫。百福駢臻，千祥雲集，皆從陰騭中得來。

上若睿智，就會及時溫暖（不會太冷）；皇上若有謀慮，就會及時寒冷（不會太熱）；皇上若明理通達，就會及時刮風（不會時常刮大風）。

惡的徵兆是：皇上（天之子）若狂妄，就會大雨不止（不會及時放晴）；皇上若有罪過，就會久旱不雨（沒有及時適當雨量）；皇上若好享樂，就會時常溫暖（不會及時寒冷）；皇上若嚴酷，就會時常寒冷（不會及時溫暖）；皇上若愚昧，就會時常刮大風。這些徵兆，統稱「天人感應」，天人感應是善惡報應的前提。易言之，上天對人的所作所為，都會感應和報應。

〈康誥〉：惟乃丕顯考文王，克明德慎罰，不敢侮鰥寡…天乃大命文王，殪戎殷，誕受厥命。

武王說：顯赫的文王，勤勞、恭敬、謹慎、勤政愛民，公正執行獎懲，照顧孤苦無依的人，使百姓安居樂業，上天知道文王的賢能，於是降下偉大的命令，要他消滅殷商，文王接受天命，成為新王。（商紂罪聞於天而亡）。

〈多士〉：誕淫厥泆，罔顧于天顯民祇。惟時上帝不保，降若茲大喪。

商紂過度享樂，不顧天命和人民的痛苦，因此，上天不再賜命，而降下滅亡的災禍。這是上天不把天命賜給品德不好的人，凡是亡國者，都是由於多行罪惡而應受上天懲罰，這就是「天罰」。

〈呂刑〉：非終惟終，在人…一人有慶，兆民賴之，其寧惟永。

一個國家的國運如果還不應終了（結束）而竟然滅亡，這完全出於人為（罪惡）的因素。所以，皇上（天之子）一個人若有善德而幸福美滿，天下的人都因他而有幸福，如此，國家就可長治久安了。所以，大家要共同謹慎遵守上天賞善罰惡的無上天命。

從上而知，《尚書》的天命觀，是周人滅商的革命思想，從行爲的善惡差異解釋商紂失天下，周文王得天下的原因，所謂「天討有罪」、「天命有德」，自此奠定善惡報應的「道德定命論」的理論基礎，影響後世極爲深遠。[2]

善惡報應之「道德定命論」的進一步引申是「以德求福」。易言之，「求福以德」的思想，是善惡報應的具體內涵。《周易‧坤‧文言》云：「積善之家，必有餘慶；積不善之家，必有餘殃。」，是將道德定命論視爲善惡報應的普遍法則。

二、《詩經》

《詩經》的〈小雅〉和〈大雅〉，是西周時代的詩，這章詩是說文王有誠敬不已的美德，所以有很大的天命，〈大雅〉云：

有命自天，命此文王，于周于京。受天之祜，四方來賀；

於萬斯年，不遐有佐！

因爲文王愛人的美德而得到天命，在京這個地方做周朝的皇帝。四方各國，都來朝貢，這是上天賜福。〈周頌〉云：

維天之命，於穆不已！於乎不顯，文王之德之純。

天命是很深遠的關照人間，永無止息，文王純正的德行深得天命，他的後代子孫也能得到善福。除了文王，武王也有美德，他的德性，也可以通達上天，同樣深得天命，使武王伐滅商朝，能夠安定天下，使人民過著太平的日子，又得到好的收成。〈周頌〉云：

---

2 許倬雲在《尋路集》（新加坡：八方文化企業公司一九九六年）中說：「天命觀將普世與道德兩大超越的觀念，融合爲一。」因爲天是超越的思想，天具有普世性，又因爲天惟德是輔，天命靡常，天又具有道德性。此一天命觀，影響極爲深遠。

綏萬邦，屢豐年，天命匪解⋯於昭于天。

　　值得注意的是，並不是永遠都可以得到天命，要守住天命是不容易辦到的，因此要敬畏天命，因爲天命「日監在茲」（天命每天看管著我們）[3]。周朝因文王、武王之德而有天命，成王繼承帝業，他不敢懶惰圖享安逸，努力積德，勤政愛民，才能過著太平的日子。〈周頌〉云：

　　昊天有成命，二后受之；成王不敢康，夙夜基命宥密。

　　「二后」就是文王和武王。成王承接二后的天命，夙夜匪懈，才有光明的福命。之後的高宗，也不敢怠慢，繼承大業。〈商頌・殷武〉云：

　　天命降監，下民有嚴；不僭不濫，不敢怠遑。

　　相反地，如果帝王不善，天命降下災禍，〈大雅・蕩之什〉：

　　天降喪亂，滅我立王，降此蟊賊，稼穡卒痒。

　　厲王的暴虐，使天下大亂，天命降落災難，上天降下害蟲，殘害稻子，人民的收成都沒有了，大家受害，國將滅亡，可憐的百姓，祈望上天的拯救。如何祈望天命？〈大雅・生民之什〉云：

　　敬天之怒，無敢戲豫；敬天之渝，無敢馳驅。

　　因爲上天有無上的睿智，人民的一言一行，上天完全知曉。上天如果不滿意帝王的治理，會表現出生氣的各種天象，帝王便要敬重，不可懶惰嬉戲；天命如果開始變動，帝王不可再狂妄亂行。否則，天命降下帝亡國滅的災禍，人民受苦遭殃。

　　綜上所言，《詩經》的天命觀，也是「天命靡常」，難怪乎〈大雅・文王之什〉要讚嘆「大哉天命」。又說：

3　〈周頌・我將〉云：「畏天之威，于時保之。」意思是說敬畏天命的威嚴，才可以守住天命文王，保佑周朝的國運。

> 命之不易，無遏爾躬；宣昭義問，有虞殷自天。上天之載，
> 無聲無臭，儀刑文王，萬邦作孚。

〈大雅・文王之什〉第一篇，是周公追述文王的美德可以配天，並且強調天命只保佑有德的人，不保佑無德的人。回顧歷史，殷商為什麼興盛？又為什麼滅亡？如果去問上天，上天只是靜默，惟有高舉文王的美德為榜樣，後代天下各國的帝王，都要學習效法文王的美德。[4]

第二節　《左傳》、《國語》

一、《左傳》

《左傳》對善惡報應的論述，有「凶吉由人」、「禍福無門，唯人所召」及「天道遠，人道邇」等重要思想。《左傳・僖公十六年》記載：春天，天上掉下五塊隕石，落在宋國都城，又有六隻水鳥向後退著飛，飛過宋國的都城，這是由於風向和風力壓迫所致。周的內史叔興到宋國，宋襄公問他：這些異象是什麼預兆？對人的吉凶禍福有何意義？

叔興回答說：今年魯國多喪事（指季友和公孫茲之死）。明

---

4 《詩經》尚有多處論述天命：〈小雅・節南山之什〉：「悠悠昊天，曰父母且。」。偉大的上天，養育著我們，猶如父母養育子女。〈大雅・蕩之什〉：「昊天孔昭。」。偉大的上天，對人民的一言一行，看得非常清楚明白。〈大雅・蕩之什〉：「亂匪降自天…天之降罔，維其優矣！人之云亡，心之憂矣…心之悲矣！」。此篇大意是說周幽王寵愛褒姒，沈湎酒色，不恤國事。於是，上天降下許多災難，責罰有罪的皇帝，國家將滅，百姓十分憂憂。〈大雅・蕩之什〉又說：「昊天疾威，天篤降喪…天降罪罟。」相反地，勤政愛民的帝王，「受祿于天」、「天被爾祿」（〈大雅・生民之什〉）。〈小雅・鹿鳴之什〉：「天保定爾，亦孔之固…受天百祿。」

年，齊國有亂（指齊桓公死後，五位公子爭位之事），你（宋襄公）
將得到諸侯，但不能成爲霸主。叔興回到周王朝後，告訴別人說：
宋襄公的問題不對，天象異常是自然界的現象，天象異常和人的
吉凶禍福無關，吉凶由人，吉凶禍福都由人決定支配，因爲我不
願違背宋襄公的意思，才這樣回答他。

　　值得注意的是，叔興把隕石墜落和六鳥退飛，認爲是自然界
的少見現象而已，不是什麼災異，沒有上天的意志，對人事沒有
警告或干預。更重要的是「吉凶由人」，人類社會的吉凶禍福，只
能從人事（人爲因素）來解答，由萬物之靈的人自己來決定。

　　換言之，上天不能賜人吉凶禍福，這就是《左傳·襄公二十
三年》所謂「禍福無門，唯人所召。」，也是子產所謂「天道遠，
人道邇」的思想。據《左傳·昭公十八年》所記：夏天五月，大
火星在黃昏時就出現，丙子刮風，梓慎說：這是融風，爲火之母，
再過七天，恐怕就有火災。戊寅、壬午風刮得很大，宋、衛、陳、
鄭四國都有火災。裨灶說：你們不聽我的話（〈昭公十七年〉裨灶
說要用珪玉、玉杯、玉瓚等國寶來禳祭。）鄭國又要有火災。

　　鄭國人要求子產聽從他的話，用國寶來禳祭，子產仍然不同
意。子產說：天道遠，人道近。天道與人道兩者不相關，裨灶怎
麼能知那遙遠的天道？所謂觀察天象，知吉凶禍福，用國寶來禳
祭以趨吉避凶，只是裨灶的一派胡言，不過，他話說多了，偶而
說中而已。子產堅持不用國寶舉行祭祀，結果，鄭國並沒有再發
生火災。

　　子產認爲天道根本不能干預人事的吉凶禍福，並且認爲發生
火災是人爲的疏失，祭禳祈福消災無益。裨灶所謂察天象見吉凶

的占星術沒有應驗[5]。據〈昭公十九年〉記載：鄭國發生水災，在都城的城門外洧淵的水裡，龍在水裡爭鬥，有人認為不吉祥的預兆，請求祭禳祈福，子產不同意。

　　子產說：我們打仗時，龍不來看我們，龍不跟我們以禮相見，現在，龍在爭鬥，我們為什麼要祭祀祈禳呢？洧淵水是龍應當棲息的地方，龍也不是什麼神怪之物，我們對龍無所求，龍也應該沒有求於我們。換言之，子產否定龍在水裡爭鬥與人事的吉凶禍福有關，這與他所謂「天道遠，人道邇。」的人文思想是一脈相承的。

二、《國語》

　　今本《國語》有二十一卷，包括：〈周語〉三卷、〈魯語〉二卷、〈齊語〉一卷、〈晉語〉九卷、〈鄭語〉一卷、〈楚語〉二卷、〈吳語〉一卷、〈越語〉二卷。

　　《國語》起於西元前九百九十年，上自西周穆王，下至東周定王，記載自西周、東周至春秋時代五百年的各國歷史和重要人物，主要是儒家的思想，計有：尊王攘夷、敬天愛民、遵德守禮、中和之道。

　　至於《國語》的作者是誰？司馬遷認為是魯國的太史左丘明（左丘明作《左傳》）。不過，真正的原始作者應該是周王朝和各國的史官。後來，有（些）人把這些史料編輯成書，稱為《國語》。

---

5 占星術，又名占星學（Astrology），論述星宿對人事的影響，並依星宿方位隱現占卜未來之吉凶禍福。哥白尼的天文學，實誘因於占星術。不過，值得注意的是，所謂「察天象，見吉凶。」源於《周易・繫辭上傳第十一章》：「天地變化，聖人效之，天垂象，見吉凶，聖人象之。」天地變化，有其不變的法則，聖人效法天地之道，完成《周易》六十四卦三百八十四爻，說明吉凶的徵兆，表示人事的吉凶禍福，其智慧教導我們趨吉避凶，有過則改，見善則遷，遠離災殃。

其善惡報應思想有五點：

（一）德為福之基：天道無親，唯德是授

　　《國語・晉語》記載：晉厲公六年（魯成公十六年），鄭國背叛晉國，與楚國結盟。因此，晉厲公要討伐鄭國，范文子以為不可，他認為厲公無德，而想稱霸天下，憂患只會更多，因為真正得天下的人，是有愛民德政的王者。因此，攘外必先安內。可是，晉國的司寇（主管刑獄之官）每天對人民嚴刑，用刑的刀鋸（用於人民之刑）都用壞了，而用於大臣的鈇鉞卻未曾使用，人民怨恨司法不公，君王應該用愛民的恩惠平息人民的怨恨。如果人民沒有怨恨而且大臣沒有過錯，才可以用兵討伐鄭國。

　　晉厲公不聽而有鄢陵之戰，晉國伐鄭，楚國派兵援助鄭國。楚軍在六月甲午日清晨，逼近晉軍的陣營。晉國軍官非常擔憂，正要研討對策。范文子之子搶先發言：「只要我們把灶和井填平，以示必死決戰之心，楚軍就會後退。」

　　范文子說：「國家的存亡，都是天命，你年幼無知，懂什麼，不該搶先說話。」晉軍終於打退楚軍，當準備開伙用餐之際，范文子站在厲公乘坐的戎車前說：「君王年幼，諸臣不才，我們有何福德而能打勝戰？我聽說：天道（命）對人沒有親疏之分，只要有道德之人就能得福。請君王和諸位大臣警惕。德是福的根基。無德而有福，就像沒有地基而築高牆，不出數日高牆必將毀壞！」。換言之，只有道德深厚的人，才能稟受多福，無德而表面服從的人多，必定自傷其身。

　　鄢陵之戰，欒武子統領上軍，范文子統領下軍。欒武子主戰，范文子主張先平息國內的民怨與紛爭，否則，既有內憂，又有外患，國家必將危亡。欒武子不聽勸阻，仍與楚軍大戰，並獲勝利。

如此一來，晉厲公更自誇其智謀，怠惰品德教化，增加聚斂，殺死卻錡、卻犨、卻至三人，沒收他們的財產，分給寵愛的妻妾。

晉厲公七年，無道的厲公被欒武子和中行偃逮捕，隔年，指使程滑弒殺厲公，埋在晉國故都翼城東門外，沒有和先君葬在一起，只用一輛車下葬（依禮諸侯葬禮應有七輛車）。厲公死於非命，都是因為無德造成的後果。

值得注意的是，范文子所謂「德為福之基」、「唯厚德者能受多福」、「天道無親，唯德是授」，表示有德者有國，無德者失國。「天命靡常，唯德是輔」的崇德思想，在《國語》一書中一再被強調。例如：〈周語下〉記「單襄公論晉周將得晉國」[6]、〈鄭語〉記「史伯為桓公論興衰」、〈晉語〉記「叔向論憂德不憂貧」等卷皆有論述。

尤其是吳、越兩國的興衰，更證明有德者有國、無德者失國的崇德思想。越王句踐即位之初，不知愛民修德，結果幾乎被吳國所滅。句踐痛改前非，勤政愛民，任用忠賢，復興越國，終於打敗夫差，消滅吳國。反之，吳王夫差，無德背離民心，民不聊生，結果敗亡，自殺而死，印證「一朝而滅，唯無德也。」

可知，「德」不僅是一個國家興衰的主因，也是一個人成敗的關鍵。例如：單襄公認為晉周有十一種美德（敬、忠、信、仁、義、智、勇、教、惠、讓），言行端正謹慎，必能得到天地的福佑，後來，成為晉悼公。

---

6 〈周語下〉記載「單襄公論晉周將得晉國」：晉孫談的兒子晉周，到周王朝侍奉單襄公。單襄公病危時，告訴他的兒子頃公說：一定要善待晉周，他將要得到晉國。因為他有十一種美德，能夠得到天地的福佑。這十一種美德是：敬、忠、信、仁、義、智、勇、教、孝、惠、讓。而且，晉周站立時，單腳不斜立，是正直的態度，眼睛不左顧右盼，是端莊的表現，聽話不豎起耳朵，是成熟的行為，說話不大聲張揚，是謹慎的象徵。到了晉厲公被殺時，晉周回國為君，就是晉悼公。

（二）天道賞善而罰淫

〈周語中〉記載「單襄公論陳必亡」：周定王派遣單襄公出使宋國，又假道陳國（借路陳國），出使楚國。陳國的道路雜草叢生，迎賓的官員不在邊境迎接單襄公，都城內沒有住宿的旅館，人民都到夏徵舒大夫家修築看臺。單襄公到了陳國，陳靈公和孔寧、儀行父兩位朝臣戴著楚國的帽子（依照周禮，楚國的地位在陳國之下，陳靈公戴楚國的帽子，是一種貶低自己的失禮行為。），都到夏徵舒家，與夏姬淫樂。

單襄公回到周王城，向周定王稟告：「陳侯（陳靈公）恐怕大禍臨頭，或將亡國。」周定王問：「為什麼會亡國？」單襄公說：陳國的道路沒有路標，雜草叢生，路邊的農田也都長滿雜草，農作物熟了也不收割，因為人民為了陳靈公的淫樂而修築看臺，種種亂象，不守先王的法制。先王的遺令說：天道賞善而罰淫。上天賜福行善的人，降禍淫亂的人。一國的執政者，不可違背天道，必須遵守先王的法制和法令，以受上天福佑。現在，陳靈公不守法統，不顧元配夫人，而與夏姬淫樂，污辱倫常。況且，陳侯是周王朝的宗親（周武王的女兒，嫁給陳侯的始祖虞胡公。），不顧周天子所賜的衣冠，戴著楚國的帽子，違背先王的法令。周定王六年，單襄公到了楚國。定王八年，陳靈公在夏徵舒大夫家被殺。定王九年，楚莊王攻打陳國。

所謂「天道賞善而罰淫」，充分說明一個國家的執政者，如果不守禮法，多行不義，淫亂倫常，懈怠職責，必然遭遇國破家滅身亡的不幸下場。

（三）道而得神，是謂逢福；淫而得神，是謂貪禍

〈周語上〉記載「內史過論神」：周惠王十五年，有神祇降臨在虢國的莘地。惠王問內史過（周大夫）說：「為什麼神祇會降臨，以前發生過嗎？」內史過回答說：「神祇降臨從前發生過。一個國家，如果即將興盛，這個國家的君王一定聰明敏捷，仁慈祥和，智慮賢明，敬天愛民，深得人民愛戴，神祇享用他的祭祀。因此，會有神祇降臨，考察他的功德，降福其國，人民受惠。」

反之，一個國家，如果即將敗亡，這個國家的君王，一定貪婪、淫佚、驕奢、暴戾、懈怠、人民怨恨。所以，神祇也會降臨，調查他的暴政，並且降禍懲罰。

惠王問：「這次神祇降臨，由誰來承受禍福？」內史過說：「由虢國承受。臣聽說：有德而得神降臨，叫逢福；因淫亂而得神降臨，是謂貪禍。現在，虢國的君王淫亂懈怠，恐怕要亡國了。」周惠王十九年，晉國併吞虢國。（《春秋左傳・莊公三十二年》亦記載此事，內容大同小異。）

本章名為「內史過論神」，強調「敬天（神）愛民」的崇德思想。由於先秦天命有德、天討有罪的思想信仰，而天命有德的具體表現是愛民保民。愛民者必興，害民者必亡。因為民為邦本，民不可欺，而天從民意，天不可違，例如：吳王夫差被句踐打敗後說：「上天既然已經降禍於吳國，都是我自己的罪過，失去宗廟社稷，我如何面對天下（吳國）人民！」，於是，在姑蘇臺自殺了。其實，數年前，夫差曾經打敗過句踐，句踐也說過：「上天降禍於越國，只好聽從吳國的命令。」范蠡也向句踐說過：「上天根據人的善惡來降其禍福，上天有賜予，也有奪黜的權威。」

（四）不祥則福不降

〈周語上〉記載「富辰諫襄王以狄伐鄭及以狄女爲后」：周襄王十三年，鄭國攻伐滑國。十七年，鄭國又伐滑國，襄王派游孫伯（周大夫）到鄭國遊說，勸鄭文公不要攻打滑國（滑國是姬姓小國，介於鄭、衛兩國之間。襄公十三年，鄭伐滑，滑國聽從鄭國。鄭國軍隊還師後，滑國又背離鄭國而聽從衛國。所以，襄王十七年，鄭國第二次攻伐滑國。）不幸，游孫伯被鄭文王扣留。

周襄王大怒，決定請狄國出兵討伐鄭國。富辰勸諫說：不可以。古人說：「兄弟雖然爭吵，仍然一起抵抗入侵者。」兄弟雖然爭吵，卻不可傷害親情。陛下與鄭文王有血親關係（鄭國始祖桓公友，是周厲王之子，周宣王之弟），不可因爲細故而雙方失和。況且，兄弟的爭吵，不可讓外族介入。兄弟衝突而利於外族介入，是「不義」；不顧血親宗族而和異族結盟，是「不祥」；以怨報德，是「不仁」。

須知，有義才能有利，有祥才能事神，有仁才能保民。不義則利不富，不祥則福不降，不仁則民不歸順。古代聖王不失這三種德（義、祥、仁），才能得天下，而百姓和睦，揚名萬世。

周襄王不聽從富辰的勸諫，命狄國攻伐鄭國。周襄王感謝狄人，將娶狄女爲后，富辰又勸諫說：不可以。婚姻可以招禍也可以得福。利於外族是招禍，陛下娶狄女爲后是利於外族，恐怕要自取其禍。襄王不聽，娶狄女爲后。周襄王十八年，廢黜狄后。狄軍入侵，富辰迎戰而死。襄王逃難鄭國。之後，晉文公出兵伐狄，襄王重回京城。

值得注意的是，富辰強調「不義、不祥、不仁」是自取其禍的原因，尤其是「不祥則福不降」，說明華夷之別、內外親疏之分，

以及親親而仁民之理。誠如〈魯語上〉曹劌問戰所言「民和而後神降之福」。

（五）臨禍忘憂，是謂樂禍

〈周語上〉記載「鄭厲公與虢叔殺子頹納惠王」：周惠王三年，邊伯、石速、蒍國三位大夫廢除惠王，而立子頹爲王。惠王遂逃亡到鄭國三年。子頹請這三位大夫飲酒，蒍國爲上賓（蒍國是子頹的老師），享樂遍及六舞。[7]

鄭厲公召見虢叔（周王的卿士）說：「我聽說：司寇處死囚犯的時候，君王就不看歌舞表演，更何況是自己的災禍即將臨頭。現在，子頹歌舞不息，是以自己的災禍爲樂。爲什麼說子頹以自己的災禍爲樂呢？因爲他趕走惠王而自立爲天子，這是最大的災禍。臨禍忘憂，是謂樂禍，災禍必然發生。爲何不讓惠王復位呢？」

虢叔同意鄭厲公的建議。終於，鄭厲公擁護惠王從南門攻入，虢叔從北門攻入，殺子頹及三位大夫（邊伯、石速、蒍國），惠王復位成功。

第三節 《論語》、《孟子》、《中庸》

道德定命論常見於先秦儒學，《中庸》第十七章云：

> 子曰：舜其大孝也與！德爲聖人，尊爲天子，富有四海之內，宗廟饗之，子孫保之。故大德，必得其位，必得其祿，

---

7 所謂「六舞」，包括：黃帝的「雲門」、堯帝的「咸池」、舜帝的「簫韶」、夏禹的「大夏」、商殷的「大濩」、周代的「大武」。極盡享樂，並有僭越禮法之嫌。

必得其名，必得其壽…詩曰：嘉樂君子，憲憲令德。宜民
宜人，受祿於天。保佑命之，自天申之。故大德者必受命。

《中庸》以舜爲大孝，《尚書・堯典》說：舜是盲人的兒子，
父親很糊塗，母親談吐荒謬，同父異母弟弟象，傲慢無禮，而舜
能夠與他們相處和諧，克盡孝道，能修養道德而逐漸感化那些不
善的人。於是，堯帝就把兩個女兒嫁給虞舜，終於在堯太祖的廟
堂接受帝位，貴爲天子。並世受宗廟的祭饗，子孫永保祭祀不絕。
所以，有大德的人，一定得到尊位，一定得到厚祿，一定得到不
朽的美名，一定得到高壽。換言之，有大德的人，必然能夠稟受
天命而貴爲天子。

《荀子・勸學》強調「榮辱之來必象其德」，一個人的榮辱，
與其行爲善惡相召應。爲君子，則常安樂；爲小人，則常危辱。
所以，傲慢怠惰，不顧後果，災禍自然而來。〈榮辱〉說：「憍泄
者，人之殃也。」。憍泄即是驕傲放縱，人之災禍油然而生。

至於榮辱的區分，荀子認爲以公義爲先，以私利爲後者
「榮」；以私利爲先，以公義爲後者「辱」。榮者爲人所尊敬，故
能通達；辱者爲人所鄙，故常窮困。

荀子以爲堯禹是榮者，所以，堯禹常安榮；桀跖爲辱者，辱
者常危辱。然而，堯禹並非天生的「榮者」，而是生於患難，努力
修爲，勤學積善而成功的。因此，可以爲堯禹，也可以爲桀跖，
兩者都是後天爲善或爲惡的結果。

值得注意的是，荀子針對「爲善者，天報之以福；爲不善者，
天報之以禍。」的善惡報應思想，提出不同的觀點，他在〈天論〉
中強調上天有一定的不變法則，不因個人的善惡而賜福降禍，一
個人的吉凶禍福，都是自己招來的。又提出材、人、時、命的論
述。《荀子・宥坐》

　　　　知禍福終始而心不惑也。夫賢不肖者，材也；為不為者，

　　　　人也；遇不遇者，時也；死生者，命也。

　　《論語》記載孔子「在陳絕糧」（事在魯哀公六年），子路不悅，問孔子：常聽人說：「為善者，天報之以福；為不善者，天報之以禍。」，夫子懷德積義，德行日久，為何如此窮困？孔子舉歷史人物說明善惡與禍福的關係。孔子認為比干、關龍逢、伍子胥等人[8]，都是賢能盡忠之士，但遭刑戮而死。因此，要明辨「材」、「人」、「時」、「命」，不為人間禍福所迷惑。可知，賢能或不肖是「材」；有所作為或沒有作為，因「人」而異；逢時而生或生不逢時是「命」。雖有賢能之才而不見用，生不逢時（沒有英明之君），安能成其大業？所以，君子要博學修身，等待時機，如能振作圖強興國，又何困阨之有！像晉公子重耳、越王句踐、齊桓公小白，雖遭一時困頓，終於有成。

　　荀子所謂「君子博學深謀修身端行，以俟其時。」的說法，正是孟子的「俟命」。《孟子·盡心》云：

　　　　君子行法以俟命而已矣。

　　朱子註說：「法者，天理之當然者也，君子行之，而吉凶禍福，有所不計。」以孟子而言，「行法」是盡性、盡仁，以行聖賢之道，不謀個人的吉凶禍福，一切依照正道，正其義不謀其利，明其道不計其功。〈盡心〉孟子又說：

　　　　殀壽不貳，修身以俟之，所以立命也。

　　孟子強調人要「知天」、「事天」，要如何知天？必須盡量擴

---

8 《史記·殷本記》：「紂淫亂不止，比干曰：為人臣者，不得不以死爭。乃諫紂三日不去，紂怒曰：吾聞聖人心有七竅。遂剖觀其心。」關龍逢，夏之賢臣，桀作酒池糟丘，為長夜飲，龍逢常引黃圖以諫，立而不去，桀不聽，囚而殺之。伍子胥名員，為太宰嚭所讒，夫差賜之屬鏤劍，乃自到死。後九年，越王句踐滅吳夫差。

充自己的靈明本心，就可以知道自己稟受於天的本性（性善源於天），知人之性就可以知天；存養自己靈明的本心和天然善性，就可以事天而無違天道。至於一己的壽命長或短，毫不考慮，只專心修養道德人格，發揮天之稟賦，不以人為私欲殘害本然善性，這就是完成天命之道。

　　須知，孟子的「知天」，源於《中庸》，《中庸》第二十章說：「君子不可以不修身，思修身，不可以不事親，思事親，不可以不知人，思知人，不可以不知天。」人為什麼要知天？因為「天命之謂性」（第一章），人的本性是天所賦予的。此外，孟子的「俟命」，亦源於《中庸》。《中庸》第十四章說：「君子居易以俟命。」

　　所謂「居易」，素位而行。一個有道德修養的人，應該就當前所處的環境去做他該做的事，安分守己。無論處在富貴的地位、處在貧賤的地位、處在夷狄的時候、或處在患難的時候，總是端正自己的行為；對待別人無所奢求，不怨天、不尤人，自然沒有什麼怨恨和危險。相反的，小人卻要冒著危險去奢（妄）求非分的不當利益。因此，孟子說：「禍福無不自己求之者。」（〈公孫丑〉）

　　孟子強調國君行仁政，就能得到光榮和幸福；不行仁政，就要遭受恥辱和災禍。然而，許多的國君，每逢國家閒暇之時，及時享樂，怠惰政務，這是自求災禍。是福是禍，都是自己造成的結果。誠如《詩經·大雅》說：「永遠順從天命，自求多福。」《尚書·太甲》說：「上天造成的災難，還可以逃避；自己造成的災禍，不可活命。」因此，孟子說：

　　　人必自侮，然後人侮之；家必自毀，而後人毀之；國必自
　　　伐，而後人伐之。（〈離婁上〉）

　　所謂自侮、自毀、自伐，就是自暴自棄。詆毀禮義，稱為「自暴」；自以為不能推行仁義，稱為「自棄」自暴自棄，自取其禍。

反之，苟為善，後世子孫必有王者。《孟子・梁惠王下》強調與民同憂、與民同樂的君主，可以王天下。孟子說：

> 樂民之樂者，民亦樂其樂；憂民之憂者，民亦憂其憂。樂以天下，憂以天下，然而不王者，未之有也。

孟子舉例說：從前，周太王雖然喜愛美色，但是，他能推恩為善，使百姓都有配偶，天下沒有無夫之女，也沒有無妻之男。因此，得到百姓的愛戴，定都邠地（今陝西栒邑縣西），雖然遭受狄人不斷入侵，不得不離開邠地，在岐山下建城而居，邠地百姓爭先恐後跟著太王，因為百姓認為太王是仁君，不可一日失去仁君。所以，孟子強調君主只要效法周太王推恩行善，其後代子孫一定能夠完成王業。

須知，為善是推恩，志於仁，行仁政；為惡是不志於仁，不推恩，不行仁政。以善惡報應而言，為善是善因，子孫必有王者是善果，因為行仁政而王，莫之能禦也。（〈公孫丑上〉）；反之，苟不志於仁，終身受辱，以陷於死亡。（〈盡心下〉）

值得注意的是，推恩足以保四海，不推恩無以保妻子。孟子誇獎齊宣王有不忍之仁心，因為齊宣王不忍心看見有人牽著恐懼發抖的牛將被宰殺，猶如無罪的人遭受死刑。孟子強調君王擁有仁心仁術，不斷推恩，不斷擴充，就足以實行仁政，得民心，稱王天下了。

如何推恩？簡要而言，就是「老吾老以及人之老，幼吾幼以及人之幼。」亦即親親而仁民，仁民而愛物。誠如《詩經・大雅》認為文王孝敬宗廟祖先，感化兄弟宗族，再將修身齊家的道理，推廣到所有的家族和邦國，使天下全得太平之治。所以，君王能夠推廣恩惠，足以保有天下；不能推廣恩惠，不足以保全妻兒子女。

須知，以善惡報應而言，推恩是善因，保四海是善果；不推恩是惡因，不保妻兒子女是惡果。善果或惡果，決定於君王自己是否推恩，並非天命或鬼神的賞罰。

除了俟命、立命外，孟子還有正命之說。〈盡心〉說：

> 莫非命也，順受其正。是故知命者，不立乎巖牆之下，盡
> 其道而死者，正命也；桎梏死者，非正命也。

孟子以為人生的吉凶、禍福、富貴、貧賤、夭壽，都是上天所命定，只要素位而行，即是「知命」。只要能夠盡己、修身、養性，平安壽終，即得「正命」。相反而言，犯罪而死，為非犯法，皆自己所為，就不是正命。[9]

其實，儒者的修為，進退以禮義為依歸，幸或不幸，總是安於命，更安於生死。〈萬章〉記載：孔子在衛國，居住在賢大夫顏讎由（《史記》作顏濁鄒）家，衛靈公寵臣彌子瑕的妻子，和子路的妻子是姐妹。彌子瑕對子路說：孔子如果住在我家，就可以當衛國的卿相。於是子路向孔子報告這件事。孔子說：「得失有命」[10]。可知，孔子的進仕從政或退隱不仕，皆以禮、義為依歸，至於得到卿相或得不到，都是命，這就是「不知命，無以為君子。」，即所謂「即命顯義」。

孔子不僅「即命顯義」、「即命顯禮」、「即命顯德」，更是「即

9　漢人對孟子的正命，釋為「三命」說，趙歧《孟子章句》說：「命有三名，行善得善曰受命，行善得惡曰遭命，行惡得惡曰隨命。惟順受命為受其正也。」《白虎通·壽命》也有三命之說。正命是天生稟受的就是好命，不必行善，自然得到富貴。隨命是行善才會得到富貴，放縱行惡就會得到災禍。遭命是行善反而得到惡報，或不幸遭受災禍。不過，王充反對三命說，《論衡·命義》強調人的死生壽夭和貴賤貧富是命定的。

10　《孟子·萬章》說：「莫之為而為者，天也；莫之致而至者，命也。」非人為因素而為者，天也；非人為因素而成者，命也。孟子以夏禹傳子、堯舜傳賢，說明天命的歷史意義。

命顯仁」。《論語》有二處談到天命。。〈為政〉孔子說：

> 五十而知天命。

〈季氏〉孔子說：

> 君子有三畏：畏天命、畏大人、畏聖人之言。

孔子自述他的生平，年少志學，三十自立，學有所成，四十而不惑，到五十歲，體認天命並非超越人心之外，這是孔子一生求學經過與生命歷程的重要關鍵。五十知天命是下學上達的踐仁工夫所達到的境界。所謂天命，以其無聲無臭，而為吾人與萬物所同具的本體，謂之天；以其流行不息，稱之命。

孔子五十知天命，證知天命即是仁體（或言仁道），他的內心親切感受上天的召呼，自信「知我者其天乎！」（《論語・憲問》），負有上天的無上使命，對人有無限的責任感和道德感，並且感受到自己與天地合其德。

所以，孔子五十歲所證知的天命，是道德性的天命，並非宗教性的天命，是普遍的和永恒的道德天。他的知天命，是對自己的道德完全的自覺、自證和自命。因此，我們說孔子的天命觀，是義命合一的「即命顯義」，義之所在，就是事情（人情事理）之當然者，即是天命之所在。人當以仁自命，應自踐其仁，應自盡其義。人只要行仁，天命自然對人有所召呼，或有艱難困厄的時候，總是不怨天，不尤人，終而無悔，如孔子畏於匡，除了有所慨嘆外，仍以斯文自任，對天命存念敬畏之心。

易言之，孔子畏天命，是內心要求實現道德而來的敬畏，孔子畏於匡，自覺天命暫隱，因此而畏之、俟之，雖處困厄，仍不行非義之事。道之行或不行，皆是義之當然，這是孔子「義命不二」的精神。所以，人應該行義俟命，並對個人的吉凶、禍福、夭壽、貴賤等非一己之力所能完全主宰、決定者，坦然面對，不

怨不尤，行義之所當然，是爲知天命、畏天命、俟天命的真諦。[11]

第四節　《周易》、《荀子》

一、《周易》

有關善惡報應思想，《周易‧坤‧文言》所謂：「積善之家，必有餘慶；積不善之家，必有餘殃。」是最爲世人所傳誦的善惡報應法則。然而，積善或積不善，並非一朝一夕的偶發行爲，而是從平時逐漸累積而成，因此，要及早明辨善惡是非。所以，〈繫辭下傳第五章〉說：

> 善不積不足以成名，惡不積不足以滅身，小人以小善為無
> 益而弗為也，以小惡為無傷而弗去也，故惡積而不可掩，
> 罪大而不可解。

「積善」是趨吉避凶最重要的原則，相對地，「積惡」足以滅身。以儒家的君子小人之分別而言，君子積善，小人積惡。小人以爲小善對自己沒有什麼好處，就不去行善；又以爲小惡（小過錯）對自己無傷，又不改過。因此，累積小惡成大罪惡，惡貫滿盈而不可解救[12]。因此，〈益‧象〉說：

> 君子以見善則遷，有過則改。

《周易》爲何要人改過遷善？因爲《周易》原是卜筮之書，預測人事的吉凶禍福。所以，《周易》所言「吉凶」，是成功（得）

11　分別言之，知天命是知其義之所當爲。畏天命是對天恭順敬畏，唯恐違背天命。俟天命是等待將來天命的降臨，再行義之所當爲。

12　《尚書‧泰誓》：「商罪貫盈，天命誅之。」表示商紂爲惡，惡貫滿盈，天命滅之。

或失敗（失）的現象，「悔吝」是說明有小缺失和過錯，表示有憂心顧慮的現象，至於「無咎」，是要人善於補救過失（改過）的意思[13]。易言之，人在初犯小過的時候，接受懲罰而知道爲人處事要謹慎小心，從此改過自新，就不會釀成大禍，也就無咎了。值得注意的是，《周易》非常強調預先知道吉凶的徵兆，就是「知幾」，〈繫辭第五章〉說：

> 幾者，動之微，吉之先見者也。君子見幾而作，不俟終日…
> 君子知微知彰，知柔知剛，萬夫之望。

「知幾」是預知事情微妙發展的吉凶趨向，進而把握時機，應變通達，並要戒慎恐懼，防患於未然，以免除災禍，尤其要謹言慎行，才能趨吉避凶。[14]

從上可知，《周易》從人事的吉凶悔吝而生改過積善的道德意識，這種強烈的道德意識，又稱爲「憂患意識」，〈繫辭下傳第七章〉說：

> 易之興也，其於中古乎？作易者，有其憂患乎？是故履，德之基也。謙，德之柄也。復，德之本也。恒，德之固也。損，德之修也。益，德之裕也。困，德之辨也。井，德之地也。巽，德之制也。

這種道德的「憂患意識」，源自孔子的憂患「德之不修，學之不講，聞義不能徙，不善不能改。」（《論語・述而》）。易言之，君子所憂慮的，不是財富、榮譽、地位、俸祿的獲得，亦非吉凶

---

13 〈繫辭下傳第一章〉說：「吉凶悔吝者，生乎動者也。」人事的吉凶禍福悔吝，都是由於動作營爲的結果，而一切的動作營爲，都應該要謹言慎行、端正專心，持守中正之道，才能有所成就。

14 〈繫辭上傳第八章〉說：「言行，君子之樞機，樞機之發，榮辱之主也。言行，君子之所以動天地也，可不慎乎。」所以，一言一行，要「擬之而後言，議之而後動。」，才能避免錯誤，而成就大事業。

禍福的遭遇，而是道德的修養與改過遷善。所以說，憂患意識就是道德意識，〈繫辭傳〉舉了九個卦，闡明道德大義。其實，六十四個卦的〈象辭〉都表示君子要效法天地之道的道德自覺與修持。要言之，有三大特徵：

（一）中正之道

《周易》特重中正之道，如〈訟・彖辭〉說：尚中正。〈訟・九五爻象〉：訟，元吉，以中正。〈比・九五爻〉：位中正也。〈履・彖辭〉：剛中正。〈乾・九二爻〉：龍德而正中者也。中正之道就是守中行正，無過與不及的意思。《周易》在卦象的「中」，原指二、五爻，但是，依照《周易》整個思想來看，「中」的主要意義在「時」和「位」上，就是「時中」和「位中」。

所謂「時中」，就是「與時偕行」。時中就是在最恰當的時候，做出最佳的抉擇。在日常言行上，應該停止的時候，就不要前進，應該行動、前進的時候，就不要停止，一動一靜都保持最佳時宜，言行不會太過或不及，人生必是吉祥而光明。

相反地，應該有所作為而不為，就是「失時」，如〈節・九二爻象〉：「不出門庭凶，失時極也。」節卦九二爻以陽居內卦之中，應該可以有所作為，但不出門而沒有作為，這是沒有把握適當時機去努力。所以說人生日常行事，要考慮時間的因素，過與不及都不恰當，往往聰明的人做得過份了，而沒有才智的人又做不到，只有高尚道德的君子，他的作為不偏不倚，隨時符合「時中」之道；相反地，沒有道德人格的小人無所忌憚，無所不為，當然不能隨時處中。

所謂「位中」，就是得正位，陽爻居五或陰爻居二，得其正位。能夠隨時真正自守，中道而行，不僅沒有災禍，更能行事圓

滿，如願以償。君子立身守節，不失職責，當然沒有後悔，因為
能夠久處中道。為人敦厚，行事隨時以中道來自我考量和省察，
才不會有錯誤，而能貞吉。

從《周易》的「位中」義，引申而言，「位」指空間、人際
關係或職務地位等意義，位中是指一個人所處的身份地位，所表
現的言行和他的權利義務相當一致。例如在上位的長官，對部屬
不驕傲，不侮下；在下位的部屬，不妄求名利，不攀附權貴，守
己安份，不叛亂，中道而行，不怨天，不尤人，心安理得，誠如
〈家人‧彖辭〉所說：

> 家人有嚴君焉，父母之謂也，父父子子，兄兄弟弟，夫夫
> 婦婦，而家道正，正家而天下定矣。

每個家庭的每一份子，各守其位，各盡本份，每個家庭就有
正常美好的生活，天下國家也就沒有災禍而太平。

（二）恭敬謹慎之道

《周易》強調恭敬、謹言慎行的重要。敬有恭肅的禮節，態
度慎重，尊重別人等意義。如〈需‧九三爻〉：「敬慎不敗也。」
為人處世要小心謹慎及恭敬的態度，才能立於不敗之地。〈坤‧六
四爻〉說：「慎不害也」。只要謹慎，就沒有禍害。〈繫辭上傳第八
章〉說：「慎斯術也以往，其無所失矣。」。如果能以非常謹慎的
態度去做事，就沒有錯失了。

〈乾‧九三爻〉說：「君子終日乾乾，夕惕若，厲無咎。」。
以謹慎的態度約束自己，就是「惕」的意思。〈乾‧文言‧九三爻〉
又說：「乾乾因其時而惕，雖危無咎矣。」。乾卦代表陽、剛、健、
中、正諸德，人要效法乾卦的德性，白天以剛健中正的精神進德
修業，崇尚道德，廣大事業。到了晚上，還要小心謹慎的警惕自

我，只要有嚴謹惕勵的精神，改過遷善，自然可以積善，就不會有禍患了，誠如〈履·九四象辭〉說：「愬愬終吉」只要小心戒懼，結果終究還是吉慶的。

（三）謙德之道

《周易》六十四卦，除了謙卦，沒有全吉或全凶的卦象，只有謙卦是六爻皆吉的卦，由此可知《周易》強調謙德的重要。謙卦教人謙虛自己，尊敬別人，謙讓容忍，它是道德的根本。謙有「敬」和「讓」的意義，如《史記·樂書》說：「君子以謙退爲禮。」謙卦具有恭敬有禮，謙卑退讓，謙虛不自滿的德性，君子能夠守謙，最後的結果必定是通達而圓滿。

謙德象徵天道的德性，天道光明，普照天下，沒有偏私，周濟萬物。謙德又像地道的德性，地道寬厚容物，生養萬物，天地養育萬物而自不以爲有功，就是謙德的最佳表現。人的心理更是喜歡謙虛而厭惡自滿誇大的不實行爲。君子效法謙的精神，減多增少，均衡考量，平等施惠，勉人修德，施人財物。

一位有謙德的君子，不自滿，不驕傲，能夠以謙卑退讓的態度節制自己的言行。〈謙·九三〉說：「勞謙君子，有終吉。象曰：勞謙君子，萬民服也。」謙卦的第三爻辭以爲辛苦勤勞，真正自守，而又能夠以謙卑的德性約束自己的人，他的結果必然是吉祥而圓滿，治國者能夠修養謙德，一定會使萬民心悅誠服。〈繫辭上傳第八章〉說：

> 勞謙君子有終吉。子曰：勞而不伐，有功而不德，厚之至也。語以其功下人者也。德言盛，禮言恭，謙也者，致恭以存其位者也。

謙卦第三爻以爲辛勤努力而又謙虛的君子，最後的結果是圓

滿而吉祥。孔子說：勞苦而不自誇，有功勳而不自以為有德，是一種最高的厚道，表示有功勞而又謙虛的美德，態度恭敬有禮，光明盛大的德性，足以常保他的官位與俸祿，終無災禍。

二、《荀子》

胡適《中國古代哲學史》第十一篇第二章說：「荀子在儒家中最為特出，正因為他能用老子的『無意志的天』，來改正儒家、墨家的『賞善罰惡』有意志的天，同時卻又能免去老子、莊子天道觀念的安命守舊種種惡果。」

胡適所謂「無意志的天」，就是荀子〈天論〉開宗明義所謂「天行有常，不為堯存，不為桀亡。」

（一）修道而不貳，則天不能禍

荀子強調天有常道，不因堯之善而存，不因桀之惡而亡。荀子的天是自然天，面對自然天，勤政愛民則吉，反之，則凶；勤於養生，不違四時，天不能使他生病；以德修身，不違禮法，天不能給予降禍；反之，違背禮法而妄行，天不能給予賜福。從古自今，天道（自然法則）依舊，四時相同，而治亂與禍福大異，是禍是福都是自己招致而來，不可歸咎於天，這是天、人的分際，明白天人分際的人，可謂至人。

換言之，天道有一定的常軌，不因個人的善惡而賜福降禍，例如一個人努力農耕，勤勞節儉，天不能使他貧困窮苦；反之，一個人荒廢農耕，不事生產，奢侈浪費，天不能使他富裕。一個人養生有道，飲食節制，營養均衡，注重衛生，適當的運動，天不能使他夭死；反之，暴飲暴食，生活無度，飲酒吸毒，天不能使他長壽。一切的吉凶禍福、生死存亡、成敗榮辱，都是自己造

成的，不可以怨天。能夠明白天和人的分際，就不會迷信天的權
威，而忘了自我的努力。

（二）治亂非天、治亂非時、治亂非地

　　古代一般人相信天有神威，能夠賜福降禍，荀子持否定的態
度。從自然科學的觀點，地球生長萬物，是由於有充分的陽光、
空氣、水和土壤等要素，才有生命的存在。生命的存在，是一種
天賦的本能，自然而然，本自如此，不爲而成，不求而得，正如
《論語》所謂「四時行焉，百物生焉」，這就是「天職」。即使一
個人有很大的能力，也不能勝過天的職能。例如當今科學進步，
雖然可以改良各種動植物的品種，尚無法創造有生命的動物，這
就是所謂不能與天爭職。

　　雖然人不能與天爭職，但是可以發揮人的智慧和力量，利用
寒暑，從事農耕，春生夏長，秋收冬藏，利用工具，養殖畜牧，
開採礦藏，配合天時，努力生產，這就是所謂「能參」。如果沒有
人爲的努力，即使有很好的天時和地利，也不會有好的收穫和成
就。[15]

　　荀子以爲「生物在天，成物在人」。天地生養許多動植物和
礦石，人類要善用這些寶貴的資源，一方面改善人類的生活，一
方面使自然的資源永續爲人所用；一方面發展經濟，一方面避免
環境污染。如果只是一味依賴天時地利，放棄人爲的努力，人生

---

15 《荀子‧天論》說：「大天而思之，孰與物畜而制之；從天而頌之，孰與制
　　天命而用之；望時而待之，孰與應時而使之……」荀子重人事，輕天道，強
　　調人要利用天時、地利，把天當作一物來使用，不必敬畏上天，歌頌上天。
　　胡適《中國古代哲學史》第十一篇第二章說：荀子的天論，不但要人不與天
　　爭職，不但要人能與天地參，還要人征服天行以爲人用……這竟是倍根的『戡
　　天主義』（Conquest of nature）了。」

豈能安逸？社會豈能繁榮？國家豈能富強？天下豈能太平？

同樣的日月星辰，同樣的春夏秋冬，同樣有土地和人民，爲何大禹能治天下？爲何夏桀亂天下？可知，生死存亡由個人所造成，無關天地與四時。〈天論〉強調：「治亂非天、治亂非時、治亂非地。」換言之，吉凶禍福，由人所召，無關天道，因爲天只是自然天。在天地（自然天）之外，沒有所謂人格神的主宰者。

（三）君子以為文，百姓以為神

古代有求雨的雩祭，董仲舒《春秋繁露》有〈求雨〉和〈止雨〉兩篇旱災求雨和水災求天放晴的詳細內容的記載。荀子強調雩祭下雨並沒有真正的效果，只是一種偶然的巧合而已，因爲不舉行求雨的雩祭，也可能會下雨。天旱時，爲政者雩祭求雨，是表示關懷人民遭受旱災的誠心，希望早日解除乾旱之苦。所以，君子以爲雩祭求雨只是一種人文精神的關懷，而一般百姓卻以爲是祈求上天賜福，普降甘霖。如果奢望淫祀求福，並非人文化成之道；如果只是關心民瘼，也是人情之常，則無害。

（四）人祆可畏

《春秋繁露》有災異之說，董仲舒的災異思想，由《春秋》、《尚書·洪範》、《呂氏春秋》、《淮南子》而來。《中庸》二十四章也說：「國家將興，必有禎祥；國家將亡，必有妖孽。」《周易·繫辭上傳》所謂「天垂象，見吉凶。」《春秋》時常記載日蝕、月蝕、隕石、地震等不常出現的現象，認爲是惡的徵兆。這種善惡的徵兆，又稱「祆祥」[16]。荀子強調即使有隕石、慧星[17]、日蝕、

---

16 《漢書·張敞傳》說：「祆祥變怪，不可勝記。」《史記·樂書》說：「疾疢不作，而無祆祥。」古代所謂「祆星」就是慧星。

月蝕，也不必恐懼，只是天地陰陽的變化，少見的自然現象而已，無關人事吉凶禍福。其實，日蝕、月蝕、水災、旱災、火星、慧星、隕石、地震等現象，任何時代都有，世人少見多怪，以為鬼神作祟，非也。

荀子以為天有「天職」，人有「人職」，二者不可混淆，也不能彼此替代。天只是自然之天，沒有天神，沒有上帝，沒有天命，不能賞善罰惡，沒有善惡報應。天只是生物之天，而人的職責是「制天命而用之」、「應時而使之」、「騁能而化之」、「理物而勿失之」，也就是成物在人。人要主動、積極利用天時，治理地財，參贊天地的化育。人如果放棄他的職責與能力，而去「大天而思之」、「從天而頌之」，是錯誤的思想。因此，《荀子・儒效》說：

> 道者，非天之道，非地之道，人之所以道也，君子之所道也。

道是人道，不是天道，不是地道。人道不是創生天地萬物的本源，而是人人應行的大道，惟有修養道德的君子能夠力行這個人道。換言之，人事的吉凶禍福，無關天道和地道，唯有人事才有吉凶禍福。因此，荀子強調「人祅」可畏。

何謂人祅？人祅就是人為造成的災禍。荀子〈天論〉提出四種人祅：

1.不勤於農政，穀稼欠收，田地荒蕪，糧米（物價）昂貴，百姓飢餓，失去民心，道路有餓莩，這是人祅。

2.政令不明，朝令夕改。不能依照天時，從事地利，人民無所適從，這是人祅。

---

17 慧星形成於太陽系最偏遠的地區，由冰、岩石和塵土冷凍而組成。天文學家認為大約四十五億年前，巨大的氣體和塵土雲坍陷，而形成太陽與行星，慧星則由殘餘物質組成，慧星可說是太空中的古化石。

3.時常徵調人民從事勞役，百姓怨恨，牛馬疲憊不堪，六畜不興，這是人祅。

4.不修禮義，內外沒有分別，男女淫亂，父子猜疑，君臣乖離，盜寇為亂，災禍不斷，這是人祅。

如何消除人祅的災禍？荀子主張依禮而行。禮是人道最高的準則，而人道就是人人應遵行的道德法則，包括禮義辭讓忠信等德目，而以禮統攝諸德。因為人有很多的本能和欲望，肚子餓了想吃飯，天氣寒冷想溫暖，勞累想休息，長大了想成家。這些欲求得不到滿足，必有爭奪，造成社會的混亂。先王制禮，界定人倫分際，使貴賤有差等，長幼有秩序，貧富各得其宜，合理分配資源財富，實現社會正義。所以說實現禮義，消除人祅，就是趨吉避凶，得福免禍的妙法。

（五）天下不治，為惡得福，善者有殃

《荀子·堯問》認為如果天下亂而不治，禮法不彰，則為惡者得福，為善者遭禍。例如桀紂殺害賢良，比干遭剖心，箕子佯狂。又如田常（陳成子）弒齊簡公而為亂；闔閭（春秋吳王夫差之父）刺王僚而自立，在位逞強十九年。

值得注意的是，〈堯問〉所謂「天下不治」，近似劉禹錫〈天論上〉的「法大弛」。當天下大亂，政治黑暗，是非顛倒，善惡不分，善良的人往往遭禍，因為法律不彰，為惡者無所不為，或許受罰，也許僥倖得福。

（六）言有召禍，行有召辱；肉腐出蟲，魚枯生蠹

《荀子‧勸學》認為一個人的言語，時常召來災禍，行為也時常招致侮辱，都是自取自受，猶如肉至腐爛，必將生蟲。因此，有志的君子，要接受良師的教誨，因為「無師法者，人之大殃也。」（〈儒效〉）親近有品德學識的朋友，選擇善良風俗的鄰里居住，遠小人，近君子，以防止邪僻的誘染，蓋物以類聚，同類為群。所以，君子立身行事，避免不良習染，則能得福而避禍。易言之，人之吉凶禍福，必與其言行相應召，仁義德行，該得安樂之福，然而未必不遭受危殆之禍；欺謾盜取，該受危殆之禍，然而未必不獲安樂之福，關鍵在於天下治或不治。

（七）凡人之患，蔽於一曲之禍

《荀子‧解蔽》認為人的情志常有偏好，久而久之，積成習染，偏執所愛，自以為是。一般人的災禍，即蔽於偏隅的一曲之說，而不明白天下的大道理。例如夏桀被妹喜與斯觀等佞人所蒙蔽，而不知關龍逢的忠直賢良；商紂被妲己與飛廉等佞人所蒙蔽，而不知微子啟的忠賢，這是心被迷惑所造成的蔽塞之禍。反之，商湯以夏桀敗亡為鑑戒，任用伊尹，使自己不失正道；文王以殷紂敗亡為鑑戒，任用呂望，使自己不離正道。商湯與文王生則天下歌頌，死則四海同悲，這是內心不被迷惑所得到的不蔽之福。因此，〈不苟〉說：

> 凡人之患，偏傷之也。見其可欲也，則不慮其可惡也者；見其可利也，則不顧其可害也者。是以動則必陷，為則必辱，是偏傷之患也。

人的禍患，生於只就單方面著想，沒有周詳的考慮和評估，

沒有衡量利弊得失，只見其利，不見其害。所以，動則遭禍，這是「偏傷之患」，亦即「蔽塞之禍」因此，〈不苟〉強調：

> 見其可利也，則必前後慮其可害也者，而兼權之，熟計之，
> 然後定其欲惡取捨，如是則常不失陷矣。

所謂「兼權之」、「熟計之」，就是周詳的計劃，完整的評估，衡量輕重得失，如是，則可免遭不測之禍而得福。

荀子強調聖人深知心術之為患，見蔽塞之為禍。所以，不執著先入為主的主觀印象，不執著只求結果而不論動機善惡，不執著疏遠的人、事、物，不執著廣博而不精準，不執著膚淺之見，不執著知古而不知今（或以今非古，或以古非今），不執著知今而不知古。聖人能夠包容萬物，心存禮義之道，明辨是非之理，異端邪說不能蔽塞清明之心，稱為「虛壹而靜」之大清明。

何謂虛？不以過去所得的認知及記憶，影響新知的求取和吸納。虛是虛心，不自滿，不自以為是，不固執己見，不執著，唯虛故能受，就是使心能夠吸收萬事萬物的道理；壹是專心，專注其心，唯壹故能全盡；靜是寧靜，心中沒有雜念，不會胡思亂想，不放縱，不擾亂，不動搖，唯靜故能通。虛壹而靜之心，謂之大清明，大清明之心猶如一盤沉靜的水，足以定是非，決嫌疑，趨吉避凶，這是不蔽之福，沒有蔽塞之禍。

（八）人有三不祥，人有三必窮

《荀子‧非相》主張人有三種不祥的災禍：年幼而不肯順從兄長，貧賤而不肯順從尊貴，才智不足而不肯順從賢能，是人的三種不祥災禍。又有三種窮困的遭遇：居上位而不能體恤屬下，居下位而好非議上級長官；見面既不和順，背後又好欺謾；德智淺薄，能力又不如人，對於有德的仁者不能推崇，對於才智之士

又不能尊重，必有窮困的遭遇。如果兼有三不祥及三必窮，居上位者必危而不安；居下位者必遭人鄙棄而自滅。易言之，人有三不祥及三必窮，必然遭禍而無福。

（九）　能除患，則為福

《禮記・樂記》說：「禁於未發之謂豫」，《中庸》第二十章說：「凡事豫則立，不豫則廢…事前定，則不困。」《中庸》強調任何事情，預先有了充足的準備，就不會發生困難與災禍，而且容易成功；反之，沒有充分的準備就會失敗。荀子認為吉凶禍福的關鍵在「豫」或「不豫」，準備充足則禍患不生，不生禍患則有福；反之，沒有充分準備則生災禍而無福。《荀子・大略》說：

> 能除患，則為福…先患慮患謂之豫，豫則禍不生…患至而後慮者謂之困，困則禍不可禦…禍與福鄰，莫知其門。

第五節　《晏子春秋》

晏子，又稱晏嬰，博聞強記，通於古今，事齊靈公、齊莊公、齊景公，以力行節儉，盡忠極諫，破除迷信，深得國君倚重，得以正道而行，並出使四方，不辱君命。現存《晏子春秋》所記晏子言行，大致與《左傳》所載相吻合。

古人或以為天上出現慧星，是不祥兆象，必須祈禳，才能消災，去除凶險。晏子對此傳說，不以為然，〈景公使祝史禳慧星晏子諫第六〉記述：齊國出現慧星，景公命祝史祈禳消災，晏子向景公諫說：慧星出現，祈福消災是沒有用的，只是自欺欺人罷了。天道不爽，天命不二，祈禳又有什麼用處呢？

　　君王如果沒有穢德，何必祈禳？慧星不能為禍；君王如有惡行，祈禳也沒有用處，慧星不能為福。君王如能修己愛人，各方諸侯都將歸順，何必害怕慧星出現；如果君王無德，國政昏亂，人民都將逃亡他方，祝史祈禳於事無補。

　　此事亦見於《左傳・昭公二十六年》。本章內容與〈景公遊公阜一日有三過言晏子諫第十八〉略同。晏子以為君王如果嗜酒如命，耽於淫樂，不修政治，疏遠賢能，祭祀何用？當今之急，趕快修德，改過自新，任賢使能，縱然不去禳除慧星，慧星自會消失於無形。景公聽了晏子的諫言，臉色大變。等到晏子逝世後，景公傷心地說：現在還有誰敢再來指責我的過失呢？[18]

　　古人常以祭祀祈福求壽，這是信仰善惡報應思想的一種具體作為，因此，阿諛者往往借機為君王祈福求壽，《晏子春秋・柏常騫禳梟死將為景公請壽晏子識其妄第四》記載：景公建造寢宮的高臺，建好後卻不登上高臺，柏常騫問：陛下趕工築臺，完工後卻不登臺，為什麼？景公說：因為梟鳥夜間哀鳴，聲音可怕，這是不祥預兆，我討厭他，所以不登臺。

　　柏常騫說：臣願為陛下祭祀消災，祈禳除殃。於是，搭建一間新屋，裡面放置白茅草，柏常騫當晚做起法事祝禱。第二天，問景公說：昨晚聽見梟鳥叫聲嗎？景公說：只聽到一聲叫聲。派人查看，梟鳥在臺階上張開翅膀，趴在臺階上死了。景公說：你的法術如此高明，能幫我添壽嗎？柏常騫說：能。依法術常規，天子可添壽九歲，諸侯七歲，大夫五歲。景公說：能顯現徵兆嗎？

18　〈景公夢見慧星使人占之晏子諫第三〉記載：景公夢見慧星，隔天召見晏子，問說：「寡人聽說，出現慧星，國家必亡，昨晚，寡人夢見慧星，想找占夢的人來占卜。」晏子回答說：「君王居處沒有節制，衣食不守禮法，又不聽勸諫，大興土木，廣建宮室，賦斂征收，貪得無厭，勞役人民，唯恐不足，造成百姓怨恨，如此施政，國將滅亡。」

柏常騫說：如能添壽，地將震動。景公十分高興，下令百官依照柏常騫的要求，準備所需要的東西。

　　柏常騫出來後，在路上遇見晏子，柏常騫說：今天將舉辦大祭，為君王祈福添壽。晏子說：能為君王祈福添壽，是件好事。不過我聽說唯有政治清明，品德高尚，順天應人，才能添壽，只有舉辦祭祀法會，真的可以添壽嗎？能顯現徵兆嗎？柏常騫說：如能添壽，地將震動（地震）。

　　晏子說：昨晚，我觀看天象，維斗星（北斗星）隱而不見，天樞星（北斗七星之首）陰散不明，依此天象，將有地震的預兆，你是否要用這個預兆來欺君謀財？柏常騫低頭許久，仰頭答說：是。晏子對柏常騫說：祭祀祈福求壽，沒有益處，地震與祭祀也沒有關係，希望你不要斂財，勿使人民增加稅捐，而且要將實情向陛下報告，使君王了解真相。（此事亦見於劉向《說苑‧辨物》）

　　《周易‧繫辭上傳》所謂「天垂象，見吉凶，聖人則之。」是天人相應的思想，君王常驚恐於天之異象，晏子往往借此進諫。〈景公異熒惑守虛而不去晏子諫第二十一〉記述：景公在位時，熒惑（火星，因隱現不定，使人迷惑而得名。）在二十八宿之虛宿的地方[19]，整年不移動。景公甚為驚恐，召見晏子問說：我聽聞：人行善者天賞之以福，行不善者天殃之以禍。火星是上天要懲罰的徵兆，當今火星在虛宿，誰應該承當天罰？晏子回答說：齊國應該接受天罰。

　　景公不悅的說：現在天下有十二個大國（晉、秦、齊、楚、

---

19 我國古代天文學把宇宙恆星分為二十八宿，東方蒼龍七宿：角、亢、氐、房、心、尾、箕；北方玄武七宿：斗、牛、女、虛、危、室、壁；西方白虎七宿：奎、婁、胃、昴、畢、觜、參；南方朱鳥七宿：井、鬼、柳、星、張、翼、軫。虛宿在北方玄武七宿之第四宿，有二星，即寶瓶座 β，是美麗雙星，另有小馬座 α。

吳、越、魯、衛、宋、鄭、陳、蔡等國），都稱諸侯，為什麼惟有
齊國應該接受天罰？晏子說：虛宿屬於齊國。而且天降災禍的對
象，是那些恃國家富強而為惡的君王，這些君王不能勇於行善，
國家政令反復無常，疏遠直諫的忠臣，阿諛的小人得寵，百姓痛
苦，怨聲載道，昏君不聞不問，反而祭祀祈福，沒有治國的能力，
只會掩飾過錯，不能改過遷善，不知不覺已經走向國家滅亡之路，
還得意忘形。景公急忙的說：如何消除這些不祥的徵兆？

　　晏子回答說：先釋放關在監牢中的冤獄犯，使他們回家種
田，減少文武百官的高薪，嚴懲貪污，賑濟苦難的百姓，救助孤
兒寡母，和沒有依靠的老人。如果君王能夠實行愛民的仁政，一
切的災禍都可以消除，火星不足為害。古人常在久旱時祈雨，因
為根據《尚書‧洪範》天人相應的思想，君王若有過錯，就會久
旱不雨，晏子認為祈雨毫無益處。〈景公欲祠靈山河伯以禱雨晏子
諫第十五〉記載：齊國久旱不雨，景公召集群臣說：久旱不雨，
人民面有飢色，受到飢餓的威脅，我命人占卜的結果，說：禍祟
在高山廣水。寡人想向人民略增稅賦，作為祭祀靈山河伯的經費，
可以嗎？

　　此時，群臣默然，晏子向景公諫說：千萬不可，祭祀沒有用
處。因為靈山以石頭為身體，以草木為毛髮，久旱不雨，身體（土
石）發燙，毛髮（草木）枯焦，難道靈山不希望下雨嗎？祭祀沒
有用處。景公說：不然，我想祭祀河伯，可以嗎？晏子回答：不
可！河伯以水為國，以魚蝦為人民，久旱不雨，水位降低，河川
即將乾枯，國家（水）將亡，人民（魚蝦）將死，難道河伯不希
望下雨嗎？祭祀有什麼用處？（此事亦見於劉向《說苑‧辨物》）

　　古代醫術治病，不如現代高明，往往久病不癒，故常以祭祀
祈求早日康復，晏子對此祭祀，不以為然。〈景公病久不癒欲誅祝

史以謝晏子諫第十二〉記載：齊景公既生疥瘡，又患瘧疾，久病不癒。於是，召見會讉、梁丘據、晏子，問說：寡人久爲病痛所苦，曾經命令史固（史官名固）、祝佗（祝官名佗）祭祀山川宗廟，所用犧牲珪璧，豐盛齊全，可是，病情未見好轉，反而更加嚴重，我想誅殺史官和祝官這兩位沒有盡力祭祀的人，求討上天的歡心，可以嗎？會讉和梁丘據回答說可以。晏子沒有回答，景公單獨再問晏子的意見。

　　晏子說：君王認爲祈禱上天賜福有用嗎？景公說：有用。晏子於是免冠謝罪，對景公諫說：如果祈禱對君王的病情有用的話，那麼，詛咒對君王的病情也有害。君王疏遠賢能的輔國大臣，阻塞忠臣報效君王之路，諫言不出。微臣聽說近臣默而不語，遠臣知而不言。可是，眾口鑠金，人民怨恨，向上天詛咒君王的人太多了，想想看，全國百姓向上天詛咒，只有史官和祝官兩個人向上天祈福，即使是最擅長祈福的人，也不能勝任。而且，如果史官和祝官的祈福是直言實情的話（直言君王施政的缺失），將被認爲誹謗君王；如果隱瞞君王過錯，又犯了欺騙上天的罪。如果上天真的能夠禍福於人的話，上天是不可欺騙的；如果上天不能禍福於人的話，再怎麼祭祀祈福，又有何用呢？希望君王反省檢討，不然，濫殺無辜，這就是夏桀、殷紂國滅身亡的原因。

　　晏子認爲殺害主管祭祀的史祝，向上天祈禱求福，無益健康，也無益國政，唯有愛民如子，任用賢能忠臣，才能使政治清明。（此事亦見於《左傳·昭公二十年》）相近似的事，也見於（景公問欲令祝史求福晏子對以當辭罪而無求第十）。景公問晏子說：寡人久病不癒，想用犧牲圭璧，命祝史祭祀宗廟，向上天祈求賜福，可以嗎？

　　晏子回答說：微臣聽說先君祈福，施政必合乎民，節制宮室

興建，不敢大量砍伐山林，節制飲食，減少畋獵捕魚，以免破壞山林川澤。祝史祭祀宗廟，只有向上天請罪，以示歉疚，不敢向上天祈求賜福。當今君王施政，違反民意，廣建宮室，多伐山林，飲宴無度，經常打獵捕魚，造成百姓怨恨，內史舉罪，而祝史又向上天祈福，豈不自相矛盾？

　　景公說：寡人不曾聽過這些道理，今後但願改過自新。於是，廢除大型遊樂，停止山珍海味的進獻，砍伐山林有一定的時間，減少畋獵捕魚，飲食節制，祝史祭祀時，不敢有祈福的要求。因此，得到鄰國人民的尊敬，百姓的擁護。(〈景公病久不瘉欲誅祝史以謝晏子諫〉與〈景公有疾梁丘據裔款請誅祝史晏子諫〉兩者旨意大致相同)

第六節　《墨子》、《列子》

一、《墨子》

(一) 順天意者，必得賞；反天意者，必得罰

　　墨子也是道德定命論者，首先，他要反對宿命論者[20]，《墨子》書中，有〈非命〉上、中、下三篇。他認為主張命中註定的宿命論，是天下的大禍害，因為夏桀和商紂都相信宿命。所以，他們平時傲慢無禮，不理朝政，反而說：我有宿命，不必去祭祀天地鬼神。因此，上天不再保佑他們，放棄他們的天命。

20　〈非命上〉說：「執有命者之言曰：上之所賞，命固且賞，非賢固賞也；上之所罰，命固且罰，不暴固罰也。」「執有命者」，就是宿命論者，一切都是命中註定，不因賢能而得上天賜福，不因殘暴而得上天降禍。

　　所謂「執有命者」，就是宿命論者，一切貧富壽夭都是命中註定。命中註定富貴就能富貴，命中註定長壽就會長壽，即使有強烈的反對力量，也沒有什麼作用。例如命中註定貧窮者，縱然勤勞節儉，一生終究貧窮。這樣的宿命論，不僅迷惑主政者（如桀紂）不理國政，也迷惑百姓的生活（工作）態度，如果相信貧富命中註定，貧者勤儉無益，富者奢華無妨。

　　墨子反對宿命論，他認為夏桀為非，天下大亂，商湯勤政，天下安治；商紂為亂天下，武王安治天下。這個天下沒有改變，天下那些人民也沒有改變。可知，桀紂亂天下，湯武治天下，兩者都是人為，而非宿命。墨子為了主張兼愛而提倡「天志」，「天志」近似《詩經》和《尚書》的「天命」觀。上天監察天下人民的一言一行，雖處森林幽谷偏僻荒野，上天都看得清楚。所以，如果做了壞事，無所逃於天地之間，必得上天的處罰；相反地，如果做了善事，必得上天的賞賜。尤其是天子，直接由天所管轄。〈天志上〉說：

　　　我所以知天之為政於天子者也。

　　因此，天子要知道「天意」，並且要順從天意，〈天志上〉說：

　　　順天意者，兼相愛，交相利，必得賞；反天意者，別相惡，
　　　交相賊，必得罰。

　　「兼相愛」是墨子的核心價值，他認為天下之所以亂，主要原因是人與人不相愛，子對父不孝，臣對君不忠；父對子不慈，君對臣不愛，人人自私自利，彼此傷害對方利益以自利，天下豈能不亂？所以，要使人人兼相愛，人際和諧，沒有盜賊，國家安治，天下太平，這才是天意。

　　所以，天子不可以不順從天意，順從天意而兼相愛、交相利，必得上天的賞賜，如大禹、商湯、文王、武王等聖王，因為順從

天意而得上天的賞賜；相反地，如夏桀、商紂、幽王、厲王等暴
王，因爲違反天意而得上天的懲罰。這就是天志（天意）的賞善
罰惡，也是善惡報應的道德定命論。〈法儀〉說：

> 愛人利人者，天必福之；惡人賊人者，天必禍之，日殺不
> 辜者，得不祥⋯故爲不善以得禍者，桀紂幽厲是也，愛人
> 利人以得福者，禹湯文武是也。

墨子強調天子治國的原則是「法天」，因爲上天廣大無私，
對人施惠無窮深厚。上天希望人人相愛互利，不希望人與人相互
仇視、賊害。因此，人人要「法天」，效法上天愛人之道，凡是愛
人利人者，上天一定賜福給他，仇恨害人者，上天一定降禍給他，
每天殘殺無辜無罪的人，一定會有禍殃。

（二）鬼神之所賞，無小必賞之；鬼神之所罰，無大必罰之

墨子認爲鬼神有不同的類型，有天鬼、山水的鬼神、也有人
死以後變成的鬼。《墨子・耕柱》巫馬子問墨子：「鬼神和聖人相
比較，誰比較聰明？」墨子回答說：「鬼神的明智和聖人比較，有
如耳聰目明的人和又聾又瞎者的不同。」所以，墨子以爲即使在
深山溪澗，沒有人居住的地方，一言一行都要謹慎，因爲隨時隨
地都有鬼神明察每一個人言行的善惡。

墨子強調自從三代的聖王過世以後，天下的人民都不行義
道，戰爭從此開始，天下混亂。這是什麼原因呢？這是由於百姓
還不知道鬼神能夠賞善罰惡。如果讓天下的人民都相信鬼神能夠
賞善罰惡，天下一定可以太平。

如果以大家所見所聞的各國歷史來說，鬼神的存在不容懷
疑。從前，周宣王無辜殺害杜伯。杜伯臨終說：「宣王無辜殺害我，

不出三年，我一定讓他知道鬼神賞善罰惡的能力。」到了第三年，周宣王集合諸侯，在圃田打獵。到了中午，杜伯的鬼魂乘坐白馬素車，穿戴朱紅色的衣冠，手持朱紅色的弓箭，一箭把周宣王射死了。這個時候，隨從數千人都看見了，並且記載在周的國史上，做為國人的警惕，凡是殺害無辜的人，必然遭受鬼神的懲罰，很快得到惡報。

從前，秦穆公有一天中午在廟裏，看見一個神從外面走進來，往左邊走，鳥身人面，身穿素服，臉形方正。秦穆公見了驚慌而逃，那個神說：「不要害怕，上天認為你有德，命我給你增加十九年的壽命，使你的國家昌盛，子孫眾多。」秦穆公再三拜謝說：「請問尊神大名？」神說：「我是勾芒。[21]」如果以秦穆公的親身經歷，鬼神可以賜福於人，使人增壽。

所以，墨子認為如果能夠讓每一個人都相信鬼神能夠賞善罰惡、賞賢罰暴，這是治理國家，有利萬民的好方法。那些貪污、淫亂、殘暴、盜賊、搶奪、殺人等罪行，鬼神都能明察，如此，惡人因為害怕遭受鬼神懲罰，各種罪惡會減少很多。於是，國家安定，天下太平。

值得注意的是，墨子的明鬼思想，主要目的是勸人為善去惡，促使百姓相信鬼神能夠賜福降禍，增進政治清明、社會祥和，國家安定。即使對鬼神崇拜與祭祀，也不祈求鬼神無故降福，而是人先做善事，鬼神才賜福，不是用祭品去奢求鬼神，成就個人的求福願望。可以說墨子的明鬼思想，具有勸善意義和宗教情操，並非鼓吹迷信。

《墨子・公孟》記載：墨子有一次生病，他的弟子跌鼻問墨

---

21 勾芒，又稱勾萌，相傳該神鳥身人面，屬春天的神。

子說：老師以為鬼神非常靈明，能夠賜福降禍，賞善罰惡。當今，夫子可以算是一位有善德的聖人，怎麼還會生病呢？是不是老師說的話不對？或者，是不是鬼神沒有靈明？

墨子回答說：我雖然生病，不見得鬼神就不靈明，因為生病的原因很多，有的病是由於受了風寒，天氣太冷或太熱，有的病是由於工作太勞累，或感染瘟疫等，並不是有善德的人，鬼神就保佑他永遠不會生病。可知，墨子的明鬼，具有理性的勸善意義。

二、《列子》

列子，名禦寇，是春秋時代的道家學者，《列子·天瑞》說列子住在鄭國的圃田，圃田又稱甫田，四十年沒有一個人認識他，鄭國的君王和卿大夫看他如一般平民。有一年，鄭國鬧飢荒，列子移居到衛國。[22]

（一）自壽自夭，自窮自達，自貴自賤，自富自貧

《列子·力命》提出「力」和「命」兩個對立的概念。所謂「力」，意指人為的努力；所謂「命」，意指不知所以然而然的天道。天道自運，是自然而然，不得不然，也就是自然或天然。天然並非人為，而是自然的規律。換言之，並沒有一個主宰者或尊神主宰善惡報應。

「力」說：人的壽夭、窮達、貴賤、貧富，都是人的能力可以掌控的。

「命」反駁說：彭祖的智慧不比堯舜高，而壽命據說活到八

---

22 有關列子的生平，史書記載不多，《漢書·藝文誌》記載《列子》八篇，今本為晉人張湛所註，《列子》一書可能是魏晉時代的作品。不過，整個思想屬於道家的體系。《列子》這一本書，可能不是完全出於列子一個人的著作。

百歲；顏淵的學問才能不比孔子其他弟子差，而只活到十八歲；孔子的道德人格不比諸侯差，而在陳蔡受困；殷紂的德行不比微子、箕子、比干三人好，而居王位。如果人的能力可以掌控的話，為什麼有的人高壽、有的人早夭，聖賢窮困，亂世者顯貴；善者貧窮，而惡者富有呢？善惡與貧富、貴賤、窮達、壽夭沒有必然的因果關係。可知，沒有一個上帝或尊神主宰善惡報應。人世間的現象，只是自壽自夭、自窮自達、自貴自賤、自富自貧。

（二）天道自會，天道自運

一般人總是斤斤計較得失榮辱毀譽，非常在意貧富、窮達。其實，這些人間相對的得失，猶如寒暑的變化，我們對春夏秋冬沒有好惡，同理，也應該對榮辱沒有憂喜。《莊子·田子方》肩吾問孫叔敖說：「你三次當宰相，沒有喜形於色，三次卸下宰相職務而沒有憂傷，我原先不相信你，現在看你悠哉閒適，你的內心是怎麼想的？」

孫叔敖說：「我以為官位給你不必推卻，也不必高興，卸下官職也不必傷心。有時在朝或有時在野，這種得失不在於我。所以，得之不喜，失之不憂。何況不知道寶貴的是宰相的職位，還是我自己呢？如果可貴在於宰相的職位，就跟我無關；如果可貴在於我自己，就跟宰相無關。所以，我不眷顧人間的貴賤。」也就是說，超越人間相對的價值[23]，順任自然，不被外物所迷惑，

---

23 老莊道家以為人間的得失、榮辱、大小、高低、美醜、貧富、貴賤、窮達、壽夭、成敗、生死等等，都是相對價值，而非絕對的善惡。《道德經》第二章說：「天下皆知美之為美，斯惡已，皆知善之為善，斯不善已。故有無相生，難易相成，長短相形，高下相傾，音聲相和，前後相隨。」老子以為人間的價值都是人為的主觀判斷，是相對的、暫時的、恆變的設準，都是形而下的現象界，而非形而上的本體界之絕對至道。

如此逍遙，就沒有災禍了。

《列子‧力命》北宮子對西門子說：「我家貧窮，穿布衣，吃粗飯，住茅屋，出門沒有車代步；你家顯貴，穿錦衣，吃梁肉，住華廈，出門乘坐馬車，你自以爲德行比我好嗎？」西門子說：「你窮困，我顯貴，這就是德行厚薄的報應呀！」北宮子無言以對，請教東郭先生。

東郭先生對西門子說：「你所謂的厚薄，只是才能品德的差異。我所說的厚、薄有不同的意義。北宮子的德行厚，可是『命』薄；你的德行薄，卻是『命』厚。你的顯貴，並非才能得到的；北宮子的窮困，並非愚蠢的過失，這都是自然的天道，自窮自達，自貴自賤，不是人爲努力所能決定的。你誇耀自己的『命』厚，以爲是善惡報應，是不了解自然而然的天道，根本沒有主宰者決定善惡報應。」西門子無言以對。北宮子聽了東郭先生的話以後，豁然開悟，超越得失榮辱。東郭先生說：北宮子對自然天道覺悟了。

因此，〈力命〉說：「可以生而生，是天福；可以死而死，也是天福。可以生而不生，是天罰；可以死而不死，也是天罰。生生死死，死死生生，都是自然的『命』，不是人爲努力的結果。所謂天道自運，天道自會。」生命總是無窮，週而復始，循環運行，因爲萬物都生於自然，又復歸於自然。

列子所謂「天福」，意指順應自然之道，並非真有上天（尊神）的福佑；而所謂「天罰」，意指違反自然之道，並非真有上天（尊神）的降禍。列子否定上天能夠賜福降禍，也就是沒有鬼神的善惡報應。

（三）匪祐自天，弗孽由人

〈力命〉記載：楊朱的朋友季梁生病，七天以後病得很重。他的兒子在旁邊哭泣，要請醫生來看病。季梁對楊朱說：我的兒子不肖，你來唱歌感化他。楊朱唱歌說：「天還不能認識『命』，人如何能知呢？福祉不是來自上天的保佑，罪孽也不是來自人為。醫生呀！巫師呀！哪裏會知道呢？」

他的兒子仍然沒有覺悟，還是請了三個醫生。一個叫矯氏，一個叫俞氏，一個叫盧氏。矯醫師對季梁說：「你的病起因於飲食沒有節制，縱慾，精神煩躁。不是天也不是鬼造成的病，雖然嚴重，可以治癒。」季梁說：是普通的醫生，趕他走。

俞醫師對季梁說：「你的先天胎氣不足，病不是一朝一夕造成的，逐漸形成今天的重病，不能治癒了。」季梁說：好醫生，請他吃飯。

盧醫師對季梁說：「你的病因，不是來自天，也不是來自人，也不是來自鬼，是由自然的天道而來。個人稟受形體而有生命，既有天道的循環運行，生生死死，死死生生，又有深悟自然天道的人（意指季梁），醫藥又有什麼作用呢？」季梁說：盧醫師是神醫，重賞他。

不久，季梁的病自然痊癒了。

可知，列子仍然強調自然的天道，所以說，福祉不是來自上天的保佑，生命只是自然生自然死，自生自死才是自然天道。

〈力命〉說：魏國人東門吳，他的兒子死了而沒有悲傷。他的家臣說：「您的愛子天下無雙，不幸死了而您卻不悲傷，為什麼呢？」東門吳說：「當我還沒有兒子的時候並不悲傷。現在，兒子死了，又像以前一樣沒有兒子，為什麼要悲傷呢？」東門吳確實

深悟自生自死的自然天道。這種自然天道表現在人世間的情形是：農人把握四時節氣，商人買賣求利，工人精進技術，官吏追求權力，這是整個環境所造成的。但是，農人會有水旱之災，商人會有虧損，工人的技術往往失敗，官員可能失去權力，這是正常現象，吉凶禍福在所難免，這是「命」，自然天道

第七節 《韓非子》、《管子》

一、《韓非子》

韓非是戰國後期韓國王室的庶子，今本《韓非子》全書並非韓非所作。韓非所代表的法家思想，主要是尚法、任勢、用術。法是治國唯一的標準，具備客觀性和公正性，必須做到有功必賞，有罪必罰，也就是「因任而授官，循名而責實。」其善惡報應思想，主要見於〈解老〉和〈喻老〉二篇。

（一）福本於有禍，禍本生於有福

《韓非子·解老》是最早詮釋老子《道德經》的作品。〈解老〉說：一個人如果有災禍的事，內心就會警惕，內心有了警惕，言行就會端正，就沒有災禍，沒有災禍，可以享盡天年；不違背道理，可以成功；盡天年就是身心健康而長壽；事業成功，就有富貴。能夠身心健康、長壽、富貴，即是「福」，而福是源於禍。所以，《道德經》五十八章說：禍兮福之所倚。[24]

---

24 何謂福？《尚書·洪範》說：壽（長壽）、富（富裕）、康寧（健康平安）、攸好德（修養良善道德）、考終命（壽終正寢得善終），有五福。

　　一個人如果有了福，就有富貴，富貴人家吃得好，穿得漂亮；山珍海味、全身名牌，就有驕傲的心理，輕視別人，言行不正，不顧禮法義理。違法悖理，事業不能成功，言行乖張邪僻，就會遭禍夭死，這是人生的大災禍，而禍源於有福。因此，《道德經》五十八章說：福兮，禍之所伏。

　　每一個人都想要富貴全壽之福，卻往往遭受貧賤夭死的災禍。凡人總是對人世間的吉凶、禍福、富貴、貧賤、壽夭感到迷惑，殊不知禍福是相依相生，在我們的日常生活之中，福中潛藏禍的因子，禍中含藏福的因子。由福而禍，或由禍而福，主因都是「一心」的善惡，心生警惕而善則福，心生驕傲而惡則禍。往往富貴而驕則敗亡，卻歸於天道不公。因此，《道德經》五十八章說：凡人的迷惑，已經很久了。甚至司馬遷在《史記・伯夷列傳》強烈質疑天道（命）的公正性。司馬遷說：或曰：「天道無親，常與善人。余甚惑焉，儻所謂天道，是邪非邪？」

　　值得注意的是，「天道無親，常與善人。」出自《道德經》七十九章。老子的天道，意指自然的法則和規律。自然的法則和規律沒有偏心，沒有私愛。近似《道德經》第五章所謂「天地不仁」[25]。

　　天道對待萬物，一律平等，不會對某一物好，不會對某一物不好。在老子的心目中，並沒有一個人格化或神格化的天道。天道不是上帝，天道也不是尊神，天道對待萬物沒有偏私。天道常與善人，是由於人的「法天」，人道效法天道，所以得到好的結果，並不是說有一個神格化的「天道」去幫助善人，而是指善人之所

────────────────

25　「天地不仁」，王弼註說：「天地任自然，無為無造，萬物自相治理，故不仁也。」天地只是自然現象的存在，並不具有人格化的情感或神格化的權威，萬物依自然的法則和規律在天地間生生死死、死死生生。

以有好的結果，是他「法天」自爲的善果。

　　換言之，自然的天道，永遠都是公平的，它有自然的調節功能，不會太多，也不會太少。太多過剩就減少，不足夠就增加，把多餘的部份拿來填補不足的地方，使自然的生態達到均衡。例如在沒有人爲破壞的熱帶雨林或原始森林，我們發現所有的生命，包括動物和植物，彼此之間存在一種共生與相依和諧的關係，生態平衡，食物鏈正常充足，這就是自然天道的法則和規律所表現的圓滿。因此，《道德經》八十一章說：

　　　天之道，利而不害；聖人之道，為而不爭。

　　自然的天道對萬物是有利而沒有害處，自然撫育萬物，不與物爭，不會危害萬物；聖人之道也應「法天」，效法天道，施惠於人，不與人爭。

　　易言之，人如果不能法天，不能效法天道，有一點成就，自得意滿，鋒芒畢露，必定難保長久的福德，例如一些暴發戶，財大氣粗，恃財驕傲，一定無法堅守家業，子孫不肖，最後自取災禍。因此，《道德經》十六章云：

　　　知常容，容乃公，公乃全，全乃天，天乃道，道乃久，沒
　　　身不殆。

　　法天的人，知道自然萬物的法則和規律，才會有廣包寬容的心，有了寬容的心才能公正不偏，客觀公正才能周全無失，言行周全像自然一樣，才能合乎道，與道合一才能長久，終身沒有危險災禍。

（二）禍難生於邪心，罪莫大於可欲

　　〈解老〉以爲人有欲求，則心思不清明，思慮不明，貪欲更多，欲求貪念不斷，邪惡的欲望壓制清明的理性，就會不守禮法，

無所不用其極，災禍就發生了。

由此可知，災禍來自於邪念，不正的邪念來自於欲求事物的誘惑，所以說：罪莫大於可欲。人沒有羽毛，不穿衣服不能禦寒。人不能吃雜草維生，不吃食物不能存活，因此，難免有欲求貪得的心理。無窮物欲的貪念不消除，就是個人自身的憂患。所以，聖人只求最低的物質生活，因此沒有災禍。可是，一般人不知足，他們的煩惱源源不斷，所以，《道德經》四十六章說：禍莫大於不知足。

可知，欲求貪利的念頭太多，煩惱就越多，不斷地煩惱，就會生病，常生病，智慮喪失。沒有智慮的人，往往胡作非為。不守禮法，輕舉妄動，災禍就發生了。因此，《道德經》四十六章說：咎莫大於欲得。[26]

從老子的修養工夫而言，要減少自私自利的心，使私欲減到最少。要如何做到少私寡欲？在日常生活上，不要一味的向外逐物。如果只是向外逐物，將迷失自我。如果放任私欲，開啟私欲的大門，將增添許多煩惱，一生無可挽救。因此，人生的修養是一種「為道日損」的工夫，要逐漸減少私欲，把私欲降到最低，達到無為和無欲。無為是沒有私欲的作為，有私欲的作為是妄為。

換言之，人生的修養要無為而自然，無事而清靜，無味而恬淡。無為不是沒有作為，也不是胡作妄為，而是自然而為；無事不是沒有措施，而是沒有擾亂；無味不是沒有味道，而是清淡。

《道德經》六十七章老子說他時常保有三種修養工夫：一是常憐憫同情別人；二是時常節儉不浪費；三是不敢爭先而時常處下不爭。能夠時常憐憫別人，就能英勇助人；能夠節儉，就能樸

---

26 今本《道德經》為「咎莫大於欲得」。〈解老〉謂「咎憯於欲得」。〈解老〉所謂「罪莫大於可欲」，今本《道德經》無此句。

實廉潔，節用而博施濟眾；能夠處下不爭，就能成就萬物的生長。如果捨棄憐憫，奢求勇敢；捨棄節儉，奢求廣大；捨棄不爭處下，奢求爭先恐後，將走向敗亡的災禍。有憐憫同情心的人，上天也會幫助他，上天也會以慈愛保佑他。

（三）事之禍福，聖人早從事

《道德經》六十三章說：

> 圖難於其易，為大於其細；天下難事，必作於易，天下大事，必作於細。

老子強調解決艱難的事情，必須先從細微容易處下手。面對細微容易的事情，卻不可掉以輕心，必須謹慎仔細，嚴防事情惡化，不可收拾。

《韓非子・喻老》舉扁鵲晉見晉桓公的例子詮釋其義[27]。扁鵲告訴桓公說：「陛下有病，在皮膚肌肉之間，請及早治療。」桓公說：「我沒有病痛。」扁鵲離開以後，桓公說：「醫生喜歡診治沒有病痛的人，以此邀功，貪財好利。」過了十天，扁鵲又晉見桓公。扁鵲說：「陛下的病在肌肉內，不診治會更嚴重。」桓公不高興，也不回答。

再過了十天，扁鵲又晉見，說：「陛下的病在腸胃，不治療會更嚴重。」桓公更不高興。又過了十天，扁鵲看見桓公掉頭就離開。桓公派人追問，扁鵲說：「陛下的病已經在骨髓，無法診治了。」過了五天，桓公病逝。

〈喻老〉強調人事的禍福，猶如醫生治病，及早發現，及早

---

27 扁鵲，戰國名醫，治病以診脈為主，精察臟腑隱疾，後為秦太醫令李醯嫉殺。《史記・扁鵲列傳》作「齊桓侯」，《新序・雜事二》作「齊桓侯」，指齊太公田和之子齊桓公田午。

治療，要在輕微的時候就治療，避免疾病惡化。所以，聖人及早解決紛爭，未見明顯徵兆的時候，容易處理。〈喻老〉又舉箕子看到紂王使用象牙筷子，就預知天下的大禍。因為紂王生活奢侈，享盡山珍海味。過了五年，紂王肉林酒糟，終於亡國。因此，《道德經》五十二章說：「見小知明」。仔細觀察細微之處，就知道事情的發展，預知人事的禍福。

〈解老〉強調每一個人都想趨福避禍。如何預知禍福？只要內心寧靜淡泊，就知道禍福的源頭。如果被外物引誘，物欲無窮，常懷好惡之心，向外逐物，智慮不明，不免災禍臨頭。所以，內心淡泊，就知道趨福避禍的道理；內心寧靜，就知道得福免禍的妙法。

換言之，一切的災禍，都是由於不知足，貪欲愈多，過失也就愈多。因為物質的享樂是無止盡的，一味追求感官知覺的滿足，往往是貪得無厭。例如想發財，有了錢，愈想更有錢，不擇手段累積財富，終成守財奴。知道滿足的人，適可而止，永遠滿足而沒有欠缺。所以說，知足的人就是富有的人，終身不會受到恥辱的遭遇，也就沒有災禍了。因此，老子說：「慎終如始，則無敗事。」（《道德經》六十四章）

二、《管子》

《管子》並非管仲所作，而是闡述管仲的主張，記錄管仲的思想和言行之書，非一人之筆，亦非一時而成書。全書 24 卷 86 篇，缺 10 篇，實存 76 篇。有關善惡報應思想，簡述五點如下：

（一）為善者有福，為不善者有禍

〈樞言〉強調古代聖王重視行為的善惡，行善的人得福，行

惡的人得禍；是福是禍，在於個人的行為。行善的人，不僅得福，亦得尊榮；行惡的人，不僅得禍，亦得恥辱。換言之，個人的福禍與行為的善惡有其必然的因果關係，這是人間社會的現象，與天地鬼神無關，所謂「福禍在為」、「榮辱在為」。是福是禍，在於個人的善惡行為。

（二）福不擇家，禍不索人

〈禁藏〉云：

> 適身行義，儉約恭敬，其唯無福，禍亦不來矣；驕傲侈泰，離度絕理，其唯無禍，福亦不至矣。

禁藏意指自禁慎己、自我克制，所謂「禁藏於胸脅之內，而禍避於萬里之外。」能夠把「自禁慎己」的原則，謹記在心，修養道德，端正言行，即可以避禍於萬里之外。因此，身心適中，言行合乎義理，生活節儉，謙恭有禮，即使不能得福，也沒有災禍；如果言行驕傲，生活奢侈，違背禮法，棄絕德義，即使暫時沒有禍患，也不會有祥福。君子要自省自戒，自我約束，因為憂患不會憑空發生，祥福不會挑選某人，災禍也不會無故降臨，禍福都是自己造成的結果。

（三）伐矜好專，舉事之禍

〈形勢解〉是〈形勢〉之解文，〈形勢〉認為君主自以為是，自以為賢能，自我炫耀，自我感覺良好，喜好獨裁專斷，是治國的禍患。〈形勢解〉進一步闡明說：

> 明主之舉事也，任聖人之慮⋯故事成而福生；亂主自智也⋯專用己，而不聽正諫，故事敗而禍生。

英明君主治國，相信聖賢的謀慮，團結百姓的力量，沒有偏

私，且不專斷，因而政治清明安定而得福；昏亂君主自以爲是，自以爲聰明，不相信聖賢的智謀，不運用人民的力量，偏執獨斷，不聽忠諫，因而治國失敗而遭禍。所以說：「伐矜好專，舉事之禍也。」

（四）犧牲珪璧，不足以享鬼神

〈形勢〉認爲以牛羊、珠寶等貴重祭品來獻祭，並不足以祭祀鬼神，求得福佑。〈形勢解〉進而申論云：

> 明主之動靜得理義，號令順民心，誅殺當其罪，賞賜當其功…舉事而有福；亂主之動作失義理…故雖用犧牲珪璧禱於鬼神，鬼神不助，天地不與，舉事而有禍。

賢明君主的言行舉止合乎義理，施政順應民心，誅殺罪犯與其罪行相當，賞賜與其功勳相符。因此，即使不用牛羊、璧玉祭祀鬼神，鬼神也會福佑，天地也會助益，執政都能得福；昏亂君主的言行，喪失義理，施政違背民心，任意誅殺與賞賜。因此，雖然使用牛羊、璧玉祭祀鬼神，鬼神不福佑，天地無助，屢遭禍患。所以說：「犧牲珪璧，不足以享鬼神。」

（五）壽夭貧富無徒歸

〈形勢〉認爲人的長壽、短命、貧窮、富有，都有原因，並非無故憑空而來。〈形勢解〉引申云：

> 起居時，飲食節，寒暑適，則身利而壽命益；起居不時，飲食不節，寒暑不適，則形體累而壽命損。人惰而侈則貧，力而儉則富。夫物莫虛至，必也以也。

注重養生的人，日常起居維持固定的規律生活，節制飲食，不過飽，不過飢，定時定量，均衡營養，寒暑適中，順應四時的

自然變化，身心靈健康而壽命增長；反之，生活沒有規律，飲食不節制，不順應四時的變化，會損害生命的元氣而減損壽命。人如果懶惰而生活奢侈浪費，必然貧窮；反之，勤勞節儉則富有。任何的結果都有原因，不會憑空發生，萬物皆非偶然而至，只是一般人忽略真正的原因而怨天尤人。所以說：「壽夭貧富無徒歸」。

　　以上簡述《管子》的善惡報應思想，值得注意的是，《管子》強調「禍福在為」、「禍不索人」、「福不擇家」。因此，古代聖王重視行為的善惡。換言之，既然「禍福在為」，人應謹言慎行；既然「禍不索人」，人應去惡避禍；既然「福不擇家」，人應行善求福。因為禍福是人間社會的普遍現象，有其必然的因果法則，例如〈版法〉認為「閉禍在除怨」消除怨咎，可以避免災禍。積極而言，唯有防患於未然，可以趨吉避凶，所以〈牧民〉說：

　　　唯有道者，能備患於未形也，故禍不萌。

第二章　兩漢天人感應之
天意賞善罰惡

第一節　《呂氏春秋》、《淮南子》

一、《呂氏春秋》

秦漢之際，《呂氏春秋》是戰國末年至秦漢初期，整個時代發展的思想百科全書，因為本書與先秦主要學派（尤其儒、道、墨、陰陽等家）在思想脈絡上明顯存在著傳承關係，而被《漢書·藝文志》歸為「雜家」[1]。所謂「雜家」，意指不同學派的兼容並蓄及內容的廣包性，更具有呂不韋執政時期的權威性。綜觀其善惡報應思想，要點如下：

（一）天人感應

「天人感應」是善惡報應的重要前提，其思想淵源於《尚書·洪範》，上天以天子（上天之子）的行為善惡，表現各種好壞的天氣，也就是以災異警告天子。易言之，天子的一言一行，都在上天的明察之中，雖然緊閉門窗，一人獨處，但是，天子的言行居

---

1 滿清《四庫全書總目提要》認為《呂氏春秋》大抵以儒為主，而參以道家、墨家，故多引六籍之文與孔子、曾子之言。又以《呂氏春秋》為秦漢時期所謂「黃老思想」的範疇。

心，都能感應上天。[2]

《呂氏春秋》分一年為十二紀，孟春（夏曆正月）、仲春（夏曆二月）、季春（夏曆三月）、孟夏（夏曆四月）、仲夏（夏曆五月）、季夏（夏曆六月）、孟秋（夏曆七月）、仲秋（夏曆八月）、季秋（夏曆九月）、孟冬（夏曆十月）、仲冬（夏曆十一月）、季冬（夏曆十二月），根據每個月的月令，天子的衣、食、住、行，都有相對應的詳細規定。

所有施政的政令，不能違背十二紀的自然之道，如果政令錯亂，會引起天象的變異和各種災害，例如孟春正月，如果推行夏天的政令，會使風雨不調，草木提早枯槁，社會發生恐慌；如果推行秋天的政令，會使瘟疫流行，時常狂風暴雨，野草長滿農田；如果推行冬天的政令，水災為患，霜雪大作，農作物沒有收成。對於各種天象的變異和災害，天子要知所警惕，改過遷善，戮力勤政，則可消弭災異，轉禍為福。

《呂氏春秋・制樂》記載：商湯的時候，在庭中長出一棵大穀[3]，黃昏時剛發芽，天亮時已經長成兩手合抱那麼粗大。商湯的史官請求占卜，商湯辭退史官。商湯說：「吾聞祥者福之先者也，見祥而為不善則福不至；妖者禍之先者也，見妖而為善則禍不至。」以天人感應而言，商湯認為大穀生於庭是吉祥的徵兆，表示會有福報。但是，如果不做善事，那福報就不會降臨；相反地，出現異象是禍患的徵兆，然而，如果行善積德，那災禍也不會降臨。

2　《呂氏春秋・制樂》：「今室閉戶牖，動天地，一室也。」天子之心足以動天地，這種天人相應的思想，對絕對威權的政治體制，有約束君王的作用，確實有些自然災害，源於人為的疏失。政府施政，要防患未然，避免天災的人為因素。

3　穀，桑科，落葉喬木，高六至九公尺，葉卵形五裂或三裂，葉身著葉柄上，略如楯形。果實熟時色紅，味甘可食。

從此以後，商湯提前早朝，延後退朝，探望生病百姓，弔唁有喪事的人民，安撫人心，三天之後，那顆大穀就消亡了。所以說：「禍兮福之所倚，福兮禍之所伏。」[4]，一般人不知道禍福相倚的原因，惟有聖人才能洞察禍福與善惡的相生關係，這就是善惡報應的奧妙。〈制樂〉又記載一則故事：周文王執政八年後的六月，文王臥病在床五天後地震，地震的範圍就在都城的近郊，群臣驚慌地向文王進諫：設法把災禍移除。文王說：如何移除災禍呢？

群臣說：廣徵民役，把都城的城牆增高，就可以把災禍移除了。文王說：上天降下災異，其目的是懲罰有罪過的人（天子），我一定有很多罪過。如果再廣徵民役，增高都城的城牆，必然增加我的罪過。從今以後，我要改過遷善，多做善事來移除災禍，或許可以避免上天的懲罰。於是，文王謹慎遵守禮法，與諸侯間互贈禮物，廣結善緣，嚴謹自己的言行，禮遇賢能，以爵位、土地賞賜有功群臣，沒多久文王的病就痊癒了。在位五十一年而壽終，這是文王防患災異、消除妖孽的有效措施[5]。值得注意的是，《中庸》第二十四章說：

國家將興，必有禎祥；國家將亡，必有妖孽。

依《中庸》的觀點，至誠之人，可以預知未來事情的發展。國家即將興盛，會有祥瑞的徵兆；國家即將滅亡，會有凶惡災異的徵兆，都會表現在自然現象和社會百態中，以及上自天子下至百姓的言行舉止上。所以說，至誠之人可以預先知道禍福。易言

---

4 《道德經》第五十八章說：「禍兮福之所倚，福兮禍之所伏。」，依老子的思想，人世間的福與禍，兩者往往相依相生，福中潛藏「禍」的因子，禍患中潛藏「福」的因子。俗話說：塞翁失馬，焉知非福，就是禍福相倚的故事。
5 所謂「妖孽」，是凶惡災禍的徵兆。分別言之，依《說文》：衣服歌謠草木之怪謂之妖；禽獸蟲蝗之怪謂之孽。

之，文王是至誠之人，因此，他以改過遷善、遵守禮法、廣結善緣、勤政愛民，防患災異，消除妖孽。此一有效措施，具有積極的意義，因為許多天然災害，是可以防患。積極有效的防患，是清除天災的不二法門。

《呂氏春秋》以「先識」意指預知國家興亡的徵兆，〈先識〉以「有道者」稱呼能夠預知國家興亡的賢能之士。凡是國家將亡，「有道者」必先離開這個國家，例如夏桀的太史令（負責寫文告、記錄史實和管理典籍的官員。）終古，離開夏桀，出奔商國，終於夏桀滅亡而商湯興盛。又如殷商內史向摯[6]，預知商紂將亡，周武王將興，又見商紂淫亂迷惑，沈溺於飲酒女色之中，寵幸妃妲左右朝政，不遵守禮法，任意賞罰，殺害三個無辜的人[7]，因此，出奔到周國，終於商紂滅亡而周武王興盛。

〈先識〉記載：晉國的太史屠黍看到晉國的亂象，晉幽公驕淫而不行德政，出奔歸順西周。周威王召見時問他：天下哪一個國家最先滅亡？屠黍說：晉國最先滅亡。威王問其原因。屠黍說：我在晉國的時候，不敢直言進諫，先以種種妖異天象及日月星辰運行的不正常現象，暗示晉公國家有不祥的徵兆。晉公卻說：這些異象有什麼作用呢？於是，又用人事賞罰的不公不義，及百姓怨恨不滿，暗示國家有不祥的徵兆，晉公卻說：這些事情有什麼傷害呢？再用鄰國不服和國家沒有任用賢良的情況，暗示國家有不祥的危險，晉公執迷不悟地說：這些事又有什麼危害呢？

---

6 據《周禮·春官》：內史掌王之八枋之法以昭王治。一曰爵，二曰祿，三曰廢，四曰置，五曰殺，六曰生，七曰予，八曰奪。

7 商紂殺害三不辜，指剖比干之心，折材士之股，刳孕婦觀看胞胎。商紂的暴行，驗證晏子所謂國有三不祥：有賢而不知，一不祥；知而不用，二不祥；用而不任，三不祥。又《荀子·非相》所謂人有三不祥：幼而不肯事長；賤而不肯事貴；不肖而不肯事賢，是人之三不祥。

　　像晉幽公這樣完全不懂國家興亡徵兆的君王，如何治國？過了三年，晉國果然滅亡。周威王又召見屠黍，問說：晉亡之後，哪一個國家即將滅亡？屠黍說：中山國即將滅亡。過了二年，中山國真的被滅亡[8]。周威王再召見屠黍，問說：中山國滅亡之後，哪一個國家接著滅亡？

　　屠黍說：下一個滅亡的國家是周。周威王聞之感到憂慮恐懼，於是，廣徵德高賢能而不仕的長老，找到義蒔、田邑兩位，待之以禮，付以重任，又有史驎、趙騈擔任諫官，廢除嚴苛法令三十九件。屠黍知道威王的作為後說：威王大抵可以平安壽終了。他說：

> 國之興也，天遺之賢人與極言之士；國之亡也，天遺之亂人與善諛之士。

　　屠黍稟告威王說：我聽說：國家即將興盛，上天賜給他賢能與直言忠諫之士；國家即將滅亡，上天降給他亂臣賊子和阿諛諂媚的小人。周威王死後，惠王繼位，他的兩個兒子內鬥，棺柩暫厝九個月，沒有正式安葬，周朝一分為二，惠王退位。

　　值得注意的是，〈先識〉提出「五盡」而國必亡的論述。所謂「五盡」是：沒有人相信他（君王），他已經沒有信用；沒有人稱讚他，他已經沒有聲譽；沒有人喜愛他，他已經沒有親友；趕路的人沒有口糧，居家的人沒有食物，他已經沒有財產；君王不能任用賢能，自己又沒有才能治國，他已經沒有功業，國有「五盡」，必定滅亡。[9]

8　屠黍認為中山國滅亡的原因是：中山之俗，以晝為夜，以夜繼日，男女切倚，固無休息，康樂歌謠好悲，其主弗知惡，此亡國之風也。（〈先識〉）中山國男女淫亂，夜以繼日，歌曲悲傷，國君不知亡國徵兆，終為魏文侯所滅。

9　國有五盡，君王自取滅亡。五盡思想近似孟子「禍福無不自己求之者。」的善惡與禍福的關係命題。

　　有趣的是，《呂氏春秋・明理》列舉天地間各種妖孽怪異現象，天上的妖孽包括日蝕[10]、月蝕及火星、慧星、隕星、或隱或現的小行星等妖星，還有天空中各種怪異的雲層。地上的妖孽包括都城到處有蛇、有大量的螟蛾，兔子生出野雞，馬的頭上有角，雄雞有五條腿，豬生出狗，有妖人從天而降，狗和豬交配等等，這些妖孽都是眾多邪氣所積[11]，上天必然降下災禍。

　　那些邪氣聚集的地方，寒暑不當，陰陽失序，四時節氣不當時令，忽冷忽熱，該冷不冷，該熱不熱。造成婦女不易懷孕，容易流產，禽獸也不易繁殖，草木不易成長，五穀不易豐收。社會風氣因此敗壞，人倫相悖，綱紀蕩然。國家如此妖孽，君王如果還不知道警覺，緊急謀求大力改革，那麼，上天就要降下極大的災禍，家破人亡國滅，君王及其宗室子孫無一倖免。

（二）禍福自召

　　「禍福自召」是善惡報應的儒學觀點。《呂氏春秋・應同》說：

> 堯為善而眾善至，桀為非而眾非來…以言禍福人或召之也。

　　所謂「應同」，是「同類相召」的意思，萬物同類相召相應的思想，源於《周易・文言》：「同聲相應，同氣相求…聖人作而萬物覩。」〈應同〉主要針對君王的忠諫，因為君王個人的智能、善惡及喜好，召應相同的臣屬。所以，堯為善，眾多賢能也為善，

10　古人認為日蝕是兩日相鬥而相食，故稱鬥蝕。
11　《呂氏春秋》列舉各種妖孽異象，大部份是自然現象，只是少見多怪而已，或是基因突變，或是以訛傳訛，基於自然科學的無知，造成人心的恐慌。當然，有些天然災害，例如水災、旱災、土石流，是應該防患，把災害損失降到最低。

聚成眾善；桀為惡，眾多阿諛也為惡，聚成眾惡。眾善成福，眾
惡成禍，這就是說，或福或禍，都是堯、桀自己招致而成。因為
君臣關係也是同類相召，而且志同道合則來，志異道不合則去，
君臣如果二心，將由內亂招致外患，其國必亡。所以說禍福並非
宿命，而是善召善、惡召惡的結果。[12]

二、《淮南子》

《淮南子》是一部「牢籠天地，博極古今。」（唐·劉知幾
《史通》），集各家之說而歸於道的結集，淮南王劉安於建元二年，
將此書獻給漢武帝。之後，董仲舒〈舉賢良對策〉，開始以儒學為
正宗，《淮南子》成為難得兼綜百家的學術著作。其善惡報應思想，
有五要點：

（一）天人相副

從《淮南子》氣化宇宙論的觀點而言，萬物由陰陽氣化所生，
不過，煩氣為蟲，精氣為人，所以，萬物莫貴於人。易言之，人
是最符合陰陽氣化的最佳模型（model），因此「通於天」，〈天文
訓〉說：

> 天地以設，分而為陰陽…陰陽相錯…萬物乃成…莫貴於
> 人。孔竅肢體，皆通於天。天有九重，人亦有九竅。天有
> 四時以制十二月，人亦有四肢以使十二節。天有十二月以
> 制三百六十日，人亦有十二肢以使三百六十節。

《淮南子》強調人的口鼻眼耳以及肢體，都和天地自然相

---

12 《呂氏春秋·應同》說：「禍福之所自來，眾人以為命，安知其所。」。一般
　　人沒有深入探討善惡與禍福的因果關係，誤以為禍福是命中注定，殊不知禍
　　福的主觀因素，是個人善惡同類相召的結果。

通。所謂人通於天，除了人的氣息通於天地之氣外，人的肢體器官與天地類比相似，類比相似不是完全相同，只是相近而已，例如天有九野[13]；人也有九竅[14]。天有春夏秋冬四季，分為十二個月；人也有四肢，貫通十二經脈[15]。天有十二個月，分為三百六十天；人也有十二個肢幹，分為三百六十節。

　　〈精神訓〉以為人的頭是圓的像天，腳是方的像地；天有風雨寒暑，人有喜怒和取捨；人的耳目，像天上的日月；人的血氣，像天上的風雨。以五臟而言，膽似雲，肺似氣，肝似風，腎似雨，脾似雷，而以心為主宰。所以說，人與天地相參，人的行為與天地息息相關。易言之，人的言行與天地相感通。

（二）人主之情，上通於天

　　〈天文訓〉強調春夏秋冬是上天的官吏，日、月是上天的使者。因為天子的言行情感上通於天，所以天子殘暴殺人，天象多有狂風，不遵守禮法，會有蟲害，殺害無辜（無罪）的人，就有旱災，不依時節發令，會有水災。〈泰族訓〉說：

> 故聖人者懷天心，聲然能動化天下者也…天之與人有以相通也。

　　聖人（王）法天，效法天地的自然法則，不悖時令，遵守禮法，精誠感動上天，會有祥瑞的感應，例如出現景星[16]，黃龍下

---

13 《呂氏春秋・有始》：天有九野。何謂九野？中央曰鈞天，東方曰蒼天，東北曰變天，北方曰玄天，西北曰幽天，西方曰顥天，西南曰朱天，南方曰炎天，東南曰陽天。

14 九竅包括陽竅七：耳目鼻各二、口一竅，陰竅二（大、小便處），共九竅。

15 十二經脈是指手足三陰三陽，太陽、陽明、少陽、太陰、少陰、厥陰六經，而六經又有手足之別。十二經脈是循行人體表裏，通達上下的正經，每一正經都與內在的臟腑相互連屬。

16 《史記・天官書》：「天精而見景星，其狀無常，常出于有道之國。」。景星狀如半月，生於晦朔，見則人君有德，明聖之慶也。

降，祥瑞的鳳凰飛來，湧出甘甜的泉水，黃河的水不會氾濫，大海沒有狂濤，將是風調雨順的景象。

　　所謂「人主之情，上通於天」，就是天人相應的思想，〈覽冥訓〉舉了兩個故事，說明上天賞善罰惡，無所逃於天地之間。從前，晉國的樂師演奏白雪的樂曲[17]，天上的玄鶴從南方飛來[18]，突然大風大雨，晉平公身染重病，晉國三年沒有收成。齊國一位卑微的寡婦，受了冤屈，含冤向上天哭訴，突然雷電交加，擊中齊景公的樓台，景公受傷，海水倒灌，淹沒陸地。由此顯見，人情通於天，無論身處荒野或密室，都無法逃脫上天的懲罰。基於天人感應、天人相通，天人關係密不可分，〈繆稱訓〉說：

> 人之為，天成之。終身為善，非天不行；終身為不善，非天不亡。故善否我也，禍福非我也。

　　〈繆稱訓〉主張一個人有所作為，上天將助其成功，所謂人自助而後天助。終身為善，仍須天助而成，所謂天時地利人和。終身為惡，上天降禍，助其滅亡。因此，為善、為惡在於自己，得到禍、福取決於上天，這是基於天人相應、心志上通於天的結果。

----

17 依《韓非子・十過》的記載：晉平公喜歡音樂，招待衛靈公時，要求師曠演奏悲愴淒涼的「清角」，師曠說：君王的德行不高，不可以聽清角，如果聽了清角，恐怕會有災禍。平公再一次要求，師曠不得已演奏清角，音樂開始，就有烏雲在西北方，繼續演奏，大風大雨隨之而來，毀壞宮殿的器皿和瓦片，賓客紛紛走避，平公恐懼，躲在皇宮的內室。晉國發生大旱災，三年沒有收成，平公身染重病，手腳麻痺，不能治理國家。這是沈迷音樂的禍害。

18 依《韓非子・十過》的記載：晉平公要求師曠演奏淒涼的「清徵」樂曲，師曠說：不可以，現在的君王德行不高，不可以聽清徵。平公再一次要求，師曠不得已演奏。第一次彈奏，就有十六隻黑鶴從南方飛來，聚集在皇宮的屋頂上，第二次演奏，黑鶴排列成行，第三次演奏，黑鶴張開翅膀飛舞，伸長脖子鳴叫，叫聲好像美妙的音樂，天上都能聽到。平公及賓客都很高興。

（三）善惡與禍福沒有必然關係

一般人總以爲善有善報、惡有惡報，然而，善惡與禍福往往沒有必然的因果關係，〈詮言訓〉說：

> 君子為善，不能使福必來；不為非，而不能使禍無至。

有德者誠心爲善，不期望得到回報，例如救濟陌生人，不必然能得福報，只是以助人爲本務（duty）；相對地，不爲惡，也不必然能避免災禍，因爲禍福是客觀，有其外在的客觀環境與條件，而修德爲善是主觀的要求，如果一個有德者遭受橫禍，並非主觀人爲所造成，有道者稱此遭遇爲「命」，因此強調「知命者不憂」（〈詮言訓〉）。〈詮言訓〉又說：

> 聖人不為可非之行…不能使禍不至，信己之不迎也；不能使福必來，信己之不攘也。禍之至也，非其求所生，故窮而不憂。福之至也，非其求所成，故通而弗矜。知禍福之制不在己也。

有德者爲善去惡，仍不能使福必來，也不能使禍不至，知禍福爲身外之物，故能不迎不拒，因爲心安理得，故能窮而不憂。君子知命，不憂窮困，不憂災禍。誠如孔子所言：「德之不修，學之不講，聞義不能徙，不善不能改，是吾憂也。」（《論語·述而》）。孔子知天命，他的憂患意識是修德、講學、徙義、改過、遷善。孔子樂天知命，不怨天、不尤人，又能固窮，故能不憂。君子固窮而不憂，知命而俟命，或有得意通達爲仕者，卻不驕傲，無論貧、富、窮、通，深知禍福不在自己可以完全掌握，因此才能閒居而快樂，貧而無怨，富而無驕。這就是〈繆稱訓〉所說：

> 命者，所遭於時也，有其材不遇其世，天也…求之有道，得之在命。

〈繆稱訓〉也認爲君子雖然爲善，不一定能得福；不忍心爲惡，也未必一定能避免災禍。其關鍵在於當時的環境。易言之，所謂「命」是懷才不遇可以發揮的客觀條件，知道客觀環境和自己的主觀條件不能相應合的人，〈詮言訓〉稱爲「通命之情者」，也就是知天命的人，將不爲禍福所迷惑，也不擔憂自己所不能掌控的遭遇。既然不受禍福所困擾，則言行、動靜都能依循道理，不會喜怒無常。

（四）知慮是禍福之門

人世間的禍福，開始發生時總是細小微妙的使人輕忽，不易看透終究是福或禍。〈人間訓〉有一例子，足以說明：靠近邊塞有一戶人家，他家的馬無故跑到塞外胡人那邊去，親友慰問他，他的父親說：「這或許可以得福。」。過了數月，他的馬跟著一匹胡人的駿馬回來。親友向他祝賀，他父親又說：「這或許會有災禍。」。他的兒子很喜歡騎這一匹駿馬，結果從馬背上摔下來，大腿折斷了，親友安慰他，他的父親又說：「這或許可以因禍得福。」。

過了一年，胡人入侵，邊塞地區的壯丁奮勇迎敵，十之八九都戰死了，因爲他的兒子跛腿，沒有參戰，父子都平安。這種禍福相生的微妙，一般人難以理解。因此，〈人間訓〉說：

> 聖人敬小慎微，動不失時，百射重戒，禍乃不滋…夫積愛
> 成福，積怨成禍。

從前，春秋末年的齊簡公，未能謹慎處理宰予（孔子弟子，字子我，亦稱宰我，魯人，善言語，曾任臨淄大夫）和陳成常二人之間的仇恨，齊國大夫御鞅告訴齊簡公說：他們相互的仇恨甚深，恐怕會有不幸而危害國家，要儘早解決這個紛爭。簡公沒有處置。隔了不久，陳成常果然在朝廷中攻打宰予，又在朝廷中殺

死齊簡公。這是不懂警惕細微小事而得到的災禍。所以，聖人謹慎處理細小之事，把握時機，有備無患，寧可仔細周詳，災禍才不會發生。因為人情之常，總是積愛成福，積怨成禍。〈人間訓〉說：

> 大禍之來也，人自生之；福之來也，人自成之。禍與福同門…是故知慮者，禍福之門戶也。

一般人都是輕忽小災害，看輕小事而後悔不及，就像生病的人，小病不看醫生，到了病入膏肓，雖有扁鵲名醫，也不能使他再生。所以說大禍臨頭，是自己輕忽而產生的；得到幸福，也是敬慎促成的。禍與福僅有一線之隔，關鍵在於「智慮」，是否深思熟慮、明辨秋毫。即使小善都不能放棄而不為，積小善而成大善；不能以為小惡無傷而多為，積小惡而成大惡。所以，〈繆稱訓〉說：

> 聖人為善若恐不及，備禍若恐不免…福由己發，禍由己生。

君子為善去惡，唯恐不及，預防禍患，也唯恐不及。

（五）有陰德者，必有陽報

所謂「陰德」，是行善不為人知。傳統上勸人行善，總是要人多積陰德。因為〈人間訓〉強調多積陰德者必有陽報，並列舉大禹、契（佐禹治水有功，封於商，為商之祖。）、后稷（周之祖，十五世傳至周武王，遂有天下。）、孔子等人，因有不朽功業，多積陰德而子孫享有福祿。相反地，秦王政併吞天下，殘暴人民而滅亡，智伯侵略鄰國土地而亡國，商鞅被肢解，李斯遭車裂，這些殘暴者，因為樹怨太多而得惡報。[19]

〈人間訓〉再舉一例說明有陰德者之陽報：從前，宋國有一

---

19 劉向《說苑・貴德》收錄本文。

家人喜歡行善，連續三代行善。家裏養的黑牛突然生出小白牛，請教有德的長者，長者說：這是吉祥的徵兆，用牠來祭祀。過了一年，他的父親無故眼睛瞎了，黑牛又生了小白牛。又去請教長者，長者又說：這是吉祥的徵兆，再用牠來祭祀。過了一年，他的兒子無故眼睛也瞎了。

　　之後，楚國攻打宋國，圍攻宋的都城，壯丁幾乎全數戰死，老弱婦孺都要死守城牆，結果，楚軍攻破城池，許多守衛的人都被殺。這對父子因為瞎眼，沒有守衛迎敵而平安。後來楚國撤軍，這對父子的眼睛又恢復視力，重見光明。

　　值得注意的是，有陰德者必有陽報的思想，是人心的嚮往，也是道德的信仰。《漢書・丙吉傳》說：「臣聞有陰德者，必饗其樂以及子孫。」，《漢書・于定國傳》于定國之父于公說：「我治獄多陰德，未嘗有所冤，子孫必有興者。[20]」司馬遷在《史記・韓世家》論述韓世家的歷史時說，韓氏在晉國未建樹任何大功勳，而能與趙、魏為諸侯，長達十餘世，其原因當為早年韓厥累積的「陰德」。又《漢書・楊胡朱梅雲傳》梅福寫給漢成帝的信中說：「善惡之報，各如其事。昔者秦滅二周，夷六國…是以身危子殺，厥孫不嗣。」這種「積陰德」的思想與信仰，深植人心，影響迄今，歷久彌新。例如：司馬溫公說：積金以遺子孫，子孫未必能守，積書以遺子孫，子孫未必能讀，不如積陰德于冥冥之中，為子孫長久計。

---

20 于公為縣獄史，善決獄，曾雪東海孝婦之冤。孝婦少寡，無子，奉養婆婆甚謹孝。婆婆不欲以年老累之，自縊死，婆婆之女（小姑）誣告孝婦殺婆婆。太守捕考之，誣服論殺，于公爭之不得。旋郡中枯旱三年，後太守至，詢其故，于公言孝婦不當死。太守乃祭其冢，表其墓，天立大雨。《搜神記》謂孝婦名周青。（《搜神記》卷十一）

第二節 《説苑》

《説苑》的編者是西漢的劉向，劉向是西漢王室的宗親。漢成帝河平三年（西元前二十六年），成帝命劉向校理圖書。《説苑》是他在校書中從皇室圖書館的藏書搜集而成，內容博雜，諸子百家，兼容並蓄，上起周秦，下迄西漢。其善惡報應思想如下：

（一）天之應人，如影隨形

《説苑・君道》説：「商湯為帝時，大旱七年，洛水枯竭，砂石焦燙。於是，商湯派人用『三足鼎』祭祀山川之神。商湯命祭祀的人問山川之神說：是政治不清明嗎？是百姓痛苦懷恨嗎？是賄賂盛行嗎？是讒言太多嗎？是宮室太豪華嗎？是宮女干政嗎？為什麼乾旱如此嚴重？」

祭祀的人話沒說完而天降大雨。所以說天人感應，如影隨形。

天人感應是漢代的思想主流之一，其主要的目的是期勉帝王政治能夠清明，人民沒有痛苦，勤政愛民，重人道，自助人助而天助，才能得到上天的福佑。

（二）見祥而為不善，則福不生；見殃而能為善，禍不至

《説苑・君道》記載：商朝太戊稱帝時，有桑穀生長在朝廷[21]，黃昏生長出來，隔天早上長成兩手合抱的大樹。史官要求到

---

21 桑穀被認為是「草妖」，桑穀生於朝，以為不祥。《漢書・五行志》説：「高宗怠於政事，國將危亡，故桑穀之異見，桑猶喪也，穀猶生也，殺生之秉失

商湯的宗廟占卜吉凶。占卜的人說：「祥瑞是福的徵兆，見祥瑞而
爲不善，仍然沒有福佑；災殃是禍害的預兆，出現災殃而能夠爲
善，禍害就不會發生。」於是，太戊提早上朝，延緩退朝，勤於
政務，慰問病人，弔祭亡者，三天之後桑穀自然消失。

　　本章雖有災異祥瑞之說，強調的是爲政者要勤政愛民，只要
勤於政務，愛民如子，雖有禍福的預兆，仍可趨吉避凶，這是對
主政者的勸善懲惡。

（三）謹仁義，順道理，不禱祠而福

　　《說苑・反質》強調相信鬼神可以賜福降禍的人會喪失計
謀，相信時辰吉凶的人會錯失時機。聖賢都知道，可以不卜良辰
吉日而把事情辦妥。只要遵行法令，重視功過賞罰，不需卜筮而
無災禍。行仁義，講道理，不需要祭禱而有福。反之，擇日卜筮，
齋戒沐浴，祭品豐盛，勤於祭祀，終究不能消除災禍，因爲「淫
祀無福」。所以，孔子說：「非其鬼而祭之，諂也。」

　　一般人總是抱持祭祀求福的心理，無所不拜，無所不求，這
是諂媚的淫祀，無福可得。《說苑・修文》記載：韓褐子正要過河，
划船的人對他說：「過此河的人，都要祭祀求平安，你不要祭祀
嗎？」韓褐子說：「我不能祭祀河伯，因爲河伯不是我該祭祀的對
象。」船行進不久，卻在水中旋轉。划船的人說：「剛才你沒有祭
祀河伯，現在船在水中打轉，非常危險，趕快把衣物丟到水裏以
求安全。」韓褐子說：「我不因爲有翻船溺水死亡的危險而改變我

而在下，近草妖也；一曰野木生朝而暴長，小人將暴，在大臣之位，危亡國
家，象社稷爲墟之象也。」《漢書》所指「高宗」，應爲武丁，而非太戊。《尚
書大傳・高宗肜日》說：「武丁之時，桑穀俱生於朝，七日而大拱。」不過，
《漢書・咸乂序》說：「伊陟相大戊，亳有祥，桑穀共生於朝。」大戊即太
戊。

的立場（因危險而祭祀河伯）。」話沒說完，船安穩地前進。韓褐子說：「《詩經·大雅》說：『愷悌君子，求福不回。』君子求神降福，非常誠意，永不邪僻。鬼神尚且不喜歡不誠邪僻，何況是人？」

　　《說苑·君道》記述：春秋楚昭王生病了，占卜的人說：「黃河的河伯作祟。」大夫請求豬牛羊三牲祭祀。楚昭王說：「不要祭祀黃河，因為只有長江、漢水、睢水、漳河是楚國應該祭祀的河川，國家的吉凶禍福不超過這四條河川，我雖然無德，也不會得罪於黃河之神，黃河不是楚國祭祀的對象。」孔子聽說了這件事，說：「楚昭王可說是一位知天道天命的人，他一定不會喪失國家。」

　　可知，韓褐子和楚昭王都主張「淫祀無福」的人，尤其是所謂「河伯」為祟，往往是一些不肖之徒的一場騙局。如《史記·滑稽列傳》記載「河伯娶親」即是一例。

（四）多積陰德，子孫必有興者

　　《說苑·貴德》記載：西漢宣帝時，丞相西平侯于定國，東海下邳人（今山東省濟寧縣）。他的父親是于公，曾任縣府獄吏，善決獄，執法公正，未嘗冤枉好人。東海郡的百姓為于公修建生祠[22]，名叫「于公祠」。

　　東海郡有一孝婦，無子，年輕守寡，非常孝順侍奉婆婆，婆婆希望她改嫁，孝婦始終不肯。婆婆對鄰居說：「我老了，不該連累年輕媳婦。」之後，婆婆上吊自殺。婆婆的女兒控告孝婦殺害婆婆。獄吏逮捕孝婦，刑求逼供。于公認為孝婦以孝聞名，不可能殺人。太守不聽，判孝婦死刑。太守誤殺孝婦，東海郡連續三年乾旱。之後，新任太守到職，于公說：「孝婦沒有殺人，太守誤

---

22 「生祠」是生前所立的祠廟，百姓在于公生前為他立祠，非常少見，一般立祠都在死後感恩而建。

殺孝婦。」於是，殺牛祭拜孝婦，上天即刻降下大雨，當年農作物豐收。東海百姓更加敬重于公。

于公修建屋舍時，對工人說：「把大門加高，我治獄沒有冤枉好人，多積陰德，後代子孫必有朝廷賜封，得上天福佑。」果然，他的兒子于定國貴爲丞相，封爲西平侯。(東海孝婦的故事，亦見於干寶《搜神記》卷十一。元代關漢卿的雜劇「竇娥冤」，取材自東海孝婦。《搜神記》說：孝婦名周青。)

俗話說：「公門好修行」，正是勸人明辨是非，公正不阿，依法行政，就可以免除冤案，爲人民服務。于公是清廉公正的典範，于定國深受于公影響，治獄平恕，當時百姓流傳「于定國爲廷尉，民自以無冤」封侯傳世。《說苑‧貴德》說：「有陰德者，必有陽報。」〈復恩〉也說：「有陰德者必饗其樂，以及其子孫。」

（五）憂患生於所忽，禍起於細微

《說苑‧敬愼》記載：孔子到周王朝，參觀太廟[23]，右階前，有一座金鑄的人像，人像的口緊閉，三緘其口，背面的銘文說：「這是古代謹愼說話的人，警惕戒之，無多言，多說話多壞事，多言惹事，多惹事多災禍。安逸享樂的人要戒愼，不要做出後悔的行爲。」〈敬愼〉強調：

> 勿謂何傷，其禍將長；勿謂何害，其禍將大；勿謂何殘，
> 其禍將然；勿謂莫聞，天妖伺人。

不要以爲小惡無傷，造成禍患開始增生；不要以爲小惡無害，大禍即將到來；不要以爲小惡無損，大禍開始蔓延；不要以爲小惡無人知曉，天地鬼神、人心良知無所隱瞞。認爲小過錯無

---

23 太廟是天子的祖廟。

所謂，就開啓災禍的大門。沒有謹言慎行，戒慎警惕，的確是災禍的根苗。所以說：憂患生於輕忽的小過錯，災禍起於細微的小惡。

〈敬慎〉又說：謹慎做好為人的五項根本：一是以仁待人，溫柔敦厚；二是遵守誠信；三是富貴時不敢驕傲；四是謙恭謹慎；五是心胸寬闊，內心寧靜。能夠精思力踐這五項原則，就不會遭逢凶咎。為人處事，謙虛恭敬，不違禮法，就沒有災禍了。

（六）福生於隱約，禍生於得意；存亡禍福，皆在己身

《說苑·敬慎》強調存亡、吉凶、禍福，全在於自己的作為，鬼神不能賜福降禍。災禍往往起於得意忘形之時，而福祚生於貧窮困頓之中。以齊頃公為例，齊國地廣人多，兵強國富，又有諸侯盟主的餘威。可是，齊頃公驕傲懈怠，不肯敦親諸侯，竟然攻打魯國，又打敗衛國，又侮慢晉國和魯國的使者。魯、衛、晉三國聯合曹國，與齊國決戰於鞍（今山東省歷城縣），齊國大敗。

齊頃公記取教訓，七年不飲酒，不吃肉，不聽音樂，不近女色，勤政愛民，推行仁義王道，同盟各國，聲望威震諸侯。過去失去的土地，失而復得，地位崇高。這是改過自新、轉禍為福的成功例子。

（七）禍生於懈惰

《說苑·敬慎》記載：曾子生病了，他的兒子曾元和曾華服侍在側。曾子說：我雖無德，也有一些君子的修為。君子如果能夠不為私利而傷害自己，那麼，恥辱從何而來？災禍生於懈怠懶惰，例如：當了大官以後就懈怠，不再勤政愛民，懈惰以後就有

禍患；生病剛痊癒就懈怠，不再休息調養而使病情惡化；有了妻
兒子女，孝心就懈怠，不再孝順父母，造成家庭不和睦，父子關
係緊張。種種災禍總是生於懈惰，不能始終如一，勤勉謹慎。必
須自始至終，日夜謹慎，就沒有禍患了。所以說：天作孽，猶可
違；自作孽，不可活。

（八）君子致其道德，而福祿歸焉

　　《說苑·貴德》強調聖王勤政愛民，廣施恩德，並不奢求百
姓的回報，因爲這是君王應盡的本務（duty）；舉辦各種祭祀，並
不期望鬼神祖先的賜福，因爲祭祀的真諦是感恩[24]。君子力行仁
義道德，他就有應得的福祿。〈貴德〉說：

　　有陰德者，必有陽報，有隱行者，必有昭名。

　　暗中行善積德的人，暗中急難救助，幫忙別人，雖然爲善不
欲人知，一定會得到公開的讚揚而有好的名聲。例如古代沒有修
建河渠堤防，水災氾濫，大禹治水，使百姓能在陸地上居住生活；
古代百姓不親，人倫不睦，契教育百姓敦親睦鄰，使五倫和睦；
古代田野荒蕪，百姓食物不足，后稷教導百姓耕作，使人民家給
充足，糧食不缺。

　　所以，大禹、契、稷的後代子孫遂有夏、商、周[25]，這是大
禹、契、后稷行善積陰德的結果。到了孔子，周文敗壞，禮義廢
弛，孔子傳承夏商周三代的道統，以仁爲己任，仁道文化至今不
絕，這是孔子的善行，使子孫不絕而有殊榮。[26]

---

24 所謂「郊」是祭天；「望」是祭日月山川，感恩天地山川生養萬物；「禘」、「嘗」
　　是祭祀宗廟，感恩祖先的德澤。祭祀的人文意義是感恩與關懷。
25 舜禪位於禹，禹在位八年，傳位於子，名啓，是中國家天下之始；契之後成
　　湯，放桀於南巢，是商的開國之主；后稷之後周武王，滅商興周。
26 〈貴德〉所謂「君子致其道德，而福祿歸焉。」近似《中庸》十七章所說「大

（九）賢不肖者才也，為不為者人也，遇不遇者時也

王充《論衡・禍虛》強調「窮達有時，遭遇有命」，《說苑・難言》引用「孔子困於陳蔡」為例，引申其義。孔子受困於陳、蔡之間，飲食不繼，弟子面有饑色，孔子讀書不輟。子路諫言：「俗話說：人為善，天報以福；人為不善，天報以禍。夫子修德累善已久，是否還有未盡美善之行，為何如此困頓？」

孔子說：「由，你有所不知。你以為智者什麼都能預知嗎？比干為何被商紂挖心而死？你以為忠諫會被採信嗎？伍子胥為何被夫差賜死？你以為清廉的人會被舉用嗎？伯夷、叔齊為何餓死在首陽山？你以為忠心耿耿的人會被任用嗎？介子推（亦名介之推）隨晉文公出亡十九年，文公返國登基，賞不及子推，子推與其母隱於綿山，文公尋之不得，以為焚山能逼子推下山，未料子推葬身山中。多少博學志士，時機不濟，豈獨孔丘一人？」

所以說賢或不肖，是才能的問題；做或不做，是個人的問題；遇上或沒有遇上，是時機的問題；生或死，是命的問題。一個有才能的人，懷才不遇，也沒有一番作為；若有才能，又遇上好時機，君王賞識，委以重任，治國安民有何困難？例如：舜在歷山耕種，遇上帝堯，後來成為天子。傅說原是建築工人，遇上武丁，成為殷高宗的賢相。伊尹原是有莘氏陪嫁的家臣，遇上湯，成為商湯賢相。

呂尚七十歲在朝歌殺牛，遇上周文王，立為師，成為文王四友之一，武王尊為師尚父。管仲初相公子糾，失敗被囚，遇上齊桓公，任以為相。百里奚原為秦伯放羊，後來成為卿大夫，因為

德者必受命」的思想，有大德者，必得其位，必得其祿，必得其名，必得其壽。換言之，道德與福祿有必然的因果關係，這是善惡報應的「道德定命論」。

他遇上秦穆公。孫叔敖遇上楚莊王，成為楚相。伍子胥佐闔廬伐楚，有戰功，後被夫差賜死，並非有何罪過，只是前遇闔廬，後遇夫差。這些例子都是遭遇時機的問題，並非才能的問題。

如果說舜生於桀、紂的時代，如何能治國王天下？桀、紂會禪讓給堯嗎？夏桀殺關龍逄，商紂殺比干，難道是關龍逄無知嗎？比干沒有智慧嗎？只是桀、紂無道而已。因此，君子要精思力踐，修養道德，增進才能，等待時機。更重要的是，讀書不是只為了求官顯達，讀書的主要目的是為了在貧窮的時候不會感到困頓，在憂苦的時候不會精神崩潰，且能預知禍福而不會迷惑。這就是荀子所謂「君子博學深謀修身端行，以俟其時。」(《荀子‧宥坐》)的說法。[27]

(十) 凡人之有禍患者，生於淫泆暴慢

《說苑‧修文》認為凡人遭受禍患，主要原因是淫亂暴虐怠慢。淫亂暴虐怠慢的根源是飲酒過量，沒有節制。所以，古代特別慎重飲酒的禮節。讓飲酒者耳聽雅音，眼看端莊的儀容，內心明白人倫正道。遵守飲酒的禮節，就不會有過失，反而可以成為有德的人。

值得注意的是，《尚書》有〈酒誥〉戒酒之事。是康叔封於衛時，周公以成王命告戒酒之辭。〈酒誥〉說商紂以酒為池，酒池肉林，尋歡作樂，過度飲酒，上天降下滅亡的災禍。《論語‧子罕》孔子不為酒困，〈鄉黨〉強調「唯酒無量不及亂」。李白自稱「酒

---

27 本章主要採自《荀子‧宥坐》。不過，《說苑‧雜言》增加「鮑莊何為而肉枯？荊公子高終身不顯，鮑焦抱木而立枯，介子推登山焚死。」四則案例。鮑莊事跡不詳。鮑焦是周代隱士，《莊子‧盜跖》「鮑焦飾行非世，抱木而死。」荊公子高事跡不詳，另據《韓詩外傳》作「葉公子高終身不仕晉」。介子推又名介之推。

中仙」，酒醉誤事[28]。因此，戒酒是佛家五戒之一。換言之，飲酒過量，酒精中毒，誤了正事，必然會有災禍。所以說，真正的妖孽，不是奇怪的自然現象，而是統治者的昏庸淫亂。

《說苑‧辨物》記述：趙簡子問翟國的封荼：「我聽說翟國下了三天的穀雨，是真的嗎？」封荼說：「是的。」趙簡子又說：「又下了三天的血雨，是真的嗎？」封荼答：「是真的。」簡子說：「聽說牛生馬，馬生牛，是真的嗎？」答：「是真的。」趙簡子說：「好大的妖孽，足以亡國。」封荼回答說：「所謂下了三天的穀雨，是因為大風把穀子吹到天空。所謂下了三天的血雨，是因為鷙鳥在天空爭鬥而流血。這些都是正常的自然現象，不是翟國的妖孽。」簡子問：「什麼是翟國的妖孽？」封荼說：「翟國內部不團結，翟君年幼懦弱，卿盛行賄賂，大夫結黨私謀俸祿，百官獨斷，百姓無處申冤，行政朝令夕改，讀書人巧詐貪鄙卻有怨恨，這是翟國真正的妖孽，足以亡國。」

第三節　《新書》、《新論》、《中論》

一、《新書》

賈誼是西漢初期著名的政論思想家，生於漢高祖七年（西元前二〇〇年），卒於漢文帝十二年（西元前一六八年），享年三十三歲。曾任博士、太中大夫（掌議論）、長沙王太傅和梁懷王太傅。著有《新書》五十八篇、賦五篇、《漢書》本傳所輯錄〈陳政事疏〉

---

28 李白甚得玄宗愛重。一日，侍宴酒醉，命高力士脫靴。力士恥之，摘李白〈清平調〉詞句激怒楊貴妃。玄宗屢欲授官李白，輒為貴妃所阻。代宗立，以左拾遺召，李白已卒。

和其他奏疏。

　　《新書》現存五十八篇，兩篇有目無文，即〈問孝〉和〈禮容語上〉比較少見的是，篇名下標有「事勢」或「連語」或「雜事」。「事勢」意指政治情勢之論述；「連語」意指歷史故事之輯錄；「雜事」意指沒有分類的雜記。這種標題分類是否出於賈誼原著，現已不得而知。有關其善惡報應思想，簡述如下：

（一）災與福，非粹在天，必在士民

　　〈大政上〉強調人民對於國家、君主、官吏而言，都是決定生死存亡、成敗禍福的根本核心。與民為敵的君主必敗，敗者遭禍；愛民如子的君王必成，成功者得福。因此，君主遭受災禍或得到祥福，並非上天決定，而是取決於人民的態度。換言之，累積善行得到祥福，累積惡行招來災禍。知道善行而不為，稱為「不明」或稱「狂妄」；知道惡行而不改，稱之「迷惑」，迷惑的君主必遭上天降下災禍。〈大政上〉說：

　　天有常福，必與有德；天有常災，必與奪民時⋯聞善而行之如爭，聞惡而改之如仇，然後禍災可離，然後保福也。

　　賈誼強調君主大興徭役，耽誤農時，與民為仇敵，上天會經常降災；反之，愛民如子的有德君主，上天會時常賜福。因此，英明的君主和君子，應該唯恐不及地去行善，更應該立即改過遷善，然後可以遠離災禍，常保祥福。

（二）見祥而為不可，祥反為禍；
　　見妖而迎以德，妖反為福

　　〈春秋〉選錄一些歷史人物的成敗經驗，以史為鑑。例如宋康公暴虐無道，祥反為禍；晉文公章德行善，妖反為福。戰國中

期宋國君主宋康王（即宋偃王）時，有一隻麻雀在城牆邊生下一隻大鷃鳥（如鷹之猛禽），史官占卜說：「吉祥徵兆，君王可以成爲霸主。」康王大喜，於是，東敗齊國，西敗魏國，南敗楚國，攻滅滕國，暴虐無道，諸侯稱他「桀宋」，與齊、魏爲敵。齊王派兵伐宋，宋國人民逃散，康王被俘而死。這是祥兆反而化爲災禍的例子。反觀晉文公雖有不祥凶兆，勤政愛民，不復前過，咎殃消失，禍妖轉爲祥福。

春秋五霸之一的晉文公，某次打獵，大蛇擋路，駕車的人說：「蛇是不祥凶兆，要消滅牠。」文公說：「不可，君王遇到凶兆，要改過修德，災禍就不會發生，這是上天的警告。如果消滅大蛇，違抗天命。」文公回宮，齋戒虔誠祭告祖先說：「我有很多罪過，從今以後，改過修善，勤政愛民。」過了三個月，文公夢見上天誅殺大蛇，派人查看，蛇已死亡。文公大喜，勤政不懈，終成霸主。

（三） 智者慎言慎行，以為身福；
##　　　 愚者易言易行，以為身災

〈大政上〉強調君主謹言慎行的重要意義，有智慧的人，一言一行小心謹慎，結果給自己帶來祥福；愚笨的人，一行一言任性隨便，結果給自己招來災禍。〈大政上〉說：

> 道者，福之本；祥者，福之榮也。無道者，必失福之本；
> 不祥者，必失福之榮。

言行在於自己的表現，言行的善惡評價，則在於別人的判斷，這是得福或遭禍的根本道理。例如桀紂自稱爲天子，孟子認爲是一夫（獨夫）。桀紂暴虐無道，眾叛親離，殘賊之人，稱爲一夫。因此，君子之所以尊貴，是百姓認同、尊敬他爲尊貴，僅有

官位不能得到尊貴顯榮。可知，無道的人，必定失去祥福而遭禍。

（四）憂民之憂，樂民之樂，受天之福

《左傳‧隱公十一年》說：「禮，經國家，定社稷，序民人，利後嗣者也。」《新書‧禮》說：「禮者，所以固國家，定社稷，使君無失民者也。」《左傳》認為禮有治理國家，安定社稷，使人民貴賤有序，造福後代子孫的功用。賈誼強調禮是養民之道，依古禮規定：社會有饑餓的百姓，君主就不吃晚餐；社會有受凍的人民，君主就不穿皮衣；聽到判決罪犯的消息，君主在這一天就不聽音樂。災荒之年，亭臺不粉飾，不以穀物餵馬，馳道（天子所行之路）不清掃，減少菜餚，減少祭祀用品。這些禮制表示君主苦民所苦，與民同憂。〈禮〉說：

> 憂民之憂者，民必憂其憂；樂民之樂者，民亦樂其樂。與
> 士民若此者，受天之福矣。

君主要與民同憂，與民同樂；憂民所憂，樂民所樂；苦民所苦，體恤百姓，將會蒙受上天的賜福。值得注意的是，與民同憂樂的思想，源自《孟子‧梁惠王下》。孟子對齊宣王說：「樂民之樂者，民亦樂其樂；憂民之憂者，民亦憂其憂。樂以天下，憂以天下，然而不王者，未之有也。」能以天下百姓的歡樂為樂，能以天下百姓的憂愁為憂的君主，能夠王天下，成就王業，這是孟子的王道思想。

（五）人能修德之理，則安利之謂福

從賈誼的思想體系而言，道是最高的存有，宇宙萬物的本源。引導萬物生生不息者，稱之道；萬物得到道的引導而出生，稱為德。道要通過德才能起作用。所以說：「德者，道之功。」也

就是存在萬物中的道,稱爲德。換言之,道化生萬物,也就是道生出德。

德具備六理(道、德、性、神、明、命)和六美(道、仁、義、忠、信、密)的特性。賈誼認爲六理都是事物的客觀屬性;六美是人倫的六種美德。顯然地,賈誼綜合先秦道家和儒家,以道統攝諸德。

申言之,道無形,德有形;道是形而上的存有,德是形而下具體的存在;性是事物的天然性質,《荀子・正名》說:「性者,天之就也。」;神是事物變化的各種功能;明是事物表現的光輝,〈道德說〉:「光輝謂之明。」例如人的智慧;命是事物的自然力量,這種自然力量使萬物不得不生,生老病死,固定不變,稱爲命。賈誼認爲六理都是事物的客觀屬性,而六美是人倫的六種美德。〈道德說〉就是論述道與德的哲學內涵。

〈道德說〉認爲人如果能夠學習六藝,亦稱六經,即《尚書》、《詩經》、《周易》、《春秋》、《禮經》、《樂經》。修養六理,就能得到祥福,安和樂利,因爲六理都在六經之中,必須廣泛學習和辯論,使智慧通達,真正明白六理和六美的大義。

(六) 功莫美於去惡而爲善,罪莫大於去善而爲惡

賈誼貶謫長沙第三年,有鵬鳥(像貓頭鷹)飛入屋內,依照當時長沙的民俗,鵬鳥是不吉祥的鳥,飛入室內,主人不久就會死亡。賈誼憂傷抑鬱,以爲自己的壽命不長,作〈鵬鳥賦〉自我寬慰。〈鵬鳥賦〉說:

> 禍兮福所倚,福兮禍所伏;憂喜聚門兮,合吉凶同域…夫
> 禍之與福兮,何異糾纏…

禍福相因、相依、相生,源自《道德經》五十八章的思想。

禍與福像是糾結交錯的繩索，成敗得失吉凶相互轉化。例如春秋末期，吳國強大了，夫差卻敗亡；越國戰敗了，句踐卻成為霸主；李斯官至丞相，卻死於腰斬。吉凶禍福的原因為何？賈誼認為「去惡為善」或「去善為惡」是得福或遭禍的主因。〈修政語上〉說：

> 功莫美於去惡而為善，罪莫大於去善而為惡。

　　最大的罪過是「去善而為惡」，去善為惡而遭禍；最大的得福之功是「去惡而為善」，去惡為善而得福。至於善惡的意涵為何？〈道術〉提出五十六對倫理的善惡正反概念，詳細說明善惡的本質。

　　〈道術〉說：父母的愛有益於子女，稱為「慈」，反之是「囂」（愚頑不慈）；子女的愛有益於父母，稱為「孝」，反之是「孽」（不孝之子）；發自內心有益於人，稱為「忠」，反之是「倍」（背叛）；體恤憐惜別人，稱為「惠」，反之是「困」（殘暴）；弟敬愛兄，稱為「悌」，反之是「傲」（傲慢）；接待賓客注重自己的儀容，稱為「恭」，反之是「媟」（隨便）；接待賓客嚴肅認真，稱為「敬」，反之是「嫚」（輕侮）；言行一致，稱為「貞」，反之是「偽」（虛假）；說到做到，說話合宜，稱為「信」，反之是「慢」；中正合理，稱為「端」（正直），反之是邪曲不正；言行穩當不偏，稱為「平」，反之是「險」（危險）；為人處事公正多善行，稱為「清」（清明），反之是「濁」（不清明）；不受利誘，謙虛退讓，稱為「廉」（不貪財不苟且），反之是「貪」；博愛沒有偏私，稱為「公」，反之是「私」；正直不偏邪，稱為「正」，反之是「邪」；客觀自我省思，稱為「度」，反之是「妄」（虛妄不實）；將心比心，有同理心，稱為「恕」，反之是「荒」（不寬容）；同情憐憫別人，稱為「慈」，反之是「忍」（殘忍）；立志高遠而不張揚自己的善行，稱為「潔」，反之是「汰」（張揚矜驕）；執行自己的計劃合乎道理，稱為「德」，反之是「怨」；

依理行事，潔身自愛，稱爲「行」，反之是「污」；功成身退，稱爲「退」（隱退），反之是「伐」（居功誇大）；待人寬厚，待己菲薄，稱爲「讓」，反之是「冒」（貪）；博大愛人，稱爲「仁」，反之是「戾」（暴虐）；行爲合宜，稱爲「義」，反之是「憎」（糊塗不明）；剛柔並濟，寬猛相濟，剛中有柔，柔中有剛，稱爲「和」，反之是「乖」（背逆）；人倫關係契合，稱爲「調」，反之是「戾」（暴逆無親）；禮遇賢人，唯恐不及，稱爲「寬」，反之是「陋」（心胸狹隘）；包容對自己無禮的人，稱爲「裕」，反之是「褊」（氣度狹窄不能容眾）；待人和顏悅色，令人安心，稱爲「熅」（給人溫暖），反之是「鷙」（爲人兇狠）；性情溫柔不苛求，稱爲「良」，反之是「嚙」（狠心苛求）；依法循理，稱爲「軌」（遵守法令），反之是「易」（隨便）；因襲常規常法，稱爲「道」，反之是「辟」（偏邪）；自我約束省約，稱爲「儉」，反之是「侈」（多費）；費用不超過標準，稱爲「節」，反之是「靡」；勤勉向善，稱爲「慎」，反之是「怠」（惰慢）；防備犯下罪惡，稱爲「戒」，反之是「傲」（躁進不遜）；深知禍福之因稱爲「智」，反之是「愚」；觀察敏銳精細稱爲「慧」，反之是「童」（昏庸）；言行舉止文雅有節度稱爲「禮」，反之是「濫」（言行沒有自我約束）；容貌服飾得體稱爲「儀」，反之是「詭」（奇裝異服）；行爲平和不叛逆，稱爲「順」，反之是「逆」；動靜都有次序，稱爲「比」（高雅），反之是「陋」（粗鄙）；論述清晰，稱爲「辯」（善於言辭），反之是「訥」（不善言辭）；微小的事都能明白稱爲「察」，反之是「旄」（昏瞶不明）；真誠所至令人敬畏，稱爲「威」，反之是「圂」（污濁）；當下命令不可違抗稱爲「嚴」，反之是「軟」（軟弱）；修持仁義講信用，稱爲「任」（有信用），反之是「欺」；堅守義道，稱爲「節」（節操），反之是「罷」（疲軟）；堅持節操，無所畏懼，稱爲「勇」，反之是

「怯」（畏懼）；信守道理，發揚光大稱為「敢」，反之是「揜」（隱藏）；不忘操守，精進果斷，稱為「誠」，反之是「殆」（懈怠）；節制言行，成就情操，稱為「必」（堅定），反之是「怛」（驚懼）。以上五十六對道德的善惡意涵，是一種定義性的詮釋，主要目的是勉人「為善去惡」，去惡為善而得福。

以上簡述《新書》善惡報應之大要，綜觀其報應思想特徵有三：以道為本，以民為本，以禮為本。

以道為本：〈大政上〉說：「道者，福之本——無道者，必失福之本。」道是萬世之寶，也是君主治國的總原則，其意涵是分辨五十六對倫理的善與惡，明白善惡的本質，勉人為善去惡。為善去惡則得福，為惡去善則遭禍。

以民為本：人民是國家的根本，是國家的生命，決定國家的興衰存亡。因此，君主與官吏不僅不可與民為敵，更要愛民如子。與民為敵者必敗，敗者遭禍；愛民如子者必成，成功者得福。

以禮為本：賈誼強調以禮治國，禮是養民之道，其精神是與民同憂樂，苦民所苦，憂民所憂，樂民所樂。以禮治國養民者，可以王天下，得天之福。

二、《新論》

桓譚，字君山，東漢沛國相縣人。著《新論》，流傳於世，清·嚴可均校輯《桓子新論三卷》，見於《全上古三代秦漢六朝文·全後漢文卷十三至卷十五》。

（一）反對圖讖符命

兩漢思想，深受董仲舒天人同類、天人感應、災異譴告等思想的影響。因此，造成圖讖符命的氾濫，早在西漢末年，王莽以

圖讖奪取政權，東漢光武帝也以圖讖起家。王莽統治時期，天下文士競作圖讖媚求榮華，唯有桓譚不談讖緯符命，默然無言。到了光武帝，更頒佈圖讖於天下。桓譚數次上書，表示反對，他說：「今諸巧慧小才伎數之人，增益圖書，矯稱讖記，以欺惑貪邪，詿誤人主，焉可不抑遠之哉！」（《後漢書·桓譚傳》）

　　桓譚明確指責所有的圖讖都是騙人的詐術，不可相信。有一次，光武帝要建造一個觀測天文的靈臺，問桓譚說：「想以讖決定在何處建靈臺，如何？」桓譚說：「臣不讀讖。」光武帝問他為什麼不讀讖緯之書？桓譚極力說明讖緯之書並非經書，不可相信。劉秀大怒說：「桓譚非聖無法，將下斬之。」桓譚叩頭流血，良久才得救，貶為六安郡丞，悶悶不樂，病逝於赴任途中。桓譚因反對圖讖而死，可謂求仁得仁。為什麼反對圖讖？《新論·啓寤》說：

> 讖出河圖、洛書，但有兆朕而不可知，後人妄復加增依託，稱是孔丘，誤之甚也。

　　桓譚以為一些不可知的徵兆，都是後人妄加猜測，雖然某些預言偶然言中，只是巧合，不足為信。圖讖都是虛誕之說，非仁義正道之事，更非經書。

（二）災異變怪者，天下所常有，無事而不然

　　桓譚繼承先秦荀子「明於天人之分」及「制天命而用之」的自然天道思想。在荀子和桓譚的心目中，天沒有意志，天沒有目的，天沒有災異譴告，天道只是自然之天而已。《新論·祛蔽》記述：劉子駿追求神仙方術，桓譚認為養性無益，不能長生不死。子駿的侄子伯玉說：天生殺人類，都有一定的目的和特別的相生相剋。

　　桓譚反駁說：有些植物對不同的動物有致死的毒性，是因為這些植物含有劇毒，和動物本身的體質不合，不是上天有意志的安排。萬物都是自生、自長、自老、自死，而不是天有目的的生長。例如：鉤吻，又名野葛，或名斷腸草，含毒性，不可食，入口即死。巴豆，可榨油，可入藥，有毒性，能殺蟲解毒，治療一切惡瘡，也能毒魚，礜石可以毒鼠。誠如《淮南子・說林訓》認為人吃了礜石就會死亡，蠶吃礜石而不飢餓；魚吃了巴豆就會死亡，老鼠吃了巴豆反而長肥。萬物相生相剋的關係，不一定能清楚的類推。以現代生物學的觀點，生物之間，各有其天敵。又以生態學的觀點，萬物之間，共生共存，自有一定的生態平衡，只是自然而已。

　　桓譚基於這種自然天道的觀點，極力反對天命思想。《新論・識通》說：「漢高祖建立鴻基，侔功湯武，及身病，得良醫弗用，專委婦人，歸之天命，亦以誤矣，此必通人而蔽者也。」漢高祖為矢所傷，應可治癒，他卻迷信天命，不接受醫治。據《史記・高祖本紀》高祖謾罵之曰：「吾以布衣提三尺劍取天下，此非天命乎！命乃在天，雖扁鵲何益！」劉邦相信他創建大漢王業是天命，甚至身體有病，雖有良醫而不用，還是相信天命，終至病亡，真是蔽塞不通，造成不可挽回的錯誤。因此，桓譚《新論・譴非》說：

災異變怪者，天下所常有，無世而不然。

　　天然災異（害），只是一種普遍正常的自然現象，無論何時何地都有可能發生，這種自然災異，與人事的吉凶禍福無關。

（三）修德善政，省職慎行，咎殃消亡，禍轉為福

桓譚反對一切怪力亂神，天人感應之說。而一般人由於心智未開，對於自然現象不能了解，經常被有心人牽強附會，並且以為一切自然的變化，都是現實政治的反映。

《新論‧離事》說：長安及其附近地區的民眾，相信一種傳說，認為鸛鳥是上天的寶鳥，如果殺而食之，會使得上天生氣，引來大量的雷電譴告，雖然其他地方的人民都習慣吃鸛鳥，長安的百姓仍然不敢隨便獵殺之。桓譚反對此說，他以為天不會厚此薄彼，獨愛長安的鸛鳥，而不愛其他地區的鸛鳥，只是長安的百姓獵殺時，剛好遇上打雷，僅是偶然的巧合而已。雖然自然界有不常見的現象，其實也是正常的自然現象，只是一般人少見多怪而已。

桓譚特別強調明主賢臣面對災異變怪，要修德善政，省職慎行，咎殃就會消亡。換言之，面對災異變怪，為政者要修養道德，勤政愛民，只要崇禮讓，行仁義，修己愛人，鬼神不能傷道，妖怪不能害德，逢凶化吉，轉禍為福，沒有咎殃。

基於「修德善政，省職慎行」的王道思想，桓譚對王莽批評甚多，王莽好卜筮，信圖讖，勤事鬼神，多作廟兆，可謂蔽惑至甚，其行為近似楚靈王。《新論‧言體》說楚靈王勤事鬼神，深信巫祝，祭祀上帝。吳兵進攻，國人告急，而楚靈王仍相信鬼神上帝必來保佑。終至吳兵攻入，太子及后妃被俘，甚可悲傷。

三、《中論》

徐幹是建安七子之一，字偉長，北海人（今山東省壽光縣東南），生於東漢靈帝建寧四年（西元一七一年），卒於漢獻帝二十

三年，（西元二一八年），享年四十八歲，著《中論》。

（一）天道迂闊，闇昧難明

徐幹反對天人感應之說，董仲舒《春秋繁露・郊義》說：「天者，百神之君也，王者之所最尊也。」，強調天是具有意志的主宰。徐幹表示反對，他以人事爲本，天道爲末；重人事，輕天道。他的立論多從現實的歷史、社會、政治觀察而得，以爲天道「迂闊闇昧」，難以理解，因此，略而不談，《中論・夭壽》說：

> 天道迂闊，闇昧難明，聖人取大略以為成法，亦安能委曲
> 不失，毫芒無差跌乎？

徐幹認爲天道並非毫釐不差，沒有差錯，因爲有時候春天的時節，植物該開花而沒有開花，夏天天氣應該炎熱而突然降霜，秋天不應下雪而下雪，冬天應該下雪而異常暖冬，可見天地時常失序。換言之，上天的道理（天道）浩大遼闊，幽暗難以明白。聖人法天（效法天道）也只是採取大概的自然現象，類比成現存的人事法則。以人事禍福類比自然法則，怎能毫髮不差，沒有錯誤呢？當然有少數的例外。不過，這也證明了人事的禍福與天道沒有必然關係，因爲天只是自然天。

（二）行善者獲福，為惡者得禍，是治世常道

既然天是自然天，沒有意志，不能主宰人事的禍福。所以，人間的禍福，唯有從人類歷史的軌跡來說明。徐幹從歷史的觀察中發現，在安定太平的正常情況下（治世），行善的人得福，爲惡的人得禍，這是正常的「常道」；而在「亂世」不正常的情況下，行善的人不得福，爲惡的人不得禍，這是不正常的「變數」。有智慧的人不以「變數」而懷疑「常道」，因爲在亂世之中，盜賊爲害，

社會失序，這種變數，吉凶禍福難測。因此，有智慧的人，一方面預防災禍的發生；一方面自覺、自律，積極行善以求福避禍。

（三）君子自強其所重，以取福；
###　　　小人日安其所輕，以取禍

《中論・修本》說：一般人的過錯在於恐懼死亡卻不知珍惜生命，在於後悔過去的缺失卻不知謹慎未來，在於喜歡爭論過去的事情卻懶惰於現在，又鬆懈於未來，以致於一事無成，後悔不已。因此，徐幹強調「務本」，務本的精神是「自見」、「自聞」、「自慮」。

徐幹以為只見他人過失而不見自己過錯的人，叫「矇」（有眼睛而不見）；只聽見他人是非而聽不見自己是非的人，叫「瞶」（昏庸不明事理）；只考慮他人得失而不能自我反省的人叫「瞀」（愚昧無所悟）。有智慧的人，要自見自己的過錯，要傾聽自己的是非，要自我反省檢討。

如何反省改過？徐幹說：我若有善，害怕別人不喜歡我；我有惡，擔心別人不討厭我；看見別人有善行，害怕自己不能修德；看到別人有不善，擔心自己也像他一樣有惡。隨時隨地反省改過，不斷的修德，自強於仁德，自能得福免禍；反之，小人因懶惰鬆懈，只求安逸，不能進德修業而遭禍，誠如《論語・泰伯》曾子說：「士不可以不弘毅，任重而道遠。仁以為己任，不亦重乎！死而後已，不亦遠乎！」，這也是堯、舜、禹能夠從匹夫而榮登帝位，由布衣而王天下的原因。

（四）遇不遇，非我也，其時也。

《論衡・命義》王充感慨地說：人生在世、命運不同、有吉

或凶、禍或福各種可能的遭遇，幸或不幸，難以逆料。因此，他強調「窮達有時，遭遇有命」。

針對人間的吉凶禍福，徐幹認爲得福或致禍的遭遇，並非自己能夠決定的，而是由大環境的時勢主導決定。行善而得災禍，這是「命」；爲惡而得福，這是「幸」。「幸」有徼幸（僥倖）的意義，誠如《中庸》第十四章所謂「君子居易以俟命，小人行險以徼幸」，小人行險（不守禮法）妄求不當得的利益。

然而，行善而得福者，究竟還是多數，爲惡而不遭禍者，仍然還是少數。君子不因人間不可預測的吉凶禍福而改變行善的志願；實踐仁義，也不因爲一時無人響應而放棄仁道。雖然，行善有時沒有得福，可是，災禍卻已消失；人如果不自願行善，雖然一時沒有災禍，而福德卻已遠離。

（五）仁者壽

有人提出質疑，孔子曾說「仁者壽」。可是，顏淵卻早夭；《周易・坤・文言》說：「積善之家，必有餘慶；積不善之家，必有餘殃。」。但是，比干、伍子胥卻遭受殺身之禍，難道聖人的話不能相信，難道聖人說謊嗎？

針對這兩個問題，荀爽認爲所謂「長壽」，不是肉體的長壽，而是立功、立德、立言三不朽。比干、伍子胥都是重仁義、輕生死的人，他們求仁得仁，可謂死而不朽。

孫翱以爲「死生有命」，不因行仁而長壽。所謂「仁者壽」、「積善之家，必有餘慶」，只是勸善教化。如果說積善沒有善報，行仁會有災禍，那麼，愚昧頑劣的人，將會做出泯滅人性的惡行。至於伍子胥背叛國君，投靠敵國，雖然，報父親之仇，卻違背人臣的禮節，又不能明察吳國闔閭（或言闔廬）與夫差不同的性格；

最後，夫差命子胥自剄死，這是最大的災禍，也是自己造成的不幸。[29]

《中論‧夭壽》徐幹認爲荀爽和孫翶的看法都不合道理。他把長壽分爲三種：一是王澤之壽，天生註定的長壽。二是聲聞之壽，有美好的名聲，可以流傳千古。三是行仁之壽，孔子所謂「仁者壽」，這是行仁的長壽。

爲什麼孔子會說「仁者壽」？徐幹強調這是因爲有仁德的人善於養育百姓和萬物，百姓和萬物得到他的恩澤，人民快樂，社會安定，國家富庶，仁者愛人，精神愉悅，所以一定會長壽[30]。例如商朝的中宗，在位七十五年，高宗武丁在位五十九年，祖甲在位三十三年，他們都是有仁德的帝王，仁者壽的典範，不僅長壽，又有美好的聲名。換言之，有行仁之壽者，常有聲聞之壽和王澤之壽，三者常是一體兼有。

從前的帝王，自堯到周武王，大臣從后稷到周公、召公，他們都是有仁德的人，這期間的君臣爲數不少，而他們的壽命都沒有早夭，這是「仁者壽」的明證。又如孔子有名的七十二門人中，只有顏回一人早夭，不能因顏回一個特例而懷疑「仁者壽」的史實。

---

29 伍子胥，春秋楚國人。父奢，兄尚，爲楚平王所殺，子胥投靠吳國，輔佐吳王闔廬伐楚，五戰攻入楚都郢，時平王已卒，子胥掘平王墓鞭尸，報父兄之仇。闔廬卒，子夫差立，伐越，越王句踐請和，夫差允許，子胥忠諫無效。太宰嚭得越賄賂，讒毀子胥，夫差賜死子胥，九年後，越滅吳。伍奢，春秋楚國人，爲太子太傅。太子爲費無忌所譖，楚平王召伍奢質問之。伍奢曰：「王獨奈何以讒賊小臣疏骨肉之親乎？」王怒，收押之，又收押其子伍尚（伍員之兄），並殺之。

30 荀悅《申鑒‧俗嫌》：或問：「仁者壽，何謂也？」曰：「仁者內不傷性，外不傷物，上不違天，下不違人，處正居中，形神以和，故咎徵不至而休嘉集之，壽之術也。」有趣的是，《說苑‧雜言》提出「智者壽」的觀點，請自行參閱。

徐幹強調所謂災禍，是自己想要逃避災難，卻不幸遭受苦難。以比干和伍子胥爲例，他們必然知道一定會有不好的下場，但是，他們仍然勇敢面對，沒有逃避，這就不能說是天降的災禍了，孔子還稱讚比干是仁者[31]，他們求仁得仁，死而不朽。

第四節　《春秋繁露》

董仲舒是西漢廣川（今河北省棗強縣）人，他在賢良對策中，提出「罷黜百家，獨尊儒術」的建議，被漢武帝採納後，儒家學說正式登上中華文化正統學術的寶座。他的《春秋繁露》，正是漢代儒學的代表。

一、天者，百神之大君

有關《春秋繁露》的善惡報應思想，最重要的是「天人相應」。在董仲舒的思想體系中，「天」的地位佔最重要的份量。他強調「天者，百神之大君也。」（〈郊語〉），〈郊義〉說：

> 天者，百神之君也，王者之所最尊也。

上天是眾多神明的君主，更是萬物的主宰[32]，人受命於天，天是有意志的尊神。董仲舒稱上天的意志爲：天命、天志、天意、

---

31 比干，紂王的叔父，或說是紂王的庶兄。紂王淫亂不止，比干諫諍三日不去。紂王怒言：「吾聞聖人心有七竅。」遂剖觀其心。事見《尚書·泰誓》、《史記·宋微子世家》、《史記·殷本紀》。《論語·微子》：「微子去之，箕子爲之奴，比干諫而死。孔子曰：殷有三仁焉。」

32 馮友蘭在《中國哲學史》中，歸納天有五義：一是物質之天；二是主宰之天；三是運命之天；四是自然之天；五是義理之天。董仲舒所謂「天者，百神之大君也」，意指主宰之天。《春秋繁露·順命》說：「天者，萬物之祖，萬物非天不生。」〈玉杯〉說：「人受命於天」。

天令、天威、天譴、天佑等。而所謂天子，是上天之子。〈郊語〉
說：「天子者，則天之子也，以身度天。」〈三代改制質文〉說：「天
佑而子之，號稱天子。」〈順命〉說：「天子受命於天。」既然天
子是上天之子，天子如何對待天？董仲舒提出：知天、敬畏天、
祭天、法天、謹承天意、配天、參天等大義。

（一）知　天

〈天地陰陽〉說：

> 夫王者不可以不知天…天志仁，其道也義，為人主者，予
> 奪生殺，各當其義。

君王不可以不知天，不過，知天並不容易，要用陰陽五行的
順逆運行[33]，才能知天。上天的心志是仁義，因此，君王治理國
家，也要實行仁義，少用刑罰，無論生殺、賞罰，都要恰當，以
彰顯天道生生之德。

（二）敬畏天

天子視天為父，以孝道事天，〈深察明號〉說：

> 受命之君，天意之所予也，故號為天子者，宣視天為父，
> 事天以孝道也。

上天並不說話，讓天子用言語文字來表現其意志，上天並無
行動，要天子在行事上符合其標準。孔子說：君子要敬畏天命。
（《論語‧季氏》）不敬畏上天，表示天子施政沒有符合上天的標

33　《春秋繁露》有〈五行對〉、〈五行之義〉、〈五行相生〉、〈五行五事〉、〈五行
　　相勝〉、〈五行順逆〉、〈五行變救〉、〈治亂五行〉、〈治水五行〉等五行各篇；
　　又有〈陰陽位〉、〈陰陽終始〉、〈陰陽義〉、〈陰陽出入上下〉、〈天地陰陽〉等
　　陰陽各篇。董仲舒以陰陽五行，建構他的宇宙論，並用於人事吉凶、政道與
　　治道。

準，不能彰顯上天好生之德，上天將降下災禍，但並不明顯，好像自然發生一樣，但是後果令人憂慮[34]。所以，孔子說：獲罪於天，無所禱也。(《論語・八佾》)

（三）法　天

〈離合根〉說：「爲人主者，法天之行。」〈楚莊王〉說：「聖者法天。」，〈天地之行〉說：「爲人君者，其法取象於天。」。董仲舒以爲上天執其天道而爲萬物之主，天子要效法天，所以，天子執其王道而爲一國之主。上天高高在上，地位崇高；天子也是高高在上，地位崇高。上天有好生之德，使萬物生生；天子也要有好生之德，使萬民安居樂業。

（四）祭　天

〈郊祭〉說：「天子不可不祭天。」。天子祭天的意義，和一般人孝養父親沒有不同，因爲上天是天子之父。所以，天子每年一定在正月於都城南郊祭天，稱爲郊祭。每當出兵征伐，也要郊祭，告訴上天後再出兵，例如文王接受天命就舉行郊祭，祭天後再出兵征伐崇國，這是春秋的大義，甚至國家遭遇重大的喪事，也不停止郊祭。

（五）謹承天意

董仲舒〈賢良對策〉第三策說：

> 王者上謹於承天意，以順命也，下務明教化民，以成性也…
> 故聖人法天而立道，亦溥愛而亡私。布德施仁以厚之，設

---

34 《春秋繁露・郊語》說：「不敬畏天，其殃來至闇，闇者不見其端，若自然也。」

誼立禮以導之。

天子如何謹承天意？董仲舒認為天有春、夏、秋、冬四季，猶如人有喜怒哀樂。春天暖和，類比人的喜悅；夏天太陽（炎熱），近似人的快樂；秋天清涼，猶如人的怒氣；冬天太陰寒冷，好像人的悲哀。人有喜怒哀樂，天有春夏秋冬，這四種現象，是天和人都具有的，無法加予禁止，僅能節制。天子節制喜怒哀樂而順天，順天而治則太平。

因此，英明的天子，恰當的喜悅，如春天一樣；合理的發怒，如秋天一般；適當的快樂，與夏天相當；合適的悲哀，像冬天一樣。春天是仁愛，以喜悅生長萬物；夏天是快樂，以快樂養育萬物；秋天是嚴厲，以清涼收斂萬物；冬天是悲哀，以哀傷儲藏萬物。〈王道通〉說：

> 人主以好惡喜怒變習俗，而天以暖清寒暑化草木，喜怒時而當，則歲美，不時而妄，則歲惡，天地人主一也。

可知，天子謹承天意，不可不謹慎節制自己的喜怒哀樂，猶如上天應當暑熱的時候而突然寒冷，應當寒冷的時候而突然炎熱，一定造成不好的收成，猶如天子應當快樂的時候而突然生氣，應當悲哀的時候而突然喜悅，天子喜怒無常，一定造成天下紊亂，因為天子握有生殺賞罰大權，豈可無過而殺，無功而賞？

易言之，天子四季（春夏秋冬）施政，也要謹承天意，不可錯亂。如果在春天施行秋天的政務，草木凋零；春天如果實施冬天的政事，就會降雪；春天如果實施夏天的政務，就會傷害萬物。[35]

35　《春秋繁露・五行五事》說：「秋失政，則春大風不解，雷不發聲⋯夏失政，則冬不凍冰，五穀不藏，大寒不解⋯冬失政，則夏草不實，霜，五穀疾枯。」董仲舒此說大義，近似《呂氏春秋》十二紀的思想。國家施政，都要以合乎農時節氣為原則，若政令錯亂，則引發種種天災人禍。

（六）配天、參天

上天有春夏秋冬四季，天子也有慶、賞、罰、刑四政。四政猶如四季，慶賜是春天，獎賞是夏天，懲罰是秋天，刑戮是冬天。慶賞罰刑不可不兼備，猶如一年有四季，彼此不可互相替換，該賞的時候就賞，該罰的時候就罰；該賞誰就賞誰，該罰誰就罰誰。所以說天子與天地並立為三，參贊天地化育萬物。〈天地陰陽〉說：「王者參天地矣」。

二、災異以見天意

董仲舒的災異思想，由《春秋》、《尚書·洪範》、《呂氏春秋》、《淮南子》而集大成。他專研《春秋》，認為《春秋》有兩個特殊的意義，稱為「二端」，就是大和小，以及細微和顯著。了解「二端」，才能說明災異。事情的開端，還沒有造成吉凶禍福的時候，惟有聖人能夠看出細微事故發生的原因，預知小事會成為大事，細微的事將會顯著。

《春秋》非常重視這些細微的開端，因此記載日蝕、月蝕[36]、隕星、山崩、地震、夏天下大雨，冬天下大冰雹，從元月到七月不下雨、八哥從遠方飛來築巢等不合常理的徵兆。希望天子能夠省察天譴，敬畏天威，反省自己的言行，修養品德，彰顯善心，勤政愛民。〈必仁且智〉說：

> 天地之物，有不常之變者，謂之異，小者謂之災，災常先至，而異乃隨之。災者，天之譴也，異者，天之威也。

36　《春秋繁露·奉本》說：「日月食並告凶，不以其行。」。董仲舒認為日蝕、月蝕的發生，都是上天警告凶禍的徵兆，是因為天子不遵循禮法的結果。此說謬誤，日蝕、月蝕只是自然現象，無關人事的吉凶禍福。

　　董仲舒以爲天地間的現象，發生不尋常的變化，稱爲「異」；
較小的災害，稱爲「災」。往往先有「災害」，隨後發生怪異現象。
「災害」是上天對天子的譴責，「怪異」是上天向天子展現的威力。
大凡「災異」的發生，是由於國家施政錯誤而產生，天子施政的
錯失剛發生，上天就以災害譴責天子，天子仍不知警惕，仍未改
過遷善，於是以怪異現象驚嚇天子，天子仍無動於衷，而後禍害
敗亡隨之而來。由此可見上天的仁愛，並沒有要陷害天子的意思，
而是要天子挽救他的過失，知所警惕，改過自新，以免災禍臨頭，
後悔不及。〈同類相動〉說：

> 帝王之將興也，其美祥亦先見；其將亡也，妖孽亦先見。

　　所謂「妖孽」，就是「災異」。出現妖孽，再不改善，國將滅
亡。相反地，「符瑞」是上天降賜瑞應，表示君王接受天命的符信。
君王將要興盛，「美祥」也會出現。，「美祥」就是「符瑞」，〈符
瑞〉說：在魯國西邊打獵得到麒麟，這是祥瑞的徵兆[37]。此一思
想，源自《中庸》，《中庸》第二十四章：「國家將興，必有禎祥；
國家將亡，必有妖孽。」易言之，從「災異」和「符瑞」的現象，
可以預知禍福即將來臨，是福可以預先知道；是禍也可預先知道。

　　值得注意的是，《白虎通》承襲董仲舒祥瑞與災異的思想。《白
虎通・封禪》說：

> 天下太平，符瑞所以來至者，以爲王者承天統理，調和陰
> 陽，陰陽和，萬物序，休氣充塞，故符瑞並臻，皆應德而
> 至。

　　王者受命於天，非人事所能決定。不過，可以從各種祥瑞得

---

37 據《春秋左傳・哀公下》記載：哀公十四年春天，在魯國西方大野打獵，叔
　孫氏的屬下捕到一隻麒麟，以爲不祥瑞，送給管理山林的小官。後來，孔子
　看見了，說：這是麒麟，把牠留下來。

知天意，天命藉由符瑞示意於人，〈封禪〉列舉各種祥瑞，例如：甘露降、麒麟臻、醴泉湧、祥風至…等。《白虎通》又說明「災異」的意義。《白虎通・災變》說：

> 災異者何謂也？《春秋潛潭巴》曰：災之言傷也，隨事而誅；異之言怪也，先發感動之也。

《白虎通》的說法與董仲舒明顯不同。「災」是指「隨事而誅」之傷；「異」是指「先發感動」之怪。易言之，「異」是先發示人的怪異現象；「災」是事後懲罰的具體傷害。《白虎通》與董仲舒的說法，在順序上完全相反。又《白虎通》說明上天譴告王者，不言「災異」，而稱「災變」。《白虎通・災變》說：

> 天所以有災變何？所以譴告人君，覺悟其行，欲令悔過，修德深思慮也。

《白虎通》引《援神契》之文，說明上天降下災變，是因為人君失道所引起，人君失道是因，天降災變是果。君王看到災變，要知所覺悟，悔過修德，慎思明辨，回應上天的譴告。[38]

值得注意的是，所謂「災異」或「符瑞」，若以當今邏輯觀點而言，是上天傳遞給人的「符號」，「符號」是天與人溝通的內容。易言之，各種災異所代表的意義，是人可以真正理解的內容。然而，所謂「符號」的意義，是由人自由選擇地賦與，然後約定俗成的使用，例如紅綠燈的使用，棒球比賽教練的手勢暗號，能

---

38 《春秋繁露》及《白虎通》以「災異」、「災變」、「符瑞」等，說明天人感應的吉凶徵兆，以及善惡與禍福的因果關係，是秦漢時期學術思想的共識（少數除外，如王充《論衡》）。然而，若以當今邏輯觀點省察天人感應思想，似乎存在不少謬誤。尤其是天與人的關係類比，董仲舒認為「唯人獨能偶天地」，又認為「天地人，萬物之本也…三者相為手足，合一成體，不可一無也。」（〈立元神〉），並以「類之相感」、「數之偶合」，類比天與人的密切關係，此一類比不僅出於想像，兩者的本質不同，董氏所謂「天有喜怒哀樂之行，人有春秋冬夏之氣」，是不當類比。

夠傳達某種意義。另一方面，當解釋者把某一自然現象看成「符號」之際，就在其心中產生某種效果，這個效果稱爲「最終意解」（final interpretant），也就是在思想充分發展之後，符號對解釋者產生的詮釋及其效果。

以「災異」爲「符號」，詮釋其意義及效果，是無效的意解，其謬誤是將自然界的「徵候」（symptom），當做人爲的「符號」（symbol），例如地震、日蝕、月蝕等自然現象，不能視爲「符號」。引申而言，不能將自然界的「徵候」類比爲「符號」。

有趣的是，「災異」與「符瑞」，卻是秦漢時期學術思想的共識（少數除外，如王充、桓譚等人）。劉向《說苑・敬慎》說：「妖孽者，天所以警天子諸侯也。」《漢書・谷永傳》說：「臣聞災異皇天所以譴告人君過失，猶嚴父之明誡，畏懼敬改則禍消福降，忽然簡易則咎罰不除。」陸賈《新語・術事》說：「周公與堯舜合符瑞，二世與桀紂同禍殃。」《新語・明誡》說：「惡政生於惡氣，惡氣生於災異…治道失於下，則天文度於上。」

三、天命無常

所謂無常，就是天命靡常。董仲舒強調上天是爲了人民而降命君王，並不是命定君王而生養人民。所以，君王的美德善行足以使人民生活安定康樂，上天就賜給他君王的命，但是，他的罪惡足以傷害人民，上天就取回他的天命。也就是說，上天不一定要把王位的天命賜給誰，也不一定要取回誰的王位，這是天命無常予，天命無常奪。〈三代改制質文〉說：

> 天之命無常，唯命是德慶。

董仲舒認爲商湯稟受天命而稱王，定國號爲殷，周文王承受天命而稱王，定國號爲周，周武王得到天命，在鄗邑建設都城，

周公輔佐成王，接受天命，在洛陽建造都城，封殷商的後代於宋，稱爲「邑」[39]，表示上天改變違反天命的人。所以，天命是時常變動的，祇有賞賜有美德善行的人。有美德善行的人，稱爲「仁人」，〈對膠西王越大夫不得爲仁〉說：

> 仁人者，正其道不謀其利，修其理不急其功，致無爲而習俗大化，可謂仁聖矣。

董仲舒認爲夏禹、商湯、周文王是仁聖的人，他們正道而善行，不爲私利謀算，這些大德者，足以使人民安樂，當然稟受天命而得福。反之，夏桀、商紂這些失德者，足以使人民痛苦，當然失去天命而得禍。

四、三命說

〈重政〉說：

> 人始生有大命，是其體也，有變命存其間者，其政也，政不齊，則人有忿怒之志，若將施危難之中，而時有隨遭者。

董仲舒以爲人生下來就有上天所賦予的命，稱爲「正命」（或大命）。不過，也會因爲政治不清明而有所改變，這些不是上天所賦予的命，稱爲「隨命」和「遭命」。所謂「隨命」是隨其行善、行惡而受報；行善得福，爲惡得禍。「遭命」是行善反而得到災禍，做善事反而得到惡報，或不幸碰上外在的環境，而遭受災難。「正命」是本來稟受的好命，不需行善，仍然得到善報。《白虎通·壽命》也提到三命說。〈壽命〉說：

> 命者何謂也，人之壽也，天命已使生者也。命有三科以記驗，有壽命以保度，有遭命以遇暴，有隨命以應行。

---

39 周武王滅商，封紂子武庚於宋，成王時，武庚叛，被誅。周公命微子（紂之兄）代殷後，爵爲宋公，以奉湯祀。

　　三命說似乎是漢人對先秦道德定命論之天命觀的深思與反省，為什麼有人行善而得惡報，董仲舒認為是政治不清明所造成的惡果，《白虎通》以為是遭遇外在凶暴的環境所造成的災禍。值得注意的是，司馬遷在《史記・伯夷列傳》的省思，他說：

> 或曰：天道無親，常與善人。若伯夷、叔齊，可謂善人者非邪？積仁絜行如此而餓死。且七十子之徒，仲尼獨薦顏淵好學，然回也屢空，糟糠不厭，而卒蚤夭。天之報施善人，其何如哉？盜蹠日殺不辜，肝人之肉，暴戾恣睢，聚黨數千人橫行天下，竟以壽終，是遵何德哉？…余甚惑焉，儻所謂天道，是邪非邪？

　　司馬遷強烈質疑天道（命）對有善德者的回報經常出錯，傳統中土稱「報施多爽」，西方稱為「惡的問題」（the problem of evil）。就是人世間常存在著不公正、不應遭受苦難的現象，也就是善人沒有善報，惡人沒有惡報的問題。例如：伯夷、叔齊，有善德而餓死首陽山，顏回好學而早夭。可是，盜蹠凶暴，殺害無辜，驅人牛馬，取人婦女，侵暴諸侯，橫行天下，竟以壽終。其他還有微子、箕子、比干[40]、關龍逢、屈原、伍子胥等賢人，亦遭不幸。

　　王充對三命說，有不同的見解，《論衡・命義》說：行善而得禍，是性善而命凶；或行惡而得福，是性惡而命吉也。性自有善惡，命自有吉凶。王充認為人一出生，吉凶命定。一個人的命自有吉凶禍福，而一個人的性也自有善惡，兩者沒有必然關係，有的人行善而得禍，是因為他本性善良而命凶，有的人行惡而得福，是因為他本性不善但好命。

40　《論語・微子》：「微子去之，箕子為之奴，比干諫而死。孔子曰：殷有三仁焉。」

易言之，如果是好命的人，雖不行善，未必沒有福報；如果是凶命的人，雖然勤勉行善，未必沒有災禍。像盜蹠（跖）、莊蹻橫行天下，到處殺人，應當得到災禍惡報，卻能壽終，所謂「隨命」之說，如何自圓其說？

所謂「遭命」之說，是德行善良反遭災禍，如顏回、伯牛為何會遭到災禍？顏回好學勞累過度而喪命，伯牛閒居在家卻染病。至於屈原、伍子胥忠心耿耿，應該隨命而有福報才對。如果要講「隨命」，就應該沒有「遭命」；如果要講「遭命」，就應該沒有「隨命」，三命之說，似乎矛盾。

因此，王充認為「正命」是指可以活到一百歲而壽終；「隨命」是指可以活到五十歲而死；「遭命」是指懷孕時突遭打雷下大雨等外在環境的不良影響，夭壽而死。

五、弒君三十六，亡國五十二，細惡不絕之所致

董仲舒感慨春秋時代，有三十六個國君被弒殺，又有五十二個國家被滅亡，這是因為細小的罪惡沒有消除所招致的惡果。因此，〈盟會要〉說：

> 善無小而不舉，惡無小而不去。

國君為何被弒殺？國家為何被滅亡？都是因為累積細微的過失而成重大的罪惡，招致嚴重的災禍。例如：晉厲公橫行暴政，濫殺無辜，一天之內殺死三個大臣，隔年，群臣恐懼，百姓殺死厲公。又如楚平王不守禮法，殺害伍子胥的父兄，蔡昭公來訪，他要求昭公把身上穿的皮衣送給他，昭公不同意，平王拘禁昭公，吳國討伐楚國，大敗楚國，吳王居住楚平王的王宮，吳王納平王的母親為妾，這是楚平王貪婪暴戾招致的惡果。

又如吳王夫差，打敗越國之後，得意忘形，把越國君主當僕

人，把越王的妻子當作婢女，終被越國滅亡，宗廟社稷被毀滅，年老的夫差自殺而亡。又如晉靈公荒唐無禮，在樓臺上用彈弓任意彈射群臣，砍斷御廚的四肢而把他丟棄，洩露陽處父的計謀，使陽處父遭狐射姑（賈季）殺害，又想殺害趙盾，終被趙盾弒殺。

又如晉獻公寵幸驪姬，生奚齊，她的陪嫁女子生卓子；獻公譖殺太子申生，立奚齊為太子，驅逐公子重耳及夷吾；獻公卒，奚齊、卓子相繼而立，俱為里克所殺，驪姬亦被戮，晉國大亂，幾被秦國所滅，這些災禍都是獻公迷惑於驪姬和聽信嬖人所造成的惡果。

基於上述歷史的教訓，劉備臨終時，殷殷叮囑其子劉禪：「勿以惡小而為之，勿以善小而不為。」誠如《周易·繫辭下傳第五章》所說：小人以小善無益而弗為也，以小惡為無傷而弗去也，故惡積而不可掩，罪大而不可解。

第五節　《論衡》

東漢初年，王充作《論衡》，他在〈佚文〉中強調寫作的宗旨，一言以蔽之，就是「疾虛妄」。表示他反對（憎恨）虛假不實的文章。所謂「虛假不實的文章」，意指先秦以來「天人感應」的天命觀，以及災異、祥瑞等思想。王充治學，終其一生，以理性思辨對自然現象和人間社會實事求是，堅持「事有證驗，以效實然」（〈知實〉）的經驗務實態度，強調「耳聞目見」、「推原事類」、「案兆察跡」的考察與分辨，主張一切結論都要用事實和效果加予檢證。

綜觀《論衡》一書，其善惡報應思想，要點有八：

一、天道自然，吉凶偶會

王充強調天道自然無爲，就是「自然天」。他以「自然天」反對董仲舒所謂「天是百神之大君」。天道只是自然，物自生長，天道只是無爲，物自成熟。〈自然〉說：

> 天地合氣，萬物自生，猶夫婦合氣，子自生矣。

天地生養萬物，沒有目的，不是爲了人而生長萬物以養人。易言之，天地對萬物並無干預，只是任其自然，更不會以災異加以譴告。何謂「自然天」？〈談天〉說：

> 天地，含氣之自然也。

天地只是含著元氣的自然物質，這是自然天、物質天，沒有知覺，沒有意識，沒有意志，沒有目的，不是人格尊神。〈說日〉說：

> 天之行也，施氣自然，施氣則物自生，非故施氣以生物也。

自《尚書‧洪範》以來，「天人感應論者」認爲君王的喜怒、善惡，決定天氣的寒溫、災變。君王喜則天氣溫，君王怒則天氣寒。王充以「自然天」反對天氣的變化和君王的善惡有關。反對天人感應，表示自然天與人事的吉凶禍福沒有關係。王充在〈雷虛〉舉呂后（漢高祖劉邦之妻呂雉，封爲皇后。）砍斷戚夫人（劉邦寵妃）的手腳，挖掉她的雙眼，丢到豬舍之中，把她當作「人豬」，看到的人都很悲傷，惠帝看了，臥病不起。呂后狠心故意傷害戚夫人，上天卻沒有懲罰呂后。由此可見上天沒有賞善罰惡的威力，也就是沒有所謂「天命」。

有人舉《尚書‧康誥》詰難王充，〈康誥〉說文王勤政愛民，照顧孤苦無依的人，敬畏上天的無上威嚴，使百姓安居樂業。文

王的美德被上天知道了，非常高興，於是，上天降賜天命給文王，讓他討伐殷商，而成為帝王。

王充認為《尚書》所說的「大命」（天命），並不是說上天有意志的降賜天命給周文王，聖王（文王）的美德，本來就是天命（大命）的內涵。《尚書·康誥》記載康叔（周武王之弟，封為衛侯）赴衛前（《春秋左傳·定公四年》：成王分康叔以殷七族。）周公告誡他如何治理國家，鼓勵他多行善事，只是勸善而已，因為上天是自然物質，沒有生命，沒有知覺，無法與人溝通，當然沒有降賜天命。

二、沒有天命，沒有天人感應，沒有災異譴告

王充基於「自然天」的思想，反對天命思想，否定天人感應，綜觀《論衡》一書，簡述如下：

（一）〈自然〉

王充認為所謂災異譴告，完全是以人的想法推論天地，天地只是自然無為。上天並無意生養萬物，而萬物自生，就是「自然」；上天只是氣化而成，清靜無欲，就是「無為」。

（二）〈感虛〉

所謂感虛，就是否定天人感應，認為天人感應是虛妄不實。王充舉劉向《說苑·立節》杞梁妻哭倒城牆的故事為例[41]，說明杞梁氏的妻子痛哭，或許城牆恰巧腐壞而倒塌，兩者沒有因果關

---

41 據《春秋左傳·襄公二十三年》記載：齊軍攻莒，杞梁戰死。莊公率軍回來，巧遇杞梁妻於郊外，向她表示哀弔，杞梁妻以為不符合禮節而不接受，沒有哭倒城牆之說。後來演變成孟姜女哭倒長城的戲劇故事。

係，傳說城牆被她哭倒是虛妄故事。

（三）〈譴告〉

王充認為《詩經・大雅・皇矣》說上天「眷顧」姬昌，《尚書・洪範》說鯀治水無功，上天為之「震怒」，都是以人心推論天意。其實，上天的心意，存在於聖王的心中，一般人不相信聖王的話，反而相信災異譴告，是不明智的虛妄。

（四）〈寒溫〉

天氣的變化，自然有寒溫的差別，不為堯存，不為桀亡，並非君王喜怒而生變化。〈寒溫〉批判《尚書・洪範》的思想。

（五）〈雷虛〉

打雷是一種自然的天象，人被雷打死是正常的偶發事件。可是，古人認為打雷是上天發怒，上天要懲罰有「陰過」的人，這是隱藏著罪過，暗地裏做壞事的人[42]。例如把不清潔的食物拿給別人吃，或有不為人知的罪過的人。王充批判此說為虛妄。

（六）〈異虛〉

災異譴告之說，如果君王修善，勤政愛民，則可消災得福，王充認為純屬虛妄。

---

42 「陰過」與「陰德」是相對的詞，有陰德者天報之以福；相對地，有陰過者天報之以禍。尤其傳說被雷擊中的人，有不為人知的「陰過」，此說流傳迄今。有趣的是，筆者幼年時曾聽過雷公專門懲罰有陰過的壞人，而心懷敬畏恐懼，並非當時我有陰過；相反地，當時因為我沒有陰過，萬一不幸被雷擊中，親友會認為我有不可告人的陰過，其實幼童豈有陰過，只是民間傳說對一般人的影響甚深。

（七）〈變虛〉

據《呂氏春秋‧制樂》和《淮南子‧道應》記載；宋景公在位時，火星移至心宿，景公感到恐懼，召見子韋（宋國太史），子韋說：火星是上天懲罰君王的凶星，火星在心宿正是對應宋國，表示君王將有災禍。不過，可以移轉給宰相，由宰相承擔災禍，景公不同意。子韋說：可以移轉給人民。景公也不同意。子韋說：可以移轉給歲收，讓人民的收成不好。景公又不同意。因為人民沒有收成，君王也不好過，不要再說了。子韋說：恭賀君王，上天已經知道君王的善心，上天一定會賜福三次。今晚火星會移動三次，不在宋國，移動一次要七個星宿，君王的壽命可以延長二十一年。王充認為此說虛妄。他認為如果宋景公講三句善言，可以延長二十一年的壽命，堯舜應該可以得到千歲的壽命，而夏桀、商紂應該早夭，其實不然。可知，善行並無福報，惡行並無禍報。

（八）〈祀義〉

古人相信祭祀，以為祭祀的人一定有福報，不祭祀的人一定有災禍。因此，有人生病了就去占卜，了解惡鬼作怪，趕緊去祭祀，消除心中的疑慮和恐懼，疾病就痊癒了，認為這是祭祀的作用。王充強調死人無知，不能飲食，祭祀的意義，只是表達對天地感恩的心意而已，祭祀不能得福，祭祀對生病也沒有助益，只是心理作用而已。

三、性有善惡，命有貴賤

關於人性的論證，孟子主張性善論，荀子性惡論，告子性無善惡論，揚雄性善惡混論，王充強調性有善有惡論。他把人性分

爲上、中、下三等，人性善者爲上（中人以上者），人性惡者爲下
（中人以下者），人性善惡混者爲中（中人也）。而人的死生夭壽、
貧富貴賤、吉凶禍福、性善性惡，都決定於「命」。所謂「命」，
是人稟受天的元氣而成，由於稟受的元氣有多少厚薄的不同，所
以有壽命長短、貧賤富貴、吉凶禍福的差異。《論衡・氣壽》說：

　　凡人稟命有二品：一曰所當觸值之命；二曰強弱壽夭之命。

　　王充認爲人的壽命有二種：一是偶然遭遇外來災禍而死的
命；二是由於體質強弱而造成長壽或夭折的命。所以，人的一生，
有「命」的好壞，有「祿」的不同，有「遭遇」的差別，還有「幸」
或「不幸」的結果。所謂「命」，是指人的貧、富、貴、賤；命該
富貴的人，即使一時居於貧賤的地位，終究會得到富貴；命該貧
賤的人，即使一時居於富貴的地位，終究遭受災禍而喪失富貴。

　　〈命祿〉說：命有貴賤，祿有貧富。王充舉例說：周成王的
才能不如周公，齊桓公的才能不如管仲。然而，周成王、齊桓公
稟受尊貴君王的命，而周公、管仲稟受臣屬的命，這是命定。因
爲命中注定應當君王，因此稟受相對豐盛的「祿」。所謂「祿」，
是指政治經濟地位的俸祿，命定富貴者多祿，命定貧賤者少祿。

　　所謂「遭」，是指遭逢意外的災禍，例如：商湯被夏桀囚禁
在夏臺，周文王被商紂囚禁在羑里。所謂「遇」，是指遇上賢明的
君王而被提拔重用。所謂「幸或不幸」，有的人犯了過錯而沒有受
到懲罰，這是「幸」；有的人沒有過錯反而受到冤屈，這是「不幸」。
王充〈命義〉感慨地說：人生在世，命運大不同，有吉或凶的性
命，有盛或衰的禍福，各種可能的遭遇，幸或不幸，難以逆料。
能夠操守端正，堅持理想，實現抱負的人，少之又少。

四、行善未必得福

　　由於個人的命祿遭遇，各有幸或不幸的差異，尤其是命的不同。所以，行善未必得福，善惡與吉凶禍福沒有必然的因果關係。一般人總是相信行善的人會得到上天的福佑，作惡的人會受到上天的懲罰而遭禍，特別是積陰德的人[43]，上天會報之以福。然而，王充認為行善得福，為惡遭禍的說法，或許只是聖人「勸人為善」的一種教化而已，行善未必實然得福。〈命義〉說：

> 行善而得禍，是性善而命凶；或行惡而得福，是性惡而命吉。

　　王充認為孫叔敖的兩頭蛇故事，是虛妄的傳說，看見兩頭蛇的人會死，只是以訛傳訛。事實上，看見兩頭蛇的人根本不會死；有陰德的人會得到上天的福報，也是勸人為善的教化而已。〈福虛〉說：

> 堯舜不賜年，桀紂不夭死…惡人之命不短，善人之年不長。

　　王充舉秦穆公、晉文王為例，說明善惡未必得福禍。據《史記·蒙恬列傳》記載：秦穆公曾以人殉葬，無辜加害大夫百里奚。秦穆公並非有善德者而壽終，晉文公有賢德而短壽。有趣的是，王充認為天下善人少，惡人多。然而，惡人的壽命並不短，善人

---

43 宋代應俊的勸善書《琴堂諭俗編·積陰德》說：「人之所能安身立家，長育子孫者，不可但恃其智力而已，必積行陰德而後為天地之所祐，鬼神之所福，則其身康強，其家昌盛，其子孫逢吉…夫所謂陰德者何也？知善之可欲而力行之，知不善之不可為而不為，不求知，不責報，不以隱顯二其心。」應俊以為人要默默行善，不求人知，不求回報。累積陰德的人，受到天地、鬼神的保祐和福報，可以平安健康，家業昌盛，子孫發達，如于公治獄，多積陰德，子孫興盛，于定國貴為丞相；相反地，陳平多陰謀，不善之積，雖貴為丞相，至曾孫而滅絕。另有悔過遷善者，亦可轉禍為福。

的壽命並不長，上天並沒有使善人常享百歲的長壽。因此，〈禍虛〉說：

> 世謂受福祐者，既以為行善所致；又謂被禍害者，為惡所得。

　　一般人認為作惡者無論如何隱瞞罪過，終究要遭受天地、鬼神的懲罰，況且不論罪惡的大小，無逃乎天地之間，不論作惡的罪犯逃到何處，鬼神的懲罰無遠弗屆。王充批駁這種善惡必報論，他舉長平之戰，白起活埋趙國降卒四十萬人為例，這些降卒何辜？竟然沒有一人因善行而蒙受上天的福祐，難道四十萬人都有大惡嗎？都該遭受活埋嗎？由此說來，善惡必報論也只是勸善而已。

　　王充又舉李斯殺害韓非，後來李斯遭受車裂的酷刑；商鞅欺騙好友，擒俘魏公子卬[44]，後來商鞅也遭受車裂的酷刑，世俗認為李斯、商鞅罪有應得。然而，韓非何辜？慘遭殺害；魏公子卬被騙遭擒兵敗，又有何辜？〈禍虛〉說：

> 一身之行，一行之操，結髮終死，前後無異，然一成一敗，
> 一進一退，一窮一通，一全一壞，遭遇適然，命時當也。

　　王充強調「窮達有時，遭遇有命」。一般人的窮、達、禍、福，並非善惡報應的結果，主要的因素是自己的「命」，再加上時運的遭遇，例如姜太公（呂尚）原本窮賤，遇到周文王後委以重任，封於齊；寧戚原本是馬車夫，後遇齊桓公而被重用（事見《呂氏春秋・舉難》）。查證史實，先窮困，後顯貴的人，並非先有罪惡，上天降禍，後行善事，上天福祐的結果。可見凡人的成敗、窮通、禍福，並非善惡報應的必然結果。〈治期〉說：

> 禍福不在善惡，善惡之證不在禍福。

---

44 據〈史記・商君列傳〉：商鞅與魏公子卬友誼甚深，後來商鞅伐魏，魏公子卬率軍抗秦，雙方同意會盟罷兵，商鞅欺敵，擒俘公子卬，大敗魏軍。

禍福與善惡，沒有必然的因果關係。〈累害〉說：

> 修身正行，不能來福；戰慄戒慎，不能避禍。禍福之至，
> 幸不幸也。

禍福與德行的善惡無關，修養品德，不能得福；有時候小心謹慎，仍然不能避禍。王充感慨地說：得福是幸，遇禍是不幸；人生在世，禍福有命。

五、善惡與禍福沒有必然的因果關係

〈幸偶〉說：

> 俱行道德，禍福不均；並行仁義，利害不同。

王充否定善惡報應思想，行為善惡與吉凶禍福沒有必然的因果關係。人的吉凶禍福，只是現實際遇的偶然，與道德的善惡無關。〈幸偶〉通過相同的對比，說明人的禍福遭遇，出於幸或不幸的偶然。也就是同樣修德，有人得福，有人反而遭禍；都是施仁行義，有人得利，有人受害。

（一）晉文公和徐偃王

據《春秋左傳·僖公二十八年》：晉文公助周襄王平定內亂，周襄王賜給他醴酒、金色大車、兵車、戎衣、禮服，又賜紅弓一件、紅箭一百枝、黑弓十件、黑箭一千枝，賜他專享征伐的權威，侍衛三百名。另據《韓非子·五蠹》：徐國國君徐偃王，施仁行義，後為楚國所滅。晉文公和徐偃王都是有善德的君王，兩人的遭遇大不同。徐偃王真是不幸；而晉文公幸而得福。

（二）牛缺與復仇者

《呂氏春秋·必己》記載：牛缺是秦國的大儒，他到邯鄲遇

盜，強盜搶奪他的財物、馬車，牛缺沒有反抗，全都給了強盜，一個人步行離開。強盜們認爲牛缺是顯貴的人，恐怕會動用國家武力誅伐他們，於是追趕三十里路，殺死牛缺。另據《淮南子・人間訓》：魯國有一個人到齊國，爲父報仇，殺死仇人後，從容離去，追殺的人看他緩步而行，沒有匆忙，神色自若，認爲他是道德人格高尚的人，沒有殺他，安全回家。牛缺真是不幸而遭禍；而復仇者何其有幸！由此可知，行爲善惡與吉凶禍福的遭遇，沒有必然的因果關係。

六、惡人之命不短，善人之年不長

　　一般人總相信行善得福，作惡遭禍，禍福的報應主宰是天。公開施恩惠於人，政府官員會獎勵他的善行；而暗地裏行善，會得到上天的福佑，所以要多積陰德。王充《論衡・福虛》認爲這種傳統善惡報應論，應該是聖賢想勸人爲善，以教化百姓爲目的。或許行善的人偶然恰巧得福，百姓就認爲行善得福是必然地結果，如果依照史實來說，根本沒有行善得福的情況。

　　〈福虛〉說：儒家之徒董無心，墨家之徒纏子，兩人見面時論辯自家的思想。纏子稱讚墨子明鬼，引用《墨子・明鬼下》說秦穆公有德，因此，天神賞賜他多活十九年的壽命。董無心以堯、舜雖然是有德的聖王，並沒有得到上天賞賜的高壽，而桀、紂是無德的暴君，也沒有被上天減少壽命爲例，反駁纏子。換言之，纏子論述鬼神能夠禍福於人；相反地，董無心說明鬼神根本就不能賞善罰惡，禍福於人，其目的是否定鬼神的存在，使人相信沒有善惡報應。

　　王充再以秦穆公和晉文公爲例，說明惡人之命不短，善人之

命不長。秦穆公的諡號是「穆」[45]，表示生前有錯誤的言行；晉
文公的諡號是「文」，表示生前有德行而賢明。可是，晉文公的壽
命不比秦穆公長。也就是說善人的壽命並不長，惡人的壽命並不
短。上天並沒有讓善人常享百歲的長壽，上天也沒有使惡人都短
命而死，這表示上天不能賜福降禍，沒有善惡報應。

七、凡人窮達禍福之至，大之則命，小之則時

　　世人遭受災禍，總認為是作惡得到的惡報，尤其傳說有隱瞞
不為人知的罪過，所謂有「陰過」的人，會遭到天地的懲罰、鬼
神的惡報，甚至傳說雷公（打雷）專門懲罰有陰過的人。無論罪
過的大小，天地鬼神都要懲罰；無論作惡的人躲到天涯海角，鬼
神都可以找到，無所逃於天地之間。王充反駁這種「天罰有過」
的傳說，認為天地鬼神以禍罰惡是虛妄之言。

　　據《禮記‧檀弓上》記載：子夏因為兒子死了，悲傷不已而
哭瞎了眼睛，曾子探望，慰問他說：「聽說你喪子而失明，真是替
你難過。」說完放聲而哭，子夏也哭著說：「天啊！我沒有罪過呀！
為什會喪子又眼睛失明？」曾子生氣地說：「你怎麼沒有罪過呢？
以前，我和你在洙水和泗水一帶事奉老師（孔子），年長以後隱退
到西河（古地名），使西河的百姓把你比為夫子，這是你的第一個
罪過。之前，你雙親過世，居喪沒有什麼值得稱讚的榜樣，這是
你的第二個罪過。現在，你的兒子死了，又哭瞎了眼睛，這是你
第三個罪過。怎麼說你沒有罪過呢？」

　　子夏聽了，說：「我有罪過呀！我離開老師和同學而獨居，

---

45 穆通「繆」，表示生前有錯誤的言行，死後的諡號為「繆」。所謂諡號，是古
代君王死後，依其生前言行功過，給予一個稱號。另據《史記‧蒙恬列傳》
記載：秦穆公曾以人殉葬，無辜殺害秦國大臣百里奚，死後諡號稱「繆」。

已經很久了。」

　　王充以為曾子和子夏可能認為上天確實懲罰有罪過的人，所以曾子指責子夏三個罪過，子夏恭敬接受曾子的指責。不過，王充強調這則記載是虛妄之言。

　　根據《論語・雍也》記載，伯牛染病（可能是麻瘋病），孔子從窗外握住他的手說：「完了，這是命啊，這樣（好）的人，怎麼會得這種病呢？」王充認為孔子說伯牛染病是不幸的命，孔子只是說「命」，並沒有指責伯牛有什麼罪過。不幸的命並不是罪過。此外，顏回早夭，孔子也說「不幸短命死矣」（《論語・雍也》），並沒有指責顏回有什麼罪過，還稱讚顏回好學，不遷怒，不貳過。還有子路被剁成肉醬，孔子也沒有指責他有什麼重大的罪過。從孔子對待這三個不幸的學生而言，曾子指責子夏三個罪過，是虛妄之言。換言之，「天罰有過」是虛妄的傳說。可知，天地鬼神以災禍罰惡，乃是虛妄之言。

　　王充《論衡・禍虛》強調人的窮達、吉凶、禍福的遭遇，各有不同，大的因素決定於「命」，小的因素決定於「時」。同一個人的行為善惡，從年輕到年老，沒有改變，品德操守也沒有差別，然而，為什麼有人前半生窮困，後半生顯貴？這都是因為他的「命」和「時」偶然遭遇，有幸有不幸，並沒有善惡報應。

八、人死無知，不為鬼，不能作祟害人

　　《左傳・昭公七年》子產所謂「強死者能為鬼」，解釋伯有命不該死而遭人殺害，可能成為厲鬼害人。王充《論衡・死偽》辨析說：如果命不該死而遭人殺害，或沒有罪過而冤死的人，都是不得善終而成為厲鬼，那麼，自古以來，不當死或冤死的人，豈止伯有一人？伯有不得善終成為厲鬼，為什麼比干、屈原等忠

臣沒有變成厲鬼？況且，春秋時期，被弒的君王有三十六人，三十六位被弒的君王死後，並沒有變成厲鬼，那些殺害君王的人也沒有被鬼魂復仇而遭殺害。至於最無道的桀、紂被誅殺，也沒有變成厲鬼。如此說來，子產所謂「強死者能爲鬼」，是不正確的說法。

又依《史記‧呂后本記》記載：漢高祖劉邦的皇后呂后（即呂雉），嫉妒戚夫人受寵，毒死戚夫人所生的兒子趙王如意，又殺害戚夫人。有一次，呂后到軹道，遇到一隻灰狗咬傷她的左腋，忽然灰狗又不見。呂后找人占卜，說是趙王如意作祟，終於呂后因爲腋傷而病死。占卜的人說如意的鬼變成灰狗咬傷呂后，是厲鬼報仇。

王充《論衡‧死僞》反駁說：呂后派人毒死如意，如意並不知道是誰下的毒，如何找呂后報仇？如果死人有知覺，漢高祖一定非常痛恨呂后，因爲劉邦喜歡如意，想立他爲太子，劉邦的鬼魂應該找呂后報復才對。

因此，王充強調人死不能爲鬼，死人沒有知覺，更不能成爲厲鬼害人，主要有兩點論證：

（一）以無知論證

《論衡‧論死》王充認爲人未受胎前，在天地元氣之中是無知的，死後精氣復歸於天地元氣之中。因爲人的精神知覺，必須依附形體，人之所以有聰明才智，是由於五臟（心肝脾肺腎）在身體之中，內臟不傷不病，人就健康聰明，內臟有了疾病，人就神志不清，愚蠢痴呆。換言之，身體必須依靠精氣才能形成人形，精氣必須依靠身體才能產生精神知覺。

天下沒有離開物體而能獨自燃燒的火，同理，天下沒有脫離

身體而獨自具有精神知覺的精氣。可知，人死精氣滅，形體腐壞，沒有精神知覺。如果人死有知，那些無辜被殺害者，應當知道被何人殺害，應當能告訴家人或官吏是被何人所殺，但是，很多命案不能偵破，表示被害者死後無知。

（二）以無力論證

王充認爲人之所以能說話，是因爲有力氣，力氣強盛，是因爲有豐盛的飲食。如果沒有進食，一點力氣也沒有，人就不能說話了。至於人的死亡，不再飲食，怎能再說話呢？

換言之，一個人要有充足的飲食，才有飽滿的力氣，筋骨強壯，才能害人。如果生病，不能飲食，沒有力氣，即使強盜奪取他的財物，他也不能禁止或反抗。而死亡是虛弱之最，豈有能力害人？可知，鬼魂不能爲祟。

第六節　《太平經》

范曄《後漢書・襄楷傳》：襄楷疏稱于吉所得神書，名《太平清領書》，就是道教的《太平經》。有關《太平經》的善惡報應思想，簡述六點：

一、天人感應

天人感應是先秦兩漢普遍流行的思想，主要作用是對君王的忠諫，透過祥瑞和災異，表示上天具有賞善罰惡的神力，其實是規勸君王行善（勤政愛人），獲得福祐，避免災禍，《太平經》稱爲「諫正」，〈大小諫正法〉說：

> 天者小諫變色，大諫天動裂其身，諫而不從，因而消亡。
>
> 地也小諫動搖，大諫山崩地裂，諫而不從，因而消亡。

當君王的過失累積到一定程度，上天就會出現災異的諫正譴告，君王如果不聽從諫正，將遭到滅亡的災禍。上天對人的喜怒，主要依據人的善惡，〈萬二千國始火始氣訣〉說：

> 天地睹人有道德為善，則大喜；見人為惡，則大怒忿之。

易言之，君王行王道，天地喜悅，君王不行王道，天地降災異。上天的喜怒，是沒有偏失，所謂「天無私祐」。而且上天賞善罰惡，又是明察秋毫，公正無私，所謂「天之照人，與鏡無異」。[46]

漢之天人感應引發「讖緯」，王莽、劉秀等人，都是讖緯符命的愛用者[47]。值得一提的是，桓譚在王莽統治時期，「天下之士，莫不競褒稱德美，作符命以求容媚，譚獨自守，默然無言。」（《後漢書·桓譚傳》）。到了劉秀稱帝，施政也喜歡利用圖讖，桓譚多次上書，表示反對，他認為圖讖都是騙人的伎倆，不可相信，以免誤國。

---

46 由於帝王的提倡，尤其是東漢光武帝「宣佈圖讖於天下」（《後漢書·光武帝紀下》），讖緯之說盛行，讖緯思想淵源於天人感應、災異譴告之說。查閱現存緯書殘留片段，有關災異的記載略舉數例：《春秋緯·漢含孳》：「臣子謀，日乃食。」，《孝經緯·內事圖》：「王驕慢，日月失明。」，《禮緯·斗威儀》：「君喜怒無常，時則常熱。」，《易緯·內傳》：「人君奢侈，多飾宮室，其時旱，其災火。后妃擅國，白虹貫日。」《春秋緯·元命苞》：「凡天象之變異，皆本於人事之所感，故逆氣成象，而妖星見焉。」

47 與劉秀同時逐鹿天下的公孫述，也是利用圖讖而自立為天子。公孫述於王莽時自立為蜀王，都成都，建元初，稱天子，號成家。他自稱作夢時，夢中有人告訴他：「八厶子系，十二為期。」（《後漢書·公孫述傳》），「八厶子系」就是「公孫子孫」，「十二為期」應是帝位相傳十二代。夢醒之後，問他太太說：「雖貴而祚短，如何？」，他太太說：「朝聞道，夕死尚可，況十二乎？」，於是，公孫述就自立為天子。

二、承　負

　　《太平經》善惡報應的核心是「承負」。承負的思想，淵源於《周易‧坤‧文言》所言：「積善之家，必有餘慶；積不善之家，必有餘殃。」〈文言〉認為前世的人所作善惡，影響其後代子孫的禍福。相關的思想，在《國語‧周語》有一段記載：

> 靈王二十二年…太子晉諫曰：自我先王厲、宣、幽、平而貪天禍，至於今而未弭，我又章之，懼長及子孫，王室其愈卑乎？其若之何？

　　周靈王二十二年，穀河和洛河的水患，即將沖毀王宮，靈王想把穀河的水道堵起來。太子晉諫說：不可以。我聽說古代的統治者，不毀高山，不填平池澤，不堵截河流，不開鑿湖泊[48]。父王打算圍堵穀河，保護王宮，將造成嚴重的水患危害，這樣做豈不是招來災禍而傷及本身嗎？自從我們的先王厲王、宣王、幽王、平王累積不善，遭到天降災禍，至今還沒有停止。我們又要犯錯，只怕災禍要危及子孫，使王室更加衰弱。《說苑‧談叢》說：

> 貞良而亡，先人餘殃；猖蹶而活，先人餘烈。

　　先人的善惡，影響後代子孫的禍福，《太平經》有更深廣的詮釋。何謂承負？〈解師策書訣〉說：

> 承者為前，負者為後；承者，乃謂先人本承天心而行，小小失之，不自知，用日積久，相聚為多，今後生人反無辜蒙其過謫，連傳被其災，故前為承，後為負也。負者，流災亦不由一人之治，比連不平，前後更相負，故名之為負。負者，乃先人負於後生者也。

48　太子晉似乎再一次向臺灣忠諫，因為我們開墾高山，濫墾濫伐，加上地震、大雨，造成土石流危害，這也是自作孽的災禍，不完全是自然災害。

《太平經》認為前人有過失，遺其災禍於後代子孫為「負」，後代子孫承受前人罪過的後果為「承」。易言之，就後代子孫而言，子孫承受祖先的善惡所遺留的後果，就是「承」；就祖先的立場而言，祖先的善惡為後代子孫留傳相應的禍福，就是「負」。另一種承負的說法在卷七三至八五〈闕題〉中所云：

> 元氣恍惚自然，共凝成一，名為天也；分而生陰而地，名為二也；因為上天下地，陰陽相合施生人，名為三也。三統共生，長養凡物名為財，財共生欲，欲共生邪，邪共生奸，奸共生猾，猾共生害而不止則亂敗，敗而不止，不可復理，因窮還反其本，故名為承負。

〈闕題〉認為天、地、人三才，共同長養萬物，有利用價值的萬物名為「財」，財生「欲」（佔有欲望），「欲」生「邪」（邪念），邪生「奸」（奸詐），奸生「猾」（狡猾），猾生「害」（禍害），禍害不止則敗亡，人亡復歸返於自然之中，這樣的循環也稱為「承負」。上述兩種說法，前者是就一個家族內祖先的行為善惡與子孫的禍福關係而言；後者是指整個國家社會的興衰成敗與自然的循環關係而言。有些人質疑善無善報，惡無惡報，甚至善有惡報，惡有善報的社會現象，〈解承負說〉的解釋說：

> 力行善反得惡者，是承負先人之過，流災前後積來害此人也。其行惡反得善者，是先人深有積蓄大功，來流及此人也。

為什麼有的人行善反遭災禍？《太平經》認為先人的罪過深重，生前不能完全償還，剩餘的罪過就由其後代子孫遭受惡報來償還。俗話說：死有餘辜。「餘辜」成為餘殃，子孫受報。《太平經》的「承負」思想，是《周易》「餘慶」和「餘殃」的發展，影響後世深遠。《司馬溫公家範》說：舜的子孫享國百世，周朝八百

年，都是因為他們的祖先積德累功的結果，要子孫謹守人臣人子的分際，以免殃咎。《治家格言》告誡子孫：「刻薄成家，理無久享，倫常乖舛，立見消亡。」又說：「見色起淫心，報在妻女；匿怨而用暗箭，禍延子孫。」

依照承負的善惡報應思想，一個人的吉凶禍福和他本人的行為善惡，並無完全的因果必然關係，部份的禍福報應是由先人的行為善惡所影響。因此，個人在世時行為的善惡顯得非常重要，因為個人在世的行為具有雙重作用，一是善行可以斷滅先人承負的災厄，排除先人的「餘殃」；二是對後代負責，使自己的行為不給後代子孫帶來災禍。這雙重的作用，有一個相同的目標，就是興善止惡，積善行德，以成大功。〈樂生得天心法〉說：

> 為人先生祖父母不容易也，當為後生者計，可毋使子孫有承負之厄。

三、承負的分類

《太平經》承負的報應思想，主要分為個人家族及其後代子孫、自然天地與國家社會三方面，分類而言有：

（一）後人為前人承負

〈災病證書欲藏訣〉說：

> 夫先人但為小小誤失道，行有之耳，不足以罪也。後生人者承負之，蓄積為過也。

〈訣文書大信法〉說：

> 比若父母失至道德，有過於鄰里，後生其子孫反為鄰里所害，是即明承負之責也。

所謂「後人為前人承負」，就是後人得惡報，是祖先的罪過

一點一滴累積而成。或者祖父母與鄰里有過爭鬥，其子孫爲鄰里所害，這種情形在過去的社會普遍存在，尤其是爲了某種利益而爭鬥，彼此的仇恨禍及子孫。[49]

（二）後代君王為前代君王承負

〈試文書大信法〉說：

> 今先王爲治，不得天地心意，非一人共亂天也。天大怒不悅喜，故病災萬端，後在位者承負之。

所謂「後代君王爲前代君王承負」，是一種「歷史承負說」的史觀。《太平經》以「歷史承負說」解釋王朝的興衰，企圖找出社會興衰治亂的原因。因爲前代君王失政，經過一段時空的變遷，造成災禍，由後一代君王概括承受。俗話說：前人種樹，後人乘涼。反之，前人伐樹，後人受苦。〈三合相通訣〉說：

> 中古以來，多失治之綱紀，遂相承負，後生者遂得其流災尤劇，實由君臣民失計，不知深思念善相愛相通，並力同心，反更相愁苦…災變怪異，委積而不除。

中古以來，不僅君王失政，諸臣、眾民也有過失，又不知深切反省，同心努力，相親相愛。諸多過失長久累積，導致社會、國家的衰敗。另外還有承負先君失政的餘殃。易言之，國家的衰敗，不完全是當朝君王的責任，例如《國語·周語》周靈王二十二年，太子晉認爲周王朝的衰微，是先王多行不義的結果。其用意雖然爲當朝君王失政作辯護，但在另一種意義上，忠諫當朝君王要謹慎國家大計，避免帶給後代君王無窮的災禍。

---

49 數年前，某陳姓綁匪，因結夥綁票殺人等罪伏法，他的妻子謀生不易，兩名幼子常遭欺侮，曾被人推入水溝，最後由慈善團體送往美國，由外國人扶養。有人在媒體上說：這是報應。似乎驗證後人爲前人承負的思想。

（三）後人承負前人邪說

〈五事解承負法〉說：

> 今一師說：教十弟子，其師說邪不實，十弟子復行各為十
> 人說，已百人偽說矣…天下以為大病，而不能相禁止，其
> 後者劇，此即承負之厄，非後人之過明矣。後世不知其所
> 來者遠，反以責時人，故重相冤也，復為結氣不除，日益
> 據甚…是即承負空虛言之責也。

《太平經》相當重視思想學說對大眾及後代的影響，的確，
幾千年以來，儒、釋、道三家是傳統文化的主流，各家思想的歷
史源流清晰可見，因為這是一傳十，十傳百，百傳千，千傳萬，
一代傳一代的結果。當今社會，開放多元，應吸收外來文化，融
會貫通而創新，立足世界潮流，避免後代子孫受害。

（四）人為天地承負

〈五事解承負法〉說：

> 天地生凡物，無德而傷之，天下雲亂，家貧不足，老弱飢
> 寒，縣官無收，倉庫更空，此過乃本在地傷物，而人反承
> 負之。

有趣的是，《太平經》認為天地生養萬物，有時候也會有過
失。所謂天地「無德」而造成萬物的傷害，應指歲收短缺，倉庫
空虛，人民貧困。這是說天地有了過失，人民無辜受害，是人受
天地的承負。

（五）自然界之現象的承負

〈五事解承負法〉說：

> 南山有大木…上有無訾之枝葉實，其下根不堅持地，而為
> 大風雨所傷，其上億枝葉實悉傷死亡，此即萬物草木之承
> 負大過也。其過在本不在末，而反罪末曾不冤結耶？今是
> 末無過，無故被流災得死亡。夫承負之責如此矣。

大樹為大風雨所傷，這是自然界本身的自然現象。一棵大
樹，有樹根、樹莖、樹枝、樹葉，有的還有花朵和果實。或許因
為大風大雨的吹襲，樹根被拔起，整棵大樹死亡。樹根是本，枝
葉和花果是末；大風大雨是因，樹倒而死是果，兩者之間的因果
關係，樹根要負比較大的責任，而枝葉花果也不能倖免而亡，這
是自然界的承負現象。

（六）人受自然災害的承負

〈五事解承負法〉說：

> 南山有毒氣…天下被其咎，傷死者積眾多…此本獨南山發
> 洩氣，何故反使天下人承負得病死焉？時人反言猶惡，故
> 天則殺汝，以過其人，曾不冤乎哉？此人無過，反承負得
> 此災…其咎本在山有惡氣風，持來承負之責如此矣。

人受自然天災的禍害，有些是偶然的遭遇。所謂「偶然的遭
遇」，是無辜的災難，並非受害者有很大的罪過而遭禍。易言之，
有人遭受天然災害而死，他的親友或社會人士冤枉受害者作惡（或
有陰過），因此，加以指責其罪過。其實，受害者是沒有罪過的，
反而承負被指責的對象，應該怪罪天然災害才對。

四、承負的時間周期與時限

〈解承負訣〉說：

> 因復過去，流其後世，成承五祖。一小周十世，而一反初…

> 承負者…帝王三萬歲相流，臣承負三千歲，民三百歲。皆
> 承負相及，一伏一起，隨人政衰盛不絕。

承負的時間周期，前後共爲十世，自己要前承五代祖先，後
負五代子孫，一個週期爲十世，一世三十歲，十世爲三百歲，所
以普通百姓的承負時限是三百年。易言之，人的行爲善惡，將影
響子孫一百五十年。君王和大臣的時限不同，影響最深遠的君王，
承負三萬年，其次是大臣，承負三千年。可知，上位者的責任重
大，如果君王有了嚴重的過失，將造成天下百姓的災禍，爲政者
不可不慎。

五、承負的主宰

「承負」是《太平經》的核心思想，誰是善惡報應的主宰？
〈大聖上章訣〉說：

> 天君日夜預知，天上地下中和之間，大小乙密事，悉自知
> 之。諸神何得自在乎？故記首尾善惡，使神疏記。天君親
> 隨月建斗綱傳治，不失常意，皆修正不敢犯之。

「天君」是善惡報應的主宰[50]，《太平經》的天君，是最高的
尊神，承襲先秦常見的上天、天、帝、皇天、上帝、蒼天等思想。
天君具有賞善罰惡的最高權威，除了天君之外，還有百神（天吏、
天使）、群精（地吏、地使）、百鬼（中和使），共組鬼神系統，「助
天地爲理，共興利帝王。」（〈調神靈法〉）。

〈大功益年書出歲月戒〉說：

> 天遣神往記之，過無大小，天皆知之。簿疏善惡之籍，歲

---

50 《荀子・天論》說：「心居中虛，以治五官，夫是之謂天君。」荀子認爲心
　是五官之主，他稱爲天君。荀子的天君，沒有宗教意義，因爲他的「天」是
　自然天，非人格神之天。

　　日月拘校，前後除算減年，其惡不止，便見鬼門。

　　人的大小行為，天君完全知道，並且派遣百神記錄人的善惡，「有善者，財小過除，竟其年耳，如有大功，增命益年。」。易言之，天君賞善，使為善積功者增壽；天君罰惡，使為惡者減年短命。也就是「善自命長，惡自命短。」〈病歸天有費訣〉說：

　　天常為其上，司人是非，使神往來，知人所為，善惡輒白，
　　何有失者！

〈不用書言命不全訣〉說：

　　天稟人壽，不可再得，作惡年減，何有相益時乎？

　　人的壽命稟受於天，人世間的生命只有一次，沒有輪迴，生命不可重來，〈不用大言無效訣〉說：「人居天地之間，人人得壹生，不得重生也。重生者獨得道人，死而復生，尸解者耳。」。而且，作惡的人，天君減少他的壽命。至於如何計算，葛洪《抱朴子·微旨》說：大的罪過，一次罪過減少「一紀」的壽命，一紀是三百天；小的罪過，一次減少「一算」的壽令，一算是三天。[51]

　　天君除了派遣百神，記錄每一個人的一言一行，善行記在善簿，惡行記在惡簿外，也派遣「身中神」就近監督人的言行。〈錄身正神法〉說：

　　為善亦神自知之，為惡亦神自知之。非為他神，乃身中神
　　也。夫言語自從心腹中出，傍人反得知之，是身中神告也。

　　何謂「身中神」？葛洪《抱朴子·微旨》說是「三尸」，三尸是人體內的身中神，分為上尸、中尸、下尸，三尸神分別居住在三丹田中[52]，上丹田、中丹田、下丹田。臍下三寸是下丹田，

---

51 唐·段成式《酉陽雜俎·諾皋記》說：「大者奪紀，紀三百日；小者奪算，算一百日。」葛洪說「一算」是三天。

52 《黃庭內景經》務成子注說：上丹田神叫上元老君，中丹田神叫中玄老君，下丹田神叫下黃老君。

心下是中丹田，兩眉間爲上丹田。

「身中神」（三尸神）希望人身早夭，它們可以離開人的軀體，到外界自由活動，享受人類祭祀的酒肉。因此，每到庚申日，三尸神就上天稟告天君的司命之神，詳述人們所犯的罪過。[53]

〈見誠不觸惡訣〉說：

> 司命，近在胸心，不離人遠，司人是非，有過輒退，何有失時，輒減人年命。

《太平經》以「身中神」（三尸神）爲司命[54]，有些世俗以「灶神」爲司命[55]，《抱朴子・微旨》說：農（陰）曆每個月的最後一天晚上，灶神上天稟告人的罪過。葛洪又說：根據《易內戒》、《赤松子經》、《河圖記命符》：天地有司過之神，「司過之神」是主管考核世人所犯罪過，根據罪過的輕重，減少應有的壽命。壽命減少，人就要貧困、生病，經常遭遇各種災難。命定的壽命被減盡，人就會早夭。[56]

六、如何消除承負的災禍

凡人生活在自然天地和國家社會之中，又有前代祖先的罪過及自己所犯的過失，因此都有各種「承負」的憂患。如何解除承負，《太平經》提出多項方法：

---

53 道教認爲庚申日齋戒不睡，專心守一，可以免除三尸的災禍，稱爲「守庚申」。

54 《禮記・祭法》說：王爲群姓立七祀：曰司命，曰中霤，曰國門，曰國行，曰泰厲，曰戶，曰灶。古代帝王爲百姓設立七種祭祀，七種祭祀是七種日常生活有關的宗教活動。

55 《東京夢華錄》說：都人至除夜，請僧道看經，備酒果送神，以酒糟塗灶門之上，謂之醉司命。

56 認爲人的生死壽夭、吉凶禍福、貧富貴賤，雖然都有天君等眾神司賞，終歸是自作自受。《太上老君說五斗金章受生經》說：「受生之時，五斗星君…注生注祿，注富注貧，注長注短，注吉注凶，皆由眾生自作自受。」

（一）由天師解除承負

《太平經》是「興國廣嗣」的應帝王書，所以，天師的主要任務是為帝王解除承負。以道教而言，張道陵的後裔張宗演，元順帝時，封為「輔漢天師」，天師制度，子孫承襲。〈斷金兵法〉說：

> 天師迺為帝王解先人流災承負，下制作可以興人君，而悉除天下之災怪變不祥之屬。

〈五事解承負法〉說：

> 師既為皇天解承負之仇⋯為帝王解承負之厄，為百姓解承負之過。

張天師是道教的教主，天師能為帝王解除承負的災難，能為百姓消除承負的苦難，能夠全部清除天下的不祥災異，可以為人君興國，可以為人民廣嗣。可見，道教的天師有最大消除承負的偉大能力。

（二）讀《太平經》，自知過失，消除承負

〈六罪十治訣〉說：

> 今天當以《太平經》解病而安帝王，令道德君明示眾賢，以化民間，各自思過，以解先人承負之謫。

改過遷善是道德實踐的方法，更是宗教生活的本質。承負的原因是有了過失，如何思過？如何知過？如何改過？當以《太平經》為道德標準，改過遷善，始能消除承負。〈萬二千國始火始氣訣〉說：

> 承負之責最劇，故使人死，善惡不復分別也，大咎在此。
> 故吾書應天教，今欲一斷絕承負責也。

須知，承負是「天病」（〈守一入室知神戒〉），《太平經》是天教之書，惟有《太平經》能消除天病（承負）。努力自念己過，時常自責承負[57]，如能懺悔己過，當能得到天君的寬恕而解除自己的承負。〈有心之人積行補真訣〉說：

> 天君言：有錄籍之人當見升，自責承負，大神遣大神除承負之數。

（三）力行太平之道，可以消除承負

〈解師策書訣〉說：得行此道者，承負天地之謫悉去。〈努力爲善法〉說：

> 子但急傳吾道書，使天下人得行之，俱思其身定精，念合於大道，且自知過失所從來也，即承負之責除矣。

《太平經》以「天書」自居，自稱既有治國之方，又有治（修煉）身之術的神力，因此，特別重視力行，一再強調力行的重要性，〈效言不效行致災訣〉說：

> 太上中古以來，人多效言，乃不效行，故致災害疾病畜積，而不可除去…是故吾敬受此道於天，乃效信實，不效虛言也…不知疾行者，但空獨一世之間久苦耳。

〈力行傳學訣〉說：

> 吾道可觀意矣，得書讀之，常苦其不熟，熟者自悉知之，不善思其至意，不精讀之，雖得吾書，亦無益也，得而不力行，與不得何異也。

《太平經》自稱有「奇文善策殊方」，但必須「疾行」之，精讀之，精思力踐，即可達到「致太平」和「成神仙」兩大治國、

57　《太平經》以承負爲「天病」，此說近似西方耶教的「原罪」思想。人人都有「天病」，人人都有「原罪」。

治身的目標。

（四）行善立功，消除承負

〈解承負訣〉說：

> 能行大功萬萬倍之，先人雖有餘殃，不能及此人也。

「餘殃」近似承負。「行大功」就是「行善立功」。立功是行善而對國家、社會、人民、萬物有助益者，〈大功益年書出歲月戒〉說：如有大功，增命益年。《太平經》強調思善、行善、積善的功德，〈闕題〉說：努力思善，身可完全。〈大聖上章訣〉說：

> 行善可盡年命…努力為善，子孫延年。

〈為父母不易訣〉說：

> 行善之人，無惡文辭。天見善，使神隨之，移其命籍，著長壽之曹神，遂其成功…行善之人，天自佐之…大善之人行，天必令壽，神鬼祐之不敢失。

行善可以竟其天年（活到一百二十歲），子孫延命，天神護祐，移命籍著長壽之曹而長生，成為神仙，消除承負的苦難[58]。值得注意的是，何謂「善」？〈急學真法〉說：

> 夫為善者，乃事合天心，不逆人意，名為善。善者，乃絕洞無上，與道同稱。

所謂「善」，是合乎上天的心意，不違背人心人性，有絕對的道德意義。易言之，合於天地的自然法則，又合乎人的道德法

58　〈太平經鈔壬部〉說：「古者賢人聖人腹中，常陰念為善，故得善應。凡人腹中常陰念惡，故得惡應。」〈貪財色災及胞中誡〉：「為善，竟其天年。」。〈七十二色死尸誡〉：「務道求善，增年益壽，亦可長生」。〈不用書言命不全訣〉：「大化行善，壽亦無極。」〈太平經鈔甲部鄉〉說：「天地混齎，人物糜潰，唯積善者免之。」〈闕題〉說：「積德不止道致仙。」〈見誡不觸惡訣〉：「可復得增年，精華潤澤，氣力康彊，是行善所致。」人能行善修德立大功，不僅可以竟天年，子孫延命，解除承負，又可以修成神仙。

則，對國家、社會、人民、萬物有助益者，稱爲善。

　　須知，行善立功，消除承負，對後世的影響極爲深遠，葛洪
《抱朴子・微旨》說：「欲求長生者，必欲積善立功。」葛洪認
爲追求長生神仙的人，一定要積善立功，以慈善的心對待萬物，
以寬恕的心對人，將仁愛的心施善及於昆蟲鳥獸。〈微旨〉又說：

　　　夫天高而聽卑，物無不鑒。行善不怠，必得吉報。

　　葛洪強調曾經犯錯行惡的人，有了悔意，改過之後，要不斷
行善，所行的善事要比先前的罪過多出一倍，可以轉禍爲福。如
能不再犯錯，可以延年益壽。因爲上天雖然高高在上，人世間的
事無所不知，只要不斷地行善立功，一定能得到福報。

　　《抱朴子》之後，《太上感應篇》、《玉歷鈔傳》、《太微仙君
功過格》、《文昌帝君陰騭文》等道教勸善書，均深受《太平經》
承負思想的影響。

（五）守一消解承負

　　〈五事解承負法〉說：

　　　欲解承負之責，莫如守一。

　　「守一」是道教修煉成仙的重要方法，所謂守一，是使人的
精、氣、神合而爲一。易言之，是使人的形神相互結合而不分離。
〈經鈔壬部〉說：

　　　古今要道，皆言守一，可長存而不死。

　　可知，守一可以成仙，長存而不死，可以消解承負，是最重
要的治身妙道。能夠守一者，可以度世，可以消災，可以長生，
可以理病，可以事神明，可以久視，可以不死，可以致真成仙。[59]

---

59 守一源於老子「聖人抱一爲天下式」及莊子「通於一而萬事畢」。葛洪《抱
　朴子・地真》又把守一分爲守真一和守玄一。守真一是守身內三丹田之神，

第七節 《潛夫論》

王符，字節信，東漢後期思想家，少好學，一介平民，隱居著書，未曾仕官，著有《潛夫論》，與王充《論衡》、仲長統《昌言》，視爲東漢最有影響的學術著作，唐代韓愈將王符與王充、仲長統並稱爲後漢三賢，《後漢書》本傳稱《潛夫論》：「指訐時短，討讁物情，足以觀見當時風政。」

面對漢末衰世弊病之惡政，王符強調明君務本，道德爲本，仁義爲佐，以民爲基，德政治國安民則得福；反之，滅於積惡，亡於輕侮奸邪之惡政。其善惡報應思想，簡述如下：

一、明君務本則得福，不肖之君逐末則得禍

〈務本〉認爲治國者，以使百姓富足爲施政根本，如何使百姓富足？主要以善於「務本」而「抑末」爲綱領，就是施政以農業爲本，以非農業（工商）爲末；百工技藝製作器具，以實用爲本，修飾花俏而不實用爲末；商人以流通貨物爲本，以販售稀奇貨品，謀取暴利爲末；教育以培養道德仁義爲本，以培訓巧言善辯爲末；著書立說，以真誠樸實爲本，以詭怪華麗爲末；知識分子以孝悌爲本，以交遊應酬爲末；孝悌以奉養父母爲本，以表面誇耀爲末；人臣以忠正爲本，以逢迎諂媚爲末。明君治國，務必崇本抑末，以遏止災禍危亂的發生，即可得福而遠禍；反之，不肖之君逐末而抑本，遠福而得禍。

即是守神。守玄一是守身外之神，先求神於日中。又有分身之道，想像將身體分爲三人，再增加到分身數十人，都和自己相同模樣。

　　值得注意的是，務本抑末的核心是以民爲本，這是儒家的民本思想，〈愛日〉說：「國之所以爲國者，以有民也。」沒有人民，就沒有國家，〈述赦〉說：「貞良善民，惟國之基。」〈救邊〉說：「國以民爲基。」善良正直的百姓，是國家的基礎。如果百姓飢寒貧窮，國家不可能富強，百姓常有危難，國家也不可能安定。因此，要以百姓富足爲根本，除暴安良，爲民謀利，以民爲本則得福。

二、好利而亡，好義而彰

　　〈遏利〉認爲一般人不知道不斷地累積財富，必定會有災禍，尤其是無德而富貴的人，必遭不測禍害，因爲自古迄今，上自天子，下至百姓，尚無貪財好利而不失敗者，尚無修德好義而不揚名千古者。例如：從前，周厲王暴戾無道，貪求財富，不聽大夫芮良夫的忠諫，又任命榮夷公爲執政卿士，百姓反抗，周厲王流亡，死於彘（今山西省霍縣東北），此事見於《國語·周語》。

　　另據《左傳·桓公十年》：虞公爲春秋時代虞國之君，虞公之弟虞叔有一塊寶玉，虞公貪求那塊寶玉，虞叔說：「周朝有一句諺語說『匹夫無罪，懷璧其罪。』我如果保有這塊玉，將會有不測災禍。」於是，就將寶玉獻給虞公。虞公不知足，又想要他的寶劍，虞叔認爲虞公貪得無厭，將會殺害他，因此，出兵攻打虞公，虞公失去國家，逃亡到共池。

　　又據《左傳·定公十三年》：衛國的公叔戌，巨富而驕，又想消滅衛靈公夫人南子的黨羽，南子告訴衛靈公說：「公叔戌即將作亂。」隔年春天，衛靈公驅逐公叔戌及其黨羽，公叔戌逃亡到魯國。

　　另據《國語·楚語》：子文三次當令尹（宰相），家裏沒有積

蓄，楚成王每次要給他加薪，子文都婉拒。他認為從政的人，以造福百姓為職責，百姓都很貧窮，而我卻很富有，會有不測之禍，我想躲避災禍。

另據《左傳·成公十六年》：春秋時魯國大夫季孫行父（季文子）經歷文公、宣公、成公、襄公四個國君，馬不吃穀物，妻妾都穿粗布的衣服，不穿絲綢，以節儉自居。又據〈襄公十五年〉：有人送給宋國大夫子罕一塊寶玉，子罕婉拒。獻玉的人說：「這是一塊難得的寶玉。」子罕說：「你以玉為寶，我以不貪為寶，請個人保有自己的寶貝。」又據〈昭公三年〉：齊國大夫晏嬰，以節儉愛民著稱。有一次，出使晉國，齊景公為他擴建房子，拆掉鄰居的住宅。等他回國，已經改建好了。晏嬰謝恩，之後，拆除新屋，恢復舊時的小屋，又為鄰居修復被拆除的住宅。

以上四人都能夠為官清廉，不以財富為寶，不貪財好利，節儉自律，因此，深得百姓愛戴，子孫享受官祿，美名流傳千古。所以說：

> 無德而賄豐，禍之胎也。

子孫如果賢能，不必依靠祖先遺留的財富；子孫如果不肖，太多的財富適足以給子孫帶來災禍。因為沒有德義而有很多財富，是造成禍害的根基，主要原因是有錢而不驕傲的人很少，驕傲的人，終將敗亡。

三、德不稱其任，其禍必酷；能不稱其位，其殃必大

〈忠貴〉強調身居高官的人，要有高尚的品德，如果品德與所擔任的官職不相稱，必遭大禍；能力與其地位不相當，也必遭巨大災殃。例如戰國時代秦國名將白起，善用兵，坑殺趙國降兵四十萬，後遭免官賜死；另一名將蒙恬，威震匈奴，秦始皇崩逝，

趙高矯詔賜死，自殺而亡。漢哀帝寵幸的董賢，憑男色善媚，封高安侯，二十二歲時官拜大司馬、衛將軍。後爲王莽所劾，罷歸自殺。

又如漢高祖劉邦之后呂雉，高祖死後，呂后專政，行使天子大權，侄子呂祿、呂產把持政權，擅立侄子呂台、呂產、呂祿及呂台之子呂通爲王，又封諸呂六人爲列侯，他們廢仁義，滅禮信，暴虐無道，百姓怨恨，終遭敗亡。又如王莽篡漢，顯貴時，家族有九人封侯，五人任大司馬，後爲商人杜吳所殺。王莽僞善，迷惑人心，蔽塞百姓，欺誣天地，自以爲行事高明，皇天明鑒他的奸詐，鬼神清楚他的陰謀，終遭天譴敗亡，豈能欺天？所以說：富貴而驕，貴臣有常禍，終致敗亡。

四、政教積德，必致安泰之福；舉措數失，必致危亡之禍

〈慎微〉認爲萬事萬物都是逐漸變化累積而成，因此，不可忽視細微的善或惡。累積小善，必成大德；累積小過，必成大惡。所以，防微杜漸，言行謹慎，稱爲「慎微」。例如一般人只要不斷地積善，可以達到顏淵和閔子騫的美德，《論語・先進》說：「德行：顏淵、閔子騫。」他們在孔子的弟子中都以德行著稱。反之，不斷地積惡，必定達到暴君夏桀和大盜跖的惡名。同理，政治和教化不斷累積恩惠善德，必定享有國泰民安之福；施政不斷累積過失，必有國危身亡之禍。

因此，聖人慎微，重視細小的善惡，誠如《詩經・大雅・大明》說：「維此文王，小心翼翼。」、《詩經・周頌・閔予小子》說：「維予小子，夙夜敬止。」周文王小心翼翼，恭敬謹慎；周武王日夜恭謹，深思熟慮細微之處，防微杜漸，防患未然，防止禍患

於未發生之前，所以能開創天下太平，流傳後代子孫。

又如春秋的楚莊王和戰國的齊威王，即位之初，荒淫享樂，荒廢朝政，國家幾乎敗亡，幸能覺悟，勤政愛民，重振中興，稱霸諸侯，名留史冊。反之，齊國大夫慶封，喜歡打獵，鄭國大夫伯有，貪惏而多欲，兩人均嗜酒荒淫，沒有節制，敗壞家族，終被殺害；又如晉平公沉迷女色而病死等禍福，都是自己所造成的結果，誠如《左傳·襄公二十三年》所說：「禍福無門，惟人所召。」不可不慎微也。因此，〈慎微〉說：

> 聖賢卑恭，則登其福。

〈敘錄〉說：累積細小的過失，不斷損傷自己的品德；貪圖安逸享樂，不斷敗壞自己的聲譽；酒色無度，不知節制，沒有自知之明，無悔改之心，一意孤行，不聽忠諫，聞善不能效法，有過不改，必招恥辱，大禍臨頭。

五、天道賞善而刑淫

〈述赦〉論述東漢末期赦贖太多的弊端，王符認為當時最嚴重的弊政，就是屢次實行赦免，結果造成「惡人昌而善人傷」，因為善良的百姓鮮少犯罪，得不到赦免罪過的好處；反之，奸惡之徒得到赦免，不斷對善良百姓施暴侵害。因為縱容罪犯，就是殘害良民，猶如稊、稗等雜草叢生不除，就會傷害莊稼穀物。何況罪惡之人，本性難移，不因赦免而改過遷善，反而起了姑息養奸的作用。

其實，天的法則是賞善而罰惡，天道獎賞善良而懲罰罪惡。賞善罰惡是天職，由天子代為執行。因此，天子要誅罰邪惡之人而德化正直善良的百姓，因為天子是上天之子。天子如何執行天職呢？天子要明辨善惡，重視法令，堅決執行賞善罰惡，消除盜

賊，擒滅奸惡。誠如東漢開國功臣吳漢臨終前，光武帝問遺言，他說：「千萬慎重，不要輕易赦免罪犯。」

六、卜筮言興衰之期，令人修身慎行以迎福

〈卜列〉論述聖人對待卜筮的態度，龜卜和占筮的意義在鼓勵百姓修養身心，謹言慎行，迎接幸福的來臨。其實，聖人設立卜筮，以不違背民意爲吉祥，不會僅憑卜筮的結果決定國家大事。誠如《尚書・洪範》認爲國君的心意、執政卿士的主張、平民百姓的看法、卜筮的預兆都相同一致，才是最上策，稱爲「大同」。因此，《左傳・哀公十八年》說：「聖人不煩卜筮」，聖人敬鬼神而遠之，所以，不常龜卜和占筮。

從前，楚昭王生病，卜筮的人說是黃河之神（河伯）爲祟，楚昭王認爲黃河不在楚國境內，他與黃河之神沒有關係，因此，不祭祀黃河之神。孔子稱讚楚昭王明白祭祀的道理。又據《論語・八佾》：魯國大夫季康子要去祭祀泰山，孔子對冉有（時爲季氏宰）說：「你不能阻止嗎？」冉有說：「我不能。」孔子爲什麼要冉有勸阻季氏祭祀泰山之神呢？因爲古代只有天子能祭泰山，季氏僭越之祭，是僭冒名義踰越其身分地位的淫祀，淫祀無福。所以，《論語・爲政》孔子說：

非其鬼而祭之，諂也。

淫祀就是非其鬼而祭之，不應當祭祀的鬼神而去祭拜，是不符合禮節的諂媚。王符感慨說：「當今一般人習慣於卜筮，又喜歡祭祀不該他祭拜的鬼神，豈不迷信嗎？」

七、吉凶興衰不在宅

值得注意的是，〈卜列〉論述人的吉凶禍福與住宅沒有因果

關係。根據王充《論衡‧詰術》引《圖宅術》說：東漢流行一種推論住宅吉凶的「圖宅術」認爲住宅的方位有五音（宮、商、角、徵、羽），姓氏也有五音，並以姓與音相配，例如：洪姓屬宮，錢姓屬商，孔姓屬角，田姓屬徵，馮姓屬羽。再按五行相配，推算吉凶禍福。如果住宅的方位不合屋主的姓，就是相剋而凶，屋主就會生病或死亡，或犯罪而遭禍；反之，相合則吉，屋主有福。例如：錢氏屬商音，錢家大門不宜朝南；田姓屬徵音，田家大門不宜朝北。因爲按照五行歸屬，商音屬金，南方屬火，火剋金；徵音屬火，北方屬水，水剋火。如果大門的方位相剋屋主的姓氏，這戶人家就會貧賤凶敗；如果大門的方位與屋主的姓氏相生，這戶人家就會吉祥富貴，王充否定宅有吉凶。

王符也否定宅有吉凶之說，〈卜列〉說：

> 今一宅也，同姓相代，或吉或凶；一官也，同姓相代，或遷或免；一宮也，成、康之居，日以興；幽、厲居之，日以衰。由此觀之，吉凶興衰不在宅，明矣。

同一個住宅，同姓的人輪流居住，有的人吉福，有的人凶禍；同一個官舍，同姓的人輪流居住，有的人升官而吉，有的人被免官而凶；同一個官職，同姓的人輪流擔任，有的人步步高升，有的人降職罷官；同一座宮殿，周成王、周康王居住，一天比一天興盛，周幽王、周厲王居住，一天比一天衰敗。可知，人的吉凶禍福、興衰，與住宅沒有因果關係。換言之，住宅沒有吉凶禍福。

有趣的是，生於曹魏的嵇康，對於住宅有無吉凶攝生的問題，與阮侃往復論辯。阮侃，字德如，曾任河內太守，嵇康曾居河內山陽二十年，兩人友好。阮侃作〈宅無吉凶攝生論〉，嵇康作〈難宅無吉凶攝生論〉，阮侃又作〈釋難宅無吉凶攝生論〉，嵇康再作〈答釋宅無吉凶攝生論〉。阮侃強調宅無吉凶，時日也無吉

凶，凡百忌祟，皆生於無知。自古以來，由於人類對大自然現象的無知，而生各種忌諱。他認為世俗有風水地理等忌諱，是因為一般人不能安身立命，不明白吉凶禍福的因果關係，因而妄求僥倖。無知則恐懼，恐懼則妄求，妄求則生忌諱。其實，人的吉凶禍福，與住宅沒有關係。〈宅無吉凶攝生論〉說：

> 設為三公之宅，而令愚民居之，必不為三公，可知也。

阮侃又作〈釋難宅無吉凶攝生論〉，他強調各種忌祟，包括占卜、時日、住宅、墳墓之吉凶，都違背聖人「立本」之教。〈釋難宅無吉凶攝生論〉說：

> 夫命者，所稟之分也，信順者，成命之理也…信順既修，則宅葬無貴…夫壽夭不可求之宅，而可得之和…夫謹於邪者慢於正，詳於宅者略於和…非宅制人，人實徵宅也…古之營居，宗廟為先，廄庫次之，居室為後。緣人理以從事，如此之著，即知無太歲刑德也。

阮侃認為命有先天的定數，人的稟受各有不同。君子只要講誠信順正道而行，修養身心，聽任壽夭，這是成就天命的正理，也是安身立命的方法。既以信順修養身心，住宅、墓葬即無吉凶可言。人的健康長壽不能求之於住宅，只能得之於身心靈的和諧。迷惑於住宅吉凶的人，必定忽略自身的和諧；相信忌祟的人，必定忽視正道至理。例如：西漢末年，公孫述在手掌上面刻「公帝孫」，自立為天子；王莽好卜筮，勤事鬼神，用五石銅鑄作威斗，長二尺五寸，像北斗七星，欲以威斗鎮壓天下動亂，都難逃敗亡的命運。可知，沒有住宅、墓葬、時日、太歲、卜筮之吉凶。阮侃強調人的知識能力所不知的領域，不可妄求僥倖，暗批嵇康對「宅有吉凶」等各種忌祟，妄求吉凶，執迷不悟，違背聖教。

顯然的，王符與王充、阮侃的思想相近似，皆源於《荀子・

天論》，荀子強調人的吉凶禍福與生死存亡，都是自己招來的結果。〈天論〉說：

> 天行有常，不為堯存，不為桀亡。

八、德義無違，鬼神乃享，福祚乃隆

〈巫列〉論述君王求福，唯有修養品德，不在於祭祀求神。唯有高尚的道德，不違背德義，鬼神才會賜福。所以，孔子生病，不願意向鬼神祈福，而說：「我祈禱鬼神已經很久了。」例如《左傳·桓公六年》記載：楚武王意圖侵略隨國，隨國大夫季梁忠諫隨侯，努力修明政治，親近九族，不要只重視祭祀，季梁說：

> 臣聞小之能敵大也，小道、大淫。所謂道忠於民，而信於神也…夫民，神之主也，是以聖王先成民，而後致力於神。

季梁強調人民是鬼神的主人，因此，聖王先忠於人民，造福百姓，然後祭祀鬼神。隨國雖是小國而政治清明，能夠對抗淫亂的楚國。隨侯敬畏而勤政，楚國不敢入侵。

《左傳·昭公十七年》記載：冬天出現彗星，鄭國裨灶告訴子產說：「宋、衛、陳、鄭四個國家即將同一天有火災，我要用玉杯和玉勺子祭禳火神，可以免除火災。」子產不相信，不肯答應，並未發生大火。

《左傳·哀公六年》記載：這一年的雲，像紅鳥的樣子，繞著太陽飛了三天。楚昭王派人問周太史，太史說：「昭王當有病痛，如果禳祭，可以把病痛轉到令尹或司馬等大臣身上。」昭王說：「我沒有大的罪過，天豈能使我病死？我若有罪就應該受罰，何必轉移災禍呢？」孔子稱讚昭王明白祭祀的道理。

《左傳·僖公五年》記載：晉獻公向虞國借路入侵虢國，虞國大夫宮之奇以「唇亡齒寒」的道理，忠諫虞公不可答應晉國危

險的要求。虞公說：「晉國與虞國是同宗，難道獻公會害我嗎？何況，我供奉的祭品很豐盛，祭祀很虔誠，神一定會保佑我。」宮之奇說：

> 臣聞之鬼神非人實親，惟德是依。故周書曰：皇天無親，
> 惟德是輔。又曰：黍稷非馨，明德維馨。

宮之奇強調上天和鬼神並不親近任何人，只是輔助有德的人。如果人主沒有品德，百姓不和睦團結，鬼神也不享用祭品，祭祀無益。虞公不聽勸阻，答應晉國借路，宮之奇家族離開虞國。十二月，晉國消滅虢國，回國時，又消滅虞國，虞公被捕。

《左傳·莊公三十二年》記載：秋天，神降臨在虢國的莘（今河南省陝縣）。周大夫內史過到虢國，聽到虢公求神賜地。內史過說：「虢國必將敗亡，對人民殘暴，而祭神求福。」神在莘停留半年，虢公派太史囂祭祀，神同意賜地給虢公，太史囂說：「虢國即將敗亡了嗎？我聽說國家將要興盛，政治聽從人民的意見；將要敗亡，相信神的話。聰明而正直的神，依照人民的意見而行。虢公薄德，有很多惡行，暴虐百姓，他怎麼能夠得到神的賜福呢？」七年之後，虢國為晉獻公所滅。

《左傳·成公五年》記載：春秋時晉國大夫趙嬰，與其兄趙盾之子趙朔的妻子私通，有一天，趙嬰夢見天使說：「祭拜我，我賜福給你。」他派人問士貞伯，士貞伯告訴他的侍從說：「神會賜福給有仁德的人，而降禍給淫亂的人。」趙嬰祭祀上天，隔天就逃亡他國。

從上可知，國君唯有修養品德，勤政愛民，才是消災得福的根本方法。〈巫列〉說：

> 人君身修正，賞罰明者，國治而民安。民安樂者，天悅喜
> 而增歷數。故書曰：王以小民受天永命。

人君的道德修養純正，賞罰分明，社會安治，人民和樂，得到上天的賜福而使國家長治久安。誠如《周易‧繫辭上傳》第十二章說：「上天佑助順從正道的人，人民扶助誠信的人。能夠尚賢使能，堅守誠信，順從正道，上天會助佑他，吉祥而無不利。」因此，〈巫列〉說：

> 妖不勝德，邪不伐正，天之經也。

九、見瑞而縱恣者，福轉為禍；　見妖而戒懼者，禍轉為福

〈夢列〉論述夢的種類和依據夢中景象占夢吉凶的方法。不過，王符強調作夢是一種精神困倦昏暗迷離、意識恍惚的情境，因此，不可以僅憑徵兆判斷吉凶。〈夢列〉說：

> 且凡人道，見瑞而修德者，福必成；見瑞而縱恣者，福轉為禍。見妖而驕侮者，禍必成；見妖而戒懼者，禍轉為福。

人之善惡，應有妖祥、吉凶、禍福之徵兆，然而，福能轉禍，禍能轉福，關鍵在人能否努力修養品德。只要戮力修德，必得吉福；只要縱欲妄求，福轉為禍，禍福本為相因倚伏。因此，常懷戒慎恐懼，反省改過，努力修德，即可逢凶化吉，天賜永福，〈敘錄〉所謂：

> 福從善來，禍由德痛，吉凶之應，與行相須。

王符強調福從修德行善而來，禍由缺德行惡而致，吉凶禍福與人的言行作為密不可分。

十、吉凶期會，祿位成敗，德行為招

〈相列〉論述骨法相術，認為人的骨相是福祿的象徵，氣色神韻是吉凶的徵候，身體的器官部位顯示壽命的長短，後天的修

德行善,可以改變先天的吉凶、禍福、壽夭之命。易言之,骨相、氣色、部位是先天的條件,有一定的吉凶徵兆,後天的言行善惡,可以影響禍福。聰明的人如果擁有好的骨相和氣色,可以修善迎福;如有凶兆,更要反省改過,修德行善,消災免禍。愚者反之,雖有吉兆,不思改過遷善,終究福轉爲禍。可知,不論吉凶之兆,人人應該戮力修善以迎福消禍。

十一、忠厚積則致太平,姦薄積則致危亡

〈德化〉論述明君治國,以道德教化爲主,道德爲本,仁義爲輔,古代聖王皆戮力於端正品德爲表率,彰明禮義行教化。〈德化〉說:

> 人君之治,莫大於道,莫盛於德,莫美於教,莫神於化…德政加於民,則多滌暢姣好,堅彊考壽;惡政加於民,則多罷癃尫病,夭昏札瘥。

道德禮義的教化是治國的根本,刑罰只有防姦止惡的消極作用。明君施行德化仁政,百姓身心愉悅,健康長壽;暴君濫施嚴刑惡政,百姓痛苦,疾病夭亡。君王不斷累積忠厚愛民之德,臻於天下太平;昏君不斷累積奸邪惡行,國家豈能不亡?誠如《詩經‧大雅‧文王》說:「宜鑒於殷,自求多福。」明君以桀紂爲鑒,德化百姓以求福。

以上簡述《潛夫論》的善惡報應思想,有四點現代意義:

(一)一般人相信命理相術,王符認爲後天的修德行善,可以改變先天的吉凶壽夭。

(二)一般人淫祀鬼神,相信「有拜有保庇」,妄求福利。王符認爲鬼神唯德是依,淫祀無福,修德行善勝於勤事鬼神。忠厚積德,德義無違,致福之本。

　　（三）一般人相信風水地理、陽宅、陰宅有吉凶。王符認爲宅無吉凶，無關人之禍福。

　　（四）王符強調福從善來，禍由惡至，禍福相因，修德得福，縱恣得禍。福能轉禍，禍能轉福，關鍵在人能否戒慎修省、改過遷善。

第三章　魏晉六朝形神關係之三世因業得報

第一節　《抱朴子》

葛洪，字稚川，號抱朴子，晉丹陽郡句容縣（今江蘇省揚州）人，他是晉代著名的神仙道教的學者，約生於晉武帝太康三年，晚年在羅浮山煉丹，傳說他尸解成仙。據《晉書》本傳，著有《抱朴子》內外篇、《神仙傳》、《良吏傳》、《隱逸傳》、《集異傳》、《金匱藥方》、《肘後要急方》等書。

一、天高而聽卑，物無不鑒，行善不怠，必得吉報

葛洪認爲上天雖然離我們很遠，卻能聽見人間的聲音，凡是人間的善惡，上天無所不察，無所不知。只要不懈怠的行善積德，必能得到善報。《抱朴子·廣譬》說：天居高而鑒卑，故其網疏而不漏；神聰明而正直，故其道賞真而罰僞。[1]

上天能夠明察人間的善惡，因此，天網恢恢，疏而不漏；神明正直而聰明，能夠賞善罰惡。一般而言，行善比較困難，爲惡比較容易。有些人因爲顏回的短命、伯牛的惡疾，懷疑上天不能

---

1 葛洪善惡報應思想的前提是強調上天和鬼神能夠明察人類的善惡。此說近似墨子的天志和明鬼。

明辨善惡。殊不知有外在美譽的人，不一定有美德，得到外界稱讚的人，也不能消除不爲人知的「陰過」。所以，有智慧的人，勤勉修德行善，消除災禍，趨吉避凶。

二、天地有司過之神，隨人所犯輕重，以奪其算

葛洪強調天地有各種鬼神，監察人間善惡，賞善罰惡。《抱朴子·微旨》說：天地有「司過之神」，根據百姓所犯過失的輕重，減少壽命。罪過大者減少「一紀」的壽命，罪過小者減少「一算」的壽命。一紀是三百天，一算是三天[2]。人的壽命被司過之神減少，就會貧窮、生病，還有各種憂患災難。

人體內有「三尸」[3]，三尸是一種鬼神。三尸希望人早死，人死後三尸可以離開人體，自由享用祭祀的酒肉。因此，每到庚申日[4]，三尸就上天報告「司命之神」（主管百姓生死之神），詳述個人所犯的罪過。

葛洪又說：各家灶神在陰曆每個月的最後一天夜晚，一定上天稟告這一家人的善惡罪過。不過，值得注意的是，自北宋流傳迄今的《玉歷至寶鈔》卻說十二月二十四日各家司命灶神上奏。民間祭送灶神上天也是十二月二十四日，顯然受北宋《玉歷至寶鈔》的影響。灶神又稱灶君或灶王，道教尊稱灶神爲「崑崙老母」，《灶王經》稱「種火元君」。在傳統社會，民以食爲天，以泛靈多

---

2 據《酉陽雜俎·諾皋記》說：「大者奪紀，紀三百日；小者奪算，算一百日。」
3 道教認爲人體內有三尸神，上尸、中尸、下尸分別在上丹田、中丹田、下丹田之中。據《酉陽雜俎》：「上尸清姑，伐人眼；中尸白姑，伐人五臟；下尸血姑，伐人胃命。」
4 道教認爲庚申日齋戒不眠，可以避免三尸之禍，稱爲「守庚申」。《太清中黃真經·內養形神》說：「常守澹泊，三尸自滅。」修道的人一定要斬滅三尸，方能成道。

神的信仰而言，形成民間普遍的祭灶習俗。[5]

三、欲求長生者，必欲積善立功，慈心於物，恕己及人

　　《抱朴子·微旨》葛洪強調追求神仙長生之道的人，一定要積善立功，以寬恕之心對人，以慈悲之心待物，仁民愛物，眾生平等。見他人喜慶而高興，同情他人痛苦，急難救濟。不殺生，不勸人為惡，不幸災樂禍。見人之得猶如自己之得，見人之失好像自己之失。不自誇，不自以為高貴，不嫉妒勝過自己的人，不諂媚狠毒陰險的人，如此修德，可得承受上天賜福，有所作為必能成功，成仙才有希望。

　　值得注意的是，葛洪強調立功為上，改過次之。《抱朴子·對俗》據《玉鈐經·中篇》說：修神仙之道的人，以急難救濟，消除災禍，醫護他人疾病，使人免於枉死，是上等的功德。勤修神仙的人，要以忠孝、和順、仁信為根本。如果德行不修，只修煉丹方術，最終還是不能成仙。至於要立多少功（多少善）方能成仙呢？葛洪說：若修成「地仙」[6]，要行三百件善事；若修成天

---

5 有關灶神的信仰，清代流傳《灶君寶卷》，目前尚有民間善書《俞淨意遇灶神》。據《俞淨意遇灶神講記》記述：明嘉靖時，江西俞公，諱都，字良臣。多才博學，十八歲為諸生（秀才）。生五子，四子病夭，第三子甚聰秀，八歲戲於村里，不知去向。生四女，僅存其一。妻以淚洗面，兩目皆盲。俞公潦倒，自反無大過，慘膺天罰。四十七歲除夕，灶神現身，列舉俞公種種惡意：專務虛名。滿紙怨尤。瀆陳上帝。且蝦蟹之類，亦登於庖。種種貪念、淫念、嫉妒念、褊急念、高己卑人念、憶往期來念、恩仇報復念，憧憧於胸，不可紀極。故生平善言善行，都是敷衍浮沈，何嘗有一事著實。從今以後，種種惡意妄想，一切屏除，不圖報，不務名。第一要忍耐心，第二要永遠心，切不可自惰，切不可自欺，久久行之，自有不測效驗。萬曆四年丙子，遂登科，次年中進士。一日謁內監楊公，楊公令五子（義子）見俞公，其中一子即俞公第三子，八歲失蹤，從此父子團圓，夫人雙目復明。其子娶妻，連生七子，皆育。俞公享壽八十八歲。人皆以為實行善事，回天之報云。

6 《抱朴子·論仙》說：「中士遊於名山，謂之地仙。」又說：「上士舉形升虛（天），謂之天仙。」

仙，要行一千二百件善事。如果行了一千一百九十九件善事，偶而做了一件惡事，那以前所行的善事就不算了，必須從頭做起。

因此，行善不在乎大，小善也要力行；為惡不在乎小，小惡也不可去做。雖然不作惡事，如果對人誇大自己的善行，或布施財物後希望得到回報，就不算這件善事，不過，之前累積的善行並沒有喪失。為什麼行善要不欲人知，不可告人，不求回報呢？葛洪說：如果沒有多行善事，累積陰德，不足以感動神明。

四、曾行諸惡事，後自改悔者，轉禍為福

葛洪認為曾經犯過各種惡行的人，如果有了悔改之意，例如曾經錯殺過人，就要設法救濟應死之人，以消除之前的罪過。曾經搶奪他人財物，就要設法布施錢財給貧困人家。曾經加害無辜的人，就要設法推薦賢能。所做的善事要比先前的罪過至少多出一倍以上，就可以趨吉避凶，這是轉禍為福的方法。能夠終生不再犯錯，沒有罪過，必定延年益壽，修道成仙加速成功。

為了勸善教化，《抱朴子・微旨》列舉諸惡行：憎恨善人。喜好殺戮。口是心非，言行不一。反對正義之士。虐待屬下，欺騙上司。背叛主人。受恩不圖回報。違法接受賄賂。縱容非法，冤枉正直。假公濟私。刑求加害無罪的人。破壞他人家庭。奪取他人財寶。傷害他人身體。佔取他人官位。傷害賢者。濫殺俘虜。誹謗神仙、聖人。傷害道士。射殺飛鳥。破壞獸胎鳥蛋。在春夏打獵捕獸。辱罵鬼神。教人為惡。隱瞞別人善行。損人利己。危害他人自求平安。偷取他人之功佔為自己之功。破壞別人的好事。奪人所愛。離人骨肉。侮辱他人以取得自己勝利。借錢歸還不足。施放水火。以法術害人。欺負體弱多病的人。用不好的物品強力換取他人好的物品。強取強求。搶奪他人財物而致富。不公不平。

居心不良，手段邪惡。凌孤暴寡。將他人遺失或布施財物佔為己有。欺詐哄騙。說人隱私、長短。攀扯人際關係。賭咒發誓，向人要錢。只借不還。向人告貸，不講信用。欲望無窮。憎恨忠信之人。不服從上司的命令。不尊重師長。嘲笑他人行善。破壞他人莊稼。損害他人器物，致人窮困。將不清潔的食物給人食用。用輕秤小斗，偷斤減兩。以假貨（仿冒品）充真，得不義之財。誘騙他人錢財。跨越水井和灶，造成污染。晦歌朔哭。[7]

以上種種惡行，都是罪過。司命之神依犯罪輕重，減除壽命，扣盡則死，如有餘殃，禍及子孫。

五、吉凶由己，小善雖無大益，不可不為；細惡雖無近禍，不可不去

《抱朴子・君道》葛洪說：吉凶由人自取。〈君道〉引用《新序・雜事》：周文王建造靈臺，挖到死人的骨骸。官員向周文王稟報此事。文王說：「重新埋葬骨骸。」官員說：「這是無主骨骸。」文王說：「有天下者，就是天下人的主人，我就是骨骸的主人。」官員重新埋葬骨骸。從此，周文王得到天下人的歸心，認為他是有仁愛的帝王。可知，君王行仁，累積善行，則天下稱頌，四海歸心。反之，商紂暴虐，淫亂不止，比干強諫，慘遭剖心，終於敗亡，人民唾棄，遺臭萬年。

所以，小善雖然沒有大的益處，卻不可不為，累積小善成大善；小惡雖然沒有近禍，卻不可不去，累積小惡成大惡，例如肆情縱欲，荒淫無度，不與天下人同甘共苦，就會有無窮災禍而危亡敗滅，這是咎由自取。

---

7 顏之推《顏氏家訓・風操》引道書說：「晦歌朔哭，皆當有罪，天奪其算」。「朔」是農（陰）曆每個月的第一天；「晦」是每個月的最後一天。

六、禍非裡祀所禳

　　祭祀是人類盛行久遠的宗教行為。《禮記・郊特牲》認為祭祀有三種作用：祈求、報恩和消除災禍。[8]

　　《抱朴子・道意》葛洪強調祭祀祈禱不能夠消除災禍。如果祭祀祈禱可以延壽、消災，那麼，有錢人家一定可以長生不老，王公貴族一定沒有疾病。可知，祭祝天地鬼神，無益年壽，無益健康，更無益國祚。例如：楚靈王好祭祀，卻不能阻擋吳國的入侵。漢武帝信鬼神，仍死於五柞宮。孫權請王表祈福延壽而旋死[9]，都是史載明證淫祀無福。相反而言，東漢第五倫，任會稽太守，禁淫祀，壽且貴；東漢宋均，任九江太守，禁山祭，福祿終老；曹操任濟南相，毀淫祠，禁淫祀，貴為開國之君，這是不求淫祀反得福。

　　葛洪說他自己除了四時祭祀祖先外，皆不祭祀其他的鬼神。到各地遊歷，從來不進入寺廟拜神，也沒有發生什麼意外災禍。他也認識一些人，一生不祭拜鬼神，卻享高壽，子孫眾多，既富且貴。可知，鬼神不能賜福，淫祀無益。有趣的是，《抱朴子・道意》引用《風俗通義》「淫祀」的故事，說明淫祀無福。

---

8 祭祀是人類宗教信仰的行為之一，盛行久遠。例如《周易・鼎卦・象辭》說：「聖人用鼎來烹飪祭品，以祭祀上帝。」《尚書・盤庚》說：「我現在要隆重的祭祀我們的先王，你們的祖先也會隨之而來享用我的祭品。」中國古代的祭祀，對象很多，上帝、天地、日月星辰、山川、祖先、聖賢等，都受到祭拜。西洋古希臘羅馬時代，也盛行祭祀，因為古希臘人相信有天上神和地獄神，所以有天祭和地祭，通常以豬、牛、羊等為祭品。今天台灣民間的祭祀也很豐盛，各地廟會常有上千斤的大豬公，非常壯觀。

9 據《三國志・吳書》記載：臨海羅陽縣自稱「王表」者，誇言有神通。孫權封以輔國將軍、羅陽王。當孫權病危時，請王表祈福，使孫權延壽。不料，王表逃逸失蹤，不久，孫權即死。

　　從前，汝南郡有人在田裏設繩套捕到一頭麜（獐）[10]，主人尚未發覺。有路過的人把獐取走，放了一條鹽漬的魚在繩套上。主人回來看見繩套上的魚，非常驚奇，以爲是神怪，不敢拿回家。此事流傳鄉里，百姓修廟供奉，稱「鮑君廟」。有的病人祭拜後，偶然病好了，就傳說鮑君非常靈驗，香火不絕。七、八年後，魚的主人從鮑君廟經過，問其緣由，魚主人說：「這是我留下來的魚，有何神怪靈驗！」從此，鮑君廟的香火沒人祭祀。（此事亦見《風俗通義》卷九）

　　汝南郡彭氏墓園臨近大馬路，墓前有一座石人像。一位老婦人到市場買了幾塊餅，回家路上，因爲天氣熱，在墓園樹下休息，暫時將餅掛在石人像。急忙趕路卻忘了拿走餅。路過的人見石人像頭上有餅，好奇問旁人。有人開玩笑說：「這個石人有靈驗，能爲人治病，常有治癒者拿餅來致謝。」此事流傳鄉里，許多人都來祈求石人像治病。有一天，那位忘記拿餅的老婦人聽說此事，對人說明原委，從此，石人像就沒有人祭拜了。（此事亦見《風俗通義》卷九）

第二節　《搜神記》

　　魏晉南北朝由於政治黑暗，戰亂不息，民不聊生，因此佛教興盛。隨著佛教信仰的普及，所謂「志怪小說」[11]大量問世，約

---

10 麜，哺乳綱偶蹄目，形似鹿而小，頭無角，色黃黑，又名獐，足善走。

11 「志怪」一詞，出自《莊子・逍遙遊》，魏晉時期，有《志怪集》、《志怪傳》、《志怪記》等以「志怪」爲名的神怪小說。唐末段成式首次在《酉陽雜俎・序》提出「志怪小說之書」。明萬曆年間，胡應麟在《少室山房筆叢・九流緒論下》將小說分爲六類，第一類就是「志怪小說」。

有三十種之多，較爲著名者如：曹丕《列異傳》、王琰《冥祥記》、顏之推《冤魂志》、王浮《神異記》、張華《博物志》、郭璞《玄中記》、葛洪《神仙傳》、王嘉《拾遺記》、陶潛《搜神後記》等，其中，最具代表性的作品，就是《搜神記》。

《搜神記》的作者是東晉史學家干寶。干寶寫作《搜神記》的一個主要目的是「足以發明神道之不誣也。」（《搜神記·序》）。據《晉書》卷八十二干寶本傳記載：他家發生過兩件神怪之事。一件事是他父親有一位寵愛的婢女，當他父親死後下葬時，母親狠心將此婢女活埋墓中，以爲殉葬。過了十多年，母親死後與父親合葬，打開墳墓，婢女未死，一天後甦醒。她說在墓中干父時常給她食物，兩人如生前一樣生活。另一件事是干寶兄長因病死亡，但身體仍溫不冷，幾天之後甦醒，醒後說他看見天地間的鬼神，猶如作夢一般，不知道自己已經死亡。

這兩件事應該不是真實故事，而是出於傳說附會。雖然，干寶承認他所記載的民間流傳故事和當時的一些傳聞，並非全都可信。因此，《晉書》本傳說此書「博采異同，遂混虛實」。[12]

值得注意的是，《搜神記》卷二十，專門記載動物報恩和報仇的故事，以彰顯善惡報應的思想[13]。卷二十共有十六則故事，其中十一則報恩，五則報仇。也就是十一則得善報，五則得惡報，僅舉數例說明如下：

一、放生得善報

孔愉，字敬康，會稽郡山陰縣人。東晉元帝時，因討伐華軼

---

12 《搜神記·序》說：「雖考先志於載籍，收遺逸於當時，蓋非一耳一目之所親聞睹也，又安敢謂無失實者哉！」
13 依佛家思想而言，人與動物都是「有情眾生」，人與動物皆是「眾生平等」，救助動物更能彰顯人的慈悲心。

有功，封爲侯。孔愉年少時，曾經路過浙江吳興縣餘不亭，看見路邊有人用籠子裝著烏龜販賣，孔愉買下烏龜，把牠放生到餘不溪中。這隻烏龜在溪水中，從左邊回頭看他好幾次。後來，孔愉因征戰有功，封爲「餘不亭侯」。當官方鑄造孔愉官印時，官印上端的印紐依官職等級而有不同的樣式，孔愉官印的印紐恰巧是龜紐。工匠鑄了三次，總是鑄成烏龜向左回頭的樣子，工匠把這件事告訴孔愉。孔愉大悟這是放生烏龜的報恩現象。之後，孔愉升至尙書左僕射，死後追封車騎將軍。

　　東漢弘農郡人楊寶，九歲時，看見一隻黃雀，被鴟鴞啄傷，掉落在樹下，爲螞蟻所困。楊寶慈悲爲懷，把牠帶回家飼養，過了百餘日，黃雀恢復健康。有一個夜晚，楊寶讀書尙未睡覺，有一位穿黃衣的童子向楊寶拜謝說：「我是西王母的使者，不愼被鴟鴞啄傷，幸得您的仁慈救助，非常感謝。」於是，送楊寶四枚白玉環，祝子孫高貴。果然，楊寶之子楊震、孫楊秉、曾孫楊賜、玄孫楊彪，四世位居太尉。（東漢以太尉、司徒、司空爲三公）

　　從前，周代隋侯出巡，看見一條大蛇，被砍成兩截未死。隋侯派人用藥救牠。一年多以後，這條大蛇銜一顆明珠報答隋侯，明珠夜晚發出亮光，非常明亮。這顆明珠稱爲「隋侯珠」，又稱「靈蛇珠」，或稱「明月珠」。[14]

　　以上三則放生，救助動物得善報的故事，對後世影響深遠，尤其是放生，迄今仍有宗教團體定期放生，因爲他們相信放生有大功德，明代蓮池大師著〈放生文〉，流傳至今，仍以善書發行。印光大師說：「放生有十大功德。戒殺放生者，來世得生於四王天，享無邊福。若兼修淨土者，直可往生於西方極樂國土，其功德實

---

14 以上三則動物報恩的故事，蓮池大師〈放生文〉亦有記載。

無涯矣。」[15]

二、殺生得惡報

　　惡報的故事是說東晉吳郡海鹽縣北鄉亭里，有一位士人，名叫陳甲。元帝時，他寓居華亭，有一天，到華亭東邊沼澤地打獵，突然發現一條大蛇，長六七丈，五色花紋，睡在土岡下。陳甲當下把牠射死，不敢對別人說。三年後，又和鄉親打獵，來到三年前射死大蛇的地方，他告訴同伴說：「三年前，我在此地射殺一條大蛇。」當晚，陳甲夢見一個人，穿黑衣，戴黑頭巾，到他家說：「三年前，我酒醉昏睡，你無故殺死我，因為酒醉，沒有看清楚你的真面目，如今你自己找死。」陳甲驚醒，第二天，腹痛而卒。

　　臨川郡東興縣有一個人到山上去，抓到一隻小猴子，就帶回家，母猴一直跟在後面。這個人把小猴子綁在院子的樹上，母猴對著人自打耳光，像是哀求放走牠小孩的樣子。這個人不僅不放走小猴，竟然打死小猴子，母猴悲哀吼叫而死。這個人剖開母猴的肚子，看見母猴的腸子一寸一寸的斷裂。可見母猴何其悲痛[16]。不到半年，這個人全家慘遭瘟疫而死，滅門。

　　以上二則殺生而得惡報的故事，完全符合佛家禁止殺生的戒律，因為佛家主張眾生平等，人與禽獸都是有情眾生，殺害禽獸視同殺人，必得惡報。戒殺是為了培養人的慈悲心，《大乘義章》說：

> 愛憐名慈，惻愴曰悲。

---

15 環保團體和農政單位一再呼籲民眾不要任意放生。任意放生或棄養寵物，造成生態的浩劫。放生也可能是放死。筆者曾在中正紀念堂草坪上看見有人將小鳥放生。如果從鳥店買來小鳥放生，恐怕無法存活。

16 斷腸形容悲傷之最。杜牧詩：芳草復芳草，斷腸還斷腸。

佛家以慈心視眾生，欲令其普得利樂；以悲心視眾生，欲令其拔於苦難。佛家常說大慈大悲，大慈與一切眾生樂；大悲拔一切眾生苦。須知，戒殺是佛家五戒之首，遵守五戒的不殺生，是不得親自殺生，不得勸他人或教他人殺生，表示對一切眾生的同情心。因為不忍心自己被人殺害，所以，知道他人以及一切眾生，都有不忍被殺的心理。因此，完全戒殺，梁武帝〈斷酒肉文四首〉（《廣弘明集》卷三十）說：

> 常懷殺心，斷大慈種，凡肉食者，自是可鄙。

因此，長久以來，中土信佛者持守戒殺素食，因為素食是戒殺精神的具體表現，更是慈悲心的發揚光大。例如《楞伽經・斷食肉品》認為一切眾生從無始以來，於生死中輪迴不息，曾經互為父母、兄弟、眷屬及親朋好友，其中或生三惡道中而為禽獸畜生等，如何可食禽獸畜生的肉？一切肉都是從有情眾生而來，如何可食？一切眾生都是親屬，大慈大悲，視之如同子女，因此，不應噉食一切肉品。

值得注意的是，南朝梁・沈約著〈究竟慈悲論〉（《廣弘明集》卷二十六）說：

> 釋氏之教，義本慈悲，慈悲之要，全生為重…夫肉食鷲衣，為方未異，害命天生，事均理一。

沈約認為佛家以大慈大悲，普渡眾生為根本思想，而大慈大悲以保全眾生的生命為首要。因此，人類對於有情眾生，不能不戒殺生。然而，世俗之人，被習俗所迷，非一夕之間能夠覺悟，必須循序漸進，逐步減少殺生食肉。

因此，小乘佛教並不嚴格禁止食肉，認為「不見、不聞、不疑（非為我而殺之嫌者）」，所謂三淨肉是可以吃的，不過，這是佛教的權宜之教。直到《大般涅槃經》在中土流傳，小乘佛教三

淨肉的說法，逐漸被大乘佛教禁食酒肉的主張所取代。

　　沈約強調，飲酒食肉和穿著絲綢衣服，兩者都是殺生行為，因為煮繭抽絲，殺害蠶蛾，就是殺生。而世人只認為宰殺禽獸才是殺生，這顯然是一種偏見，有錢人家喜歡穿著絲綢衣服，他們沒有想到這是一種間接的殺生。實際上，年老者不一定非要衣錦食肉不可，穿粗布衣服，吃蔬菜水果，也應該可以禦寒飽腹。富貴人家喜歡食肉衣錦，這種殘忍的間接殺生，非常不妥當。

　　自《大般涅槃經》傳入中土以來，小乘認為有不聞、不見、不疑的三淨肉可以食用的觀點，雖然被取代了。許多人虔信大乘，終身素食，禁食肉品。然而，可惜的是，他們對穿著絲綢衣服未曾懷疑過是否應該，實在忽略了佛家慈悲真義。如果世人能夠戒除食肉衣錦的行為，一切有情眾生就可以免遭人類的傷害殘殺了，這才是佛家的究竟慈悲。[17]

　　除了放生得善報、殺生得惡報的故事之外，《搜神記》還有孝感、鬼魂賞善罰惡、淫祀無福、人鬼相戀、積陰德等善惡報應思想，簡述如下：

三、孝　感

（一）趙公明府參佐

　　《搜神記》卷五記載：散騎侍郎王祐，為官清廉，事母至孝，忽然病危，哀傷與母訣別。突然聽到屬下通報：某人來訪。此人曾任州郡別駕（州刺史之佐吏），旋即到訪，對王祐說：「我們都是趙公明（秦時隱士，相傳得道成仙，人稱趙公元帥。）府中的

---

17 值得注意的是，《大般涅槃經》並未提出禁止信佛者穿著絲綢。沈約〈究竟慈悲論〉強調食肉衣錦同屬殺生害命。食肉衣錦將斷絕成佛之路。

部屬，今年國家有災難發生，因爲我和你都是讀書人，又是同鄉，所以，想請你幫忙。」王祐知道他們是鬼神，說：「家母年壽已高，我又沒有兄弟，一旦我亡故，誰來奉養老母？」說完泣不成聲。那人悲傷地說：「你位居常伯高官，家境並不富有，可見爲官清廉，又事母至孝，是國家不可多得的棟樑，我想辦法救你。」又說：「我明天再來。」

第二天，那人又來了，對王祐說：「人生病，猶如火在身上，可以用水消滅。」於是，拿了一杯水，澆在王祐蓋的被子下面。又對王祐說：「給你十幾支紅筆，帶在身上，可以保平安，可以送給親朋好友，消災免禍。」過了幾天，王祐的病完全痊癒，得到紅筆的人，也都平安無恙，凡是那人（鬼神）說要帶走的人都突然暴斃而死。

這是一則孝感的故事，王祐事母至孝，爲官清廉，感動鬼神相助，不僅病危而痊癒，又能平安而無恙。

（二）王祥剖冰求鯉

王祥，字休徵，生性至孝，事繼母有孝行，晉武帝時官拜太保。幼年死了母親，不受繼母與父親的疼愛，仍然孝順父親與繼母。有一次，繼母想吃活魚，當時，冬天河水結冰，王祥準備破冰抓魚，河裡的冰突然自動裂開，跳出兩條鯉魚，王祥高興地帶魚回家。又有一次，繼母想吃烤熟的黃雀肉，突然飛來幾十隻黃雀，他就順手抓來孝敬繼母。鄉里親友驚歎不已，認爲這是王祥孝感天地而得的善報。有趣的是，相同的孝感情節，還有樊儵臥冰求鯉，爲繼母治病延壽；王延冰上求魚，終於感化繼母的故事。

（三）郭巨埋兒得金

晉代的郭巨，兄弟三人，父親早死，家產被兩個弟弟強佔，又不奉養母親。郭巨和他妻子只好給人幫傭，奉養母親。不久，他的妻子生了一個男孩，郭巨考慮養育男嬰會妨礙侍奉母親，又會減少母親的飲食。只好到野外挖個土坑，想要活埋兒子，意外挖到一罐黃金。於是，郭巨的孝感故事傳遍天下。

（四）周暢行仁孝，收葬無主骸骨

東漢的周暢，生性仁慈，事母至孝，兄弟數人，唯有他與母親同住，奉養母親。每次他出門在外，母親若有急事找他，時常咬她自己的手指，周暢即刻感應自己的手指痛，知道母親找他，迅速回家。漢安帝元初二年，周暢任河南縣令，遭逢夏季乾旱，祈雨無效。周暢收葬一萬多具無主骸骨，建立義冢，上天降下及時雨，解除旱災。

這個孝感故事有兩個情節：一是母子連心，著名的故事是曾子孝感萬里，曾參跟隨孔子周遊列國，在楚國時感到內心悸動，急忙回家，母親說：「我思念你，不自覺咬了自己的手指。」孔子說：「母子連心，曾參的孝心，能與千里之外的母親相互感應。」二是埋葬無主骸骨，自古以來，就是一種仁政；反之，棄置無主骸骨，即是一種暴政。仁德愛心可以感動上天，降下及時雨，解除乾旱。

四、淫祀無福

《搜神記》卷五記載：南頓郡有一個人叫張助，在田裡耕作，看見一顆李子的核，張助把李子的果核種在樹幹中空的桑樹。之

後，張助離家到遠方任職。路過的人見桑樹長出李樹，認爲非常神奇。有一位眼疾的人在樹下祈禱說：「李樹神若能治好我的眼疾，我殺一頭大豬來感謝。」恰巧他的眼疾好了，他及時殺豬還願。此事流傳鄉里，有人說這棵李樹神非常靈驗，能使瞎子的眼睛恢復視力。於是，一人傳虛，萬人傳實，鄉民爭相祭拜，香火興旺。過了一年多，張助回來了，非常驚訝的說：「這是我種的李樹，有何神奇靈驗呢？」他砍掉李樹，祭祀也就沒有了。

有趣的是，鄉民認爲桑樹長出李樹，是一種奇特的靈異，相信李樹有靈，這是萬物有靈論的信仰，也是宗教起源的重要原因。先民相信萬物有靈，汎靈論的信仰者，對天地萬物的自然崇拜，認爲大樹有大樹公（神），大石頭有石頭公（神），台灣也有不少大樹公、石頭公，鄉民虔誠祭拜。

其實，儒家認爲「淫祀」無福，祭拜李樹神正是淫祀。（此事亦見於《風俗通義》卷九及《抱朴子‧道意》）

五、丁姑賞善罰惡

淮南郡有個姓丁的媳婦，十六歲嫁到謝家。婆婆待她嚴酷，不高興時就打她。丁氏不堪折磨，在九月七日上吊自殺。不久，開始流傳各種靈異傳說。傳聞她的鬼魂藉巫祝之口說：「我憐惜整天辛勞的婦女，希望她們在九月七日可以休息。」又傳說有一天，丁氏現出人形，後面還有一個婢女，在牛渚津（長江的一個渡口）準備過江。江邊有兩個男人在船上捕魚，她要求他們載她過江。兩個男人調戲她說：「如果妳願意做我們的妻子，就載妳過江。」丁氏說：「我以爲你們是善良的百姓，你們卻不懂做人的道理，光天化日調戲婦女，應該讓你們入水而死。」

不久，有個老翁划著載運蘆葦的船迎面而來，丁氏求他渡

江，老翁卸掉一半的蘆葦，載她渡到南岸。臨走前，丁氏對老翁說：「我是鬼神，不是人，自己也能輕易過江，只是想讓百姓了解我，感謝你的善意，我會讓你有所見、有所得。」當老翁回到西岸，他看見兩具男屍在水上漂浮，又看見岸邊有上千條的魚，活潑潑的跳躍，老翁滿載活魚而歸。從此，江南百姓尊稱她丁姑，每年九月七日，百姓虔誠祭拜丁姑，婦女休息，不必工作。

　　這則故事彰顯中國傳統媳婦的卑微與無助，丁氏死後成為鬼神，獎賞善人，懲罰惡人，最後得到百姓的崇拜與祭祀，具有勸善教化的意義。

六、祖先餘殃而病

　　《搜神記》卷三記述：揚州別駕（州刺史的佐吏）顧球的姐姐，十歲時生了怪病，一直到五十多歲仍未痊癒。顧球請郭璞（東晉河東聞喜人，字景純，博學有高才，尤精於陰陽、曆算、五行、卜筮之術，所占多驗，尤善禳災轉禍，被王敦所斬，《晉書》七二有傳。）卜卦，得到的卦辭說：「久病不癒的原因，是被鬼怪糾纏，源於祖先的過失，斬殺靈蛇得到的惡報。」顧球追查祖先的事蹟，發現祖先曾砍伐一棵大樹，樹上一條大蛇，沒有放生而斬殺大蛇。從此，十歲的姐姐就生病，迄五十餘歲而未癒。

　　這則故事彰顯殺生得惡報及祖先餘殃的思想，顯然是深受佛家戒殺與《周易·坤·文言》：「積不善之家必有餘殃」的影響。殺生得惡報、放生得善報，是流傳深遠的民間信仰。餘慶與餘殃更是影響中國傳統社會的勸善教化。可悲的是，殘酷的現實政治案件，確有誅三族甚至誅十族的不幸災禍，例如方孝儒慘案，豈能以「餘殃」論之！

七、淳于伯冤死，乾旱三年

《搜神記》卷七記述：晉元帝（司馬睿）建武元年六月，揚州嚴重乾旱。十二月，河東郡發生地震。前一年的十二月，曾因漕運誤期，而將督運軍糧的令史淳于伯依軍法處死。行刑時，他的血逆流上二丈三尺高的柱子，又往下流了四尺五寸。時人都認爲淳于伯冤死，漕運誤期非淳于伯之過。因此，連續嚴重乾旱三年。

這則故事主要勸戒執掌生殺大權的人，不可濫用刑罰，濫殺無辜，否則，會有連續嚴重乾旱或大雨等災異。其實，以自然科學而言，冤死和乾旱應該沒有必然因果關係。

八、三疫鬼

《搜神記》卷十六記述：從前，顓頊（上古帝王名，傳說是黃帝之孫，號高陽氏。）有三個兒子，死後都成爲疫鬼：一個在長江裏，稱瘧疾鬼；一個在若水（即雅礱江，發源於西藏，流入金沙江。）裏，叫魍魎鬼；一個在百姓房子裏，喜歡驚嚇小孩，是小鬼。因此，歷代帝王在每年正月，命方相氏（執掌驅逐疫鬼之官）舉行儺祭，驅逐疫鬼。

這則故事彰顯古代醫學及科學知識之不足，對瘟疫等疾病不能醫治與山川等自然災害不能防治，因而歸於疫鬼爲祟。瘧疾是瘟疫之一種，瘟疫是流行急性傳染病之總稱，例如霍亂、天花、傷寒等。疫鬼象徵瘟疫危害百姓健康及生命。魍魎爲山川精怪，河伯、山神、妖怪等，大自然的災難危害百姓，不能有效防治，因而歸於河伯、山神爲祟，遂有《史記·滑稽列傳》所載河伯娶親的騙局及西門豹治巫的精彩情節。

　　因此，古代帝王每年正月舉行儺祭，《論語・鄉黨》說：「鄉人儺。」台灣也有迎王爺的宗教活動，王爺祭典原有驅逐疫鬼的意義，源以瘟疫為患，百姓不寧，祭祀祈福，以安民心。

九、鵠奔亭女尸，申冤報仇

　　《搜神記》卷十六記述：東漢何敞任交趾（今廣東、廣西大部分）刺史，出巡到蒼梧郡高要縣（今廣東肇慶市），夜宿鵠奔亭。半夜有一女子對他說：我叫蘇娥，字始珠，住廣信縣（今廣西梧州市），幼年死了父母，沒有兄弟，嫁給同鄉施家，丈夫早死，留下一批絲織品和一個婢女，名叫致富。我租了車，滿載絲織品，想到鄰縣做生意，來到鵠奔亭，天色已晚，致富突然肚子痛，我到亭長家求助，亭長龔壽（秦漢時十里一亭，亭有亭長，職掌追捕盜賊。）拿著刀，對我說「年輕人喜歡美女，希望得到快樂。」我抵死不從，龔壽一刀刺死我，又刺死致富，搶走我的財物，他把屍體埋在樓下土坑，我們含冤而死，乞求刺史追捕龔壽。

　　何敞叫人開挖土坑，果然找到兩具屍體，沒有腐爛。何敞派人追捕龔壽，全家人逮捕入獄，何敞報請朝廷同意龔壽全家人都處死，因為亭長知法犯法，罪大惡極，國法不容，不能為民表率，造成鬼魂申冤。朝廷同意何敞的意見，龔壽及其父母兄弟遭到誅殺。

　　這則故事彰顯冤死鬼魂對惡人的懲罰，龔壽身為亭長之官，殺害弱女子，搶奪其財物，罪行隱密數年，傷天害理，天地不容，罪有應得。雖然，王充認為死者無知，不能成為厲鬼報仇，不過，蘇娥申冤復仇的情節，仍有戒惡的教化意義，雖然，不少冤死命案不能偵破，例如已故桃園劉縣長命案，多人遇害即是一例。

十、韓重紫玉，人鬼相戀

　　《搜神記》卷十六記述：吳王夫差的女兒，名叫紫玉，十八歲。少年韓重，十九歲。兩小無猜，私定終身。韓重的父母為他去求婚，夫差大怒，拒絕婚事，紫玉鬱悶而死。三年後，韓重學成回來，知道紫玉病逝，到她的墳前祭拜，紫玉的鬼魂從墳墓中出來，邀韓重入墓，同住三天三夜，臨走前，紫玉送他一顆明珠，希望他到她家拜訪。韓重拜見夫差，夫差大怒，認為韓重盜墓。突然，夫差看見紫玉回來，紫玉說：「韓重真情，始終如一，請父親息怒。」媽媽想抱紫玉，紫玉化為一縷青煙消失不見。

　　這則人鬼相戀的愛情故事，象徵男女渴望自由戀愛的可貴和淒美。

第三節　〈理惑論〉、〈喻道論〉、〈均善論〉

一、〈理惑論〉

　　自佛教傳入中土，〈理惑論〉是中國最早的佛教論書，作者是牟子，根據〈理惑論〉的序文，牟子是東漢末年靈帝、獻帝時期的人[18]。他以格義的方式，調和會通佛、儒、道三家思想，批判神仙道教，終以佛為宗，推崇佛教。值得注意的是，傳統的善惡報應思想，佛家稱為因果報應。〈理惑論〉說：

　　懷善者應之以祚，挾惡者報之以殃，未有種稻而得麥，施

---

18 梁啓超著〈牟子理惑論辨偽〉一文，主張該書是東晉、劉宋之間的人偽託後漢牟融之名而作。呂徵也同意此說。不過，胡適、湯用彤等人認為是漢魏之間的著作。

禍而獲福者也。

〈理惑論〉以兩則歷史事例，說明因果報應。據《韓非子·
十過》（亦見於《左傳·僖公二十三年》）、《國語·晉語》記載：
從前，晉國公子重耳流亡國外，經過曹國，曹君聽說重耳的脅骨
駢連，偷看他洗澡，釐負羈和叔瞻在曹君身邊侍奉[19]。叔瞻勸曹
君說：「重耳不是平常人，偷看他洗澡，對他不禮貌，他如果當上
君王，恐怕會報復，不如殺了他。」。曹君不聽。釐負羈回家把事
情告訴妻子，他的妻子說：「您要對重耳示好，以禮待之，有別於
曹君。」。於是，釐負羈把黃金裝在盒裡，再裝滿食物，上面放一
塊玉璧，夜裡派人送給重耳。重耳表示感謝，接受食物，把玉璧
退還。

後來，秦穆公幫助重耳返回晉國，立他為國君。三年後，派
兵討伐曹國，派人告訴曹君（曹共公）說：「把叔瞻用繩子從城牆
送出來，我要殺死他，陳屍示眾。」又派人告訴釐負羈說：「晉兵
已到城下，我知道您不會逃難，請您在門閭上做個記號，我下令
門閭上有標誌做記號的，不許官兵騷擾傷害。」曹國人知道這個
好消息，帶領他們的親友進入釐負羈所居住村里內，避難的有七
百多家，這是善有善報的結果。

又據《左傳·宣公二年》記載：秋天九月中旬，晉侯（晉靈
公）請趙盾（趙宣子）飲酒，暗中埋伏士兵，想殺死他。他的侍
從提彌明早已知悉，就上殿對趙盾說：「人君陪君王喝酒，超過三
杯是無禮。於是扶他下來，晉靈公改喚惡犬咬殺趙盾，提彌明把
惡犬殺死。趙盾且戰且退，提彌明被晉兵殺死，正當趙盾危險之
際，靈公的衛兵，名叫靈輒，把兵器轉向靈公的衛隊作戰，好讓

---

19 叔瞻是鄭國大夫，《韓非子·十過》誤把叔瞻諫鄭文公勿以無禮待重耳之事，
誤以為是曹君侍臣。

趙盾逃走。趙盾非常驚訝，問他原因，靈輒說：「我就是當年桑樹底下飢餓的那個人」。

　　當年趙盾在首山打獵，在桑樹底下休息，看見飢餓的人就是靈輒，靈輒說：「我已經三天沒吃東西了」。趙盾把豐盛的食物給他吃，靈輒吃了一半，想把剩下的一半送給母親，趙盾叫他儘管吃完，另外送一籃的飯和肉給他母親。後來，靈輒成了晉靈公的衛兵，當趙盾危急時，適時幫助他，以示善意的回報。

　　牟子舉鼇負軛和趙盾為例，說明只是無意中小小的施捨助人，尚且可以得到如此重大的善報，更何況佛家散盡家財，博施慈悲善心，其功德比泰山還高，比大海更深。心懷善意，慈悲助人的人，會得到善報；心存惡念，為非作歹的人會得到惡報。沒有種稻子而得麥子，沒有為惡而獲福的道理。(《弘明集》卷一)

二、〈喻道論〉

　　〈理惑論〉之後，晉代的孫綽，著〈喻道論〉(《弘明集》卷三)說：

> 歷觀古今禍福之證，皆有由緣，載籍昭然，豈可掩哉！何者陰謀之門，子孫不昌，三世之將，道家明忌！斯非兵凶戰危，積殺之所致祁？

　　孫綽以為綜觀古今的善惡報應，都有其前因後果，史籍所載，昭然不假，豈可掩飾？在歷史上，凡是陰謀政變，殺人奪權者，子孫凋零不昌，三世武將，向來是道家非常避諱的，這些現象都是殺人太多所致的惡果報應，舉例說明之。

　　據《春秋左傳‧宣公十五年》記載：秋七月，秦桓公伐晉，到達輔氏(屬晉地)。壬午這一天，晉侯在稷操練軍隊，之後侵略狄國，立了黎侯就班師回來。到了雒(屬晉地)，魏犨的兒子魏顆

在輔氏打敗秦國的軍隊，捕獲秦國武士杜回。在此之前，魏犨有一位愛妾，這個妾沒有生孩子，魏犨有一次生病時，告訴魏顆說：「我死了以後，把這個妾嫁人。」等到病重時，又改口說：「我死了以後，要殺死她爲我殉葬。」等到魏犨死了以後，魏顆讓她改嫁。魏顆說：「病重的時候，內心迷亂，我是遵從父親未病重時心不迷亂的命令。」

到了輔氏之戰時，魏顆看見有一位老人把草拴縛成捆，以抵抗杜回，杜回被草絆倒，被魏顆捕獲。夜晚，魏顆夢見老人說話，老人說：「我是你讓她改嫁的那位妾婦的父親，你遵守你先父未病重時的命令。所以，我來報答你的恩德。」

又據《史記·淮陰侯列傳》記載：韓信，甚貧，釣於城下，諸母漂（以水澄物，韋昭曰：以水擊絮爲漂。），有一位太太見韓信飢餓，常給他飯吃，長達數十日。韓信對她說：「我以後一定要好好報答您。」。這位太太生氣說：「大丈夫不能自食其力，我可憐你，才給你飯吃，豈敢奢望你的報答。」漢五年正月，韓信爲楚王，召見從前常給他東西吃的這位太太，賞賜千金給他。（韓信是漢初三傑之一，淮陰人，幫助高祖建立帝業，封爲楚王，後爲呂后所殺。）

以上所舉二例，都是現世報，因果報應不過一世。所以，凡是爲善積德，或是爲惡積禍，遲早都會得到報應。猶如把五穀的種子播種在地裡，會得到百倍的收穫，土地和五穀並非有意報答於人，但是，播種必定會得到收穫，是自然的結果。播種是因，收穫是果，這是因果報應。

三、〈均善論〉

〈均善論〉又稱〈白黑論〉，主要闡揚儒、釋、道三家殊途

同歸。對佛家「來生報應」有所批評，受到當時佛教界的諸多擯斥，謂其貶黜釋氏，引發諸多爭論。〈均善論〉自設白學先生和黑學道士，白學代表儒家和老莊道家，黑學代表佛家。〈均善論〉白學先生說：

> 且要天堂以就善，曷若服義而蹈道，懼地獄以敕身，孰與從理以端心。

白學先生說：佛教提倡天堂福報，使人因嚮往天堂至樂而爲善去惡，實際上，與其用天堂之樂作爲果報，勸人爲善去惡，不如像儒家那樣教化人們心悅誠服、拳拳服膺仁義道德，而遵守人倫義理、社會規範；與其用地獄之苦作爲惡報，使人害怕地獄慘況，警惕人們去惡爲善，不如教化百姓實踐人倫綱常，以端正人心。企圖以禮拜佛像，求取佛神的保佑，免除罪固；企圖以花果供佛，祈求升官發財的福報，根本是不足取的行爲。

值得注意的是，依照白學先生的觀點而言，佛教是他律道德，儒家才是自律道德；所謂「他律」，依康德的道德哲學而言，是先設定某個目的，爲了達到這個目的，一定要做某事，例如「你想往生西方極樂世界，必須信佛，爲善去惡。」，以西方極樂世界爲目的，故是有條件的（或稱有待）。易言之，基於興趣、性好、或利害關係，有目的者，稱爲「他律」；反之，稱之「自律」，康德強調只有意志自律才是道德的基礎。孟子所謂「由仁義行，非行仁義」，才是自律道德。

黑學道士認爲：佛教如果不示以來生的果報，說天堂之樂，地獄之苦，如何能使有情眾生放棄眼前對物欲的執著，因爲人的欲望無窮，不可能一下子全部放棄，必須逐漸誘導之，逐漸捨棄愛欲，最後才能斷盡世俗一切欲望與貪愛。

第四節 〈三報論〉、《顏氏家訓》

一、〈三報論〉

慧遠是東晉後期佛教界的領袖高僧，他隱居廬山三十多年，使廬山成為當時最有名的佛教聖地。其主要著作，有：〈沙門不敬王者論〉、〈形盡神不滅〉、〈明報應論〉、〈三報論〉等文。〈形盡神不滅〉說：

> 夫神者何耶？精極而為靈者也…神也者，圓應無生，妙盡無名，感物而動，假數而行。感物而非物，故物化而不滅，假數而非數，數盡而不窮。

慧遠所謂「神」，是精神性的形而上的存有，不是形而下物質性的氣。「神」能化生萬物而自己沒有固定的實體，神雖然感召萬物，也受萬物的感動，但是，「神」不是具體之物。所以，萬物有生死變化而消亡，「神」卻不會變化而消亡。

慧遠認為有情眾生的生死流轉（六道輪迴），由情識感通而動，而有觸、受、愛、取，情識是生死流轉的基礎，情識有感召外物的功用，而「神」是情識的根據。易言之，「神」是生死輪迴的主體，也是因果業報的主體。

值得注意的是，慧遠結合佛教大小乘對因果業報和輪迴主體的說法，以「神」為因果報應和六道輪迴的主體。早在部派佛學犢子部就認為眾生由造作善惡行為所引生的果報，以及輪迴解釋，都需要有一個主體，稱為「補特伽羅」，因為既然有業報輪迴，有過去、現在、未來三世，就應該有一個生命的主體。

　　「補特伽羅」或譯爲人我、數取趣。由於它沒有實體，只是假立的，所以又稱爲「世俗補特伽羅」。世友說：「諸法若離補特伽羅，無從前世轉至後世，依補特伽羅，可說有移轉。」而大乘佛教有以「法身」作爲因果業報和六道輪迴的主體。其他部派佛學也提出各種不同的說法，大衆部以「根本識」爲主體，化地部以「窮生死蘊」爲主體，經量部以「勝義補特伽羅」爲主體。而法相唯識以「阿賴耶識」爲主體，誠如《阿毗達摩俱舍論》卷三十說：「若我實無，誰能作業？誰能受果？」。這個輪迴主體，因業而受果報。《中阿含經·鸚鵡經》說：

> 衆生因自行業，因業得報。緣業、依業、業處，衆生隨其高下，處妙不妙。[20]

　　《鸚鵡經》認爲衆生都是依自己所作的業，因業而得相應的果報。一切都因所作的業，依所行的業，各隨其所作的業而有吉凶、禍福、貧富的差別。例如：作短命相應的業，就一定短命；作長壽相應的業，就一定長壽；作多病相應的業，就一定經常生病；作健康相應的業，就一定健康。作貧窮相應的業，就一定貧窮；作富貴相應的業，就一定富貴；作愚笨相應的業，就一定愚笨；作善智慧相應的業，就一定有善智慧。慧遠〈明報應論〉說：

> 惡積而天殃自至，罪成則地獄斯罰，此乃必然之數，無所容疑矣…是故心以善惡爲形聲，報以罪福爲影響，本以情感，而應自來，豈有幽司？

　　慧遠認爲佛家以「無明」爲迷惑的淵源，以「貪愛」爲煩惱的本源，對於無明和貪愛，必須徹底的證悟，因爲人生的吉凶禍福完全在於我們是否一念無明和貪愛。易言之，由於有情衆生的

20　《大智度論》說：業力爲最大，世界中無比，先世業自在，將人受果報。業力故輪迴，生死海中迴。

無明，而有生死流轉，由於貪愛，而有諸多煩惱。由於無明的染污，情滯於外物。由於情識滯於外物，則善惡之「業」，就以我身為承擔果報的主體。善惡之業有了承擔果報的主體，所以，常常迷戀生命，而使生命生生不絕。

因此，有情眾生往往沈迷於夢境假相而不悟，而人們所造的「業」，也在冥冥之中招致禍福的報應。不斷的累積惡行，則禍殃自至，造罪則遭地獄的苦罰，這是必然的法則，也是必然的結果。世人造作善惡諸業，一旦因緣成熟，禍福的報應自然就發生了，這是自然而然的結果[21]，並不需要也沒有什麼「司過之神」和「司命之神」對人的賞善罰惡。

值得注意的是，慧遠強調善惡報應是自作自受的自然結果，沒有所謂司過之神或司命之神。也就是說，原始佛教報應思想是因果業報，並無上帝或鬼神的賞罰，或冥府十殿的最後審判，如《玉歷至寶鈔》。但是在傳統道教思想中，就有所謂司過之神或司命之神等。

慧遠強調因果報應是由於人的善行或惡行所造成的，而人的善惡行為是由於「心」的指使。所以，應該從自己所遭受的報應，來觀察、反省自己所做的事，再從自己所做的事來捫心省悟，使心從迷惑中反歸正道。由此推知，佛陀了解眾生常有迷惑，所以才說明因果報應的道理，而不是因為眾生的執著與迷惑而以報應為懲戒。

因此，佛陀對眾生開示因果報應的道理，使眾生時時不忘，眾生才知道有所為和有所不為，能夠權衡吉凶禍福的道理，就會反省自己心中的善惡。只有反省心中的善惡，消除內心的私欲迷

---

21 慧遠以魏晉道家的「自然」思想，詮釋佛家的「報應」。向秀、郭象在《莊子·天地》注說：「動止死生，盛衰廢興，未始有恆，皆自然而然。」

情，才能尊賢容眾，愛人如己。深究因果業報的不變法則，消除生死輪迴的迷戀，才能超越因果業報，免除生死輪迴之苦。因此。不斷的克己修行，是解脫的法門。

與慧遠同時代的戴逵，對慧遠〈明報應論〉的因果業報思想深表懷疑，戴逵〈與遠法師書〉說：

> 每中宵幽念，悲慨盈懷，始知修短窮達，自有定分，積善積惡之談，蓋是勸教之言耳。

戴逵從自己一生自少至老潔身自愛，不作傷天害理的虧心事，可是，一輩子過著艱難困苦的日子，使他不相信因果報應。深信吉凶禍福，自有命定，所謂善有善報，惡有惡報的說法，只是勸人為善去惡的教化而已。

戴逵著〈釋疑論〉（《廣弘明集》卷二十），他認為佛家的因果業報，與《周易》所說「積善之家必有餘慶，積不善之家必有餘殃。」思想相近似[22]，因此，得以在中土廣為流傳。但是，三世因果業報是一種不能檢驗實證的虛妄之言，因為如果依照善有善報的說法，則聖人之家應有善報，惡人之家應有惡報，而且應該歷代皆不移。然而，有的人自幼修己行善反受惡報，有的人一生暴虐反得榮華富貴的善報，這又怎麼讓人相信因果報應呢？

戴逵強調吉凶禍福、修短窮達，各有定命，堯有堯的命，丹朱有丹朱的命，顏回有顏回的命，盜跖有盜跖的命。然而，聖人為了要預防人性天生的情欲之弊，防治奸惡，因此，提倡善惡報應，鬼神賞善罰惡，不過，這只是神道設教的勸善而已。真正的君子，為人處世，只要心存善念，又何必一定要循教責實，期待

---

22 佛家的報應思想，是個人的三世因果業報，而中土傳統的吉凶禍福之善惡報應，是自己一家人及其後代子孫的善惡報應。易言之，佛家的報應是自作善惡，自受苦樂。

報應呢？君子只是以善德行己處心，不必祈求冥驗的善報。針對戴逵的質疑，慧遠撰〈三報論〉，他說：

> 經說有三報，一曰現報，二曰生報，三曰後報…報有先後，先後雖異，咸隨所遇而為對…斯乃自然之賞罰。

慧遠依據《阿毗曇心論》所謂「若業現法報，次受於生報，後報亦復然，餘則說不定。」的思想[23]，提出〈三報論〉。所謂三報，就是三世因果業報，《涅槃經·憍陳品》說：「善惡之報，如影隨形，三世因果，循環不失。」因此，《觀無量壽經》要我們深信因果。

所謂因果，意指原因和結果，佛家以因果說明一切關係。諸法的產生，「因」是能生，「果」是所生，有因必有果。就時間先後來說，因在先，果在後，稱為「因果異時」；就空間來說，因果相依，存在著廣義的因果關係，稱為「因果同時」。佛家以過去、現在、未來三世，解說因果報應之義，謂之三世因果業報。

因果業報有三種：（一）是現報（現世報）：今生今世所造作的諸業，在今生就得到報應，例如強盜殺人，違法犯罪，不久就遭受法律制裁。（二）是生報：今生所造作的諸業，要等到來生才得到報應，或今生所受的果報，其因是前世所造的業。易言之，就是「欲知前世因，今生受者是；欲知來世果，今生作者是。」（三）是後報：今生或宿世所造作的諸業，因為諸緣未具，要經歷二生、三生，乃至百生、千生之後，才會諸緣齊備，果報成熟，得到報應。

不論現報、生報或後報，只要造作業因種子，一定會生出果報。《法句經》偈說：「妖孽見福，其惡未熟，至其惡熟，自受罪

---

23 《法苑珠林》六十九卷〈優婆塞戒經〉說：眾生造業有四種：現報、生報、後報、無報。（無報是沒有報應，實際上是三報。）

酷；禎祥見禍，其善未熟，至其善熟，必受其福。」我們不能因為看見社會上有善人遭受災禍，惡人享受幸福的不合理現象，就否定因果業報。以〈三報論〉的觀點，善人遭禍，受的是他前世所作惡業的果報；惡人享福，享的是他前世所作善業的果報。值得注意的是，這種三世因果業報的思想，對中土民心有深遠的影響。

〈三報論〉最後一段，慧遠強調要融通佛教和世俗的教化，以求弘揚佛法，因為兩者必有會通之處。如果能夠明白三報的道理，就可以了解吉、凶、禍、福、窮、達、貧、富、夭、壽，必有因果。因此可知，孔子所謂「未知生，焉知死。」，以及子路、顏回、冉有等人的遭遇都有原因，因為儒家重視今生今世的努力，而不論六合以外的道理。

佛家雖然主張緣起性空，弘揚出世之道，並沒有放棄對世人的大愛，尤其以三報論是佛法的精要。由此而言，出家僧人虔信佛法，心入佛門，像這樣德慧雙修的高僧長老，雖然也遭受諸多災禍苦難，他們依然怡然自得，隨緣消業，沒有業障，沒有煩惱。所以，不受三世因果業報的束縛。比較而言，慧遠的報應思想，有三點特徵：

1.慧遠強調因為人的「無明」與「貪愛」，而有報應。報應是「心」的自然感應，自然而至，沒有外在的主宰（上天、上帝、鬼神、司命之神、司過之神等）。

2.慧遠的報應思想，是自己一個人的善惡報應，與父母祖先和子孫無關。所以他強調丹朱之「神」，非傳自唐堯，虞舜之「神」，非傳自瞽瞍。

3.三世因果業報的內涵之一是六道輪迴。三世因果業報和六道輪迴是佛教對中土民心影響最為深遠的兩個思想。

慧遠主張三世因果業報，除了戴逵提出質疑外，陶淵明也有不同的看法。他說：

積善云有報，夷叔在西山，善惡苟不應，何事立空言。

伯夷、叔齊，積善行仁，義不食周粟，最後餓死在首陽山，行善和作惡如果沒有報應，為什麼還振振有辭，空言報應呢？禍福無門，報應不靈。易言之，陶淵明否定三世因果業報。陶淵明對因果報應的質疑，近似司馬遷《史記·伯夷列傳》對天道的懷疑。值得注意的是，除了慧遠的〈三報論〉外，佛家還提出「行善求福不報論」和「善不受報論」等報應思想。

所謂「行善求福不報論」，是強調如果行善懷有得福報的私心，就不是真正的行善，行善如有求福報的私心，則沒有善報，必須擯除福報的貪心，方能獲得善報。釋真觀在〈因緣無性論〉（《廣弘明集》卷二十二）中強調，如果行善而望報，修德以邀名，就會「去善更遙」。惟有達到「本無意於名聞，曾不欣乎富貴」的不求境界，才能「英聲必屢，雅慶方臻」。

所謂「善不受報論」，是將善行分為兩個意境而言，一是有漏善，另一是無漏善。有漏善產生「人天報」，或是一般世俗的福報，鳩摩羅什說：「一切有漏善，盡名為福。」（僧肇《注維摩詰經》卷八）；惟有無漏善能得涅槃。顯然，我們所言善惡報應或因果業報，是有漏善的報應。易言之，善有善報是俗諦，善不受報是真諦。據《高僧傳》卷七記載，竺道生校閱真俗，研思因果，乃言善不受報，頓悟成佛。隋代的吉藏也說：昔竺道生著〈善不受報論〉，明一毫之善並皆成佛，不受生死之報。（《法華義疏》卷七）

又據吉藏的解說，善分「報因」和「習因」兩種。報因祈求獲報，而習因沒有任何私心和欲求，完全是自然的「操習」。前者

稱爲有所得之善，行此善得有所得之報，就是人天報，得世俗的
福報；後者名爲「無所得之善」，行此善得無所得之報，就是成佛。

二、《顏氏家訓》

顏之推，字介，瑯玡臨沂人（今山東省臨沂市），原在梁朝
爲官，北齊攻占江陵後，歸順北齊，歷經北周而卒於隋。著《顏
氏家訓》等書，其中卷五〈歸心〉是他融合儒、佛二家，宏揚佛
家三世因果報應、六道輪迴的思想。顏之推認爲佛家所謂過去、
現在、未來三世，確實可信，並不是無稽之談。佛家以爲一切事
物，都有三世，當其未發生時，爲未來世；既發生，爲現在世；
消滅後，爲過去世。

〈歸心〉認爲佛家與儒家相通相似。佛家設五戒，近似儒家
的五常，可以將五戒配五常：不殺生配仁，不偷盜配義，不邪淫
配禮，不妄語配信，不飲酒（不吸毒）配智。[24]

針對因果業報問題，〈歸心〉認爲有時候吉凶禍福不能一一
應驗，只不過是由於業緣未到或人心不夠真誠，因而造成善惡因
果不能相應。依佛家而言，凡身、口、意所作都稱爲「業」，業有
業力，善業生善果的力用，惡業生惡果的力用。應於善惡業因而
得苦樂的果報，稱爲業報。《寶積經》說：「業報自招無代者。」

基於因果關係，善有善報，惡有惡報是必然的結果。但是，
爲什麼以德行著稱的顏回短命早夭？伯夷餓死首陽山？原憲貧
窮？殺人食肝橫行天下的盜跖得以壽終？大盜莊蹻福壽？齊景公

---

24 天台《仁王經疏》五戒配五常是不殺生配仁，不偷盜配智，不邪淫配義，不
飲酒配禮，不妄語配信。以佛家五戒配儒家五常，只能說明人類的道德規範，
有相近、相通、相似之處，不能說是絕對地相同。以佛家不飲酒爲例，雖然
含有禮和智的精神，但是，儒家的禮和智，不等於佛家的不飲酒，因爲在實
際生活上，儒家並不主張戒酒。

荒淫奢侈而富有？所以如此，只能推到他們前世的業，到了今世的身上得到報應，才能有合理的解釋，這就是有關輪迴報應的問題。

顏之推認為生命死亡，人的形體雖然朽腐，但是，精妙之神仍然存在。人生在今世，而寄望於來世，似乎不合情理。然而，前世、今生與後世，猶如一個人從孩童、中年到老年是連貫的，也如同一天之中，從早上、中午到晚上是不可分的。人死了，神靈仍在，有的人死後還會託夢給親人，要求飲食和衣服，這種事並不少見。

很多人遭受貧賤疾苦，都抱怨前世不修功德，沒有積善，以此而論，應該為後世的福樂作準備。不必為自己的子孫處處著想，而對自己的精妙之神置之不理。凡夫痴迷，以為今世與來世是兩回事，如果有如來神通，洞察一切，知道生死不息，六道輪迴，就能覺悟到行善積德的重要性。

依照儒家觀點，君子為人處世，貴能克己復禮，內聖外王，齊家治國，希望家庭和樂，國家富強。憑心而論，對於一般百姓，現實生活很重要，需要照顧家庭，成家立業。所以，不能輕易拋棄妻兒，不顧家庭而出家為尼。但是，應該要行善積德，為善去惡，用心誦讀佛經，謀求來世的善報。今世可貴，人身難得，不要虛度光陰，浪費寶貴生命，要深信三世因果業報，多多行善。

〈歸心〉末段，顏之推強調喜好殺生的人，臨死會受到惡報，子孫也會遭殃。他說：

> 含生之徒，莫不愛命；去殺之事，必勉行之。好殺之人，臨死報驗，子孫殃禍。

他列舉七件好殺而得惡報的故事，因為凡是有情眾生，沒有不愛惜自己的生命，因此，要培養愛護動物的善心。誠如《孟子‧

梁惠王上》所謂「君子之於禽獸也，見其生，不忍見其死；聞其聲，不忍食其肉。是以君子遠庖廚也。」孟子遠庖廚的意義，就是不要殺生，殺生的後果是惡報，餘殃子孫。

梁朝有一個人，常用雞蛋的蛋白洗頭髮，每次要用二、三十枚雞蛋。到他臨終的時候，聽見頭髮中有數千隻小雞啾啾的聲音。

江陵劉氏，以賣鱔魚爲業，後來生了一個小孩，頭是鱔魚頭，自頸部以下方爲人形。

楊思達任西陽郡太守的時候，遇上侯景之亂，又遭旱災。飢民到田裏偷麥子。楊思達派遣軍隊看守麥田，抓到偷麥子的人，就砍掉手腕，砍了十餘人。後來，砍人手腕的軍人的老婆生了一個男孩，天生就沒有手腕。

齊國有一位任「奉朝請」（閒散官員）的人，家裡豪華奢侈。他要親手殺牛，才覺得牛肉味美。到了三十幾歲時，生了重病，看見許多牛衝向他，全身像刀刺疼痛，最後，呼叫而死。

江陵的高偉，跟我一起到齊國。數年間，他到幽州的湖泊捕魚。後來，生了重病，常見魚群咬他，隨之而死。

〈歸心〉數則殺生而得惡報的故事，顏之推的主要目的是勸誡不殺生。值得注意的是，顏氏又著有《冤魂志》一書，則以鬼魂報冤爲主[25]，是一部佛家因果報應的志怪小說，所謂「釋氏輔教之書」有取材於正史[26]，或當時耳熟能詳的傳說，誠如《四庫全書》提要所述：「自梁武以後，佛教彌昌，士大夫率皈禮能仁，

25　《冤魂志》鬼魂報冤的方法，有：死後現形爲祟，直接以弓箭、刀劍等武器報仇，或向上天申訴、或到陰間告狀等等。

26　《冤魂志》取材於正史《左傳》、《史記》、《漢書》、《三國志》、《晉書》、《魏書》、《宋書》、《南史》、《後漢書》等。例如「公子彭生」出自《左傳》桓公十八年，又見於《史記・齊太公家世》。「漢王如意」出自《史記・呂太后本紀》，又見於《漢書・高五王傳》。「莊子儀」出自《墨子・明鬼下》，又見於《論衡・死僞》。

盛談因果，之推《家訓》有〈歸心〉篇，於罪福尤爲篤信，故此書所述，皆釋家報應之說。」茲舉兩則故事說明：

劉宋時東海縣（今在江蘇）徐甲，前妻許氏，生下一男，名叫「鐵臼」，不久許氏死了。徐甲又娶陳氏爲妻，陳氏兇虐，一心想殺死鐵臼。陳氏生一男，名叫「鐵杵」，意思是要用鐵杵殺鐵臼。

陳氏經常捶打鐵臼，餓不給食，寒不加衣，虐待鐵臼。徐甲懦弱，又常不在家，鐵臼終於遭受家暴而死，只活了十六歲。鐵臼死後十餘天，他的鬼魂回來了，站在陳氏的床上說：「我是鐵臼，沒有任何罪過，被妳虐待而死。我母親向上天申訴，得到上天的命符來捉拿鐵杵，要讓鐵杵受苦。」從此，鐵臼就住在屋樑上。

陳氏下跪，自打耳光，祭拜鐵臼。鐵臼說：「你祭拜我沒有用，我要放火燒房子。」房子突然燒了起來，屋裏的人急忙躲避，大火又自行熄滅。鐵臼的鬼魂每天咒罵，有時還唱歌，全家人不得安寧。當時鐵杵六歲，自從鐵臼的鬼魂來了以後就生病，全身疼痛，腹部腫大。鬼魂時常毒打他，過了一個多月，鐵杵死了，鐵臼的鬼魂也就消失了。[27]

另一則故事是梁武帝要在他父親陵墓旁建廟，沒有上等木材，下令官員搜尋。當時，有一位曲阿（今江蘇丹陽）人弘氏，非常富有，伙同親族前往湘州經商。一年後他建造一個大木柹[28]，上等木材，世間稀有。

弘氏駕大木柹回到南津港，南津校尉孟少卿，看上大木柹材質，誣指弘氏的衣物是劫掠所得，判他死刑，沒收木柹，用木柹的木材修廟。

---

27 「徐鐵臼」這則鬼魂報冤故事，後見於《法苑珠林》、《太平廣記》卷一二○、《大明仁孝皇后勸善書》卷十七。
28 以竹木編成木船，大者叫柹，小者叫桴。

　　弘氏臨刑前對妻子說：「把黃紙和筆墨放進棺木，如果死而有知，我一定要向陰曹控訴。」又在紙上寫下孟少卿三字幾十遍，吞進肚子裏。過了一個月，孟少卿端坐，看見弘氏朝他而來，剛開始孟少卿還能閃躲，之後只好屈服，乞求饒命，嘔血而死。凡是跟這個案子有關的官員，逐一猝死，未及一年，全數死亡。

　　梁武帝剛蓋好寺廟，就發生大火，寺廟全毀，埋在地下的木柱，也燒成灰燼。[29]

第五節　〈報應問〉、〈神滅論〉

一、〈報應問〉

　　何承天是生於東晉廢帝太和五年，卒於劉宋文帝元嘉二十四年的儒者，著〈達性論〉與〈報應問〉，並與信佛者爭論。〈報應問〉質疑佛家的報應思想，該文說：

> 殺生者，無惡報，為福者，無善應…故於謂佛經但是假設權教，勸人為善耳，無關實敘。（《廣弘明集》卷二十）

　　何承天認為佛教講因果報應，沒有明確的事實證明，完全是一種假設，只是一種勸人為善的教化而已。但以天堂之樂誘人，又以地獄之苦嚇人，所以得到世俗百姓的信仰。

　　以禽獸眾生為例，在池塘裡悠游自得其樂的鵝，牠素食而不殺生，可是等牠長大了，就被人宰殺。反觀燕子，築巢在屋樑上，以小昆蟲為生，人們都以為吉祥而喜愛之。又如牛、羊等家畜，

---

29 「弘氏」這則鬼魂報冤故事，後見於《太平廣記》卷一二〇、《冥祥記》、《法苑珠林》、《大明仁孝皇后勸善書》卷十七。

只吃草不吃肉，素食不殺生。可是，牛、羊和鵝一樣，總是被人宰殺。眾生往往如是。由此可知，殺生者無惡報，不殺生者無善報，善無善報，惡無惡報。此外，世俗有一些人，爲惡而有善報，爲善而有惡報，凡此種種，令人困惑。所以說佛家的因果業報，只是勸善的「權教」而已。雖然如此，君子仍應培養不忍人之心，對眾生慈悲仁愛，力踐仁義之道，拳拳服膺孔孟儒學。

　　針對何承天的〈報應問〉，劉少府作〈答何衡陽書〉（《廣弘明集》卷二十）以爲回應。他認爲牛、羊、鵝等吃草素食者，今生被宰殺，是由於前世的惡業所得的報應，而現世殺生的人和燕子，來生來世之中也會遭到不好的報應。因爲報應有三世，但是，過去世和未來世，非耳目所聞見，無法由感覺經驗認知和判斷，所以，相信三世因果業報的人少，而批評的人多。

　　值得注意的是，因爲人類社會常有不正義的行爲發生，例如：詐欺、搶劫、強盜、謀殺、謀財害命、姦殺等等，國家法律無法保護善良人民。因此，善惡報應思想，是人心對最後正義之實現的至深期望。易言之，在現實社會中，善良百姓遭受種種不公平的待遇和冤屈，不能不希望有一主持正義的至善之大神存在，以賞善罰惡於現在、未來，或死後，或來生。由此，凡人不能不希望人有死後的生命，以實現最後的正義，誠如唐君毅先生說：

> 以苦痛為罪惡之懲罰或罪惡之結果，以顯一宇宙之正義或大法，乃世界各大宗教之所同然。[30]

二、〈神滅論〉

　　據《梁書》卷四十八及《南史》卷五十七記載：范縝，字子

30　參閱唐君毅著《中國文化之精神價值》頁312。

真。約生於宋文帝元嘉二十七年，約卒於梁武帝天監十四年。據《南史》本傳記載：范縝不信因果，有一回，竟陵王蕭子良問范縝，爲什麼人世間有人生而富貴？有人生而貧賤？蕭子良提出這個問題，主要目的是爲了說明佛家的因果業報和形盡神不滅、六道輪迴。

范縝回答說：人的出生，猶如一棵樹上盛開的花朵，當強風一吹過來，花朵紛紛隨風飄落，有些花朵被吹落在富貴人家大廳堂的蓆子上，正如殿下生在富貴人家，身爲司徒；有些花朵被籬芭牆擋住，掉落在廁所糞坑裡，正如我出身貧窮，一生清寒。社會上有的人富貴，有的人貧賤，只不過是偶然的遭遇而已，沒有什麼因果業報。

值得注意的是，范縝認爲人生如同一樹花，此一譬喻，近似王充的思想，表示一切人生同源於一自然的氣化而已，花朵隨風飄落，此「風」意指人的逢遇。王充認爲人的禍福遭遇，都是因爲「有幸有不幸」，「有偶有不偶」，都具有偶然性，這種偶然性，蘊涵了自然命定論的觀點。可知，王充和范縝都是偶然論者（accidentalism）。

不過，偶然論不能科學地解釋社會上貧富不均，禍福不應的現象。易言之，社會上種種不合理的現象，有其主、客觀的條件與環境，包括：國家的因素，社會的因素，制度的因素，福利保險的因素，地理環境的因素，個人的因素，教育文化的因素，宗教信仰的因素等等。

范縝的偶然論，並不能從思想上根本駁斥佛家的的因果業報，僅表示個人的反佛態度，更何況報應的思想基礎是神不滅論，

因此，范縝再作〈神滅論〉，徹底反佛。[31]；〈神滅論〉最後一段說：

> 浮屠害政，桑門蠹俗…又惑以茫昧之言，懼以阿鼻之苦，誘以虛誕之辭，欣以兜率之樂[32]。

〈神滅論〉最後一段，范縝認為佛教的興盛，已經造成嚴重的文化、政治、經濟、社會各方面的危機，真可謂「浮屠害政」，百姓竭財討好僧人，破產以信佛，而不體恤親友，認為以財物供佛，會有不可思議的功德利益。況且，佛教以茫昧的三世因果業報迷惑百姓，以地獄苦痛嚇人，以兜率天的快樂誘人，使社會各階層爭相信佛，危害之大，不可言喻。

如果百姓都能服從天理，不迷信宗教信仰，遵守禮教，親親、仁民、愛物，農人安於耕作養蠶，人民豐衣足食，養生送死而無憾，則國泰民安，其樂也融融。[33]

范縝〈神滅論〉具有承先啟後的時代意義，他繼承自荀子、桓譚、王充、何承天以來的思想，並對後世產生深遠的影響，如：劉孝標、朱世卿、邢邵、胡適等人。

---

31 湯用彤在《漢魏兩晉南北朝佛教史》第 473 頁說：「范縝神滅論最後主旨，即在崇自然，破因果。」

32 據《法華經・普賢菩薩勸發品》：「若有人受持、讀誦，解其義趣，是人命終為千佛授手，令不恐怖，不墮惡趣，即往兜率天上彌勒菩薩所。」。兜率天是欲界六天的第四天。兜率義譯為知足、喜足、妙足，謂受樂知足而生喜足心。彌勒菩薩住兜率內院，常說法教化諸天人。

33 對於范縝〈神滅論〉，梁武帝命臣下蕭琛、曹思文、沈約等人，撰文辯論。梁武帝親作〈立神明成佛義記〉及〈淨業賦〉等文，明示成佛的思想。

第四章　唐宋因果關係之善惡報應

第一節　《地藏菩薩本願經》、《冥報記》

一、《地藏菩薩本願經》

《地藏菩薩本願經》是一本民間信仰普遍流傳的佛教善書。唐代于闐國三藏沙門實叉難陀譯，收入《大正藏》第十三。以民間信仰而言，信仰地藏菩薩自南北朝時期就已經普及。地藏菩薩、觀音菩薩、彌勒菩薩和阿彌陀佛，普遍受到民間的崇拜。因為觀音菩薩救苦救難，能夠拯救現世的無窮苦難；彌勒、阿彌陀佛信仰，能夠往生西方極樂世界；地藏菩薩能夠臨終救度，免於死後在地獄受苦，因為他的誓願是「地獄不空，誓不成佛；眾生度盡，方證菩提。」不過，《地藏菩薩本願經》仍是一部以因果報應為宗旨，要人深信因果，改惡遷善的佛經。分別而言，本經的第一、三、四、六品，說明惡業所受的惡報；本經的第六至第十三品，說明善業所受的善報。

〈分身集會品第二〉地藏菩薩說：他要救度眾生，期使眾生皈依佛法僧三寶，永遠超脫生死輪迴。眾生只要依照佛法行善，所作善事，雖然微小，我也要救度，使眾生獲得大利益，直到眾生臻於涅槃的快樂。

〈觀眾生業緣品第三〉地藏菩薩告訴佛陀母親摩耶夫人，為

什麼眾生會墮入無間地獄的罪報？

（一）若有眾生，不孝父母，甚至殺害父母，應當永遠墮入無間地獄受苦。

（二）若有眾生，傷害佛的身體，詆謗佛法僧三寶，不敬佛經者，應當永遠墮入無間地獄受苦。

（三）若有眾生，侵占損壞佛門事業，玷污僧尼，或在寺院恣意淫亂者，或殺害生命，應當永遠墮入無間地獄受苦。

（四）若有眾生，偽裝信佛，雖然出家，不守戒律，欺騙不知佛法的在家眾，應當永遠墮入無間地獄受苦。

（五）若有眾生，偷盜佛門食物、財產、衣服等，或不布施財物卻佔用佛門財物者，應當永遠墮入無間地獄受苦。

值得注意的是，何謂無間地獄？〈觀眾生業緣品第三〉特別說明五無間的意義：

（一）日夜受罪，受盡折磨，永不間斷。

（二）人滿為患，沒有一點間隙。

（三）各種刑具，無不完備。無間地獄罪人，要遭受各種酷刑的折磨，萬分痛苦，沒有間斷。

（四）不問眾生身分，老幼貴賤，不分男女，一律受罰，沒有差別待遇。

（五）無時無刻都要受苦，一念之間不得休息。除非業報已盡，才有可能投胎轉世。

須知，地獄是「行惡眾生，業感如是。」（〈地獄名號品第五〉），也就是說，地獄是每一個人（眾生）自己所造的惡業感招而成，地獄並非真實的存有。易言之，地獄的實質意義就在眾生的罪惡之中，地獄的存有就是眾生惡行的事實。換言之，無間地獄是罪惡之人處於最痛苦的情況。從這個意義而言，佛家的地獄思想，

不僅是客觀外在的對人警惕，更重要的是主觀內在的對我們自己的邪心妄念之反觀和省悟。地獄猶如一面鏡子，我們看見自己的罪惡，認識到自己被貪（貪婪之心）、瞋（忿恚之心）、痴（愚昧之心）等無明所引生的痛苦與煩惱，甚至向下沉淪，墮落在無邊的黑暗世界，這就是地獄。地獄本爲不樂、可厭、可惡、可怕、苦具的意思。因此，〈閻浮眾生業感品第四〉佛陀說：凡是眾生不行善者，以至於不相信因果業報，邪淫、妄語，搬弄是非，表裡不一，譭謗大乘佛法，這些造惡業的眾生，死後必墮地獄受苦，承受因果惡報。佛陀又說：地藏菩薩爲了度脫一切罪苦眾生，以因果業報爲方便法門，都是爲了教化眾生。

因此，如果遇見殺害生命的人，要對殺生的人說：將來要遭受短命夭折的惡報。對盜賊說：將來要遭受貧窮苦楚的惡報。對邪淫的人說：將來要投胎爲麻雀、鴿子、鴛鴦的惡報。對惡言辱罵別人的人說：將來要遭受親屬爭吵、打官司的惡報。如果遇見時常生氣瞋忿的人，要告訴他：將來會遭受容貌醜陋、身體殘廢的惡報。對慳吝的人說：將來謀求事業，會遭受事與願違的惡報。對暴飲暴食的人說：將來要遭受飢餓、口渴、咽喉痛的惡報。對違逆悖忤父母的人說：將來要遭受天誅地滅的惡報。對放火燒山的人說：將來要遭受癲狂自殺的惡報。對捕捉幼小動物的人說：將來要遭受骨肉分離的惡報。

如果遇見傲慢自大的人，要告訴他：將來要投胎卑賤奴婢的惡報。對是非不分、善惡不明的邪見者說：將來要投胎到荒野偏僻的惡報。對任意毀壞財物的人說：將來要遭受財物短缺的惡報。對譭謗佛法僧三寶的人說：將來要投胎爲聾瞎啞巴的惡報。對輕視佛法、欺慢佛家教化的人說：將來要墮入惡道的報應。

以上各種惡報，都是由於眾生身、口、意三業所造成的因果

報應。須知，死後的報應，即使是微不足道的小惡，必然有所報應，因為業力甚大，無所不報。因此，眾生不要以為小惡無罪而輕忽，輕視小惡終成大惡。即使父子至親，也不能代受苦罪，自作自受，自遭報應。值得注意的是，《地藏菩薩本願經》提出「臨終救度」的信仰。所謂臨終救度，是在命終之後四十九天內，家屬為往生者設齋供養佛法僧三寶和修福行善，助往生者解脫惡業，免除在惡道中受苦。[1]

　　〈閻羅王讚歎品第八〉說：一切眾生臨終之際，只要聽聞佛的名號、菩薩的名號、或是大乘經典的一句一偈，或是家屬誦讀《地藏菩薩本願經》等，往生者除了犯下殺害生命等大罪外，其他一些微小的惡業，頃刻之間得以解脫。

　　〈見聞利益品第十二〉說：善男子、善女人，只要見了地藏菩薩的形像，聽聞地藏菩薩的名號，真心皈依，或用好香、名花、衣服、珠寶、食物等，供養、瞻禮地藏菩薩，這些地藏菩薩的信徒，所祈求的心願，都能迅速得以實現，永無障礙…如果聽聞地藏菩薩的名號，或是看見地藏菩薩的形像，只要真心誠意地念地藏菩薩名號一萬遍，那麼，許多凶災橫禍等不如意的事，就會逐漸消滅，從此豐衣足食，平安快樂。可知，地藏菩薩具有大慈悲，救度受苦受罪的眾生，使他們往生到人間或天道，享受美妙的快樂。

　　有關地藏菩薩的信仰，除了本經外，還有《占察善惡業報經》、《地藏十輪經》、《佛說地藏菩薩經》等。其中，《佛說地藏菩薩經》說：「若有善男子、善女人，造地藏菩薩像，寫《地藏菩薩

---

1 有關「臨終救度」，另一著名經典是《西藏度亡經》（The Tibetan Book of the Dead），經成於西元第八、九世紀，由蓮花生大士所著，蓮花生大士為西藏佛教的鼻祖。《西藏度亡經》又稱《中陰得度》

經》，念地藏菩薩名號，此人定得往生西方極樂世界。」將地藏菩薩信仰和西方極樂世界合而爲一的臨終救度，更加得到民間的普遍信仰。[2]

　　除了《地藏菩薩本願經》外，《分別善惡報應經》也值得一提。《分別善惡報應經》強調「十善業」和「十惡業」的分別報應。十善業包括：身三善業（不殺生、不偷盜、不邪淫）、口四善業（不妄言、不綺語、不兩舌、不惡口）、意三善業（不貪欲、不瞋恚、不邪痴）；十惡業包括：身三惡業（殺生、偷盜、邪淫）、口四惡業（妄言、綺語、兩舌、惡口）、意三惡業（貪欲、瞋恚、邪痴）。能修十善業，可得最圓滿的果報，往生天道。

　　至於何種惡業，而獲地獄的惡報？

　　（一）常犯殺生、偷盜、邪淫等身三惡業。

　　（二）常犯妄言、綺語、兩舌、惡口等口四惡業。

　　（三）常犯貪欲、瞋恚、痴迷等意三惡業。

　　（四）對於身體、執著實有的邪見。[3]

　　（五）執著斷見與常見的邊見。[4]

　　（六）時常生一切邪惡之見。

　　（七）時常作惡，不知懺悔改過。

　　（八）多犯淫欲邪行。

　　（九）譭謗聖賢。

　　（十）毀滅佛教正法。

---

2 目前，台灣民間信仰仍流傳《地藏菩薩靈感錄》、《地藏菩薩靈感近聞錄》等善書，乃信仰地藏菩薩而感應得福的故事。

3 須知，佛家以爲我的身體，是五蘊和合的假相，若執著實有我身，謂之「我見」，又我身邊的一切物，無一定之所有，若執著爲我所有物，謂之「我所見」。凡夫有「我見」和「我所見」，謂之「身見」

4 凡夫有了「我見」之後，往往生起兩種妄見：一是我死後即完全斷滅，這是「斷見」。二是我死後還是常住不滅，這是「常見」。斷見和常見都是「邊見」。

綜觀佛家的善惡報應，主要意義有三：

1.注重言行與意念動機的純正：身口意的十善業和十惡業，就是善惡的判準，也是佛家的道德哲學。

2.三世因果業報：善惡報應有必然的因果關係。

3.六道輪迴：輪迴是佛家的最後審判，自作自受，沒有餘慶餘殃。這是道德和宗教的融合，稱為宗教倫理學，若以世俗而言，是勸善的教化[5]。例如《佛說罪福報應經》說：當官的人，如果百姓無罪，自己卻利用公權力，侵犯人民，刑求逼供，受苦百姓投訴無門。這種濫用職權的人死後墮入地獄，受苦數千億年之後，再往生為水牛，被人穿鼻孔，拖船拉車，又忍受鞭打痛苦，以償宿世的罪過。[6]

二、《冥報記》

《冥報記》為唐高宗吏部尚書唐臨所撰。唐臨撰錄《冥報記》的動機，是以所聞發明「因果報應之理」。其序文說：

> 釋氏說教，無非因果。因有是作，果有是報。無一法而非因，無一因而不報。

顯然，唐臨以因果報應的故事勸人為善，因為虞、舜以孝行登位，周文王以仁賢受命，桀、紂以殘忍亡國，幽、厲以淫縱禍

---

5 以世俗的勸善教化而言，目前台灣仍然流通許多「因果書」，就筆者所見列舉一二：《因與果》、《因果輪迴實錄》、《因果遊記》、《三世因果錄》、《淫報因果錄》、《因果律訓》、《佛說因果論》、《因果報應故事彙編》、《不可思議的因果現象》、《冤魂因果報應事實記》、《現世真人實事因果實證》、《聖光堂因果錄》、《功果錄》、《觀世音因果寫訓合訂本》、《警世因果報應實錄》、《南海堂現世因果奇譚》、《因果冤欠顯化實錄》、《啟德堂因果報應實證》、《因果與輪迴》、《四十二品因果錄》、《因果報應論》、《因果選集》、《因果漫畫專刊》、《淺述古今善惡因果報應》、《陽間善惡遊記》。此外，還有《佛說鬼問目連經》、《佛說三世因果經》、《佛說業報差別經》、《佛說罪福報應經》等佛家善書。

6 《佛說罪福報應經》說：罪福隨人，如影隨形。

終，秦皇驕暴，及子而滅。古書所記的史實，足以證明因果報應確實不誣。書中所記的故事，都是隨行善惡而受其報。

因此，《冥報記》的故事，大致分爲兩類：一是善因善報；二是惡因惡報。所謂善因，有持戒修行、懺悔改過、放生、念佛、寫經、造佛像、設齋、供僧、誦經等。念誦的佛經，主要有：《金剛經》、《法華經》、《觀音經》（《法華經・觀世音菩薩普門品》）。所得善報有延年益壽、消除災禍、致富顯貴、治癒疾病、往生極樂淨土等；所謂惡因，有殺生、偷盜、不孝、詆毀三寶等，所得惡報有墮入地獄、投胎畜生、疾病、死亡等。

《冥報記》記載：北魏的司徒崔浩，博學有才略，多智善謀，朝中軍國大計，皆依崔浩裁行。他師事道士寇謙之，反對佛教，見妻子讀佛經，強行投入井中。有一次，崔浩隨太武帝到長安，入一佛寺，見寺內有弓矢、刀盾等武器，皇帝驚怒，誅殺寺僧。崔浩進言，殺盡佛門僧人，燒盡佛像和佛經。皇帝下令，全國展開殘暴的滅佛運動。寇謙之反對崔浩滅佛，崔浩不從，寇謙之告訴崔浩：「你以後會遭遇誅殺，還會遭受滅門的災禍。」

四年之後，崔浩因作《國書》三十卷，立石銘之，以彰直筆，遂爲人所陷害，慘遭滅門的惡報。他生前飽受鞭笞、杖刑、流放、死刑等酷刑，受盡羞辱。太武帝後來也枉誅太子，不久遭宦官宗愛殺害。當時人以爲太武帝和崔浩，都是因爲滅佛遭受惡報的下場。這則故事彰顯濫殺無辜生命和滅佛，自己慘遭殺害的惡報。

《冥報記》記述：隋朝開皇年初，冀州城外有一位十三歲的男孩，時常偷鄰居的雞蛋，並且喜歡吃雞蛋。有一天清晨，村人尚未起床，聽到有人敲門，呼叫男孩的名字。男孩開門後，見一陌生人說：「有人密告你偷雞蛋，官府喚你到案。」

於是，使者帶領這男孩到村子外面南邊的地方，這個地方原

是桑樹田，已經耕耘整土，尚未下種。此時卻有一座小城，四面都是門樓。男孩覺得奇怪，問使者何時有這座城？使者呵斥他，命他不要說話。使者帶他進入北門，一入城，門就關閉，城內沒有一個人，是一座奇怪的空城，而地上都是熱灰碎火，熱灰碎火深過腳踝，男孩驚嚇，大聲喊叫，往南門方向跑，快到南門時，城門就關閉，男孩又往東門、西門、北門奔跑，情況都和南門一樣，因此，到處亂跑。

到了中午的時候，在田裏工作的人都回家吃飯，男孩的父親問人說：「是否看到他的小孩？」村人說：「村外南邊有一男孩，發瘋似的在桑田奔跑。」其父往南走去，遠見男孩還在奔跑，而他獨見的城門和熱灰碎火都忽然不見。男孩見到父親，哭倒在地，訴說可怕的經歷。父親察看男孩的腳，膝蓋以下好像被火炙過的糜爛，回家療養，膝蓋以下成為枯骨。村人以為男孩是偷別人雞蛋，又吃雞蛋的惡報。從此以後，全村的人都信佛持戒，努力修行。

《冥報記》另有一則北周武帝好食雞蛋，又毀滅佛法，死後即受大苦的故事。

值得注意的是，以佛家五戒而言，十三歲男孩偷盜鄰居雞蛋，又吃雞蛋，已經犯下殺生、偷盜的惡行。雞蛋是有生命的有情眾生。因此，遭受「焦熱地獄」的現世惡報[7]。此外，又有驃騎王將軍、惠公李寬、鷹揚郎將姜略、安公李壽等人，都是「性好畋獵」，慘遭惡報，因為喜歡打獵，更是殺生的行為。

除了惡報，另有善報。《冥報記》記載：北魏末年，鄴下這

7　《摩訶止觀》卷一智顗說：「三界無別法，惟是一心作⋯心構六道。」換言之，心是一切法，一切法是心，心作天堂，心作地獄。現世報的焦熱地獄也是心作而成。

個地方的人，一起到西山的礦坑採掘銀銅，當工作完工出坑時，坑口突然崩塌，最後一個人來不及逃生，幸好沒有受傷。坑口只有小縫，微見一點陽光。這個人自思終無逃離機會，只是一心念佛。他的父親知道兒子無法逃生，想必不能獲救。只是家境窮困，無法為兒子請僧人作法會，只好帶了一鉢粗飯，準備供齋一位僧人。

最後僅有一位僧人憐憫他，接受他的供齋，僧人吃完飯，為施主誦咒祝願，誦完之後就離開寺廟。就在同一天內，礦坑內的人，忽然看見坑口小縫處，一位僧人進入坑內，僧人拿了一鉢飯給他吃，吃了以後肚子不再饑餓，從此端坐禪定，專心念佛。經過了十餘年，齊文帝即位，將在西山建造一座涼殿，工匠到坑口鑿取這塊大崩石，發現坑內還有人存活，工匠帶他返家，他的父母非常驚喜，從此全家人都信佛。

綜觀《冥報記》的善惡報應，正是佛家罪福果報的信仰，龍樹稱為「罪福門」或「福德門」。《大智度論》卷四十四說：

> 世間善法者，知有罪、有福、果報，有今世、後世。

龍樹認為若無罪福，是為邪見，與禽獸無異。《增壹阿含經‧善惡品》強調眾生如有十不善法，將會墮入餓鬼、畜生、地獄三惡道；如果修行十善法，則可以升天享樂，或再生為人。此外，唐臨另撰《報應記》，記載持念《金剛經》而得福報的故事。據《太平廣記》卷 102、103、104 的記載，出自《報應記》者，共二十八則，若依國家圖書館善本書微捲資料，僅十八則而已。

後魏盧景裕，字仲儒，節閔帝初年任國子博士。他虔誠信佛，註釋過《周易》和《論語》。他的從兄盧神禮反叛，逼迫盧景裕一起造反。事敗之後，被監禁在晉陽的牢獄。他虔心誦念《金剛經》，身上的枷鎖自然地脫落。後來，高歡當了宰相，特別赦免盧景裕。

　　唐朝的宋義倫，唐高宗麟德年間任虢王府的典籤。突然暴卒，三天後復活，他說：他被押去見閻羅王，閻羅王說：你曾經殺死狗、兔子和鴿子，你的命應該終了，不過，剛才聽你的師父說你持誦《金剛經》，不但可以抵消罪過，還可以延長壽命。現在放你回去人間，你能夠不吃酒肉，持念《金剛經》嗎？宋義倫拜謝說：可以做到。又見到閻羅殿內的床上坐著一位和尚，宋義倫上前禮拜。和尚說：我是你的師父，所以相救。閻羅王命他跟隨使者去看地獄。先進入一處，看見一排大鐵鍋，下面燃燒大火，鐵鍋內煮著人，痛苦之聲，不忍聽聞。

　　又來到一處，有一個大鐵床，鐵床燒得通紅，人躺在上面，燒得焦黑，形體難辨。往西看，看見三個人，乾枯瘦黑，看似婦人，向宋義倫叩頭說：我們已經數百年沒吃東西了。宋義倫說：我也沒有食物給妳們。地獄使者還要再進入另一座地獄，宋義倫說：現在天氣熱，恐怕家人把我的身體入殮。於是他就離開了。走了數十步，後面使者說：你沒有通行文件，恐怕守衛不放你出去。後來他拿到朱筆寫成的三行字，那些字全看不懂。守衛查看文件後放他出去，宋義倫就復活了。

　　唐朝的王令望，自小就持誦《金剛經》。某日，他返回邛州臨溪，道路險阻，忽然遇見猛獸，非常害怕，他趕快念《金剛經》。猛獸看他好久，最後走開了，只留下一堆涎水在地上。王令望曾經擔任安州判司，過長江的時候，夜晚風暴驟起，數百艘船相繼沉沒，只有王令望乘坐的船安然無傷。他去世時任亳州譙縣縣令。

　　唐朝的王陀，任陰陽府果毅（隋時禁衛軍有折衝、果毅諸郎將官，唐有果毅都尉，為統府兵之官。）因為生病，因此斷絕酒肉，發心持誦《金剛經》，每天五遍。後來，他染上瘴疾，看見群鬼索命，他趕快念《金剛經》。鬼差後退說：閻羅王命我們拘押你，

你先停止念經。王陀停止念經，鬼差一起向前，王陀就昏迷欲絕。隔不久，又來一個鬼差，說：念經人，閻羅王暫時放寬（延長）六個月拘押你。王陀醒來之後，一心持誦《金剛經》，晝夜不息。過了六個月，鬼差沒來，某日夜裏，他聽到空中有聲音說：你一心持誦《金剛經》，功德很大，當壽九十。果然，王陀活到九十歲。

唐朝袁志通，天水人，時常持誦《金剛經》。二十歲時，被迫成爲軍士，打敗仗後逃往深山，整天沒吃東西，忽然覺得來了兩位童子，端滿一盂飯給他吃。志通拜謝，童子忽然不見。他吃飽飯，數天不餓，後來返回家鄉。貞觀八年，志通因病而亡，兩天後復活，他說：他被鬼差押見閻羅王，閻羅王問他生前做何善事？他回答：時常持誦《金剛經》。閻王甚爲高興，說：先送志通回家。於是，他就復活了。

以上列舉五則持誦《金剛經》而有不可思議果報的故事。爲何本經有此功德？因爲《金剛經》有不可思議、不可稱量、無邊無際的功德。所以，持誦《金剛經》可以成就第一希有功德，成就無量無邊功德，持誦者即爲第一希有，成就最上第一希有之法。《金剛經》重覆比較珍寶布施和持誦本經的福德果報，一再強調持經功德勝於布施。《金剛經》云：

> 若人滿三千大千世界七寶以用布施，是人所得福寧爲多不？須菩提言：「甚多，世尊。何以故？是福德即非福德性，是故如來說福德多。」「若復有人，於此經中受持，乃至四句偈等，其福勝彼。」

佛陀問須菩提：如果一個人拿各種珍寶來布施，他的福德多或不多？須菩提說：布施的人福德果報很多。不過，這些福德是人間有相的福德，而不是永恆不變的福德。佛陀說：如果有一個人，持誦《金剛經》，並爲他人解說經義，甚至於只接受其中的一

個四句偈，並為他人解說，那麼，他的福德超過以珍寶布施的人，而有「福德性」。

　　值得注意的是，《金剛經》提出「福德非福德性」的思辨。「福德性」魏譯本譯為「福德聚」，唐義淨譯為「福聚」。無著解釋說：「福不持菩提，彼二能持故」。無著認為珍寶布施是「有為福德」，雖然能夠累積很多福德，但卻不如自己持誦、為人解說《金剛經》這兩件事能夠肩荷無上菩提。換言之，比較而言，「有為福德」是外在的、相對的、有造作、有染污、有生滅的、虛幻的有限福德；而「福德性」是得之於本性的內在福德，是清淨無生滅的真正福德。

　　最後，佛陀告誡我們：菩薩於法應無所住行於布施。應該無所執著而布施。而且，菩薩不受福德。為什麼菩薩能夠不受福德呢？因為菩薩知道一切法無我，沒有貪著，無我施之心，所以，不受福德，臻於超越福德。

　　有趣的是，台灣民間流傳一本《金剛經靈異錄》，該書登載四十三則持誦《金剛經》的靈異故事，近似《報應記》的內容。僅舉二則故事為例：

　　明朝湖州唐時從，生有一女，美麗聰明，甚得父母疼愛。可惜，體弱多病。長大後，嫁給海寧楊雲先生為妻。楊雲家室富有，夫妻相愛，生活幸福。不幸，楊雲大病一場，一命嗚呼。唐小姐年青守寡，身體更顯虛弱。因此，無法管理家業，貧病無以維生。不得已依靠叔父，叔父在鳳陽縣為官，崇禎初年，他跟叔父同住鳳陽的官舍，叔父有一位姓馬的老妾，同住在官舍。這位馬小姐善繡佛像。於是，唐小姐發願繡一部《金剛經》。

　　唐小姐不但信佛，而且吃長素，平時專持《金剛經》。她一針一線地繡了半部《金剛經》，因為精神不濟，突然昏睡倒臥在地上。昏迷中一位手執錫杖的大神對她說：「妳還能繡經嗎？」她說：

「我還要繼續繡經。」說完，大神不見，她就驚醒過來。從此。她專心把《金剛經》繡完，作品精巧細緻。她原本體弱多病的身體，逐漸強壯起來，她覺得諸病悉除，身心愉悅，更覺得《金剛經》不可思議，益加勤誦。

　　另一則故事說：王功是政府官員，公餘之暇，喜歡打獵。他的夫人是虔誠的佛教徒，她茹素，不宰殺生物，每日勤誦《金剛經》。某日，王功打獵回家，恰巧她在唸經，要求王功和她同唸〈持經功德分〉第十五。過了五年，王功突然中風，癱瘓在床，痛苦不堪。有一天，他在昏迷中被兩個鬼差拘押，來到閻羅王的面前。閻羅王命鬼吏檢查人間善惡的記錄，發現王功雖有殺生（打獵）惡業，但生前曾與妻子唸《金剛經》，可以將功抵罪，放回陽間。不過，要懲罰殺生之罪。於是，命鬼差在鑊湯內取一杓熱湯澆在他的背上，使他知所悔改，然後放回人間。

　　王功醒來後，背上忽然生了背疽（癰瘡），非常痛苦。於是，請他的太太在佛前替他發願懺悔，永遠不再殺生，願意手寫《金剛經》，終身持誦。這一天深夜，他夢到一個和尚用手撫摸他的背疽，天亮以後，他的背疽脫然痊癒。可知，持誦《金剛經》的功德果報不可思議。如果有人持誦本經，反遭別人輕賤戲弄，應當知道此人在過去所作的惡業，本應使他墮入各種惡道，只因他現在持誦本經，又遭他人輕賤的懲罰，而且過去的惡業也會消除，將來還能得到最高、最圓滿的覺悟。

第二節　〈天說〉、〈天論〉

柳宗元（西元七七三～八一九年），字子厚，河東人，貞元

（唐順宗）進士，中博學宏詞，參與王叔文為首的「永貞革新」，失敗後貶為永州司馬。著有《柳河東集》、《龍城錄》等書。其天人關係思想，主要見於〈天說〉。〈天說〉作於貶官之後。好友劉禹錫認為〈天說〉言有未盡，另作〈天論〉三篇。柳宗元則認為〈天論〉只是〈天說〉的傳疏耳。其實，〈天論〉比〈天說〉更深入探究善惡報應的問題。

　　〈天說〉主要分為前後兩段，前段是韓愈對柳宗元的談話。韓愈認為凡人遭受各種痛苦，總是怨天，仰望呼天：「殘暴百姓的人昌盛，保護百姓的人遭殃。[8]」「為什麼事情總是違背道理？」這些怨天的呼喊，都是沒有真正了解天的意志。他認為瓜果、食物腐敗了，就生蟲，元氣陰陽受到破壞就生人。人類對陰陽元氣的破壞日益嚴重，例如開墾耕種，濫伐山林，鑿井飲水、建造墳墓，還有蓋房子、樓臺、寺廟、池塘、河圳，熔鑄金屬，製作器具等破壞自然的事實，使得天地萬物不能自然生長。如果有誰能夠制止百姓對天地的傷害，就是對天地有功，誰要助長百姓對天地的傷害，就是天地的仇敵。對於天地有功的人應該受天地的獎賞，如果是天地的仇敵，應該受天地的懲罰。

　　值得注意的是，韓愈認為天是有意志的人格神，對人獎懲，賜福降禍。他又以生態的觀點，認為人類的各種開發，傷害了自然界，得罪上天，就要遭受懲罰。韓愈如果能活到現在，他必然會強調生態，戮力保護環境的環保急先鋒。不過，韓愈所要強調的是天人感應的「主宰之天」。換言之，人類與自然萬物都要服從

---

8 韓愈所謂「殘民者昌，佑民者殃。」似乎是他自己的不平之鳴，因為韓愈兩次被貶，尤其是他諫唐憲宗迎佛骨表，憲宗大怒，貶韓愈為潮州刺史。他反對把佛骨迎入宮內，應該把佛骨「投之水火，永絕根本，斷天下之疑，絕後代之惑。」（《昌黎先生集》卷三十九），「反佛骨」才是佑民，佑民者反而遭殃。

「主宰之天」的無上命令，人類不能無節制的侵害自然萬物，否則，將受到上天的懲罰降禍。

一、功者自功，禍者自禍

針對韓愈的天命觀，柳宗元提出「物質之天」反駁。柳宗元〈天說〉云：

> 彼上而玄者，世謂之天，下而黃者，世謂之地，渾然而中處者，世謂之元氣，寒而暑者，世謂之陰陽。

柳宗元強調天地只是自然界的現象，沒有人格神的「主宰之天」。在我們頭上那個蒼茫玄黑的東西，就是百姓所說的天，在我們腳下黃色的泥土，就是地，瀰漫天地之中渾然不分的物質，就是元氣，春夏秋冬四季更替，就是陰陽。天地雖然很大，但是，與瓜果草木沒有什麼不同，都是自然界的物質。雖然，瓜果長蟲，傷害瓜果，如果有人消除這些害蟲，瓜果會感激能夠有所報答嗎？如果有人大量繁殖這些害蟲，瓜果會忿怒嗎？當然瓜果對人沒有感恩和生氣。

同理，天地也是物質的東西，猶如大瓜果，元氣猶如大毒瘡，陰陽猶如大草木，怎麼能夠對人獎賞或懲罰呢？有功的人就是有功，有災禍的人就有苦難。人的行為善惡與禍福，和天地沒有任何關係，善惡禍福是人間社會的價值判斷，和自然天地無關。換言之，沒有天人感應。有些人希望上天賞善罰惡，這是錯誤，有些人希望上天仁慈，能夠拯救他們的苦難，平反他們的冤屈，否則怨恨上天不公不仁，這是荒謬可笑的錯誤。

〈天說〉最後，柳宗元對韓愈提出一個忠告：您如果深信孔

孟儒學，從生到死應該堅守仁義道德[9]，何必把吉凶禍福、存亡得失寄託在瓜果草木或天地陰陽之中呢？

二、天之道在生殖，人之道在法制，天與人交相勝

　　柳宗元的〈天說〉，其好友劉禹錫認為論述天人關係不夠周全。因此，作〈天論〉，徹底辨明天人關係。劉禹錫（西元七七二～八四二年），字夢得，唐順宗時，連登進士、宏辭二科，參與王叔文的「永貞革新」，失敗後，貶為朗州司馬，與柳宗元交情甚篤，人稱「劉柳」，著有《劉夢得文集》等。

　　〈天論〉首先說明天人關係有兩種對立的觀點，一種是「陰騭之說」[10]，主張天人感應，上天對人賞善罰惡，行善得福，為惡遭禍；另一種是「自然之說」，強調沒有天人感應，沒有善惡報應，這是「天人相異」。雷擊百姓，並不是因為他們有罪，孔子、顏回雖是聖賢，卻遭受困頓，盜跖（柳下惠之弟）為天下大盜，橫行天下，卻能善終。這些人事的禍福，說明上天只是蒼蒼茫茫的物質，沒有人格神的主宰者。

　　韓愈所說的天，是陰騭之說，柳宗元的〈天說〉是天人相異的自然之說。換言之，韓愈的天是主宰之天，柳宗元的天是自然之天。但是，人也是自然萬物的一部分，自然萬物之間都是相互關連，互相影響，人與天並非完全無關。因此，劉禹錫提出天與人「交相勝，還相用」的創見，以補充〈天說〉的不足。

　　劉禹錫強調，凡是有形的物體，都有獨特的功能和作用，因此，其作用總是有所能和有所不能。天是最大的有形物體，人是

9　韓愈作〈原道〉，反對佛教、道教，尊崇儒學。〈原道〉說：「博愛之謂仁，行而宜之之謂義，由是而之焉之謂道，足乎己無待於外之謂德」。

10　「陰騭」語出《尚書・洪範》：「惟天陰騭下民。」上天暗中決定人的禍福，對人所作的善惡，都會感應和報應。

最傑出的靈明動物。天所能做到的，人固然不能完全做到；人所能做到的，天也有所不能。換言之，客觀物體各有其獨特的功能，各以其獨特的功能勝過對方。天所能而人有所不能，天可以勝人，可是，人所能而天有所不能，人也可以勝天，天與人相互關連、相互作用、互相取勝，這就是「天人交相勝」。[11]

劉禹錫強調天的功能是「生殖」，生長繁殖萬物，自然萬物生存競爭，物競天擇，優勝劣敗，適者生存。萬物春生夏長秋收冬藏，寒冬草木凋零。自然界的現象是水火傷害萬物，木質堅硬，金屬鋒利，年輕力壯，年老體弱，強者為王，如獅王猴王，弱肉強食，這些都是天的功能，其作用表現在強弱。

至於人類社會的功能在於制定和執行社會制度、法律規章和倫理道德，這是「法制」，或稱「禮法」。法制（禮法）的作用在於判斷是非善惡。用社會正義制裁強暴和攻擊，用禮節確立長幼尊卑，尊重賢能，崇尚（獎賞）有功，建立是非善惡的標準，防邪止惡，這些都是人的功能。所以說天之道在強弱，人之道在是非。在人的社會規範中，合乎禮法（法制）的言行為「是」，不合乎禮法的言行為「非」，是非善惡的判斷不是以力量的強弱作標準。換言之，「人之道」可以勝過「天之道」。既然人道可以勝過天道，上天又如何能夠賞善罰惡、賜福降禍於人呢？

三、人能勝乎天者，法也；法大行，蹈道必賞，違善必罰

劉禹錫強調人之所以能夠勝天，在於「法制」（禮法）的貫

---

11 《莊子·大宗師》說：「天與人不相勝也，是之謂真人。」〈大宗師〉的真人境界是「天人合一」、「死生一如」、「天人不相勝」。人與自然是密切相關而不可分的整體。劉禹錫的「天人交相勝」要分辨天與人各有不同的功能作用。

徹執行。如果法制能夠徹底執行的時候，合乎法制的爲「公是」，違反法制的爲「公非」。「公是公非」表示社會公平正義，是非標準有一致性，照著「公是」而行，就是「善」，違反「公是」，就是「惡」。善的行爲必然得到獎賞，惡的行爲必然受到懲罰。如果一個人得到的獎賞和他的「善行」完全符合，即使賞賜高官厚祿，百姓都認爲合適；如果一個人得到的懲罰，和他的「惡行」完全符合，即使慘遭刀鋸的酷刑，處以滅族的大禍，百姓也會認爲應該。[12]

在這種公平正義之下，百姓都認爲上天怎麼能夠干預人事的吉凶禍福呢？因爲善行可以得到福祿，作惡自召災禍，人事的禍福與上天沒有關係。換言之，如果政治清明，社會正義，是非清楚，賞罰公平，百姓對人事的賞罰禍福，明白其中的道理，就不會產生上天賞善罰惡的天命觀。

如果法制（禮法）有一些廢弛，是非就混淆了。得到獎賞的人不一定都是善人，遭受懲罰的人不一定都是惡人。有的人因賢能有功而得到福祿，但有時不肖者僥倖也得到福祿[13]。有的人因罪惡而受到刑辱，但有時無辜的人也慘遭懲罰。於是，百姓開始懷疑這是天命，福祿也許可以奸詐取得，災禍或許可以僥倖逃避，這是由於法制的廢弛，執政者不公不義所造成的不合理現象，而百姓不明其中的道理，往往就歸之於「天命」，誤以爲是上天的賞罰。

四、法大弛，是非易位，賞恆在佞，人能勝天之具盡喪

如果法制（禮法）完全廢弛，是非完全顛倒；得到獎賞的都

---

12 數年前，某一陳姓惡徒，無惡不作，處以死刑，民眾欣慰。其家屬落難，百姓以爲惡報，最後，二幼子送往美國，給人領養。

13 《莊子・盜跖》說：「妄作孝弟而僥倖（儌倖）於封侯富貴者也」。

是巧言諂媚的小人，遭受懲罰的都是正直的人；道德不足以約束強暴，刑罰不足以管束邪惡。因此，政治黑暗，社會混亂，是非顛倒，善惡不分，天命觀（上天賞罰）就盛行起來。可知，天命觀（上天賜福降禍）產生的主要根源是「法弛」，因「法弛」而「理昧」，法弛和理昧的主要原因是政治和社會的不公不義。

　　值得注意的是，劉禹錫〈天論上〉分析了人類社會實行法制的三種情況：「法大行」、「法小弛」和「法大弛」，由此產生三種天人關係的天命觀：一是「法大行」的時候，就是生在治世的百姓，由於執政者貫徹法制而是非分明，大家都知道吉凶禍福的由來。因此，得福不感激上天，遭禍也不怨恨上天。因為在「法大行」的社會，有善必賞，有惡必罰，天下太平，百姓知道禍福都是人為因素。二是「法小弛」的時候，百姓對於天人關係的認識就混淆了，如果要以個人幸或不幸的遭遇，想要體認天命的有無，那就更混淆了。三是「法大弛」的時候，就是生在亂世的人，百姓不知道賞罰的依據，因此，把原來是人為的禍福都歸於天，聽天由命，怨天尤人。其實，上天沒有干預人事的吉凶禍福，只是不知道執政者賞福罰禍的原因而已。

五、物之合並，必有數存乎其間；數存，然後勢形乎其間

　　劉禹錫指出天命觀的產生，除了有法制的人為因素外，還有對自然界的現象不了解或不能掌握。〈天論中〉舉例說明：有一條船在灘、淄、伊、洛等小河川行駛，由船長掌控行駛的快慢，什麼時候開船，什麼時候到岸，都由船長控制，小河流沒有大風、大浪，有時快有時慢，都是人的操作，即使不小心翻船或擱淺，也是人為因素或船隻老舊造成的，由於原因很清楚，這是「理明」。

所以沒有人想到上天的意志，沒有天意，也沒有天命，不會求助上天或神祇的保祐。

可是，如果在長江、黃河、太平洋等大江大海行駛，由於有時大風大浪，有時平靜。大風大浪時，人不能完全控制船隻，可能翻船沈沒，也可能度過危險，在驚濤駭浪之中，所有船上的人沒有不求上天或神明保祐的。因為安全無法由人掌握，只好求助上天或神祇，這是「理昧」。[14]

劉禹錫進一步假設有幾條船同時航行，船的設備和風浪大小都相同。然而，有的船沈沒了，有的船安全航駛，為什麼會有不同的結果呢？難道是上天的決定嗎？〈天論中〉解釋說，河（海）水和船隻是兩種不同的事物，這兩種完全不同的事物結合在一起，就是「行船」這個現象。凡是不同的事物結合在一起產生的現象，必有一定的規律和自然的法則，稱為「數」。[15]

---

14 媽祖是民間普遍崇信的海神，尤以福建、台灣一帶出海捕魚的漁民，視為平安的保障。以劉禹錫的觀點，由於過去出海捕魚危險性高，漁民不得不求助上天或神祇的保祐。值得注意的是，劉禹錫所謂「理昧」，卻是宗教起源的重要原因之一。宗教起源於原始民族的無知和恐懼，原始民族因為欠缺科學知識，對一些自然現象如打雷、閃電、洪水、颱風、地震、日蝕、月蝕等原因一無所知，害怕這些現象是天神發怒，鬼神作怪，對他們降災，於是滿懷罪過，請求寬恕，並以各種儀式活動，祭祀牛羊豬等犧牲，平息鬼神怒氣，祈求賜福免禍，達到趨吉避凶，人生幸福。

15 劉禹錫所謂「數」，意指自然的法則，現象界必然的規律，例如為什麼會有地震？為什麼會打雷？為什麼會有日蝕？為什麼會有月蝕？這些自然現象都有必然的原因，只是不知其所以然而已，就是「理昧」。值得注意的是，劉禹錫的「數」，源於荀子和王充的思想。《荀子·天論》說：「天行有常」又說：「天有常道，地有常數」。「常數」就是一定的規律和法則，〈富國〉說：「萬物同宇而異體，無宜而有用於人，數也。」天地萬物形體雖然各不相同，皆有用於人，是自然的道理。王充《論衡·治期》說：「食有常數，不在政治。」王充強調日蝕或月蝕都有一定的期數（週期），與政治的好壞無關。「常數」就是固定不變的規律。四十二個月發生一次日蝕，五、六個月發生一次月蝕，與政治無關，是自然現象。不過，王充的說法並不正確，根據現代天文學，每年日月蝕的次數，最多七次，日蝕五次，月蝕二次，或日蝕四次，

有了「數」，就有一定的「現象」表現出來，稱爲「勢」。「勢」指發展趨勢或形勢狀況的經驗現象。這種自然現象是依附事物而發生，猶如影子依隨物體。根據事物緩慢的運動所產生的現象也是緩慢的，大家容易明白其中的道理，例如船隻在小河流緩慢航行，比較沒有危險，如果相同的船隻在大江大海快速航行，大風大浪的情況下，驚濤駭浪，非常危險，安全無法預知，在不確定的因素中，道理不容易明白。

六、數存勢生，萬物所以無窮，交相勝，還相用

劉禹錫的宇宙觀是一種「數勢論」，〈天論中〉所謂「數存而勢生」。舉例而言，天的形狀是圓的[16]，顏色是藍天白雲，天旋轉的周期可以度量[17]，晝夜的更替永遠不變，可以測定，春夏秋冬永恆運轉，這些不變的法則，就是「數」，有「數」就有「勢」。例如陽光、空氣、水、土壤等，遂有生生不息的萬物。萬物的生長各有其生存條件，適者生存。然而，彼此之間相互依存，相互爲用，生物學稱爲「共生」（mutualism）[18]，達到生態的平衡，因此，萬物生生不息，這就是交相勝，還相用，天與人的關係也是如此。〈天論上〉說：

> 天恆執其所能以臨乎下，非有預乎治亂云爾；人恆執其所能以仰乎天，非有預乎寒暑爾。

月蝕三次。每十八年間，日蝕四十一次，月蝕二十九次。惟日蝕僅能見於一處，月蝕各地皆能看見。因此，就一地方而言，看見月蝕的次數多於日蝕，就全地球而言，發生日蝕的次數多於月蝕。

16 古人以爲天圓地方，天是圓的。

17 太陽自轉週期是二十四日十五時三十六分，地球自轉週期是二十三時五十六分四秒，地球繞太陽一週是三百六十五日五時四十八分四十八秒。

18 共生亦稱共棲，可分三類：動物與動物的共生；動物與植物的共生；植物與植物的共生。

　　劉禹錫強調天不能干預人事的吉凶禍福，猶如人不能干預天的四季更替，人只是利用天時地利，參贊天地化育。〈天論下〉所謂「用天之利，立人之紀。」。總結〈天論〉三篇之旨：上天不能賜福降禍於人，雖然天人關係交相勝、還相用。

第三節　〈善惡無餘論〉、〈冥數有報論〉

一、〈善惡無餘論〉

　　牛僧孺，字思黯，生於唐代宗大曆十四年（西元七七九年），卒於唐宣宗大中元年（西元八四七年）鶉觚人（今甘肅涇川），穆宗時為相，著有《幽怪錄》。

　　《周易·坤·文言》所謂「積善之家，必有餘慶；積不善之家，必有餘殃。」是最為世人所傳誦的善惡報應思想。然而，牛僧孺以歷史事實，論證「餘慶」、「餘殃」不符史實。換言之，善惡禍福，都是由人自取，與父兄、子孫之善惡無關。〈善惡無餘論〉說：

> 末代之君，世祿之人…不知父兄得道而傳之，己行不善而失之，乃至乎萬乘為匹夫…烏謂餘慶之可恃乎？…子不善而父伐之，石碏是也…弟不善而兄殺之，周公是也…父出之而堯貴之，虞舜是也…且善者天下好之，常道也；惡者天下惡之，亦常道也…昔夫差信伍員，初善也；任宰嚭，終惡也…太甲放桐宮，初惡也；任伊尹，終善也…然予敢謂善必慶而貴，惡必殃而賤也。所以貴者道貴也，所以賤者道賤也。道之貴乎，孔父素王；道之賤乎，殷辛獨夫也。

　　餘慶餘殃，則吾不信之矣。

　　〈善惡無餘論〉的報應思想，有以下四點：

　　（一）末代君王，享盡榮華富貴，卻不知珍惜先祖父兄得來不易的善果。不肖後代子孫不務善行，無惡不作，遂使世祿不保，萬乘成爲匹夫，富貴之家淪爲貧苦百姓，甚至家破人亡。由此可證「餘慶」是靠不住的，先祖父兄爲善，也不能永保子孫福祿。例如賢能的唐堯，會有不肖丹朱。

　　（二）如果父兄不善，所謂「餘殃」也不會累及兒孫。例如不識仁義、頑劣不善的瞽瞍，會有賢能的虞舜，父親不善，虞舜卻能遵行善道，由此可證「餘殃」也是靠不住。

　　（三）有些人早年爲善，得到善報；後來爲惡，自食惡果。或早年爲惡，吃盡苦頭；後來痛改前非，得到福祿善果。例如吳王夫差，任用伍子胥，打敗句踐，得到善果。後來，任宰嚭，賜死伍子胥，終被句踐消滅，蒙面自刎而死，後悔說：「吾無面目見子胥也。」又如商王太甲（成湯孫）縱欲爲惡，伊尹放逐於桐，太甲悔過反善。三年後，伊尹迎歸，修德行善，諸侯咸歸，百姓安寧，在位三十三年。由此可證，不論前慶後殃，或是前殃後慶，自己的吉凶禍福，都是由人自取，沒有餘慶，也沒有餘殃。

　　（四）善必慶而貴，惡必殃而賤。牛僧孺強調善者天下人好之，惡者天下人惡之，是善惡報應的常道。行善得福且貴，爲惡遭殃且賤。貴賤在於善惡，不在於尊卑或權位，例如孔子貴爲「素王」[19]，素王自貴，孔子以仁道爲貴；反之，桀紂爲賤，以行惡爲賤。由此可證，慶殃或貴賤，都是由人自取，沒有餘慶餘殃。

19　《孔子家語・本姓解》記載：「齊太史子與見孔子。退曰：或者天將欲與素王之乎？」所謂「素王」是有其道而無其爵，無王者之位者。所謂素王自貴，所貴者，仁道也，以孔子仁道爲貴。

牛僧孺認為人主修德行善，國家自然興盛富強；相反，胡作非為，民不聊生，國家自然興起禍亂，家破國亡身滅，歷史事例屢見不鮮。因此，他說：

> 帝王不務為政，而稱天命，雖欲不亡，其亡固翹足可俟矣。（〈頌忠〉）

所以，為政者治國要以人事為要務，興衰由人，以富國安民為長治久安之道。他說：

> 舍人事，徵天道，棄邇求遠，無裨於政教者也。（〈頌忠〉《全唐文》卷六八二）

二、〈冥數有報論〉

李德裕，字文饒，生於唐德宗貞元二年（西元七八六年），卒於唐宣宗大中四年（西元八四八年）。武宗時，由淮南節度使入相，當國六年，消弭藩鎮之禍，封衛國公，主要著作收在《李衛公會昌一品集》。

（一）修天爵以致人爵，不欲言富貴在於天命，福祿由於冥數

所謂「冥數有報」，就是「冥報」，如唐臨《冥報記》闡發因果報應之理：善有善報，惡有惡報。尤以佛家三世因果業報深入人心，影響深遠。世俗相信因果報應，毫釐不爽。李德裕〈冥數有報論〉對「冥報」有所批評：

> 宣尼罕言性命，不語怪神，非無謂也，欲人嚴三綱之道，奉五常之教，修天爵以致人爵，不欲言富貴在於天命，福祿由於冥數。

李德裕以儒家孔孟人倫仁道反對「冥報」思想。孔子不語怪

力亂神，主要目的是爲了嚴明三綱五常[20]。李德裕認爲修「天爵」可以得「人爵」。《孟子·告子》說：「仁義忠信，樂善不倦，此天爵也；公卿大夫，此人爵也。」孟子以爲古人修養道德，樂於行善之後，自然而然地得到人間的福祿。可是，現在的人，早年修養道德，爲的是謀求人間的福祿，有了福祿就放棄道德，最後必定會喪失人間的福祿。

可知，孔孟強調人倫之教不可廢。基於人倫教化，反對人間的福祿由於報應而來，因爲冥報論者以爲前世爲善，今世必得善報而有福祿；前世爲惡，今世必遭禍殃。所以勸人今世爲善，爲來世謀善果。終爲一己之私而枉顧人倫。

（二）仁人上哲，必達生知命，不思報應

李德裕認爲自古以來冤死的人很多，冥報之事，或有或無，很難論斷。真正的仁人君子，只是盡性、盡仁，力行聖賢之道，不謀個人的吉凶禍福，所謂知命，俟命、立命，超越善惡報應。只有少數個案傳說於史，例如：「伯有爲厲」或魏其侯竇嬰和灌夫厲鬼爲祟的記載。

據《史記·魏其武安侯列傳》記載：魏其侯竇嬰和武安侯田蚡，都是外戚。田蚡未得志時，奉承魏其侯。後來，田蚡得孝景后提拔，陞爲丞相，而竇嬰因排斥道教罷官失勢。有一次，田蚡命籍福要求魏其侯獻出城南土地，魏其侯大怒拒絕。此時有灌夫將軍，不畏權勢，爲竇嬰大抱不平，怒罵使者籍福。武安侯知悉，從此懷恨魏其侯和灌夫。武帝元光四年，武安侯娶燕王女爲夫人，

---

20 所謂三綱是夫婦、父子、君臣。或謂君爲臣綱，父爲子綱，夫爲婦綱。五常即五典：謂父義、母慈、兄友、弟恭、子孝。五者人之常行。或謂仁、義、禮、智、信爲五常之道。

孝景后詔諭宗室列侯往賀，魏其侯和灌夫也在其中。

酒宴中，武安侯舉杯向賓客敬酒，所有賓客都起立回敬。魏其侯也向賓客敬酒，只有少數故舊起立回敬。灌夫不悅，借酒辱罵賓客。武安侯大怒，當場逮捕灌夫，告他辱罵賓客，又彈劾灌夫過去舊案，罪及灌夫家族，慘遭族誅。魏其侯上書陳述灌夫酒醉失言，罪不及死。武安侯極力毀謗魏其侯，結果被判死罪，斬首棄市。

隔年春天，武安侯突然生病，病中喃喃自語，不斷喊叫謝罪饒命，家人使巫者來看，巫者看見魏其侯和灌夫的鬼魂圍住武安侯索命，竟不治身死。

反觀仁人聖賢，達生安命，未聞厲鬼為祟之事，誠如朱熹所謂「聖人安於死，焉有堯舜做鬼來。」不過，有人舉《左傳》春秋鄭國大夫伯有，死後成為厲鬼為祟的事，請教朱熹。朱熹強調「伯有為厲」別是一理。伯有成為厲鬼是特殊的個案。或許有人慘遭酷刑而死，或是突然橫死，或是冤死，怨恨之氣一時之間仍然聚而未散，這是生死的非常理，但是，人的精氣終究會散，伯有也不例外。

（三）人之捨生，如薪盡火滅，溘然則無能為矣

李德裕強調有生必有死，生老病死是自然的過程，人死猶如薪盡火滅，能夠通達薪盡火滅的生死之理，當然可以安於死，明白自然生死之理，便能達觀知命，使心不亂，不惑於鬼神，達到超然出世的精神境界，當然沒有冥報的問題，至於「厲鬼為祟」或有或無，若有，僅是特例。

基於薪盡火滅的生死之理，李德裕對佛、道等宗教信仰也提出批評。〈梁武論〉認為信佛不能得到福佑，因為梁武帝虔誠信佛，

建佛寺三百餘所，終不免國破家亡，究其原因，〈梁武論〉說：

> 厚斂氓俗，竭經國之費，破人生之產，勞役不止…以此徼
> 福，不其悖哉？

梁武帝篤信佛教，捨身同泰寺。侯景造反，攻陷臺城，武帝餓死。雖然廣建佛寺，卻是動用國家經費，厚斂民脂，課人民重稅，徵調勞役，百姓不堪其苦，以勞民傷財徼福，何其悖理荒誕，豈能求佛福佑？

（四）天地萬物異於常者，無不為妖，不可以為禎祥

《中庸》第二十四章說：「國家將興，必有禎祥。」董仲舒《春秋繁露·符瑞》說：在魯國西邊打獵得到麒麟，這是祥瑞的徵兆。古人以為祥瑞是天降的符命，例如鳳凰突然飛來棲息。李德裕〈祥瑞論〉卻有不同的看法，他說：漢桓帝和漢靈帝的時代出現很多鳳凰，依照天人感應的說法，應該是國泰民安的太平盛世，但事實正好相反，朝綱不振，國勢衰微，民不聊生，可見，天降祥瑞之說不可信。

又如世人以芝草為瑞草[21]，是祥瑞的徵兆，尤其是生長在墳墓之上，為孝思感召，是禎祥的象徵。李德裕認為如果生在墳墓上的靈芝是孝思所致，那麼，大舜、曾參可謂大孝，應該在瞽瞍之墓、曾皙之墓上，生長萬株靈芝，才算是孝思感召，但事實卻不是如此，可見天人感應的祥瑞之說經不住事實的檢證。換言之，祅祥不是善惡之徵，萬物異於正常現象者，是國家之祅，不是上天賜福的祥瑞。值得注意的是，李德裕強調褒姒、驪姬都是「國妖」，綠珠、窈娘都是「家妖」。無論國妖（祅）或家妖（祅）都

---

21 芝草，又名神草，或言靈芝。古人以為瑞草，服之成仙，現今仍以靈芝為保健養生食品。

是《荀子‧天論》所謂可畏的「人祆」。[22]

第四節　《太上感應篇》、《文昌帝君陰騭文》、《關聖帝君覺世眞經》

　　自宋以來，民間出現大量的勸善書，《太上感應篇》是第一本民間勸善書，自宋流傳迄今，也是道教的勸善書。目前在台灣民間，仍然流傳勸善三聖經，包括：《太上感應篇》、《文昌帝君陰騭文》、《關聖帝君覺世真經》。《太上感應篇》是一篇一千二百多字的短文，以開宗明義的十六字爲綱領：「禍福無門，惟人自召；善惡之報，如影隨形。」充分彰顯善惡報應的宗旨。

一、《太上感應篇》

　　《太上感應篇》強調人要多得福報，必須行善、積德、立功，並列舉二十多項善行，一百多項惡行，作爲世人行善去惡的道德標準，最後以「諸惡莫作，眾善奉行。」行善積善，天必降福；行惡積惡，天必降禍，作爲改過遷善的勉勵。綜觀大要，簡述六點：

---

22 褒姒是周幽王的寵妃，生子伯服。幽王廢申后及太子宜臼，改立褒姒爲后，伯服爲太子。褒姒不喜歡笑，幽王在烽火臺點火，諸侯趕到卻無盜匪，褒姒乃大笑。後西夷犬戎入侵，幽王舉火徵兵，諸侯不至，犬戎弒幽王於驪山之下，並殺伯服，執褒姒而去。驪姬，又名麗姬。晉獻公伐驪戎，獲驪姬，立爲夫人，生奚齊及卓子。尋譖殺太子申生，立奚齊爲太子，並逐諸公子。獻公卒，奚齊、卓子相繼爲王，俱爲里克所殺，姬亦被戮。綠珠，晉石崇愛妾。美而豔。孫秀求之，石崇不許。孫秀矯詔收押石崇，綠珠墜樓自盡。孫秀怒，譖於趙王倫，石崇一門皆死。窈娘，唐武后時，左司郎中喬知之，有婢曰窈娘，有美色，知之寵之。旋爲武承嗣所奪，知之痛恨成疾，作詩送窈娘，窈娘得詩，悲恨投井死，知之亦爲武承嗣所陷，族誅。

（一）思想淵源

所謂勸善書，或稱善書，其思想淵源，都是儒釋道三教合一，而以善惡報應為思想核心，勉人遷善改過。分別而言，《太上感應篇》深受葛洪《抱朴子》、《左傳》、《呂氏春秋‧應同》的影響。

1.《抱朴子‧微旨》說：「天地有司過之神，隨人所犯輕重，以奪其算。」《太上感應篇》全盤繼承葛洪《抱朴子》的神仙道教。所列舉的善行和惡行，大抵依據《抱朴子‧微旨》。

2.《左傳‧襄公二十三年》所謂「禍福無門，唯人所召。」和《呂氏春秋‧應同》說：「禍福人或召之」成為《太上感應篇》的宗旨綱領。至於「感應」一詞，正是傳統善惡報應天人感應的思想。[23]

（二）善　行

《太上感應篇》列舉二十四項善行，勉人積善立功：不走非禮邪惡之路。不欺騙，不暗瞞。多積陰德，行善立功。發慈悲心，愛護眾生。盡忠職守，孝順父母，友愛兄弟姊妹。端正自己言行，勸化他人。憐恤、救助孤寡無依的人；尊敬老人，關愛幼童。不可傷害昆蟲草木。憐憫他人兇惡，化導其兇惡之心；樂見他人行善，效法其善行。周濟他人急困，救助他人危難。見人有所得好像自己之得；見人有所損失，猶如自己的損失。存心仁厚，不彰揚他人的缺失；不誇耀自己的才能，為人謙虛。遏阻他人為惡，讚揚他人行善；待人寬厚多禮讓，嚴以待己少奢求。遭人欺辱不怨恨，受寵若驚，心存戒惕。施恩不求回報；贈人財物，沒有後

23　《周易‧咸‧彖辭》說：「二氣感應以相與。」感應是相感相應，相互感通，猶如陰陽（男女）互相感應，相反相求。天地互相的感應，使得萬物化生。

悔。以上這些善行，迄今仍然適用。

（三）善　報

《太上感應篇》強調善惡之報，如影隨行。行善之人，一切邪魔，無不遠避；天地神明，隨時保護善人，做任何事，終究功德圓滿，心想事成。對眾生有偉大功德者，可登神仙果位。須知，神仙是道教修行的最高成就，所謂「神仙本是凡人做，只怕凡人心不堅。」行善要以忠孝、和順、仁信為根本。

（四）惡　行

《太上感應篇》列舉諸惡，使人知所警惕儆戒：動念邪妄，違背天理。以行惡為樂，忍心殘害眾生。賊害善良，欺侮君親。不敬師長，不盡責任，行事叛逆。行騙鄉里，誹謗同學。誣告偽詐，攻訐宗親。暴躁不仁，兇惡乖戾。顛倒是非，親近惡人。欺壓屬下，諂媚上司。受恩不感念，有怨懷恨在心。為官輕賤百姓，擾亂國政。獎賞不義，刑罰無辜。謀財害命，奪人官位。誅殺降兵，排斥賢能。凌逼孤寡，非法受賂。黑白不分，曲直顛倒。輕罪重判，怒殺罪犯。知過不改，知善不為，扯人入罪，禁止濟世方術，誹謗聖賢，侵凌有德之士。射殺飛禽走獸，挖掘蟄蟲，驚嚇棲鳥。損壞鳥巢獸穴，傷害卵蛋。居心陰惡，毀人成功。不顧他人死活，損人利己。圖謀私利，妨害公益。竊人技能，佔為己有。揚人醜事，訐人隱私。破散他人貨財，離間他人骨肉。侵人所愛，助人為非。作威作福，侮辱他人。敗人苗稼，破人婚姻。苟且致富，驕奢無恥。攬功推過，嫁禍於人。沽名釣譽，包藏禍心。掩人長處，護己之短。仗勢脅迫，縱暴傷人。貪圖口腹之欲。穿戴皮草，浪費五穀。勞役百姓，煩擾人民。破人家戶，盜取財

寶。縱火、放水，妨害民居。敗人事業，使之前功盡棄。損人謀
生器物、工具設備。見人榮貴，願他流貶。見人富有，願他破散。
見人美色，起心邪淫。欠人財貨，願他身死。求人不遂，心生咒
恨。見人失意，落井下石。譏笑他人身心殘疾，沒有同情心。妒
賢害能…

（五）惡 報

以上百餘項惡行，隨其輕重之罪過，必遭天地鬼神的處罰，
而有不同的惡報。若死有餘殃，禍及子孫。例如橫取他人財物，
除了本人惡報外，更由其家人、子孫抵償，更有水、火之災，盜
賊之禍等惡報。又有殺人者，惡報在今生，或在來生，冤冤相報。

（六）改 過

勸善書強調改過的重要。曾經作惡，後來悔改，可以轉禍爲
福。因爲善人行善三年，天必賜福；惡人行惡三年，天必降禍。
所謂改過遷善，就是諸惡莫作，眾善奉行[24]。以上簡述《太上感
應篇》的大要。所謂勸善書，大抵以善行有善報，惡行有惡報，
以及改過遷善爲格式，或有善惡報應的故事，勉人行善，更能感
化世俗民心。

二、《文昌帝君陰騭文》

《文昌帝君陰騭文》是善書三聖經之一，目前仍在台灣民間
流傳。其善惡報應思想簡述三點：

---

24 總結全篇善惡報應思想，《太上感應篇》說：吉人語善、視善、行善，一日
有三善，三年，天必降之福；凶人語惡、視惡、行惡，一日有三惡，三年，
天必降之禍。

（一）文昌信仰

文昌原是星名。《史記・天官書》說：「斗魁戴匡六星，曰文昌宮。」文昌又名文曲星，傳說是主宰功名、祿位的神。不過，在宋元時期，天上的文昌和地上的梓潼神合而爲一，成爲天上的大神。據《明史・禮志》的記載：「梓潼帝君者，姓張，名亞子…道家謂梓潼掌文昌府事及人間祿籍，故元加號爲帝君。而天下學校亦有祠祀者[25]」。目前，台灣各地都建有文昌廟，奉祀文昌帝君。

古人讀書爲了求取功名，有人屢試不中，有人金榜題名。因此，民間流傳那些金榜題名的人，是由於祖先善行的餘慶或是他本人行善的回報，而梓潼帝君作爲人間祿神，逐漸具有監視讀書人善惡行爲，並根據言行的善惡而決定某人是否錄取的主宰權能。那些應該金榜題名而沒有登科的人，是因爲祖先惡行的餘殃或他個人作惡的懲罰。

（二）廣行陰騭，作種種之陰功

《文昌帝君陰騭文》特別強調「陰騭」。《尚書・洪範》說：「惟天陰騭下民」。上天默默對百姓的善惡言行進行禍福獎懲。因此，世人要積陰德，做陰功，做善事不要張揚，自然會得到上天鬼神的福佑，常有吉神擁護。如果參加科舉考試，就容易登科。《文昌帝君陰騭文》列舉四例：

---

25 元仁宗於延佑三年（西元一三一六年），將梓潼帝君加封爲「輔元開化文昌四祿宏仁帝君」，民間開始把梓潼帝君稱爲文昌帝君，成爲讀書人崇祀的主要神明。所以，《文昌帝君陰騭文》又稱《文昌帝君丹桂籍》。所謂丹桂，比喻考試及第，金榜題名。此說源自宋朝竇禹鈞五子俱登科，馮道贈詩：「靈椿一株老，丹桂五枝芳。」「丹桂五枝芳」表示五子俱登科。參閱《宋史・竇儀傳》

1.《漢書・于定國傳》定國之父于公說：「我治獄多陰德，並無冤枉，子孫必有興者。」後其子定國，貴為丞相，封平西侯，孫永侶，為御史大夫。

2.竇禹鈞，五代人，三十餘歲無子，夜夢祖父勸告：「你不但無子，且短命，及早修德行善。」於是，力行善事，多積陰德。不久，連生五子，皆聰明英俊。又夢祖父忠告：「你數年來廣積陰德，延壽三紀，五子俱顯榮，當益加行善，無惰初心。」後來，五子登科，長子竇儀，任禮部尚書；次子竇儼，任禮部侍郎；三子竇侃，任左補闕；四子竇稱，任右諫議大夫，參大政；五子竇僖，任起居郎，八孫皆貴。竇禹鈞享壽八十有二，無疾而終。

3.宋朝宋郊、宋祁兄弟，同時前往京師應試，途中遇見一位僧人，對他們說：「小宋（宋祁）大魁天下，大宋（宋郊）不失科甲。」試後，大宋（宋郊）又見僧人，僧人說：「你曾救活數百萬生命。」宋郊說：「我沒有助人的能力。」僧人說：「凡眾生皆是生命。」宋郊說：「過去常有蟻穴為暴雨所浸，我常以竹編之橋救助螞蟻。」僧人說：「正是救活眾生百萬。」放榜唱名宋祁果然獨佔鰲頭。殿試時，因宋郊為宋祁之兄，朝廷以為應以兄為尊，因此，改宋郊為狀元，宋祁為第十，一時傳為佳話[26]。

4.楚國孫叔敖，見兩頭蛇，殺而埋之，恐後人又見。及長，性恭儉，為楚相，執楚政，施教導民，三月而楚大治。子孫不絕。

（三）利物利人，修善修福

《文昌帝君陰騭文》強調修善就是修福，要先發慈悲大願，常存行善好心，利益眾生，利益眾人，利物利人，亦即自利。換

---

26 此事亦見於明代蓮池大師〈放生文〉：活蟻，書生易卑名為上第。

言之，善是福的基礎，是「因」；福是善的報應，是「果」。因果報應即是善惡報應。所以說：行善即修福。

至於如何行善？一國之君，應當替天行道，公正無私，常懷慈悲之心治理國家，造福百姓。一國之臣，應當忠君愛民，效忠職守。子女孝親，兄友弟恭，朋友互信互助。推廣儒、釋、道三教，報答天地、君王、父母、師長等四種恩情[27]。急難救助，矜恤孤寡，敬老憐貧。歲饑賑災，施棺殮屍[28]。公平買賣，賣方不可偷斤減兩。對待部屬傭人，寬容饒恕。印造佛經，創修佛寺[29]。施捨藥材，救人疾痛[30]，布施茶水，方便行人解渴[31]。尤其要持齋、戒殺和放生[32]。禁止放火燒山，保護弱小生物。點夜燈以利行人安全，造船建橋，以利渡河。[33]

除了行善，還要諸惡莫作，不過，《文昌帝君陰騭文》只提出十四條禁惡之事[34]：不要登山捕捉鳥獸。不要毒殺魚蝦。不要

---

27 佛教在家居士，以父母、眾生、國王、三寶（佛法僧）為四恩；出家眾以父母、師長、國王、施主為四恩；儒、道以天地、君、親、師為四恩。

28 當前台灣善心人士或團體，仍有捐贈棺木給貧苦喪家的義舉。

29 台灣民眾，最喜歡建造寺廟，出錢出力。也有不少佛、道信徒，樂於出錢助印佛經和善書。

30 當前台灣民眾，非常喜歡提供所謂「祕方」和成藥給生病的親友或媒體報導的病患。

31 當前台灣鄉下，仍有居民提供茶水，方便行人解渴，尤其在迎神或進香期間，提供餐點、飲料。

32 當前台灣仍有不少宗教團體或善心人士，喜歡放生。有一首〈放生偈〉說：「人既愛其壽，生物愛其命，放生合天心，放生順佛令。放生免三災，放生離九橫，放生壽命長，放生官祿盛，放生子孫昌，放生家門慶。放生無憂惱，放生少疾病，放生解冤結，放生罪垢淨。放生觀音慈，放生普賢行，放生與殺生，果報明如鏡。」三災是：刀兵災、疾病災、饑饉災。九橫是九種橫死：得病無醫、王法誅戮、非人奪精氣、為火所焚、水中沉溺、為惡獸所啖、橫墮山崖、毒藥咒詛、饑渴所困。不過，政府農政單位極力反對民眾放生。

33 當前台灣有一行善團體，專門建橋舖路。

34 〈陰騭文〉勸善三十條，禁惡十四條。〈感應篇〉勸善二十六條，禁惡一百七十條。

宰殺耕牛[35]。不隨便丟棄字紙[36]。不謀取他人財產。不嫉妒他人技能。不可非禮他人的妻女。不唆使他人訴訟。不破壞他人的名利。不破壞他人的婚姻。不因私仇而唆使他人兄弟不和。不貪圖小利而使他人父子不睦。不倚靠權勢欺辱善良百姓。不依恃財富欺侮貧窮人家。親近善人。遠避惡人。時常隱惡揚善，不可口是心非。剪除道路荊棘雜草，清除道路瓦石，修平崎嶇道路，建造橋樑。流傳善書，端正是非。捐款助人，成人之美。作事遵循天理，以聖賢為榜樣，說話順從人心良知，慎獨不欺，諸惡莫作，眾善奉行，常有吉神保佑，永無災禍降臨。禍福的報應，近報在自己（現報），遠報在兒孫。

　　總而言之，百福千祥，都是由上天陰騭中得來。

三、《關聖帝君覺世真經》

　　《關聖帝君覺世真經》是善書三聖經之一，當前仍在台灣民間流傳，其善惡報應思想，簡述三點：

（一）關聖帝君信仰

　　關聖帝君，又稱蕩魔真君、伏魔大帝，是由三國名將關羽忠

35　當前台灣年長的農民，仍有不吃牛肉的習俗，因為耕牛代人耕種，應當養其終老，不忍宰殺，不忍吃牛肉。

36　當前台灣仍保有「敬字亭」，以示祖先對字紙的尊敬。讀書人認為字紙是聖人的血脈，豈可任意拋棄或以字紙裹物？民國五十年間，民間流傳《文昌帝君惜字功過律》，勸人敬惜字紙。該善書說：「不敬惜字紙者，重則盲目折壽，輕則削福減祿。」，並列舉「文昌帝君惜字功過律二十四條」如：「勸世人惜字，並焚怪異淫亂等書者，百功，本身增壽，子孫昌盛。」又有「文昌帝君褻字罪律二十九條」，如：「家中破書廢紙，換碗換糖作踐（賤）者，八十罪，定生痴聾暗啞」。目前，高雄美濃仍有四座敬字亭，位於下庄的敬字亭，已列為三級古蹟，建於清乾隆三十年，梁起旺見庄內到處紙屑，提議建一座字紙焚燒爐，以示尊重文字，耕讀傳家。桃園縣內還保有四座敬字亭。建於光緒元年（西元一八七五年）龍潭聖跡亭，列屬三級古蹟，為全台規模最大的敬字亭。敬字亭最早出現於宋代，應與《文昌帝君陰騭文》有關。

孝節義的精神形塑而來。關聖帝君爲三教所共尊，儒教奉爲五文昌之一，又尊爲「文衡聖帝」；道教奉爲「協天大帝」、「翊漢天尊」、「武安尊王」；佛教奉爲「蓋天古佛」、護法爺、伽藍神。民間信仰關聖帝君極爲深廣，各地都有「關帝廟」。

自宋代以來，始封「顯靈王」、「義勇武安王」，元代加封爲「顯靈義勇武安英濟王」，明代加封爲「協天護國忠義帝」。值得注意的是，關聖帝君的封號，係於明萬曆四十二年（西元一六一四年）宮中伏魔，敕封爲「三界伏魔神威遠鎮天尊關聖帝君」。清代認爲由於關聖帝君的護佑，才能入主中原，故加封爲「忠義神武靈佑仁勇威顯護國保民精誠綏靖佑贊宣德關聖大帝」。

從明代開始，享祀武廟，與至聖先師孔子之文廟，並列爲國家祀典。因此，民間尊爲「武聖」，又有「恩主公」之稱，一般人尊稱爲「關公」。關聖帝君具有多種屬性，既是武聖之神，又是財神，擁有司命祿、佑科舉、消病除災、驅邪避惡、誅罰叛逆、招財進寶等神威，受到民眾敬拜。

（二）人生在世，貴盡忠孝節義，方於人道無愧

《關聖帝君覺世真經》，簡稱《覺世經》，開宗明義強調「忠孝節義」爲立身的根本，是人類社會的道德規範，必須無條件的遵行。換言之，「忠孝節義」是做人的道理，更是人道應盡的本務（duty），如果不盡忠孝節義，身軀雖在，其心已死，只是苟且偷生。因此，凡是合乎忠孝節義而無愧於心的事，不要因爲無利而不爲，更不要只顧眼前利益而做出有愧於忠孝節義的虧心事。

《覺世經》說：

> 凡人心即神，神即心，無愧心無愧神。若是欺心，便是欺神，故君子三畏、四知，以慎其獨。

　　《覺世經》強調人心就是神，神就是人心，無愧於心就能無愧於神，如果自欺其心，便是欺神。值得注意的是，《覺世經》所謂「人心」有兩大意涵：（一）是敬畏之心，（二）是慎獨之心。所謂敬畏之心，意指君子三畏。《論語・季氏》孔子說：「君子有三畏：畏天命，畏大人，畏聖人之言。」君子應當敬畏上天所賦予的天性和天理，敬畏聖賢的話及為民謀福的執政者。

　　所謂慎獨之心，源於儒家《大學》、《中庸》。《大學》第六章釋誠意說：「所謂誠其意者，毋自欺也。如惡惡臭，如好好色，此之謂自謙。故君子必慎其獨⋯曾子曰：十目所視，十手所指，其嚴乎！」。《中庸》第一章說：「君子戒慎乎其所不睹，恐懼乎其所不聞。莫現乎隱，莫顯乎微，故君子慎其獨也。」。有道德修養的人，在別人看不見的地方，時常警戒謹慎；在別人聽不到的地方也經常惶恐敬畏。不可以為別人看不見，聽不到而無惡不做，就好像十隻眼睛在監視著你，十隻手在指正著你。

　　此外，慎獨之心，亦源於《詩經・大雅・抑》，〈大雅・抑〉說：「相在爾室，尚不愧於屋漏。無曰不顯，莫予云覯；神之格思，不可度思，矧可射思？」慎獨就是「不愧屋漏」，誠如張載〈西銘〉所謂「不愧屋漏為無忝」心胸坦然，光明磊落，仰不愧，俯不怍，無辱父母。即使一個人在屋子裏，也要真誠無妄，小心謹慎，沒有不可告人的慚愧，好像有神明的監察，明察善惡，怎麼可以厭怠不敬呢！

　　基於《詩經》的「不愧屋漏」以及《大學》、《中庸》的「慎獨」，《覺世經》強調任何人的一言一行、一舉一動，神明都會明察善惡，而且善惡的報應昭彰明顯，毫髮無誤，千真萬確，所以

君子要三畏四知[37]，真誠慎獨，不欺暗室，不愧屋漏。

（三）善惡兩途，禍福攸分；行善福報，作惡禍臨

《覺世經》強調禍福的來源是善惡，行善得福，作惡得禍。何謂善惡？有違天理，有愧於心，就是惡；反之，無違天理，問心無愧，不欺暗室，不愧屋漏，真誠無妄，就是善。百善孝為先，萬惡淫為首。孝是善的源頭活水，孝順雙親，禮敬神明，奉祀祖先，尊重師長，友愛兄弟，朋友互信，敦睦宗族，友善鄉鄰，夫婦相敬，教育子孫，廣積陰德⋯⋯一切善事，信心奉行，改過自新，不存惡念。則一切災禍，皆不相侵，得享安寧，加福加壽，添子添孫，疾病減少，吉星高照，永保安康。

《覺世經》強調如能持誦本經，即得消除凶災，聚集吉慶。求子者得子，求壽者得高壽，富貴功名，皆能有成。凡有祈求，皆能如願。

第五節　《太平廣記》

《太平廣記》，凡五百卷，宋太宗太平興國二年李昉等奉敕編撰。採用書籍三百四十五種，古來軼聞瑣事，都在其間。有關報應思想，多達三十三卷。可分九類：第一類誦經類（《金剛經》七卷、《法華經》一卷、《觀音經》二卷），第二類崇經像五卷，第三類陰德一卷，第四類異類一卷，第五類冤報七卷，第六類未歸

---

37 所謂四知，是指天知、地知、你知、我知。天知地知的意思就是神明（鬼神）明察，近似《墨子・明鬼下》說：「雖有深谿、博林、幽澗無人之所，施行不可以不謹，見有鬼神視之。」

類（多屬惡報）三卷，第七類婢妾二卷，第八類殺生三卷，第九類宿業畜生一卷。今舉持誦《觀音經》為例略論之。

據《太平廣記》第一百一十卷共有二十六例、第一百一十一卷共有二十四例，持誦《觀音經》而得善報，這表示虔誠信仰觀世音的善果，因為觀音妙智力，能救世間苦。

一、晉琅玡人王珉，妻子不能生育，時常禱告觀世音賜給他一個兒子。後來，王珉認識一位僧人。那位僧人說：我死後給你當兒子。不久，僧人突然死了，王珉的妻子果然有了身孕。孩子一出生就會說話，非常聰明，他就是後來成為尚書的王洪明。他談論前世的事，事事可以驗證。（出自《辨正論》）

這則故事說明《觀世音菩薩普門品》（簡稱《觀音經》）所云：「設欲求男，禮拜供養觀世音菩薩，便生福德智慧之男。」。禮拜觀世音菩薩，可以求男得男，求女得女。

二、晉西域僧人竺長舒，專心持誦《觀音經》。他住在吳郡。有一天，鄰居失火，竺長舒想他的家一定會被燒毀，就一心念誦《觀音經》。結果風向改變，大火快速熄滅。當時有個不良少年，懷疑持誦《觀音經》的靈驗，在半夜的時候，把火丟到竺長舒家，投了幾次，全都熄滅。這個少年驚嘆感動觀世音的神通力，天一亮就向竺長舒謝罪。竺長舒說：我沒有神通，只是一心持誦《觀音經》，有什麼困難，都能化解，（出自《辨正論》）

這則故事證驗《觀音經》所謂「設入大火，火不能燒，由是菩薩威神力故。」持誦《觀音經》可以消除「火難」。

三、僧人竺惠慶，廣陵人，佛學造詣精深。宋文帝元嘉十二年，他去廬山，船在長江航行，突然暴風驟起，惠慶的船被吹到江心，無法靠岸，風浪很大，船將傾沒，惠慶一心誦念《觀音經》。江邊的人看見他的船迎風前進，好像有幾十個人牽挽著船，安全

抵達江岸，全船的人都平安獲救，沒有傷亡。（出自《法苑珠林》）

　　這則故事印證《觀音經》所言「若為大水所漂，稱其名號，即得淺處。」一心誦念《觀音經》可以消除「水難」。

　　四、滎陽人高荀，年歲半百，因殺人罪被捕入獄。他想必死無疑。同坐牢獄的人說：「我們共誦《觀音經》。」高荀立誓棄惡從善，一心誦念《觀音經》，不再為非作歹，如果能夠出獄，願造五層佛塔，供養僧侶。他一心誦念十餘日，身上的手銬、腳鐐、枷鎖自行脫解斷壞。守監的人甚為驚懼，跟他說：「如果觀世音憐憫你，你應該不會死。」臨刑處斬時，劊子手舉刀砍下，刀刃折斷。經過獄官上奏，高荀得以免罪。（出自《宣驗記》）

　　這則故事證明《觀音經》所言「設復有人，若有罪，若無罪，杻械枷鎖，檢繫其身，稱觀世音菩薩名者，皆悉斷壞，即得解脫。」意思是說，無論有罪或無罪被縛，由於誦念觀音菩薩的神力，手銬、腳鐐、枷鎖就會自行斷壞。《觀音經》又言「若復有人，臨當被害，稱觀世音菩薩名者，彼所執刀杖，尋段段壞，而得解脫。」意思是說，若不幸犯罪，或受人加害，或遇上盜賊，千鈞一髮之際，受害者能一心稱念觀世音菩薩的名號，加害者所執刀杖，很快斷壞，而使受害者保全性命，得以解脫。

　　以上列舉持誦《觀音經》的靈驗。為何觀音有此神威？因為觀音菩薩的神通廣大無邊，觀音菩薩的慈悲救度無限，能解救任何困難危險。因此，任何人在任何時間、任何地方，只要一心誦念觀音菩薩，各種苦難，都能馬上消災解難。《觀音經》云：

> 若有無量百千萬億眾生，受諸苦惱，聞是觀世音菩薩，一
> 　心稱名，觀世音菩薩即時觀其音聲，皆得解脫。

眾生遭受各種痛苦和煩惱，只要聽聞觀世音菩薩的名字，一心稱念觀世音菩薩的聖號，觀世音立刻聽到眾生的聲音，尋聲救

苦，觀聲救濟，觀世音菩薩有求必應，所有的苦難都得解脫。

　　值得注意的是「一心稱名」，一心是心無異念，內心專注。《摩訶止觀》四下說：「一心者，修此法時，一心專志，更不餘緣。」。另據《觀音義疏記》卷一，一心包括事一心和理一心。《觀音義疏記》卷一云：

> 稱名有二，一事二理，若用心存念，念念相續，餘心不間，故名一心。或可如請觀音中，繫念數息，十息不亂名一念，或可無量息不雜異想，心想雖長亦名一心。一心歸憑更無二意，故名事一心也。（《大正藏》三四、921下）

　　「事一心」是虔誠宗教信仰的專注態度，專心誦念觀世音，一念接著一念都無間斷，或配合數息，稱念南無觀世音菩薩的聖號，或不必配合數息十念法，只要專心在聖號即可。至於何謂「理一心」？《觀音義疏記》云：

> 理一心者，達此心自他共無因不可得，無心無念空慧相應，此乃無一亦無心。（《大正藏》三四）

　　所謂「理一心」，就是入實相。蘊含大乘性空的思想，緣起性空，因緣所生法，究竟無實體。臻於無心無念，不生亦復無滅。

　　《觀音經》強調「觀聲救苦」，可以救七難：火難、水難、刀難、風難、鬼難、囚難、怨賊難；可以離三毒：貪欲（淫欲）、瞋恚、愚痴，又稱「觀心救苦」：

> 若有眾生，多於淫欲，常念恭敬觀世音菩薩，便得離欲；若多瞋恚，常念恭敬觀世音菩薩，便得離瞋；若多愚痴，常念恭敬觀世音菩薩，便得離痴。

　　又可以「觀色救苦」，求男得男，求女得女，使眾生能夠生兒育女，不絕後代。

　　總之，一心受持觀世音菩薩名號，得無量無邊福德之利，其

功德之大不可思議。這是由於觀世音菩薩的慈悲救度，自發大悲心和大悲願，欲斷眾生諸煩惱，欲令眾生住安樂，救眾生一切厄難。觀世音菩薩在《悲華經》詳述其本願：

> 願我行菩薩道時，若有眾生受諸苦惱、恐怖等事，退失正法，墮大闇處，憂愁孤窮，無有救護，無依無舍，若能念我，稱我名字，若其為我天耳所聞，天眼所見，是眾生等若不得免斯苦惱者，我終不成阿耨多羅三藐三菩提。（《大正藏》第三冊）

此外，《華嚴經・入法界品》觀世音菩薩稱其誓願：

> 願諸眾生，若念於我，若稱我名，若見我身，皆得免離一切怖畏。（《大正藏》第九冊）

　　值得一提的是，五胡亂華時期，北涼國主沮渠蒙遜生了一場大病，御醫束手，曇無讖勸他一心持誦《觀音經》，結果不藥而癒。這類觀世音靈感事蹟，在歷代佛書中比比皆是。例如：《觀音義疏》、《佛祖統紀》、《往生集》、《辨正論》、《法苑珠林》、《見聞錄》、《現果隨錄》、《蓮宗寶鑑》等。

　　不過，最早蒐集觀世音靈感事蹟的專書，是在南北朝劉宋、齊的三本著作：傅亮《光世音應驗記》、陸杲《繫觀世音應驗記》、張演《續光世音應驗記》[38]。及至近、現代、復有清・周克復《觀世音持驗記》、清・釋弘贊《觀音慈林集》，民國・許止淨《觀世音菩薩本跡感應頌》、萬鈞《觀音靈異記》，又有《觀世音菩薩靈感近聞錄》、《觀音菩薩感應傳》、《觀世音菩薩醒化經》、《觀世音

---

38 魏晉南北朝觀世音靈驗專書，久已散失，後於一九四三年在日本京都東山區粟田口青蓮院被發現。三書撰寫的過程是晉朝謝敷著《光世音應驗記》傳於傅瑗，該書經「孫恩之亂」散失。瑗之子傅亮回憶舊聞，錄存七條，張演又追憶十條，南齊陸杲是張演外孫，又據當時佛書和傳聞，輯錄六十九條。可知，觀世音信仰的感應事蹟，於東晉南北朝已經廣為流傳。

菩薩聖德彙編》、《觀世音菩薩聖德新編》等。台灣民間普遍信仰觀世音菩薩，一般家庭神明祖先牌位常有觀世音菩薩神像，早晚禮拜。《妙法蓮華經觀世音菩薩普門品》更是普遍流傳的佛教善書。

第六節　《玉歷至寶鈔》、《太微仙君功過格》

一、《玉歷至寶鈔》

據傳《玉歷至寶鈔》是遼國道士淡痴假借進入冥府所抄撰，之後，勿迷道人在北宋神宗熙寧元年（西元一〇六八年）遇見淡痴而得此書。勿迷道人第一次刊書，在北宋哲宗紹聖五年（西元一〇九八年），流傳迄今，當前，台灣寺廟仍然常見此善書，影響民間信仰非常深遠。當今民間薦拔亡魂時所掛十王像十殿圖，以及初一、十五持齋吃素，玉皇大帝神誕在元月初九，土地正神誕辰在二月初二，各家戶司命灶神上奏時辰在十二月二十四日，都見載於此書。

值得注意的是，葛洪《抱朴子·微旨》說：各家戶灶神在每個月的最後一天夜晚，上天稟奏這一家人的善惡罪過，罪過大者減少一紀（三百天）的壽命，罪過小者減少一算（三天）的壽命。不過，當今民間祭送灶神上天是十二月二十四日，顯然受《玉歷至寶鈔》影響，自北宋流傳迄今。（當前台灣新竹縣北埔鄉「灶君堂」，是全台第一家供奉灶君的廟宇。十二月二十四日送神，鄉民用甜點巴結灶君，盼在玉皇大帝面前多說好話，八月初三灶君神誕，亦見於此書。）

　　從思想淵源而言,《玉歷至寶鈔》綜合中國傳統善惡報應、鬼神思想和佛教的六道輪迴[39]。尤其特別強調死後地獄十殿,以宗教的最後審判,作為道德判斷和善惡的賞罰,達到罰惡勸善的教化作用,這是神道設教的宗旨。

　　《玉歷至寶鈔》假託「幽冥教主」地藏王菩薩壽誕,十殿閻王前來祝賀。地藏王菩薩大發慈悲地說:我以慈悲的願力,要求救度地獄道的眾生。無奈世人行善的少,作惡的多,救度無有盡期。如何使世人深信善惡報應的因果,懺悔惡行,力行諸善,改過向善,免於生死輪迴?一方面終止死後入地獄的業因;另一方面使地獄的眾生,藉著後代子孫所作的功德,儘快得到超昇,免受地獄之苦。

　　十殿閻王恭敬回答說:考查世人善少惡多的原因,主要由於邪見和惡見。所謂邪見有兩點:(一)以為人死之後,一切斷滅,沒有因果報應,沒有六道輪迴,執著人死斷滅的斷見[40];(二)以為世人生生死死永遠為人,畜生生生死死永遠為畜生。因此,有些人盡情地自私自利;有些人視其他有情眾生(禽獸)為自然的犧牲品,造成弱肉強食,殘殺爭奪的各種惡因惡果。所謂惡見,

---

39 綜觀《玉歷至寶鈔》的鬼神思想系統,計有:玉皇大帝、酆都大帝、幽冥教主、地藏王菩薩、十殿閻王、土地神、城隍神、賞善司、罰惡司、黑無常、白無常、查察司、貴神、判官、鬼王、牛頭、馬面、夜遊巡、日遊巡、門神、灶神、鬼役、孟婆神等,組成嚴密的監察和審判系統。

40 佛家強調人死非斷滅。《長阿含經》卷七〈弊宿經〉記述迦葉羅漢批駁弊宿長者主張人死斷滅的故事;龍樹《大智度論》卷三十八,也提出人死非斷滅的思想論證;《楞嚴經》卷二佛陀對波斯匿王解說人死非斷滅的道理;《瑜伽師地論》卷七,以緣起思想,反駁人死斷滅。佛家認為主張人死斷滅,稱為「斷見」,斷見論者認為人死就像瓦片、石塊破裂,不可再重新組合,不再完好如初。因此,《法句經‧生死品》論述身死神不喪,識神能更生,隨其業力轉世投胎。著名的廬山慧遠,他的〈形盡神不滅〉思想,是魏晉南北朝形神爭論,主張人死非斷滅的代表作。

是有些人欺昧良心，不顧天理，提倡許多異端邪說；有些人偷盜、邪淫；或認為沒有鬼神，誘導世人為惡，阻止世人向善，造成人間共業的浩刦災難。

值得注意的是，《玉歷至寶鈔》提出罪惡的原因，來自於邪見和惡見，世人認為人死斷滅，沒有鬼神賞善罰惡，沒有善惡報應，沒有六道輪迴。因此，不信因果，欺昧良心，自私自利，弱肉強食，偷盜邪淫，造成人心陷溺，道德不彰，沒有仁民愛物之心，枉顧人倫規範，沒有公德心，見利忘義，擅自輕生，拐騙欺詐，不仁不義，不孝不忠，沒有誠信，沒有廉恥，不尊師重道，不敬惜字紙經書，畫春宮，作淫書，毒害動物（殺生）等等，罪惡滿盈。

由於世人罪惡太多，很多人作惡仍逍遙法外，人間法律不能周全。因此，要有死後的十殿審判，使惡行無所遁逃，才能彰顯最後的正義。所謂十殿審判，第一殿秦廣王，第二殿楚江王，第三殿宋帝王，第四殿五官王，第五殿閻羅天子，第六殿卞城王，第七殿泰山王，第八殿都市王，第九殿平等王，第十殿轉輪王。十殿閻王的最後審判，充分反應宋明社會的人倫規範、善惡價值和道德判斷。以宗教信仰而言，強調善惡報應。

《玉歷至寶鈔》的十殿審判，猶如人間的法庭審判，不過，因為法律無法涵蓋某些道德問題，例如：自殺輕生，談論人非，離散他人至親，遇見殘疾老幼不願讓位、讓行，浪費無度，酗酒，糟蹋五穀、無故荒蕪田地，迷信風水，阻止殯葬，教唆興訟等，或是遇見路人被搶、被殺而沒有見義勇為或報警，雖然不受法律的制裁，但會遭受道德良心的不安譴責。又如一個吝嗇、卑鄙、自私、沒有公德心的人，或許也完全不受法律的判刑。因此，道德和宗教可以彌補法律的不足。更有甚者，法律審判代表社會正

義，可是，某些司法判決不盡然是公正，例如蘇格拉底被希臘法官判處死刑。台灣民間社會至今仍有人相信金錢可以收買法官，影響判決的公正性或免除刑責。

所以，只有死後的最後審判，代表人心良知，才能彰顯最後的正義，使罪惡得到應有的懲罰，使善行得到應有的善報，善惡分明，沒有隱瞞的罪惡，沒有冤枉（隱藏）的善行[41]，並以此教化世俗人心，勸人改過行善，戒除罪惡，改邪歸正，端正社會善良風氣。

《玉歷至寶鈔》不僅詳細條列各種罪行，同時也提出改過遷善，彌補罪惡的方法：

第一殿：世人如果在每年二月初一日，向西方至誠禮拜，將平常念佛、誦經、持咒及嚴守戒律的功德，發願往生極樂世界，並立誓精進修持，宏揚佛法，利益眾生，那麼在壽終之後，立即蒙佛接引，往生極樂。

第二殿：如能愛惜眾生，不妄殺害生命，勸戒兒童，不要傷害昆蟲，於三月一日，立誓、發願戒殺、放生。命終之後，免入所有的地獄受苦，立即交給第十殿，發放往生福報深厚的地方。

第三殿：世人若於二月初八日，發誓立願永遠不再違犯本殿所列各項罪行，死後就准許轉生別的福地，免進各地獄受苦。

第四殿：世人若於二月十八日發誓、悔改，不再違犯本殿所列各項罪行，死後免入本殿各地獄受苦。如果抄寫本書，或者在各殿的章句之後，續加古今因果報應的事件，勸化世人為善，流

---

41 有趣的是，十殿中的第一殿設有「孽鏡臺」，孽鏡臺前無好人。被押赴來到孽鏡臺前的鬼魂，因為生前作惡多端，自然地看見在世時心地的奸險，以及死後下地獄受苦的慘狀。此時才知道，千萬的黃金死後都帶不走，一輩子只有罪惡跟隨到地獄，遭受各種痛苦的刑罰。我們可以說「孽鏡臺」就是人心的良知，依王陽明學說，良知知善知惡。行惡終遭良心的譴責，猶如地獄受苦。

傳後代，使閱讀本書的人從此悔改，免於犯錯，則暗中自有功德（積陰德）。

第五殿：世人能在正月初八日齋戒茹素，誓願不再違犯本殿所列各項罪行，不僅本殿各獄的刑罰可以免除，並且准許請求第六殿減輕刑罰。

除了殺害生命，親近邪惡，違反正理，男子姦淫毒害婦女，婦人貪淫、潑悍、嫉妒懷恨，損害他人名節，偷盜、耍賴、忘恩、報怨，以及在世時執迷不悟，即使見聞勸善的章句，也不悔改的人以外，一概減輕刑罰。

第六殿：世人能在三月初八日，齋戒茹素，發願立誓今後不再違犯本殿所列各項罪行。同時，立願今後要勤誡別人。如此，准許免受本殿各小地獄的苦刑。

第七殿：如果世人違犯本殿所列各項罪行，願意立即懺悔，永不再犯，而且若遇到貧苦人家，有人死亡，無力埋葬，能購買棺木，或勸導親友，助其入殮、安葬，死後免受本殿刑罰之苦。世人若能在三月二十七日齋戒茹素，立誓懺悔改過，並助印本書，廣為流傳，勸化世人，准予免受本殿各獄苦刑。[42]

第八殿：如有世人遵信本書，並於四月一日對灶神立誓：從今以後，懺悔改過，不再犯錯。死後如有犯各殿諸罪，全部減少一半的刑罰，不必解送本殿受苦。如果經查未犯放火等重罪，交第十殿投生人道。

第九殿：世人若於四月初八日或在初一、十五日齋戒茹素，發願收買淫書、春宮畫、邪術藥物等，聚集焚毀[43]。或者助印本

---

42 台灣目前仍然大量印行《玉歷至寶鈔》，多為善心人士助印，可見本書影響深遠。

43 台灣目前仍有人收購色情書刊聚集焚毀。

書勸化世人。則在命終之後，從第二殿到第九殿所犯罪行，可以依此功德，減輕其罪刑。

第十殿：世人若於四月十七日誓立信心，遵奉本書，知所警惕。並廣爲勸化。則來生再爲人時，不受輕視，不會遭受官府刑罰，以及水災、火災等災禍。

從上得知十殿有關改過悔罪的方法，諸如：農曆初一、十五日齋戒茹素、禮佛念經，神前立誓懺悔改過，利益眾生，戒殺放生，助印本書以及其他善書，路邊提供茶水，急難救助，收購色情書刊燒毀，施棺助殮、安葬，造橋修路，提供處方、藥材（偏方、祕方）等等，成爲千百年來民間信仰的習俗道德，相信可以積陰德，具有無量功德，台灣民間迄今仍然奉行不渝。

總之，《玉歷至寶鈔》以死後的最後審判，教化人心改過遷善，其思想核心就是善惡報應，尤其強調對罪惡的懲罰，除了十殿（自第二殿至第九殿，各設有十六個小地獄）的酷刑外，又在第五殿設有「望鄉臺」。只有作惡多端的人，才登「望鄉臺」，家鄉如在眼前，親友一言一行都能看見、聽見，親人不遵遺囑，改變以前的決定；辛苦賺來的錢財，被搬運一空；先生想再婚，太太想改嫁。所有的過錯全推給死者；兒女心懷私心，朋友失去誠信。以前在人世時所犯的罪惡，出現惡報：兒子因犯罪，被捕入獄，女兒生怪病，或被姦淫。生前的事業瓦解了，房屋被火燒毀，財產一無所有。其實，作惡得到惡報，不只是鬼魂，有些世人也會親見自己的惡報（現世報）。這種活生生的善惡報應皆因迷妄造業，誠如本書所言：「大道無爲，清淨一真。六道眾生，皆因妄成。緣妄造業，善惡攸分。因果不爽，毫釐分明。心念纔動，業相已形。人雖不見，神鬼早明。勿謂暗室，果報難逃」。

二、《太微仙君功過格》

所謂功過格，是以數量計算善惡行為的勸善書，並以具體（多少）的功或過，分類計算善惡的大小，這些大小善惡基本上是社會的倫理規範，明清時代頗為盛行功過格。

《太微仙君功過格》（簡稱《太微格》）是最早的功過格，其思想淵源，來自《太平經》的「天券」，所謂「天券」是將自己的善惡行為每天記錄在冊子上，自我省察言行的善惡得失。天卷由天神和人各置一冊，人和天神分別記錄。天神每天會計錄每一個人的善惡，因此，每一個人也應該自己每天記錄言行的善惡，而且，個人與天神的記錄理應相符一致，如果兩者的記錄有一致性，稱為「天徵相符」。「天券」的主要目的是依照「天意」，使人行善，並且使人「易心為善」，改過遷善，為善去惡，得到上天（天神）的護祐，否則；人心向惡，言行就會「大惡增劇」，遭受上天的懲罰。可知，「天券」的核心思想是善惡報應。

何謂功過？《至言總卷五·功過》說：

> 夫功過者，謂濟生度死，自我惠彼者也…凡行善益算，行惡奪算，賞善罰惡，各有職司，報應之理，毫毛無失，自覺有善，與上相應，彌加精進，勿犯前功，則計日而仙也。

可知，功過是考核善惡的標準，深受中國古代官吏考選制度的影響，以唐代官制而言，吏部設考功郎中、員外郎各一人，職掌文武百官功過、善惡之考法及其行狀[44]。善惡有差別，功過有大小，獎懲各有不同。換言之，獎懲的宗教意義就是善惡報應。

---

44 當前，對學生和軍公教職員的考核，主要仍是計功和計過的獎懲。三小功等於一大功，三小過等於一大過。功過有大小，獎懲各有不同。

　　《太微仙君功過格》繼承了道教《太平經》、《無上祕要》[45]、《至言總》等思想，第一次具體規定行為善惡的功過數量[46]。成書時間是金世宗大定十一年，即南宋孝宗乾道七年（西元一一七一年）。這篇《功過格》分為功、過兩類。功格三十六條，有救濟、教典、焚修、用事四門。救濟門十二條，包括賑濟鰥寡孤獨窮民等。教典門七條，包括以救眾經法付人等。焚修門五條，包括為無告（主）孤魂告行拔亡符命等。用事門十二條，包括興諸善事等。過律三十九條，有不仁、不善、不義、不軌四門。不仁門十五條，包括修合毒藥欲害於人等。不善門八條，包括以言指斥毀天尊聖像等。不義門十條，包括教唆人鬥爭等。不軌門六條，包括傳教法隱真出偽欺罔弟子等。

　　依《太微格・序》的觀點，古代的聖人、君子、修道之士都有在神前立誓以勸戒自己改過遷善的著作，對內洗淨自己的心靈和磨煉自己的言行，對外教誨百姓以成就功業。一般而言，記錄「功」容易，記錄「過」比較困難。即使是聰明的人，如果能夠真正頓悟罪福的因緣，善惡的由來，明白其中的道理，災禍就可以減少一半；如果能夠謹慎自己的言行，災禍就可以全無。只要遵行功過的規範，改過遷善，這是真正的戒律，離神仙也就不遠

45　《無上祕要》卷九稱眾神周行天下，司察善惡功過輕重。糾察兆民，條列善惡輕重。卷四十七說天計功過，明知不虧。卷四十四有生死圖籙功過，生死命籍錄功過，生死功德輕重功過等功過與善惡的思想。值得注意的是，《無上祕要》把善惡、功過與人的生死連結在一起，這就是功過格的生死哲學之起源。

46　《功過格》具體規範行為善惡的功過數量，近似效益主義（utilitarianism）的效益原則（the principle of utility），也就是效益的最大化。換言之，善是可以量化，而且不同類別的善可以比較，同理，惡也可以量化，進一步而言，善和惡的效益可以比較，可以互相抵消，猶如各種《功過格》規定某一行為有多少功，某一行為有多少過，功過相比，或以功折過，或以過除功，每月計算功過的總數。

了。

　　值得注意的是「去仙不遠」的意義，代表道教受戒弟子欲求
神仙長生的目標。爲了追求神仙，要積善立功，依《抱朴子》的
神仙思想，行三百件善事可以修成「地仙」，行一千二百件善事，
可以修成「天仙」。

　　至於如何每天不間斷持守功過格？《太微格》的方法是：在
寢室、床頭放置筆、硯、功過格和冊子，冊子上先寫月份，再寫
日期，在日期下列出功、過兩行。每天睡前記錄一天所作的善惡，
對照功過格列舉的功過數量，善行則在功格記載，惡行就在過格
記載，不可只記功而隱瞞過，每月底統計功過的總數，功過相比，
或以功折過，或以過除功，總計每月功過的數目，再寫下月，以
此類推，一年以後，做一次大的比較，如此，就可以自知罪福，
而不必求神問吉凶。

　　表象而言，《太微格》的功過記錄，是社會倫理規範和道教
戒律的「他律」（heteronomy），而非意志的自律（autonomy of the
will）。不過，最重要的目的在於通過內心時常的反省，不斷自我
省察，真正改過遷善，達到對言行的約束和內心的真誠，誠心爲
善去惡，假以時日，或可成爲道德的自律。只可惜《太微格》基
本精神仍是宣揚善惡報應，而以神（太微仙君等）監督人心，更
以成仙爲理想，這是功利的宗教信仰。

　　自《太微仙君功過格》後，明、清時代又有《文昌帝君功過
格》、《十戒功過格》、《石音夫功過格》、《警世功過格》、《功過格
分類彙編》、《立命功過格》、《彙纂功過格》、《彙編功過格》、《功
過格輯要》[47]、《當官功過格》、《童蒙功過格》、《婦女功過格》、《廣

47　《彙纂功過格》成書於康熙四十九年，目前是台大圖書館的善本書。《功過
　　格輯要》和《立命功過格》目前是國立中央圖書館台灣分館的善本書。

善編功過格》等。另有《自知錄》、《七克》、《畸人十篇》等，都是強調善惡報應的社會倫理規範的勸善書。此外，《人譜》、《聖學入門書》、《醉筆堂三十六善》等強調儒家改過之學。值得注意的是，民國四十年台灣儒宗神教的《玉律金篇》、民國七十三年台灣一貫道扶鸞的《白陽佛規功過格》、民國七十四年武廟明正堂扶鸞的《文衡聖帝功過律》是台灣所作的《功過格》，在民間流傳。

第五章　明清善書教化與勸善小說之禍福果報

第一節　《了凡四訓》、《天主實義》

一、《了凡四訓》

《了凡四訓》是明、清迄今，流傳最廣的勸善書，民國九十三年四月，法務部印行《了凡四訓白話譯註》，分送監所收容人，人手一冊，以為勸善教化。作者是袁黃，袁黃生於明嘉靖十二年（西元一五三三年），卒於神宗萬曆三十四年（西元一六〇八年），享年七十四歲。

袁黃家族本是浙江嘉善縣的望族，因明惠帝用齊泰、黃子澄之謀，欲削諸藩大權，燕王朱棣於北京起兵南下，稱其兵為靖難之師，攻陷京師後，自立為帝，即明成祖。袁黃的高祖父袁顥反對朱棣篡位，事敗後舉家逃亡，除了喪失家產外，也斷絕了子孫科舉仕宦之路，只好棄政從醫。袁順之子袁顥，袁顥之子袁祥，袁祥之子袁仁，都專精醫術，袁黃也研習過中醫。

袁黃《了凡四訓·立命》自敍說：「余童年喪父，老母命棄舉業學醫，謂可以養生，可以濟人，且習一藝以成名，爾父夙心也。」民間信仰認為濟世救人多積陰德，積德微福，可以庇蔭子孫榮華富貴，這就是善惡報應的思想。

　　《了凡四訓》的核心思想就是善惡報應。原來袁黃因身世背景，相信命定之說，之後又相信孔先生的命理推算，認為榮辱生死、吉凶禍福，都有定數，不能改變。巧遇雲谷禪師，雲谷強調「命由我作，福自己求」，求富貴可得富貴，求長壽可得長壽，求生男、女可得男、女。

　　值得注意是，雲谷基於何種思想而說「命由我作，福自己求」？以佛家的因緣果報而論，「因」是定數，「緣」是變數。緣有善緣、惡緣，我們行善積德，以「善緣」的變數，作善果的增上緣，所以說「隨緣消舊業，更不造新殃」；反之，惡人造惡業，以「惡緣」的變數，作惡果的增上緣，即使富貴長壽的命，也會變成貧賤短命。換言之，積極的知過、改過、行善、積善，不斷的反躬內省、修福積德，可以創造美好的命運，這是袁黃的「立命」之說。

　　至於如何知過、改過、行善、積善？袁黃說雲谷禪師給他一本《功過格》，並教他每天自我省察，無論善惡每天逐一記在功過格中，善事記在功格，惡事記在過格，逐月統計功過（善惡），逐年總計功過（善惡），務必做到「日日知非，日日改過。」[1]。《功過格》是一體兩面，一面改過，一面行善。「改過」能夠遠離災禍

---

1 功過格的格式，可以自己設計，如下圖：
　　功過記錄表

功過＼日期	1	2	3	4	5	6	7	8	9	10
百　功										
十　功										
一　功										
合　計										
百　過										
十　過										
一　過										
合　計										

百殃，「行善」能夠廣納百福千祥。改過積善可以安身立命，心想事成。

雲谷禪師的《功過格》，分別功、過兩類，功類有：

（一）百功：包括：救免一人死等四條。

（二）准五十功：包括：免墮一胎等八條。[2]

（三）准三十功：包括：收養一無主遺棄嬰兒等六條。

（四）准十功：包括：除一人害（見義勇為）等八條。

（五）准五功：包括：勸息一人訟等八條。

（六）准三功：包括：任一謗不辯等六條。

（七）准一功：包括：勸息一人爭等三十八條。

此外，過類有：

（一）准百過：包括：致一人死等四條。

（二）准五十過：包括：墮一胎等八條。

（三）准三十過：包括：造謗污陷一人等八條。

（四）准十過：包括：排擠一有德人等十五條。

（五）准五過：包括：阻絕一道路橋樑等九條。

（六）准三過：包括：播一人惡等十二條。

（七）准一過：包括：唆一人鬥等二十七條。

人人都有過失，如何改過？袁黃強調首先要有「羞恥心」，人有過而無羞恥心，將淪於禽獸而不自知。第二要有「敬畏心」，敬畏天地鬼神鑒察我的過失，如果過失重，各種災禍會降臨到我的身上；如果過失輕，也會減損我現在的福報，如何能不敬畏天地鬼神呢？第三要有「勇敢心」，有了過失要勇於認錯，振作奮發，

2　「准」是相當於的意思。雲谷的《功過格》功格七十四條，過格八十三條。基本內涵是社會倫理規範，包括興善、利他、救人、放生、戒殺等，符合佛家入世的勸善信仰。

當下改過，不可得過且過，猶豫不決。

除了改過，還要行善，如何行善？《了凡四訓・積善之方》說：第一與人為善，第二愛敬存心，第三成人之美，第四勸人為善，第五救人危急，第六興建大利，第七捨財作福，第八護持正法，第九敬重尊長，第十愛惜物命。

袁黃相信只要知過、改過、行善、積善，必能改變榮辱生死禍福的定數，他以一生的遭遇，驗證善惡報應之不假，並以楊榮等十人為例，告誡子孫，《了凡四訓》成為流傳最廣的家訓與善書。

二、《天主實義》

天主教傳入中國，非始於明代，唐代的景教，屬於基督教的聶斯托利派，而元代的也里可溫教，即是天主教。不過，信奉也里可溫教的信徒，多為蒙古人，因此，隨元朝滅亡而消失。直至明萬曆八年，義大利耶穌會士利瑪竇（Matteo Ricci，西元一五五二～一六一〇年）到廣東，後入北京，建天主教堂，積極傳教。利瑪竇於萬曆三十一年著《天主實義》，是利氏最早的漢文著作，用中士（代表中國觀點）、西士（代表利瑪竇的宗教思想）問答體裁，闡明天主教的重要教義以及批判儒、釋、道等。

《天主實義》的善惡報應，是天主教的基本教義，其核心思想是人死後必有天堂、地獄的賞罰，也就是「最後審判」。不過，有兩個前提，一是天主的存在；二是靈魂不滅。值得注意的是，利瑪竇以《尚書》、《詩經》的上帝、上天類比天主，是格義的說法。利氏認為中國經書中所稱的「上帝」、「天」，就是天主教的「天主」，名異而實同，所以，「天主」、「上帝」、「天」三詞，在《天主實義》原著中，並用而不悖。其實，兩者的差異頗大，天主教的天主是唯一最高的尊（真）神，創造宇宙萬物（包含人類）；而

中國的上帝，並非唯一的神，也沒有創造宇宙萬物（包含人類）。因此，引發爭論，教宗格來孟十一世於西元一七〇四年，諭令禁用「上帝」、「天」稱謂「天主」，後來，《天主實義》內文有關上帝、天的字句，遭到竄改，將上帝改為天主、吾主、真主，大主等。

（一）天主的存在

利瑪竇強調天主非物質體，無始無終，無所不在，無形無像，全知、全能、全善，是萬物的根由，因為天主從無中造生萬物，是造化物類的始祖，是萬物的第一原因。天主是絕對的自立體，其體無窮，不是依附體[3]。天地間只有一個真天主，天主的本性，超越萬物之上。天主是萬善的根本，是眾善的匯集，德行純全，沒有缺陷，無限美好。天主至公至明，是許多誡規的根源。天主至智至仁，是萬民的至尊天父。耶穌降生，就是天主的降生，天主降生，為了拯救世人。[4]

《天主實義》第一篇論「天主始制天地萬物而主宰安養之」，利氏用各種論證闡明天主的存在，主要有五點：

1.以良能證明：我們不學而能的自然反應，稱為良能[5]，現在天下的人都有一種自然真情的反應，不用告知就知道恭敬一個上尊（天主）。受苦的人像希望仁慈父母祈禱祂的救助。為惡的人，

---

3 自立體（substance）和依附體（accident）是亞里斯多德的存有論。自立體是有獨立的個體，例如張三、這匹馬等。依附體是依存在一個體之上，例如張三的身高，體重等。

4 利瑪竇論述天主的本質，近似多瑪斯《神學撮要》論天主的觀點。一、天主是自因而存在。二、天主是唯一的，但祂有三位格。三、天主是不變的。四、天主是永恒的。五、天主是全知的。六、天主是全善的。七、天主是全能的。八、天主是純精神體。

5 《孟子·盡心》說：「人之所不學而能者，其良能也；所不慮而知者，良知也。」不學而能，性所自能。朱熹注說：「良者，本然之善」。

對祂心裡恐懼，像害怕敵人。這豈不是有一位能主宰世間人心的天主，使人如此尊敬祂嗎？

　　2.以動因證明：沒有魂及知覺之物，必不能在原處自己移動，必須依靠有理智者的幫助方可移動，例如書桌上的一本書自己不能移動。如果把石頭放在空中，必落在地上。可是，我們觀察日月星辰，各依其則，各安其位，宇宙萬物井然有序，有物有則，沒有差錯，如果沒有天主的掌理，能夠如此不亂嗎？

　　3.以鳥獸的天性證明：我們觀察飛禽走獸，每一種動物都知道餓了要找尋食物，渴了要喝水，知道繁殖後代，知道何種動物會有傷害，例如雞鴨走避老鷹而不避孔雀，羊避豺狼而不忌牛馬。必有至靈的天主，賦予其質，默默指引，才能如此。

　　4.以受造物不能自生證明：萬物有胎生、卵生、種（子）生等，都是受造物，不能自生，推知必有原始特異之類，化生萬物，就是萬物的始生者，我們稱為天主。

　　5.以四因說證明：四因說是亞里斯多德的形上學，利瑪竇稱為「質者」（質料因 material cause）、「作者」（推動因 moving cause）、「模者」（形式因 formal cause）、「為者」（目的因 final cause）。「質者」是一物的質料，「作者」是變動的根源，「模者」是一物的本質或本性，「為者」是相對於推動因，是一目標或善。萬事萬物都有四種原因，「模者」和「質者」在事物之內，是事物的本身，「為者」和「作者」在事物之外，在事物未有之前就有了，天主就是萬物的「作者」和「為者」。天主不是萬物的質者和模者，因為天主獨一無二，不能成為其他事物的本身[6]。人生最終的目

---

6 利瑪竇天主存在的論證，近似多瑪斯天主存在的五路論證。一、是變動論證。二、是創造因論證。三、是可能性與必然性的論證。四、是完美與不完美的論證。五、是目的論證。

的，是獲得天主的真善美聖。

（二）靈魂不滅

《天主實義》第三篇論「人魂不滅大異禽獸」，利氏論述靈魂不滅，首先說明三種魂，低等魂是草木的魂，稱爲「生魂」，生魂依附草木生長，草木枯萎，生魂也就消滅了。中等魂是禽獸的魂，稱爲「覺魂」，覺魂能使禽獸眼睛能看，耳朵能聽，口鼻能嗅，禽獸有感官知覺但不能推論道理，死後覺魂也就消滅了。上等魂是人的靈魂，靈魂不僅具有生魂和覺魂的功能，又能推論事物，明辨義理，人身雖死，而靈魂永存不滅。

利氏強調人的靈魂是無形無像的精神體，有別於禽獸的覺魂，其特徵有六項：

1.人的靈魂是身體的主宰：人有自由意志，意志的邪正決定行爲的善惡，雖然人有私欲偏情，可以善的意志（good will）服從道德公理，這個良善意志，就是人的高貴靈魂，能爲身體的主宰。

2.人有獸心和人心：人有二心，獸心和人心，因此，人也有兩個性，一是「形性」（形體的本性），一是「神性」（精神的本性），人有肉（形）體和精神兩種不同的本性，因此，人遇到某件事，同時會有相反的念頭出現，例如對於酒肉、美色的引誘，一方面想要追求肉體的享樂，另一方面又顧慮是否違背義理（禮法），人欲與天理總是天人交戰。如果只求情欲的滿足，稱爲「獸心」，和禽獸沒有差別；如果服從禮法義理，稱爲「人心」，與天神相同。

3.人注重善德與罪惡：禽獸僅追求食色的滿足和四肢的安逸，禽獸沒有是非善惡的道德意識；萬物之靈的人類雖然也有食色的需求，卻特別注重善德與罪惡。是非善惡是無形的精神，就是人的靈魂。

4.人有抽象的思考能力：我們對某一事物的理解，是經過理性的抽象作用，例如對牛羊馬等動物如何下定義？理性可以從牛的聲音、顏色、味道、大小、形狀等有形的因素抽象出牛的抽象概念，抽象概念是無形的精神。

5.人的理性和意志的對象是善與真：天主造化人，賦予人各種官能，與外在事物相稱，例如眼睛的官能是「看」，所有顏色的事物都是眼睛的對象，耳朵的官能是「聽」，凡是聲音都是耳朵的對象。我們人有一個「心」，心有自由意志和理性的功用，自由意志的追求對象是善，理性的思考對象是真理，善和真理沒有形體，因此，自由意志和理性也沒有形體。換言之，心是無形的精神體，也就是我們的靈魂。

6.人心恢宏廣大，無處不通，又能反觀諸己：禽獸雖有知覺，卻沒有反省能力，也不能知曉無形事物，只有人心最靈，恢宏廣大，直通無礙之境，又有反省能力，知道自己的本性，可以改過遷善，所以說人的靈魂是精神體，異於禽獸的覺魂。既然人的靈魂有別於禽獸的覺魂，如何論證靈魂不滅？利氏提出五點說明：

（1）**以人心皆欲留傳善名而忌遺惡名於後世證明**：人心都希望傳揚美名而害怕留下惡名於後世，所以，日常行事總期盼別人的稱讚。因此，積極建立功業、著書立說、從事藝術創作，或成仁取義，雖然犧牲生命，也在所不惜。如果人死以後靈魂消滅，為什麼人還苦心追求美名呢？如果父母死亡，他的肉體和精神全都消滅，完全不知道子孫的哀傷，為什麼還要舉行隆重的喪禮和祭祀？如果人死無知，喪禮和祭祀豈不是兒戲嗎[7]？換言之，人死

---

7 利瑪竇強調如果人死無知，靈魂消滅，那麼，喪禮和祭祀沒有意義，如同兒戲。此說近似魏晉南北朝主張形盡神不滅論者的看法。例如梁朝曹思文〈難神滅論〉認為周公郊祀后稷以配天，宗祀文王於明堂以配上帝。如果形盡神

靈魂不滅，喪禮和祭祀才有意義。

（2）以眾人祈望來世真福證明：我們每一個人都希望長生不死，願意安居快樂的地方，享受無限的幸福。如果沒有人可達這個願望，豈不是天主枉費眾人這個心願？換言之，人人祈望來世的幸福，如果人死靈魂消滅，豈不枉費眾人的願望？

（3）以現世的快樂不能滿足人心證明：天下萬物惟有人心至靈，最為廣大無窮，即使得到人世的各種萬物，也不能滿足人心。由此可知，惟有來世的快樂，可以滿足人心。更何況天主希望人得永生，享受無盡的壽命和無限的快樂，誠如奧斯定（Augustinus，西元三五四～四三〇年）感嘆：天主！眾人的慈父，惟有祢能滿足我們的心，人不歸依祢，他的心不能平安和滿足！

（4）以人都怕死人證明：人都害怕死人，即使認識的親友死了，也不敢放心靠近屍體，因為人死以後，還有靈魂的存在，所以害怕死者；相反地，禽獸死了，牠們的覺魂消滅了，所以不覺得可怕。

（5）以現世不能應驗善惡報應證明：天主對人的善惡報應大公無私，有善必賞，有惡必罰。但是，現世的人，有人為惡反得富貴安樂；有些人為善，反得貧賤苦難。如果人的靈魂和肉體同歸於盡，天主如何賞善罰惡？換言之，死後靈魂不滅，天主最後審判，以為現世不公平的補償。

可知，人的靈魂，無論善惡，都不跟隨身死而消滅。

（三）天主的賞罰

天主教的善惡報應，其核心思想是天主的賞罰。天主的賞罰

滅，根本沒有后稷、文王之神的話，周公不僅欺天，而且欺人。換言之，曹思文以祭祀論證形盡神不滅，也就是人死靈魂不滅。

大公無私，善者必賞，惡者必罰。善者天主賞以天堂之樂，惡者
天主罰以地獄之苦，利氏認為來世天堂的利益，既實在又偉大。
換言之，今世的吉凶禍福都微不足道，更何況今世不是人類永久
的住所，今世只是短暫居住。我們永遠的家不在今世而在來世，
不在人間而希望在天堂享樂，更不希望在地獄受苦。

　　利氏強調為了勸人改惡遷善，要以天堂之樂，誘人行善；更
以地獄之苦，嚇人去惡。天堂是什麼？天堂是修養道德仁義者所
聚集的光明處所。地獄是什麼？地獄是犯罪者永遠受苦的污穢地
方。換言之，天堂之樂和地獄之苦，是個人擔當自己善惡報應的
賞罰，自作自受，不應罪福子孫。子孫各有自己的善惡報應，例
如祖先行善，子孫作惡，如果把祖先的善報，完全賞給作惡的子
孫，這樣公義嗎；如果祖先作惡，子孫行善，將祖先的惡報，降
禍子孫，這樣合理嗎？[8]

（四）、天堂地獄存在的四個論證

　　在人世間或許有人懷疑天堂地獄是否真的存在？利氏提出
天堂地獄存在的四個論證：

　　1.**世間無全福，惟有全福才能滿足人心**：人之常情不以現世
的享樂為滿足，更何況世間無全福，人世間充滿災禍與苦難。可
是，人心嚮往「全福」，全福包含無限的壽命和無窮的快樂，惟有
天堂具備全福。

　　2.**人性所願，知無窮之真，天主必使人達成願望**：人的願望
希望知道無窮的真理，喜愛無限的美善。可是，現世的真理有限，

---

8 利瑪竇強調天主對善惡的賞罰，不應罪福子孫。此說明顯反駁《周易》所言
　「積善之家，必有餘慶；積不善之家，必有餘殃。」所謂「餘慶」、「餘殃」，
　就是罪福子孫。祖先作惡，子孫遭殃；祖先行善，子孫得福。

美善也非常有限，總不能滿足人性的願望。然而，人性是天主所賦予，必使人性在來世天堂滿足全福的願望。

3.德行無價，必以天堂永福報賞：善德無價，若不以天堂永福之樂報賞，那麼，有德者不能得到他相稱（應有）的福報。反之，得罪天主（作惡）的罪極重，雖處極刑誅殺，也不能補償其罪過。如果不以地獄永殃罰之，那麼，有罪者不能得到他相稱（應有）的處罰。天主掌握天下人的善惡報應，必使善惡得到相稱的賞罰。換言之，天主以天堂、地獄賞善罰惡。

4.天主報應無私，善者必賞，惡者必罰：天主的賞罰大公無私，善者必賞，惡者必罰。雖然現世有人為惡而享富貴安樂，有人為善而貧賤苦難，看似賞罰不公，然而，天主必待人死之後，將善者的靈魂升天享福，將惡者的靈魂下地獄受罰，以明天主至公的審判。《天主實義》第六章利瑪竇說：

> 終身為善，不易其心，則應登天堂享大福樂而賞之；終身為惡，至死不悛，則宜墮地獄受重禍災而罰之。

至於有人行善為何反遭苦難？利氏解釋說或許因為行善之中仍有小過（惡），所以，天主以現世的苦難報應之，這是短暫的現報，人死之後，已無罪過，就到全福的天堂永享常樂。也有為惡而得富貴者，或許因為惡之中仍有微善，所以，天主以現世的短暫富貴報賞之，人死之後，已無善報，就到地獄永受罪苦。

以上簡述利瑪竇《天主實義》的善惡報應思想，有五項要義：一、天主的存在；二、靈魂不滅；三、天主大公無私，賞善罰惡；四、最後審判；五、天堂地獄的賞罰。其主要的思想淵源，來自於《聖經》。《新約‧羅馬書》第二章說：「天主要按照每一個人的行為報應他。有些人恆心行善，追求從天主來的尊貴、榮耀，和不朽的生命，這樣的人，天主將以永恆的生命賜給他們。」因為

伸冤在天主，天主一定報應。例如《舊約・創世記》天主對挪亞說：「我決定要滅絕人類…我要使洪水氾濫大地，消滅所有的動物。」結果天主消滅地上一切的生物，包括人類、牲畜、爬虫、飛鳥，只有挪亞以及跟他在船裏的家人和動物，仍然存活。

《新約・啓示錄》第二十章強調最後審判：「死了的人都是照著他們的行爲，根據這些案卷所記錄的，接受審判。」最後審判代表天主大公無私的賞善罰惡。值得一提的，利瑪竇之後，耶穌會士南懷仁於康熙九年撰《善惡報略說》傳揚天主教義，反駁楊光先控告天主教是邪教。該書亦以一問一答體裁，闡明善惡報應。

首先的提問是：天主要勉人爲善享福，爲何行善者現世不降福？行惡害人者，爲何不及時降禍？又爲何寬容惡人多享富貴，終身快樂？善者多窮困患難？南懷仁強調有些惡人現世多享富貴，有些善人現世多災禍。由此推論而明知善惡報應，不專在現世的禍福[9]，因爲現世只是短暫的寄居，更何況現世眾人比鳥獸更苦，苦於愛、惡、忿、懼等情感欲望的困擾，或沉溺酒色，或貪求功名，或迷戀財貨，總是煩惱不斷[10]，不如禽獸無憂自適。

天主的報應在人死後，善人升天堂享永福，惡人下地獄受永殃。天主至公，無善不賞，無惡不罰。爲什麼報應在人死後？南懷仁舉例說明，例如王者賞賜將士，不會獎賞於未戰或臨戰之時，而是獎賞於戰勝凱旋之後。更何況現世的禍福，不足以賞罰善惡，

---

9 南懷仁《善惡報略說》說：本世之福，不足以充人心之欲，又不副誠德之功，亦不顯天主賞酬之力量也。

10 此說近似佛家的八苦和煩惱。生、老、病、死、愛別離、怨憎會、求不得、五盛陰爲八苦。煩惱有根本煩惱和隨煩惱之別。貪、瞋、痴、慢、疑、惡見是根本煩惱；忿、恨、惱、覆、誑、諂、憍、害、嫉、慳、無慚、無愧、不信、懈怠、放逸、惛沈、掉舉（浮躁）、失念、不正知、散亂等二十種隨煩惱。

而以天堂、地獄為善惡報應的最後審判。

第二節　《剪燈新話》、《警世通言》

一、《剪燈新話》

　　自宋以下，除了以善惡報應為核心的勸善書大量應世外，另有筆記小說也頗為精彩，尤以《剪燈新話》、《聊齋誌異》、「三言」、紀昀《閱微草堂筆記》、袁枚《子不語》等書值得一提。

　　《剪燈新話》是明初瞿佑（西元一三四七～一四三三年）所著勸善傳奇小說集。瞿佑，錢塘人（今浙江杭州），字宗吉，號存齋，著有《剪燈新話》、《樂府遺音》、《歸田詩話》等書。《剪燈新話》曾於明英宗正統七年（西元一四六三年）遭朝廷禁毀，是明代被禁的第一部小說。值得注意的是，明末凌濛初將《剪燈新話·三山福地志》改編為白話小說（菴內看惡鬼善神，井中談前因後果），收入《二刻拍案驚奇》卷二十四。

　　〈三山福地志〉說：元自實是山東人，生性愚鈍，沒有讀書，不通詩文，不過，家境頗為富有。有個同鄉繆君，要到福建去當官，因為缺少盤纏，向元自實借二百兩銀子。元自實因與繆君友好，慷慨解囊，沒有向他要借據。

　　元順帝至正末年，山東大亂，自實家慘遭強盜搶劫，財產一空如洗。當時，陳有定任福建平章政事，沒有盜賊之亂，自實帶著妻小去福州，打算投靠繆君。得知繆君是陳有定的幕僚，很有權勢，門庭顯赫，自實暗自高興，就在城內租屋，安頓妻小，擇日拜訪。自實登門求見繆君，繆君故作不認識，自實自我介紹，

繆君表示歉意，入內吃茶後，就告辭外出。第二天，自實再度登門，繆君請吃三杯淡酒和一些水果，待客十分冷淡，不談從前借款之事。

自實不得已，第三天再度登門拜訪，繆君先開口說：「從前，承蒙你借給我旅費，永銘在心，雖然，我的俸祿微薄，豈敢不還，請你把借據還給我，我將如數償還。」自實惶恐地說：「我們從小友好，交情深厚，我慷慨解囊，相信你的誠信，沒有給我借據，今天竟然說有借據。」

繆君不悅地說：「我確實給你借據，只是盜賊之亂，恐怕你已經遺失了。不過，沒有借據無所謂，只希望你放寬期限，我盡力分期還你銀子。」自實埋怨繆君狡詐，忘恩負義，借錢不還，一再推託，轉眼間過了半年。

時值寒冬，即將過年，自實窮苦困頓，再度登門，哭倒在地，說：「即將過年，一無所有，以前借你二百兩銀子，不敢再奢求你歸還，希望你救濟一點。」繆君說：「再過十天，就是除夕，你在家安心等候，我派人送你兩石米和二錠銀子。」除夕當天，自實全家企盼等候，到了晚上，竟然沒有一點消息，妻小抱頭痛哭。

自實悲痛憤怒，暗中磨了一把利刃，準備隔天刺死繆君，天剛亮，自實直奔繆家，途中有一座小廟，住持別號軒轅翁，道行精深，與自實熟識，看見自實匆忙趕路，後面跟隨幾十個惡鬼，形狀十分兇惡。大約過了一頓飯的時間，元自實又回來了，這一次後面跟隨一百多個善鬼，神情十分和悅。軒園翁猜想不透，急忙趕到自實家，問：「今天清晨，你急忙趕去哪裏？為何悠閒回來？」

自實說：繆君不仁不義，借錢不還，使我窮困不堪，今晨準備殺他泄恨，到了他家門口，突然頓悟，心想：「繆君確實得罪於

我，但是，他的妻小並無罪過，何況他又有高堂老母，如果我殺了他，他的家人依靠誰呢？寧可別人辜負我，我不願辜負別人。」軒轅翁一聽，恭賀說：「你心生善念，必有後福。因爲你一有惡念，兇惡之鬼就來；一有善念，福神降臨，如影隨形，如聲響應。須知，暗室之內，不能萌生惡念，不可造孽而損德。」

　　然而，元自實始終憂悶不樂，到了夜晚，跳入三神山下八角井，企圖投井自盡。未料井水忽然分爲兩半，中間有一條小路，自實走了數百步，出了洞口，迎見一座大宮殿，名爲「三山福地」，自實饑餓難耐，昏睡過去。忽然出現一名道士，將他喚醒，問：「翰林（登進士第爲官者）如今體會流落在外的苦衷吧！」自實不知爲何被道士稱呼翰林，道士給他吃「交梨火棗」（神仙道教所謂仙果），自實頓然想起自己前世爲翰林學士時，在興聖殿起草征伐西藩詔書之事。問道士：「我前世犯了何罪，今生要遭此惡報？」道士說：「你前世恃才高傲，今生讓你不識字；你前世官位顯赫而妄自尊大，今生讓你流落在外，無所依靠。」自實又問：「繆君欠債不還，如何是好？」道士說：「他是王將軍的官庫管理人，官庫財物豈能非法動用？」

　　道士又說：「不出三年，大難降臨，你到福寧躲避兵災。現在趕快回家。」自實回到家裏，舉家遷往福寧鄉下墾荒，種菜時突然挖到四大錠（十兩或五兩爲一錠）的銀子，從此生活富裕。不久，張士誠於元至正二十四年（西元一三六四年）奪取江浙右丞相的官印，江浙右丞相被俘，福建平章政事陳有定也被俘，繆君被王將軍所殺，財產全歸王將軍所有。

　　這是一篇結合神仙道教和佛教報應輪迴的勸善小說，全部情節彰顯天道福善禍淫，善惡報應的思想。瞿佑特別強調「一念之惡而兇鬼至，一念之善而福神臨。」、「不可萌心而爲惡，不可造

罪而損德。」繆君因為借錢不還、忘恩負義、不仁不義而得殺身惡報；元自實秉持「寧人負我，毋我負人」一念之善而得善報，這是人心的期望與精神寄託。

　　有趣的是，〈三山福地志〉被明末凌濛初改編成白話小說〈菴內看惡鬼善鬼，井中談前因後果〉，收入《二刻拍案驚奇》卷二十四。《二刻拍案驚奇》是明末崇禎五年（西元一六三二年）刊行的勸善短篇白話小說集，凌濛初編著，與崇禎元年（西元一六二八年）刊行的《初刻拍案驚奇》合稱「二拍」，與馮夢龍的「三言」齊名。「二拍」的故事內容，主要取材自《太平廣記》、《夷堅志》、《剪燈新話》、《剪燈餘話》等書，以勸善戒惡為宗旨。

　　《二刻拍案驚奇》卷二十四前半段：話說南京新橋，有一人名叫丘伯皋，平生忠厚老實，虔誠信佛，公道正直，樂善好施。一日，獨坐屋內，朗讀佛經。忽然，有人問他：「不知往何處尋找丘伯皋？」伯皋答：「在下丘伯皋。」那人說：「在下南少營，浙江人，在湖廣做生意，要去北京一趟，兩個月後回來，聽聞閣下分毫不苟，想借放包裹，不知可否？」伯皋道：「萬無一失，只管放心自去北京。」過了一年有餘，杳無南少營音訊，無計可施，問卜一卦。卜卦的人說：「此人亡沒在外，不得回來。」

　　伯皋打開包裹，多是黃金白銀，有千兩之多，他取出五十兩銀子，為少營辦法會，祈求佛祖，保祐他回來。倘若亡故，求他早日解脫，免受苦罪。伯皋本來無子，辦完法會之後，其妾即有身孕，明年生下一男，取名丘俊，丘俊不肯讀書，結識一些無賴子弟，酒肉朋友，非賭即淫，親友嘆息：「丘伯皋一世行善，生下敗家子，天沒眼睛，善無善報，反得惡報。」伯皋為丘俊娶妻，生有一子，越加狂肆。一日，伯皋準備外出多日，將丘俊鎖在一間空屋內，三餐放進食物。

伯皋外出數日，大娘（伯皋之妻）甚是同情，從門縫中往內張望，大娘驚見屋內的人，不是丘俊的模樣，而是南少營的神情，不敢出聲。恰巧丘伯皋回來，妻子訴說眼見南少營模樣的怪事，伯皋頓然大悟：「銀子原是他的，我怎管得他浪費？」於是，放了丘俊出來，他仍舊花天酒地，不久之後，酒色淘空他的身子，無病而死。伯皋算算丘俊所費，正巧千兩銀子，知道是因果，不以為意，只好關愛孫子，望他成長。有人認為丘俊是南少營投胎轉世，生來取用寄放在丘家的千兩銀子。

只因丘伯皋是個行善之人，本來無子，因善而有子孫，為他繁衍後代，這是善有善報的結果，誠如卷首引佛經云：

> 要知前世因，今生受者是。要知來世因，今生作者是。

顯然，這是三世因果業報的佛理，影響中土人心非常深遠。卷二十四後半段，即改寫〈三山福地志〉元自實的故事，內容大致相同。

《剪燈新話》卷二有一則〈令狐生冥夢錄〉，甚是有趣。話說有個剛毅正直的書生，名叫令狐譔，生而不信鬼神，高傲自得。鄰居有一位姓烏的老人家，貪求財富，不仁不義。一天夜晚，烏老突然病死，三天後復活。鄰居問他死而復活的原因，他說：「我死後，家人大做佛事法會，燒了許多紙錢，行賄陰間地府的官員，我又回來陽間。」令狐譔聞之，忿怒說：「陽間貪官污吏受賄枉法，未料陰間更嚴重。」因而賦詩云：

> 一陌金錢便返魂…貧者何緣蒙佛力？富家容易受天恩。早知善惡都無報，多積黃金遺子孫。

當天夜晚，忽然有兩個猙獰的惡鬼對他說：「我們奉命逮捕你。」瞬間來到陰間地府，冥王嚴厲地說：「你飽讀儒家詩書，口出妄言，誣衊地府官吏，應該下『犁舌獄』，受割舌之苦刑。」令

狐譔大叫：「我乃人間儒士，無罪受刑，皇天有知，乞望明鑒！」
庭上有一位叫「明法」的官員，向冥王建議說：「命他交代所犯罪
過，讓他無話好說，心服口服。」於是，令狐譔寫下他的「供詞」：
陽間凡人，愚昧頑固，時常作惡，不思悔改，不孝父母，貪財好
色，不仁不義。不知陰間地府，十殿閻羅，設有剉、燒、舂、磨
等各種殘酷的刑罰，又有輪迴報應的各種條款，「使爲善者勸而益
勤，爲惡者懲而知戒，可謂法之至密，道之至公。」無奈官員執
法不公，窮人入地獄而遭殃，富人誦經而免罪，像我蒙冤獲罪，
不敢有求生之念，乞請大王明鑒。

　　冥王覽畢批示：

> 令狐譔持論頗正，難以罪加…今觀所陳，實爲有理，可特
> 放還，以彰遺直。

　　冥王認爲「供詞」言之有理，不能定罪，令他回家，又下令
追捕烏老，關入地獄，不可死而復活。令狐譔返回陽間人世之前，
獲准參觀地獄，看見無數罪人，有人被剝皮，有人被挖心，痛苦
不堪。又看見兩根銅柱上綁著一對男女，他們的腹部被剖開，腸
胃流出肚子。鬼卒說：「這個男人在陽間當醫生，爲這個婦人的丈
夫治病，兩人通姦，不久，婦人的丈夫病死，醫生與婦人視同殺
人，遭此惡報。」又看見一群和尚尼姑，赤身裸體，都變成牲畜。
鬼卒說：「這些出家人，不耕田，不織布，卻不守佛家戒律，貪婪
淫亂，吃葷偷腥，投胎爲牲畜。」

　　又看到「誤國之門」，在此遭受重罪的人，都是歷代誤國的
奸臣，謀害忠良，迷惑君王，其中，最可惡的奸臣，就是秦檜。
這些奸臣永遠在無間地獄受苦，不能投胎陽間人世。令狐譔看完
地獄慘狀，鬼卒送他回家，立刻驚醒過來，原是一場大夢。天一
亮，趕去烏家打探，烏老已於昨夜三更活而復死。顯然，冥王已

將烏老關入地獄受苦。

　　這是一則勸善懲惡的傳奇小說，令狐譔代表作者瞿佑揭露貪官污吏，貪贓枉法，賄賂盛行，正義不彰，司法腐敗的黑暗政治。對於人世間的各種不公不義，唯有陰間最後審判的地獄酷刑，讓奸臣和惡人死後得到應有的懲罰，能夠撫慰不平的人心，使為善者受到鼓勵而勤於行善、為惡者受到懲罰而知所警戒，達成勸善教化的目的。誠如瞿佑《剪燈新話・序》云：

> 今余此編，雖於世教民彝，莫之或補，而勸善懲惡，哀窮悼屈，其亦庶乎言者無罪，聞者足以戒之一義云爾。

二、《警世通言》

　　「三言」意指明末馮夢龍編著《喻世明言》、《警世通言》、《醒世恆言》三本勸善話本小說，每本書四十卷，每卷一篇，每篇獨立，共有一百二十篇。馮夢龍（西元一五七四～一六四六年），明末小說家、戲曲家。字猶龍，又字子猶，號龍子猶、顧曲散人、墨憨齋主人等。明崇禎七至十一年（西元一六三四～一六三八年）任福建壽寧知縣，當時，壽寧盛行溺死女嬰的人倫惡行，他親自撰文，發布〈禁溺女告示〉云：

> 一般十月懷胎，吃盡辛苦，不論男女，總是骨肉，何忍淹棄？為父者你自想，若不收女，你妻從何而來？為母者你自想，若不收女，你身從何而活？

　　知縣任內，嚴禁溺殺女嬰的惡習。「三言」深受讀者喜愛，廣為流傳，如〈賣油郎獨佔花魁〉、〈唐伯虎點秋香〉、〈喬太守亂點鴛鴦譜〉等，已是家喻戶曉的名劇，又如「白蛇傳」，傳唱迄今，歷久不衰，台灣歌仔戲亦常演出，甚得觀眾喜受。

　　《警世通言》卷十三，有一則〈三現身包龍圖斷冤〉，甚是

有趣：話說有個卜卦算命先生，姓李名杰，開封人，非常精準，「決吉凶禍福如神，斷成敗興衰似見」只見一個人要來算命，他是奉符縣第一名押司（職掌刑案，逮捕人犯的官吏，近似現代的刑警。）姓孫名文，孫押司說了年月日時，李杰一算，說：「這命算不得。」孫文說：「我不忌諱，但說不妨。」李杰說：「先生今年今月今日三更三點子時當死。」

　　孫文說：「我本身又無疾病，你又不是閻王老子，豈能斷生斷死？」怒從心上，憂悶不樂地回到家中，夫人勸他息怒，孫文說：「今夜咱們不睡，快樂喝酒到天明。」夫人勸酒，孫文喝得爛醉，夫人與迎兒（孫家婢女）扶他入房去睡，叫迎兒莫睡，迎兒卻酣然入睡。三更之時，夫人聽見孫文從床上跳下來，又聽見灶房噗通一聲巨響，立刻驚醒，急忙叫醒迎兒，點燈看時，隱約看見一個白色人影，一隻手掩著臉，走出去，撲通地跳入奉符縣的河裏去了。

　　鄰居趕來，尋找孫文下落，卻一無所獲，想起孫文許多好處來，大家抱頭痛哭。夫人少不得做些佛事法會，超度亡靈。很快地過了三個月，有兩個媒婆來說親事，過了數日，又來說親，夫人提出三個條件：第一、我死的丈夫姓孫，如今也要嫁個姓孫的；第二、我先夫是第一名押司，再婚的對象也要押司；第三、我不再嫁出去，要他住進來。媒婆說：「孫文原是奉符縣第一名押司，喚做大孫押司，如今來提親的，原是奉符縣第二名押司，也姓孫，喚做小孫押司，現在升任第一名押司。」

　　真是天作之合，兩人成爲夫妻。非常恩愛，好一對兒，常吃得酒醉，叫迎兒做個醒酒湯來喝。迎兒到廚房煮湯，驚見披著頭髮，伸長舌頭，眼裏滴出血來的鬼魂，神似前主人孫押司，叫道：「迎兒，與我做主。」迎兒嚇得驚叫而昏倒，夫妻兩人急來救醒

迎兒，她說見鬼，孫夫人痛罵迎兒胡說，不由迎兒做主，把她嫁給王興。

　　王興愛吃酒，又愛賭博，不到三個月，便把迎兒的嫁粧用盡了。王興叫迎兒到孫家借錢，夫人要迎兒陪她到東岳廟燒香還願。到了「速報司殿」，有個判官神，神似前主人孫押司，隱約聽到判官神說：「迎兒，給妳這件東西，替我作主。」忽見一張字條飄下來，迎兒接住紙張，不敢給夫人看，藏在懷裏，各自回家。她拿給王興看，字條寫道：

　　　大女子，小女子，前人耕來後人餌。要知三更事，掇開火
　　　下水。來年二三月，「句已」當解此。

　　王興看了，解說不出道理，叫迎兒不要說與別人知道。光陰似箭，到了來年二月之間，換了奉符縣的知縣（縣長），姓包名拯，就是後來官至龍圖閣學士，所以叫做包龍圖（包拯，宋朝合肥人，字希仁，性峭直剛毅，舉進士，仁宗除授龍圖閣直學士，歷知開封府，遷右司郎中。明人作《包公案》，蒐集有關包拯斷案之民間傳說，又名《龍圖公案》，為公案小說，流傳甚廣。）包公初任知縣，自小聰明正直，能剖人間曖昧之情，斷天下狐疑之獄，他日間斷人，夜間斷鬼。到任三日，未曾斷案，夜間夢見自己坐堂，堂上貼一聯對子：

　　　要知三更事，掇開火下水。

　　他不知其義，亦無人能解。包公叫小孫押司書寫之，「如有能解此語者，賞銀十兩。」將公告牌掛於縣門，王興見之，告訴迎兒此事，又求鄰居裴孔目陪他見包公，包公差人到王興家拿字條，一看苦叫，原來是一張素紙，全無字跡。包公大怒，王興慌忙叩頭，說：「這張紙條原是有字的，寫的是：『大女子，小女子，前人耕來後人餌。要知三更事，掇開火下水。來年二三月，句已

當解此。」小人的妻子，名叫迎兒，原是大孫押司家的丫頭，大孫押司冤死，多次要我妻子為他申冤。後來，小孫押司夫婦在半夜總要迎兒伺候，迎兒不高興，又在廚房驚見大孫的鬼魂，就把她嫁給我。」

包公聞言，呵呵大笑，喝令左右去拿小孫押司夫婦到來，罵道：「你兩個人做得好事！」小孫押司說：「小人不曾做甚麼事。」包公解釋迎兒在東嶽廟拿到的「讖語」意涵：「大女子，小女子」女之子，稱外孫，是說外郎姓孫，分明就是大孫押司和小孫押司；「前人耕來後人餌」餌者食也，是說小孫白得大孫的老婆，享用他的家業；「要知三更事，撥開火下水」大孫押司死於三更時分，要知道死的原因，「撥開火下之水」迎兒看見大孫鬼魂在灶的下面，披髮吐舌，眼中流血，是被勒死的現象。井者水也，灶者火也，水在火下，表示灶砌在水井上，死者屍體，必在廚房水井中。「來年二三月」正是現在。「句已當解比」「句已」兩字合成一個「包」字，是說我包某當今到此為官，解其「讖語」，與他雪冤。

包公命左右同王興押著小孫押司，到他家灶下，挖開灶的床腳，地下是一塊石板，揭開石板，是一口井，將井水抽乾，撈起一具屍體，脖子上套著白綾。小孫押司及其夫人嚇得面如土色，不打自招，雙雙問成死罪。原來，小孫押司是大孫押司在大雪中救活的人，教他識字，寫文書，協助辦案，升為副手，不料與孫夫人有染。當日大孫押司算命回家時，說三更前後當死，小孫趁此機會，叫夫人把大孫灌醉，三更時勒死大孫押司，丟在廚房井裏。

小孫押司勒死大孫後，掩著臉衝出大門，把一塊大石頭丟在奉符縣河裏，一聲巨響，大家以為大孫押司投河自盡。後來，卻把灶砌在水井上面，三個月後，說成親事。小孫勒死大孫，白得

他的老婆，享用他的家業，又升任爲押司。如今，小孫押司和押司娘，雙雙償了大孫押司的命，這是姦夫淫婦的下場。包公初任知縣，因斷了這件命案，名聞天下，至今人說包龍圖，日間斷人，夜間斷鬼，有詩爲證：

> 詩句藏謎誰解明，包公一斷鬼神驚。寄聲暗室虧心者，莫道天公鑑不清。

這則故事彰顯天道（天公）懲惡，明鑑不爽，忘恩負義的姦夫淫婦，慘遭國法制裁的現世惡報。《喻世明言》卷三十二〈遊酆都胡母迪吟詩〉卷首云：

> 自古機深禍亦深，休貪富貴昧良心。簷前滴水毫無錯，報應昭昭自古今。

天理昭昭，善惡報應，古今不爽，休昧良心，妄貪富貴。話說宋朝第一奸臣，姓秦名檜，江寧（今江蘇省南京市東南）人氏，靖康間，官至御史中丞，後爲相，挾金人以自重，力主和議，誣殺岳飛等忠臣良將略盡。生性陰險，晚年殘酷尤甚。卒贈申王，謚忠獻，開禧間（宋寧宗）追奪王爵，改謚繆醜。

西元一一二七年，是年欽宗靖康二年，金人執徽宗及欽宗二帝北去。高宗建炎四年，韓世忠、岳飛（湯陰人，字鵬舉，事母孝，屢破金兵，高宗手書精忠岳飛四字，製旗以賜之，累官至太尉，又授少保。）連敗金兵。高宗紹興十年（西元一一四○年）岳飛大破金兵於朱仙鎮，欲指日渡河，時秦檜力主和議，盛稱金人兵強將勇，非宋朝所能抵抗，高宗果然懼怯，乃一日降十二道金牌，召岳飛班師。紹興十一年，殺岳飛，時年三十九歲，宋稱臣納貢於金。孝宗時詔復官，謚武穆，宋寧宗嘉泰四年（西元一二○四年）追封岳飛爲鄂王，改謚忠武。

岳飛冤死，其子岳雲與張憲、王貴，皆押赴市曹處斬。秦檜

加封太師魏國公，又改封益國公，賜第於望仙橋，壯麗比於皇宮。其子秦熺，十六歲上狀元及第，除授翰林學士。熺生子名塤，襁褓中便註下翰林之職。熺女方生，即封崇國夫人。一時權勢，古今無比。某日，秦檜適遊西湖，正飲酒間，忽見一人披髮而至，視之乃岳飛也，厲聲罵道：

汝殘害忠良，殃民誤國，吾已訴聞上帝，來取汝命。

秦檜大驚，問左右，都說不見岳飛。檜因此得病歸府，次日，已昏憒，一語不能發，遂死，此見天理昭然也。秦檜死不多時，其子秦熺亦死。檜妻長舌王夫人設醮追薦，方士伏壇作法，見秦熺鬼魂在陰府荷鐵枷而立。方士問：「太師（秦檜）何在？」秦熺答：「在酆都。」（相傳酆都城有酆都大帝宮殿，又相傳大帝即地藏王菩薩；其宮殿即是森羅殿，以地藏王菩薩為幽冥教主。）方士逕至酆都冥府，見秦檜鬼魂披髮垢面，身荷鐵枷，其狀甚苦。

秦檜向方士說：「煩君傳話給夫人，東窗事發矣。」依本卷所述：岳飛、岳雲父子，與部將張憲、王貴，被誣構入獄，獄既成，秦檜獨坐於東窗之下，心中委決不下，是否要殺岳飛等人？其妻長舌夫人王氏適至，提醒秦檜：「擒虎易縱虎難」，其意遂決。將片紙寫幾個密字封固，送大理寺（今稱最高法院）獄官，是晚在獄中縊死了岳飛。「東窗事發」喻指密謀被鬼神揭發，陰惡被冥王發現。

方士不知「東窗事發」何意，轉告王氏知道，王氏心中明白，大吃一驚，果然是人間私語，天聞若雷；暗室虧心，神目如電。（喻指上天完全明白人間陰惡與虧心罪行。）因為這一驚，王氏亦得病而死。不久，秦塤亦死，秦家遂衰。……

秦檜昏昧良心，心機深重，陰險冷酷，殘害忠良，不忠不義，貪求富貴，人神共憤，天理昭然，終遭惡報，成為歷史的罪人，

永遭後人唾罵與唾棄；反觀岳飛父子，精忠報國，一門英烈，成
爲歷史的忠臣，永配後人的崇敬與祭祀。

第三節　《聊齋誌異》、《子不語》、《閱微草堂筆記》

一、《聊齋誌異》

《聊齋誌異》是蒲松齡懷著滿腔悲憤所創作的「孤憤之書」。
蒲松齡，字留仙，別號柳泉居士，山東淄川人，生於明崇禎十三
年（西元一六四〇年），卒於清康熙五十四年（西元一七一五年），
自幼聰明好學，博學多才，屢考舉人而不中，一生貧困，使他深
切體會「仕途黑暗，公道不彰」，因而憤氣填胸，不吐不快，激情
小說，萬家傳誦，風行天下，談狐說鬼，述怪誌異，分別善惡，
彰顯果報，苦口婆心，教誡世人，勸善懲惡，匡正人心。

綜觀全書，彰顯仁孝善報、忤逆惡報；護生善報、殺生惡報；
不淫善報，邪淫惡報；捨財善報、慳貪惡報；和顏愛語善報、惡
口戲言惡報等善惡報應思想。茲舉二篇爲例，說明其義：

〈畫皮〉：〈畫皮〉曾拍成電影，二〇〇八年十二月在台灣放
映，彰顯邪淫惡報。話說太原王生，路上遇見一位自稱不堪正室
虐待，離家出走的少女佳麗，因爲貪戀美色，帶回自己的書房秘
密同居。妻子知情後，勸他放走少女，王生不聽勸說，置若罔聞。
某日，遇一道士，道士見他邪氣縈繞，說：「死將臨頭而不悟，眞
是鬼迷心竅。」

王生心裏有些懷疑，回到書房門口，門被反鎖，從窗縫往屋
內探望，驚見一個猙獰的厲鬼，臉色翠綠，尖牙如鋸，將一張人

皮鋪在牀上,手拿著彩筆在人皮上描繪,畫好之後,舉起人皮,披在身上,遂化為絕色美女。王生驚嚇萬分,急求道士救危,道士給他「拂塵」,叫他掛在臥室門上。到了半夜,聽到厲鬼大罵:「道士嚇唬我,豈可放棄即將入口的獵物!」說著就把「拂塵」撕裂,撞破房門,直登牀上,撕開王生的胸膛,挖出心臟,呼嘯而去。王生胸口血肉模糊,王妻淚流滿面,哀戚而不敢作聲。

隔天清晨,王妻叫王生之弟求道士救命,道士發現厲鬼化成老太婆,還在王生之弟二郎的家裏,道士一見老太婆,拔劍刺向她,老太婆中劍倒地,人皮完全脫落,化成一個厲鬼,道士用木劍砍下厲鬼的腦袋,身體化成一堆濃煙,道士拿出葫蘆,濃煙被吸入葫蘆。

王妻懇求道士救活王生,道士說:「市集上有個瘋癲的乞丐,鼻涕流出三尺長,全身髒臭,可以救活王生。」王妻跪求怪異乞丐,並且受盡羞辱和打罵,乞丐吐出一把臭痰,要求她吞食,王妻忍辱吞下臭痰後,乞丐直奔一座大廟,忽然不見蹤影。王妻只好回家,準備收殮王生屍體。痛哭時,猛然嘔吐,臭痰正巧落入王生胸腔裏,化成一顆心臟,王妻緊抱屍體,逐漸溫熱起來,不久,王生復活如初。異史氏嘆說:

> 愚哉世人!明明妖也,而以為美。迷哉愚人,明明忠也,而以為妄。然愛人之色而漁之,妻亦將食人之唾而甘之矣。天道好還,但愚而迷者不寤耳,可哀也夫。

這是一則邪淫惡報的勸善小說,佛家五戒之一,就是不淫,不淫善報;反之,邪淫惡報。值得注意的是,〈畫皮〉提出「天道好還」,即是因果循環的佛理。佛家常說:「萬法皆空,因果不空。」因果何以不空?一、因果轉變不空,因變成果,果又變成因;二、因果循環不空,因果循環,善有善報,惡有惡報;三、因果相續

不空，佛家偈語言：「不思議業力，雖遠必相牽，果報成熟時，求避終難免。」。

〈席方平〉（《聊齋誌異》卷十）：席方平是東安人，父親席廉，為人憨厚，與同村財主羊某結怨，羊某死後數年，席廉重病，臨終前對人說：「羊某賄賂陰間差役，時常拷打我。」不久，席廉慘叫而死。席方平見父親慘死，悲痛萬分，決定到陰間為父親申冤。從此，他不言不語，猶如痴呆，原來他已靈魂出竅。

席方平走進陰間縣城，打聽出父親被關在監獄，趕到監獄門口，見父親狼狽不堪，父親說：「監獄官全被羊某收買，日夜拷打我，兩條腿被打爛了。」席方平急寫狀子，向城隍告狀，羊某向城隍行賄，城隍認為席方平沒有證據，狀子被駁回。席方平又走了一百多里，到了府城，向郡司控告城隍收賄舞弊，拖了半個月，郡司升堂審理，先把席方平毒打一頓，駁回城隍複審。席方平被押回縣城，接受酷刑。他又到閻王府，控告城隍和郡司收賄枉法，城隍和郡司私下送了豐厚禮物給閻王，請閻王嚴懲席方平。上了公堂，閻王下令先打他二十大板，席方平問：「我有何罪？」

閻王更生氣，令他接受火床酷刑，一個時辰後，閻王問：「還要告狀嗎？」席方平說：「冤屈沒有申雪，一定要告。」閻王下令用大鋸將他的身體鋸成兩半。一鬼役說：「席真是硬漢！」另一鬼役說：「席是孝子，沒有犯罪，我們不要鋸壞他的心臟。」又拿一條絲帶送他，說：「這條絲帶束在腰上，酬報你的孝行。」席方平將絲帶束在腰上，身體完好如初，渾身健壯，閻王再問他：「還要告嗎？」席怕再遭酷刑，說：「不告了。」

席方平心想，這陰間地府的貪污枉法，比陽間更嚴重，一定要讓玉皇大帝知道，聽說灌口二郎神是玉皇大帝的外甥，是天界第一戰神，聰明正直，只要百姓有難，他都能救，有求必應。席

的魂魄又跑了幾十里，撞到玉皇大帝殿下九王的車隊，席向九王哭訴，希望二郎神爲他申冤。九王召來二郎神，席跟二郎神來到一處官署，驚見他父親席廉及羊某都在官署等候，又來一輛囚車，原來是閻王、郡司和城隍三個犯人。二郎神升堂審問，席控告屬實。

二郎神立即審判，判決如下：被告閻王，深受玉帝恩德，不該貪贓枉法，判入鐵床火烤。被告城隍、郡司，身爲百姓父母官，不知關愛人民，祇知收賄枉法，判處死刑，再投胎爲畜生。被告羊某，爲富不仁，狡猾奸詐，判抄沒羊家財產，用來獎賞席方平的忠孝。二郎神對席廉說：「你的本性善良，兒子忠孝，再賜給你三十六年的陽壽。」二郎神說完話，席方平從昏睡中驚醒過來，叫人打開父親棺木，席廉逐漸甦醒復活。從此，席家日益富有，羊家日益衰敗，席廉活到九十多歲天年壽終。異史氏嘆曰：

忠孝志定，萬劫不移，異哉席生，何其偉也！

這是一則善惡對舉，呈現忠孝善良得善報；貪贓枉法、狡猾奸詐、爲富不仁得惡報的報應故事。二郎神象徵正義之神的最後審判，是人心渴望公平正義的深切期盼，也是蒲松齡彰顯公道，勸善懲惡的一片苦心。

二、《子不語》

袁枚，字子才，乾隆進士，號隨園，與紀昀齊名，時稱南袁北紀，著有《小倉山房集》、《子不語》等書。《子不語》卷五有一則「旁觀因果」的故事：常川秀才馬士麟，小時候在家裏樓上讀書，從窗口望去，可以看見鄰居王伯伯家的陽臺，王先生是一位賣花的人。某天早上，馬士麟早起看書，讀完後倚窗遠望。看見王伯伯在陽臺上澆完花準備下樓，此時，有一個人挑糞上來，要

幫王伯伯澆花。

　　王伯伯不讓他澆花，挑糞的人卻執意上陽臺，兩人推擠，挑糞的人重心不穩，滾了下去，死了。王伯伯慌了，急忙把屍體拖到自家後門外的河岸上，又把糞桶放在屍體旁邊之後，迅速回家，緊閉門窗，假裝睡覺。不久，有人報案，官府派人驗屍，驗屍結果是屍體沒有外傷，失足致死。馬士麟因為年幼也不知如何是好，就不關心此事了。

　　過了九年，馬父病故，家道中落，馬士麟就在家裏開辦私塾，維持生計，一面苦讀，準備應考。一天早上，馬士麟打開窗子，看見不遠處有人挑糞走過來，他回憶起九年前的往事，頓時毛骨悚然。可是，挑糞的人沒有進入王家，卻走進王家隔壁的李家，李家富有。馬士麟非常納悶，好奇之下，走到李家查看。

　　到了李家門前，撞見李家僕人急忙衝出來說：「我家夫人臨盆，快找助產婆。」馬士麟問僕人：「有沒有看見挑糞的人進入你家？」僕人說：「沒有看見。」。屋內又跑出一個婢女說：「夫人已經生了男嬰。」此時，馬士麟頓時大悟，挑糞的人投胎男嬰。從此，馬士麟特別留意這件事。隨時注意李家男孩的動靜。

　　又過了七年，李家男孩活潑好動，卻不愛念書，喜歡養鴿子。一天早上，馬士麟早起讀書，王伯伯也在陽臺上澆花，李家男孩在頂樓放鴿子。鴿子飛了一陣子，有十幾隻停在王伯伯家陽臺的欄杆上，男孩呼叫牠們回家，鴿子卻不動，於是，男孩撿起一塊石頭，用力扔向鴿子。不幸，石頭正巧打中王伯伯的身上，驚慌之餘，重心不穩，滑下樓而死。李家男孩驚嚇之餘，急忙關窗。不久，王伯伯的兒孫發現他的屍體，家人認為王伯伯是失足墮樓致死，並非他殺，只好舉辦喪禮，哀戚告別王伯伯。

　　這件善惡報應的奇事，馬士麟一直是一個旁觀者，誠如劉繩

庵先生的感嘆：人世間很多的吉凶禍福，都有因果關係，只是少有人知道其中的究竟。

　　《子不語》有一則〈天道〉的報應故事說：乾隆丁亥年間，鎮江（在江蘇省，明清均為鎮江府治）修建城隍廟，由當地三大姓氏嚴、高、呂負責募款（以下簡稱嚴生、高生、呂生）。某日，有一婦人捐五十兩銀子，交給嚴生說：「不記姓名，只填五十兩即可。」嚴生徵求高生和呂生意見。呂生說：「五十兩銀子由我們三人平分，神不知鬼不覺。」高生同意，嚴生認為傷天害理，遂由呂生和高生侵吞平分。事隔八年，高生病死，不久，呂生也病死。四年後，嚴生突然一病不起，夢境中，兩位差使對他說：「有一婦人向城隍爺告發你，奉命拘捕你。」

　　到了城隍廟，驚見囚犯高生，高生說：「我在陽間曾經犯罪，而在陰間受到懲罰，至今四年，現在刑期結束，又因當年侵吞修建城隍廟捐款東窗事發，在此受審。」嚴生問高生：「呂生現在在哪裏？」高生說：「呂生生前罪孽深重，現在在無間地獄受苦。」高生又說：「當年捐款的婦人，今年二月陽壽已盡，人死曰鬼，凡是鬼，無論生前善惡，都要先到城隍府受審，行善婦人向城隍爺說明以無名氏捐款。」話剛說完，兩位差使走過來，後面跟著一婦人及呂生，差使大喊：「城隍爺升堂。」

　　城隍爺問嚴生婦人捐款之事，嚴生詳細、坦白說明此事細節。城隍爺說：「這件事必須呈送東岳大帝審判。」東岳大帝審判如下：高生瓜分善婦捐款，罪惡不大，按當地城隍之量刑；呂生從事司法黃牛，包攬訴訟，傷害善良，罪大惡極，命火神燒毀他的屍體；嚴生是善良君子，陽壽未盡，立即還陽。」嚴生聽完審判，立即驚醒，發現自己臥病在床，家人在牀前痛哭，其實，嚴生已經死亡三天，身體還有餘溫，家人不忍將他入殮。嚴生向家

人訴說陰間經歷，家人不信，認為死而復活，只是幻覺。隔年八月，呂家突然大火，呂生的靈柩被燒毀，屍骨無存。

〈天道〉彰顯「天道好還」的報應思想，相信城隍是主宰人間善惡禍福的神，人往生後，所有的善惡禍福由當地的城隍審定和呈報，城隍近似人間的地方法院，一審之後，再呈報東岳大帝判定。東岳大帝是泰山的山神，又稱東岳帝君，據道教《雲笈七籤》的思想，東岳大帝主宰人的生死，是百鬼（人死曰鬼）的主帥，主管人間和陰間的禍福，是統轄陰陽兩界的大神，也是道教地府的最高神祇。不過，台灣民間信仰以地藏王菩薩為幽冥教主，顯然受到佛教的影響。但是，城隍的信仰，仍然普遍流傳，這是民間信仰的最後審判。

然而，呂生生前罪孽深重，死後在「無間地獄」日夜受罪，受盡折磨，永不間斷　顯然受到佛教《地藏菩薩本願經・觀眾生業緣品第三》的影響。可知，《子不語》是一本綜合佛教、道教和民間信仰的勸善筆記小說。

《子不語》有一則〈引鬼報冤〉的故事：浙江有一位在鹽運使（民國二十六年，改組為鹽務管理局）當官的小吏，名叫馬繼先，生性節儉，不斷累積財富，存了一千多兩銀子，為兒子馬煥章買了官位。馬煥章生財有道，幾年光陰，成為當地的大富翁。

馬繼先晚年納了小妾馬氏，兩人非常恩愛，繼先對小妾說：「你好好服侍我，我死後，我的財產一千多兩銀子全數給妳。」五、六年後，繼先病重，臨終前對兒子說：「小妾馬氏，殷勤服侍我，我死後，我的財產都給她。」

父親死後，馬煥章頓起不良主意，即與曾任泉州太守的姑丈商議，如何不讓馬氏獨得父親遺產？姑丈吳某說：「等辦好喪禮，我將把她趕出馬家。」煥章要馬氏到靈堂守靈，私下吩咐自己的

妻子到父親屋內，蒐括父親銀子，再將房門上鎖。姑丈吳某對馬氏說：「今天妳就回娘家，給妳五十兩銀子，作爲再嫁的嫁妝。」馬氏只好含淚離開。

過了數月，時值中元節，馬氏準備祭品，直奔馬家祭拜，煥章之妻見狀，罵說：「無恥的賤人，不容妳進來。」馬氏哭求：「等我祭拜完就走。」說完徹夜哭泣，天快亮時上吊自殺。馬氏家人畏懼吳某權勢，不敢異議。

馬煥章家成了凶宅，將屋轉售不知情的章姓人家，另蓋豪宅居住。章翁信佛，從小誦經。某夜，看見一女子欲上吊，章翁說：「馬姨娘，我與妳無仇，明晚二更，我送妳到煥章家好嗎？」隔天夜晚，章翁設馬氏靈位，上香祭拜，然後，護送牌位到煥章家門口，對馬氏鬼魂說：「俟馬家門人開門，姨娘請進馬家，就可以復仇了。」

章翁隔天清晨再到煥章家打探消息，守門的人說：「昨晚，我家主人（馬煥章）回來，剛到門口就病倒了，生命垂危。」章翁甚驚，急忙回家，下午再到馬家，得知馬煥章氣絕死亡。數日後，吳太守亦死。由於煥章無子，馬家財富爲他人佔有。吳某死後，家道中落，從此不振。

〈引鬼報冤〉的故事，彰顯鬼神能夠賞善罰惡，源於墨子「明鬼」的思想，鬼神賞賢罰暴。鬼神之所賞，無小必賞之；鬼神之所罰，無大必罰之。凡是殺害無辜的人，必遭鬼神嚴懲，很快得到惡報，此一信仰，迄今不衰。

三、《閱微草堂筆記》

《閱微草堂筆記》二十四卷，計有〈灤陽消夏錄〉六卷、〈如是我聞〉四卷、〈槐西雜志〉四卷、〈姑妄聽之〉四卷、〈灤陽續錄〉

六卷等，是紀昀自乾隆五十四年（西元一七八九年，時年六十五歲）至嘉慶三年（西元一七九八年，時年七十四歲）陸續撰成，嘉慶五年（西元一八〇〇年）八月，門人盛時彥徵得紀昀同意，合五書爲一編，稱《閱微草堂筆記五種》。

紀昀（西元一七二四～一八〇五年），生於清雍正二年，卒於嘉慶十年，字曉嵐，號孤石老人，在《閱微草堂筆記》中自署「觀奕道人」，自幼喜愛閱讀，聰敏好學，二十四歲中舉人，三十一歲登進士第，四十九歲擔任《四庫全書》總纂，纂定《四庫全書總目》及《四庫全書簡明目錄》，是他畢生的學術成就。晚年在公務之餘，追錄見聞，消遣歲月，希望「有益於勸懲」，「不失忠厚之意，稍存勸戒之旨」，「大旨期不乖於風教」，撰成《閱微草堂筆記》，被譽爲與蒲松齡《聊齋志異》齊名，當時就享有盛譽，廣爲流傳的勸善筆記小說。

所謂勸善筆記小說，有兩個思想前提，一是鬼神思想，相信有鬼神，鬼神有賞善罰惡的能力；二是善惡報應，相信善有善報，惡有惡報。相信鬼神和善惡報應，才能發揮勸善懲惡的教化作用。雖然，紀昀認爲「鬼神茫昧，究不知其如何？」，「或一切幻象由心而造，未可知也。」，進而提出「妖由心起，魔由心生」的思想。不過，爲了勸戒風教，《閱微草堂筆記》仍然繼承魏晉以來志怪小說中常見的談狐說鬼題材，這是紀昀拳拳服膺的勸善之心。

例如〈雷擊不孝婦〉說：雍正十年，有一位官宦人家的媳婦，從來不與婆婆發生爭吵。某日，忽然雷電交加，閃電破窗而入，擊中媳婦，穿心而死。她的丈夫也被雷擊，幸而未死，抱著妻子的屍體痛哭說：「我的性格剛烈，常與母親爭吵，妳只是私下對我訴說妳心中的不滿，爲何雷公誤擊妳呢？」她的丈夫不知道無論陽間或陰間，法律嚴懲主謀、輕判從犯的道理。

　　值得注意的是，《論語‧鄉黨》說：「迅雷風烈必變。」《禮記‧玉藻》也說：「若有疾風迅雷甚雨，則必變，雖夜必興，衣服，冠而坐。」王充《論衡‧雷虛》解釋說：「雷之所擊，多無過之人。君子恐偶遇之，故恐懼變動。」王充認為雷電所擊中者，多數是沒有罪過的人，君子因為害怕被雷擊中，遭人誤認有「陰過」而正襟危坐。因為世俗相信打雷是上天發怒，要懲罰有隱藏而不為人知的罪過者，雷所殺害的人，都是有「陰過」的人。王充認為打雷只是陰陽二氣相激碰撞而形成的自然現象，所謂雷公，只是「虛言」而已。

　　另有一則〈因果不爽〉的故事，紀昀說：先父姚安公生性嚴謹，家中沒有閒雜的賓客。有一天，先父與一位衣衫破舊的人講話，叫我們兄弟向他行禮，說：「這一位是宋曼珠的曾孫，很久沒有音訊了，至今才見面，明末兵亂，你們的曾祖父當年十一歲，流離失所，投靠宋曼珠而存活下來。」於是，先父設法為他找工作，謀求生計。先父告誡我們兄弟說：「義所當報，不必談因果，然因果亦不爽。」受恩必報，不可知恩不報，見利忘義，這是做人的道理，也是因果報應的義理，雖然不必在乎因果報應，卻是義所當報，不可不報。過去，某公受人恩惠，富貴以後，看見恩人的子孫衰敗，漠然視之如路人。後來，某公生重病，服藥時，恍惚看見恩人親手給他兩封信，打開一看，正是當年乞求恩人救助的書信，某公驚嚇，藥杯掉在地上，說：「我死得晚了！」當天晚上就死了。

　　可知，紀昀相信善惡報應，因果不爽。《閱微草堂筆記‧灤陽消夏錄》有一則「呂四自遭惡報」的故事：滄州城南河邊，有個兇惡的無賴，名叫呂四，無惡不作，百姓怕他如狼虎。一天黃昏，呂四和幾個不良少年在村外納涼。突然聽到雷聲，快要下雨

了，遠見有個少婦，走入岸邊古廟避雨。呂四對那些惡少說：「我們去姦淫她。」當時廟內昏暗，呂四突然掩住少婦的嘴，不讓她喊叫求救。這些惡少脫光少婦衣服輪姦。不久，雷電的閃光射入廟內，呂四驚見少婦貌似自己的妻子，急忙放手，仔細一看，果然是自己的妻子。呂四大怒，想把妻子丟入河裏，妻子大哭說：「你想姦淫婦女，才使得惡少姦淫了我，天理昭昭，報應不爽，你還想殺我嗎？」呂四無言以對，急忙找尋她的衣服，衣服已被風吹入河流了。呂四無計可施，只好背著裸體的妻子回家，全村的人喧嘩嘲笑，爭先詢問真相，呂四無言以對，憤然投河自盡。

事情的真相是：他太太回娘家探望父母，原先講好一個月才回來，不幸娘家遭火災，沒有房子住，所以提前回家。呂四不知道岳父家遭火災，因而造成這件強暴案。後來，他太太夢見呂四說：「我罪業深重，應永墮地獄受苦，惟生前事母尚能盡孝，冥司（陰間官吏）檢查生死冊籍時判我轉世為蛇，現在我去投胎了。妳的再婚丈夫不久會來，好好侍奉新的公婆。冥府（陰間）的律法以不孝最重，妳不要使自己死後下地獄慘遭湯鑊[11]。到了呂四之妻再嫁的日子，屋角有一條赤練蛇低頭往下看，看似眷戀不捨，他太太回想從前的夢境，正要舉頭問蛇，這時聽到門外鼓樂聲，蛇在屋角上翻動幾下，迅速地爬走了。

這則惡報的故事，包含有善惡報應、陰間冥府、最後審判、地獄受苦、輪迴投胎、傳統孝道、勸善教化等思想，意義深遠，正是千百年來普遍大眾的民間信仰。雖然人間現世有太多的不公不義、冤屈和苦難，然而，公理與正義必然在人生盡頭的最後審判得以申張。最後審判象徵公正嚴明，完全正義的世界，正是代

---

11 湯鑊是古代酷刑，把人投入大鍋內用滾水煮死。

表心靈的至善，惟有相信心性可以止於至善，勸善教化才有意義。紀昀《閱微草堂筆記・如是我聞卷三》說：

> 帝王以刑賞勸人善，聖人以褒貶勸人善。刑賞有所不及，褒貶有所不恤者，則佛以因果勸人善，其事殊，其意同也。

值得一提的是，清・錢泳《履園叢話》卷十七記敘報應故事，將報應分為德報、冤報、孽報、忤逆報、刻薄、殘忍、折福。除了德報是善報，其他都是惡報。例如孽報一則故事說：桐鄉有一士人，喜歡看淫書，收藏淫書數百種。生有一子年少聰明，每當父親出門，他就偷看淫書，樂此不疲，元氣大傷，不幸夭死。他的父親悲痛不已，相繼過世。又有一書商，印刻淫書及春宮圖像，易於銷售，累積很多財富。不出數年，被盜一空，傷心之餘，兩眼失明，又遭火災。死後妻離子散，這是編造淫書、春宮圖像的孽報。這兩則故事強調萬惡淫為首。

忤逆報有一則故事說：陝西城固縣有一不孝婦，平時對待婆婆如奴婢。嘉慶庚辰正月初一早上，不孝婦又對婆婆叫罵，婆婆不予理會，就到親友家拜年。不久，不孝婦入房關門睡覺，過了多時不開門，但聞房內有如牛馬走動的聲音。家人急忙破門而入，只見不孝婦倒臥在地，一腿變成驢子的腿，過了數月而死。這則故事強調百善孝為先，而忤逆不孝會有奇禍惡報。

第四節 《歷史感應統紀》

民國以來，傳統古典善書依然普遍流傳，例如《了凡四訓》、《玉歷至寶鈔》、《太上感應篇》、《妙法蓮華經・觀世音菩薩普門品》、《金剛經》等。當前，台灣民間仍有不少團體及宗教組織印

行和編著善書。僅就《歷史感應統紀》一書論之。

　　《歷史感應統紀》由許止淨先生編著，於民國十八年在上海發行，又於民國九十三年九月由台中市佛教蓮社印行，呂富枝先生語譯[12]。《歷史感應統紀》收錄《左傳》、《史記》、《前漢書》、《後漢書》、《三國魏志》、《晉書》、《宋書》、《南齊書》、《梁書》、《陳書》、《北魏書》、《隋史》、《南史》、《北史》、《唐書》、《五代史》、《宋史》、《遼史》、《金史》、《元史》、《明史》等正史中的歷史人物，論述善惡報應故事。

　　以善惡分類而言，本書分為二十四類，計有：孝親類、友愛類、忠主類、仁民類、教化類、救濟類、厚德類、高潔類、敬佛類、敬神類、貞節類、愛物類，此十二類為善報。另有：不孝類、不悌類、不忠類、虐民類、叛逆類、濫殺類、悖德類、貪黷類、慢佛類、慢神類、邪淫類、戕物類，此十二類為惡報。今舉數則為例，說明其報應。

一、白　起

　　《史記·白起列傳》記載：白起是戰國秦國將軍，善於用兵，昭王封為武安君。有一次，與趙國將軍趙括在長平大戰，趙括戰死，趙國降兵四十萬投降。白起以詐騙手段，將四十萬降兵全部坑殺，只留下二百四十少年兵回趙。長平大戰之前，白起攻韓魏於伊闕，韓魏被斬首二十四萬人。

　　後來，秦王想再起用白起攻打趙國邯鄲，白起稱病不受，秦王大怒，貶白起為士伍，放逐到陰密。當白起出咸陽西門，應侯

---

12 許止淨先生收錄《史記》等正史一千零六十七則歷史人物的善惡報應故事，每一則故事並非全部只有一人，有的故事包含數人。呂富枝先生選擇一百八十一則，譯成白話文，文本有所增益。

范睢上奏：「白起之遷，其意尙怏怏不服，有餘言。」於是，秦王派人賜劍，命白起自殺，白起感嘆：「我何罪於天！如此下場？」良久又說：「我該死，長平之戰，我誘詐降兵坑殺四十餘萬人，此一罪過足以當死。」遂自刎而死。

　　白起之死，歸爲濫殺類之惡報。尤其濫殺降兵，更爲情、理、法所不容，迄今國際公法仍然嚴禁殺害或虐待戰俘。

二、侯　景

　　《南史·賊臣傳》記載：侯景，南北朝朔方人，字萬景，善於騎馬射箭。後魏時，跟從大將軍爾朱榮，爾朱榮任他爲定州刺史。高歡當魏丞相時，討伐爾朱榮，侯景帶領兵眾投降高歡。高歡任他爲司徒行臺，擁兵十萬，專制河南地區。後來高歡病重，召見侯景，侯景擔心會有災禍，遂以函谷以東十三州投降梁朝。梁武帝封侯景爲河南王。未料不久侯景舉兵反叛，圍攻建康，攻陷臺城，梁武帝被逼餓死。簡文帝即位，又遭侯景弒殺。自立爲帝，稱漢王。

　　侯景稱帝後，使用酷刑，建造大舂，凡有犯法的人，投入大舂內，用碓擊擣殺死。侯景每登帝殿，總覺得芒刺在身，坐立難安，時常聽到有人大聲呵叱。晚上睡覺，一夜驚醒多次，所住的寢殿，常有貓頭鷹鳴叫。

　　後來，梁孝元帝命王僧辯討伐平定，侯景被殺，屍體暴露在街市上，百姓痛恨侯景，爭相切割他的屍肉，煮成羹湯，屍肉全被吃光，又將他的骨骸燒成灰，曾經遭受侯景迫害的人，都以他的骨灰和酒痛飲。侯景的妻子躲在魏國，高歡的兒子高澄得知捕獲，命人先剝去她的面皮，然後用大鑊盛油煮沸，將她投入熱油煎殺而死。

侯景慘死，歸爲叛逆類之惡報。侯景殘暴不仁，叛逆無常，嚴酷無道，終遭慘報。

三、拓跋珪

拓拔珪是南北朝後魏道武帝，本是鮮卑族人。於晉太元十一年自立國號爲魏，武功興盛一時，在位二十二年。諡號道武。

拓拔珪生性殘暴好殺，又生性好色，早年因愛慕母親賀太后妹妹的姿色，竟然枉顧人倫，無辜殺害賀氏丈夫，強佔賀氏爲夫人，生下一子名叫紹，紹如其父，凶暴妄爲。拓拔珪晚年，身心皆病，國內常有災變，他精神不悅，煩悶不安。有時數日不食，有時整夜不眠，喜怒無常。整天整夜獨言獨語，就像身旁有鬼神與他爭論。朝臣往往因細故或無故被他親手打死，屍體陳列天安殿前，朝野人心惶惶，恐懼不安。一日夜晚，拓拔珪終被其子紹弒殺而亡。齊王拓拔嗣派將軍安同帶兵討伐，終於賀夫人及其子紹皆被誅殺。

拓拔珪慘遭其子弒殺，歸爲濫殺類的惡報。拓拔珪亂倫殘殺，精神失常，變態心理，終遭其子弒殺。

四、王　祥

《晉書‧王祥傳》記載：王祥，晉朝臨沂人（今山東省臨沂縣），字休徵，天性至孝。生母早逝，繼母朱氏常在父親面前捏造事實誣告王祥，因此失去父愛，命他每天打掃牛舍，做種種粗活。王祥沒有怨言，謹慎孝順。有一次，繼母生病，想吃鯉魚，這時天寒地凍，王祥出於孝心，解衣服，臥冰求鯉，冰河裂開，躍出鯉魚。

蜀漢末年，遭逢戰亂，王祥父親病故，王祥帶領繼母和幼弟

避難盧江，隱居三十年，直到繼母病逝，應徐州刺史之召，任刺史佐吏，後來累遷爲太保（三公之一），加封睢陵公，享壽八十五歲，育有五子，滿門吉慶，時人都認爲王祥孝德感應的善報。

王祥臥冰求鯉的故事流傳千古，其孝德歸爲孝親類的善報。百善孝爲先，孝悌爲人之本，以報應思想而言，稱爲「孝感」，就是孝心、孝行、孝德的感召。

五、李　廣

李廣是漢朝成紀人（今甘肅省天水縣），有才氣，善於射箭。景帝時升爲將軍，匈奴稱他「飛將軍」。武帝時李廣鎮守右北平，匈奴多年不敢入侵。然而，李廣一生官運不濟，他的部屬封侯者不少，但是，李廣始終沒有得到爵位和封邑。他曾經詢問王朔（善於占卜）：「難道我沒有封侯的命？」王朔說：「將軍自我反省，是否作過問心有愧的罪過？」李廣說：「我曾做隴西太守，姜人造反，我誘使姜兵八百多人投降，全數坑殺，至今悔恨不已。」

王朔說：「最大的罪過，莫大於殺死降兵，將帶給自己莫大的災禍。這是將軍不得封侯的原因。」。元狩四年，大將軍衛青和驃騎將軍霍去病大舉攻打匈奴，李廣數次自動請求征戰，武帝派他擔任前將軍。衛青又令李廣和右將軍趙食其的軍隊合併，從東路迂迴繞道圍攻匈奴。結果因部隊沒有嚮導，迷了路，沒有和大將軍會合，而使單于逃走，沒有得勝。

大將軍責怪李廣、趙食其。李廣感傷地對部屬說：「我與匈奴交戰七十餘次，這次卻迷了路，難道是天意！我已六十多歲，有何顏面接受審判？」於是，引劍自刎而死。李廣有三子，名叫李當戶、李椒、李敢。李當戶和李椒比李廣早死。李敢爲報父仇，打傷衛青，後被霍去病射殺身亡。李廣的孫子李陵（李當戶的遺

腹子）也善射，曾深入匈奴，任騎都尉，後因兵盡糧絕而投降。單于將女兒嫁給李陵。武帝得知消息，處死李陵的母親、妻子和兒女，李廣的名聲，從此衰敗。

李廣及其兒孫的遭遇，歸為濫殺類的惡報，似乎驗證老子《道德經》第三十一章所謂「兵者，不祥之器，夫樂殺人者，則不可得志於天下矣…殺人之眾，以悲哀泣之，戰勝以喪禮處之。」。老子強調武力戰爭，帶來災禍。戰爭是出於不得已，如果是為了除暴安良、救國救民而用兵，也應該恬淡處之，就是不可好戰濫殺。戰勝了不要得意，應該懷著哀痛悲傷的心情，猶如參加喪禮一般。那些好戰濫殺，喜歡殺人的將領，終究不能得到最後的成功。（《史記・李將軍列傳》）

六、裴　度

裴度，唐朝聞喜人（今山西省絳縣西），字中立，為人豪邁，操守堅貞。德宗貞元年間進士，累官中書侍郎，憲宗時任宰相，封晉國公。裴度年輕時不得志，洛陽有名相士說他沒有富貴之命，裴度不以為意。有一天，裴度到香山寺遊覽，拾獲一只貴重皮包，等待失主到天黑，第二天又到香山寺等候，見一婦人急忙尋找，裴度誠實歸還，婦人感激涕泣。

後來，裴度又見相士，相士驚呀地說：「你必是積了陰德，前途一片光明。」結果，裴度就在那一年高中進士。憲宗時，淮西節度使吳元濟反叛，裴度奉命討伐，吳元濟黨羽殺害宰相武元衡，又三劍擊殺裴度，幸無大礙，憲宗驚歎：「裴度三劍無礙，豈非天意！」。

裴度忠奉憲宗、穆宗、敬宗、文宗四朝。敬宗被宦官劉克明所弒，裴度誅克明，立文宗，維持大唐國運於不墮，主持國政，

威震四夷，身繫天下安危三十年，以忠貞德操著稱，享年七十五歲（西元七六五～八三九年），諡號文忠，五個兒子賜襲爵位。（《唐書‧裴度傳》）

　　裴度年少而拾金不昧，為官而公忠體國，貴為宰相，維繫唐祚，安定天下，歸為厚德類的善報。

第六章　結論：生死鬼神與善惡報應的現代意義

以上簡論生死、鬼神、祭祀與善惡報應的思想大義，其思想內涵具有多項現代意義，簡述如下：

一、生死觀的現代意義

永生是人類共同的願望，希望長生不死，因此，《山海經》有不死之山、不死之樹、不死之藥、不死之民、不死之國的記載。《列子・湯問》說：渤海（在中國的東北，以山東、遼東兩半島環抱而成）之上有五座山，山上的樓臺都是金玉所做，到處長滿玉樹，花果都是珠玉，吃了可以長生不死，神仙住在山上。

列子所謂五座仙山，是海市蜃樓（mirage）的景象，實為一種因光線折射而生的自然現象。然而，卻成為春秋戰國燕、齊海濱方士追求長生不死的神仙思想，引發秦、漢帝王求神仙丹藥的渴望。還有為神仙立傳的《列仙傳》、《神仙傳》，以及葛洪《抱朴子》的神仙道教等。

面對個體的死亡，永生是最動人的口號，也是最迷人的理想，更是宗教信仰的核心思想。在春秋時代，稱為不朽，晉國范宣子以他的家世歷代相承官祿為不朽，而魯國叔孫豹則以立功、立德、立言為三不朽。叔孫豹以道德、文化、社會、歷史的成就，代替個人家世的官祿及宗教的永生（神仙），正是儒家的生死信

念。儒者重視道德人格的不朽、生命價值的不朽、歷史文化的不朽。至於個人家族的生命，則以孝道和祭祀貫通祖先、個人、子孫的不朽。

以當代環境倫理學的觀點而言，永續共生是不二法門，生物多樣性的存活，環境保護，生態保育，是人類責無旁貸的當務之急，這是天地萬物生死的關鍵。

如果我們把「我」分為「小我」和「大我」，個人是小我，整個民族、社會是「大我」。小我和大我有直接或間接的相互關係。小我雖然可以一代傳一代，可是，小我是會死亡的，大我卻是永遠不死的。小我雖然死亡，可是，他的善惡功過，無論過去、現在和未來，都會留存在他的「大我」之中，造成某種程度的影響。善有善的影響，惡有惡的影響，集小善為大善，集小惡為大惡，這就是歷史興衰的寫照，值得我們警惕。

小我與大我相互影響，密不可分，誠如胡適〈不朽〉說：

> 我這個現在的「小我」，對於那永遠不朽的「大我」的無窮過去，須負重大的責任；對於那永遠不朽的「大我」的無窮未來，也須負重大的責任。我需要時時想著，我應該如何努力利用現在的「小我」，方才可以不孤（辜）負「大我」的無窮過去，方才可以不遺害那「大我」的無窮未來？

二、鬼神思想的現代意義

鬼神思想是宗教信仰的範疇。雖然，許多人有鬼神的信仰，卻不知道為甚麼會有鬼神的信仰？有十三種解釋：

（一）先民對自然現象的無知和恐懼

先民因為沒有科學的知識，對一些自然現象，例如：打雷、

閃電、洪水、颱風、地震、日蝕、月蝕等原因一無所知（理昧），懷疑這些現象是天神發怒，鬼神作怪，害怕對他們降災，於是，滿懷罪過，請求寬恕，並以各種儀式活動，表示虔誠，平息鬼神怒氣，達到趨吉避凶，祈求人生能夠平安幸福，避免自然災害。例如：漢文帝在位第二年，發生日蝕，文帝立即下詔罪己，又要求天下推舉「賢良方正極言極諫」之士，匡正天子的過失。之後，宣帝有〈日蝕詔〉、〈地震詔〉，元帝有〈日蝕求言詔〉、〈因災異改行新政詔〉，成帝有〈日蝕求言大赦詔〉，東漢光武帝有〈憂旱詔〉，明帝有〈禱雨詔〉，章帝有〈地震舉賢良方正詔〉，和帝有〈蝗災罪己詔〉等。

（二）對天地生養萬物的感恩之情

天地生養萬物，陽光、雨水更能造福人群，因此，人類發現各種正常自然現象有利生存，於是有了感恩之情，對天地、日月星辰、高山大河興起敬畏之心，以各種祭祀或慶祝方式表達謝意，並以祂們為崇拜的對象，祈求風調雨順、國泰民安、年年豐收、六畜興旺。反之，嚴重的水災或旱災，被視為是上天鬼神的懲罰，因此，臺灣的原住民，如：阿美族、邵族、魯凱族、鄒族等，都有盛大的豐年祭。

（三）萬物有靈論的泛神（泛靈）信仰

先民相信萬物有靈，灶有灶神，門有門神，還有土地公、大樹公、床母等，都是祭拜的對象。例如：臺灣民間相信「床母」是幼童的守護神，農曆七月七日，祭拜「床母」。又如農曆十二月二十四日送灶神。

（四）祭祀有功於國家百姓者

凡是對國家、社會、百姓有貢獻的人，死後都要祭祀，百姓認為祭祀的對象就是神，誠如荀子所謂：「君子以為文，百姓以為神。」因此，關公、媽祖、開漳聖王等成為民間信仰重要的神祇。例如：鳳山市曹公路的曹公廟，奉祀清朝鳳山知縣曹謹，他在任內興修水利，有功於民，而成百姓祭拜的神。鳳山市還有曹公國小和曹公圳，感念曹謹的德澤。

（五）上帝創造人類和萬物

西洋的基督宗教認為人類和萬物都是受造物，上帝和受造物存在著一種密切的因果關係。上帝是唯一尊神，祂不僅是人類和萬物的第一因，也是最終目的。因此，信徒要相信、依賴、服從、崇拜、敬仰上帝，人有原罪，祈求上帝寬恕。

（六）社會的不公不義

人世間常有善人沒有善報，惡人沒有惡報的現象，正人君子渴望有死後的最後審判，使善人得善報、惡人得惡報，這是社會的黑暗面引發人心對鬼神的信仰。因此，世界各大宗教皆強調最後審判，《玉歷至寶鈔》正是一部描寫最後審判的勸善書。

（七）自然災害，無法避免，造成損害傷亡

自然災害，造成財產與生命的損害傷亡，在無助的苦難困境中，百姓當然會祈求超自然的鬼神保佑，在臺灣最普遍的民間信仰神祇，就是媽祖和觀世音，尤其是觀世音的信仰流傳已久，因為據《法華經・普門品》（或稱《觀世音菩薩普門品》，簡稱《觀

音經》）所說：

> 若有無量百千萬億眾生，受諸苦惱，聞是觀世音菩薩，一
> 心稱名。觀世音菩薩，即時觀其音聲，皆得解脫。

　　也就是說，凡有眾生，若在苦難之時，只要專心虔誠地稱念觀音聖號，觀音菩薩便會立即聽到每一眾生的音聲而同時予以救濟，所以，稱之「觀世音」。觀是觀看，世是人世間，觀看人世間苦難的聲音，即刻人世間的苦難，都得到解脫。

　　正由於觀世音菩薩的悲願宏深，感應廣大，故從歷代以來的佛教史傳之中，對於觀世音菩薩的信仰及靈感事蹟，可謂俯拾即是，史不絕書。此外，臺灣各地媽祖廟的各種慶典，更是盛大。

（八）對父母祖先的感恩與懷念

　　儒家認為祭祀是人文精神和孝道的行為，是應然的人道表現；可是，對一般百姓而言，祭祀是祭拜鬼神的宗教行為。子孫對祖先的感恩和懷念，除了定期的祭祖，清明節掃墓外，還有超度、牽亡魂、「觀落陰」、招魂等民間宗教儀式。

（九）人類對死亡的恐懼

　　人類害怕死亡，而使先民產生「靈魂不滅」的信仰。在佛教未傳入中土之前，傳統以陽間和陰間分隔人鬼，陽間是人間，陰間是黃泉、九泉，人死之後，到陰間過著與陽間相同的生活，秦始皇的兵馬俑，最能表現此一思想。子產所謂「鬼有所歸，不為厲。」影響臺灣民間人鬼「冥婚」的習俗，人鬼可以相戀、結婚，鬼有了歸宿，就不會危害人間了。

（十）圖騰是神格化的象徵

所謂圖騰，就是以動物或植物爲原形，並被原始族群尊之爲神的吉祥物。圖騰（Totem）的解釋是：「原始社會中有假借一種自然物爲符號，以表示一團體或一民族之血統，尊其神聖而崇拜之者，稱圖騰。」。常見的吉祥動物圖騰有龍、鳳、麒麟和龜，並列稱爲「四靈」。「四靈」是神格化的象徵，代表吉祥、長壽、永生，正是百姓追求的理想。

（十一）百姓對因果關係的主觀聯想

自然科學有嚴格的因果關係，科學的因果關係是客觀、絕對而非主觀、相對，然而，人世間的社會現象，並非絕對而是相對。可是，一般人常以主觀想像或猜測人事的吉凶禍福，認定成功或失敗，是出於神明保佑或鬼神懲罰，百姓相信鬼神可以禍福於人，因此，造成淫祀祈福的現象。

（十二）人類企求永生和不朽

永生和不朽，象徵永遠的幸福和快樂，然而，人世間卻沒有永遠的幸福，不僅生老病死是苦，人心的貪、瞋、痴和仇恨敵對更是痛苦和煩惱。人世間有太多的苦難，促使鬼神信仰者追求死後的天堂和極樂世界，天堂和極樂世界象徵永生和不朽，可以得到永遠的快樂和幸福，這是鬼神信仰最迷人的思想，也是宗教起源非常重要的原因之一。神仙信仰者更追求不死之藥、不死之民的神仙，葛洪就是著名的神仙道教學者。

（十三）聖人以神道設教，托鬼神以勸善教化

人死曰鬼，墨子的天志明鬼，具有勸善教化的意義，誠如《淮南子・氾論訓》認爲人世間的吉凶禍福不易理解，只有聖人能夠明通善惡與禍福的道理。因此，以神道設教，托鬼神以爲勸善教化，例如「天命靡常」極具道德勸善意義。

鬼神思想是人類對終極問題的終極關懷（ultimate concern）。所謂終極關懷，是對社會、道德、宇宙存在、善惡報應等終極意義的探究與追求。

值得注意的是，魏晉南北朝形盡神滅和形盡神不滅的儒、佛爭論，代表不同的思想信仰。分別而言，形盡神滅論者，是以今生今世爲中心的人文信仰（或謂（humanism）的精神），重人事，輕宗教。人文信仰者，一方面強調理性的認知能力，追求真理，分辨是非善惡，另一方面主張仁義內在，自律道德，重視道德實踐，擇善固執，爲善去惡；而形盡神不滅論者，是以三世（前世、今世、後世）爲範疇的宗教信仰，遵守宗教的戒律，追求永恆的生命，宗教的戒律，消極上是禁止犯罪的動機和行爲，積極上卻是實踐道德，爲善去惡。

由此可知，「爲善去惡」原是人文信仰（形盡神滅）和宗教信仰（形盡神不滅）相同之處。也就是說，人文信仰所形成的道德文化和宗教信仰所完成的宗教文化，都將使德性（virtue）和幸福相結合，成就完整而圓滿的最高善（圓善）。

換言之，鬼神的思想和信仰，有安頓人心的道德功用。

三、喪禮與祭祀的現代意義

（一）喪禮以「慎終」為要務

凡人最大的欲望是保有健康的生命和快樂的生活，希望長壽百歲，而最厭惡的事就是死亡。生是人的開始，死是人的終了。為了對死者的尊敬與感恩，要以「慎終」的虔誠之心，妥善辦好喪事，才合乎禮義的孝道，此一思想，影響至今。當前，台灣地區一般民眾的喪禮，大致合乎「慎終」的精神。

（二）陪葬物以「明器」為主

「明器」思想，迄今不絕，現今的陪葬物，少有珍貴的寶物，大部份都是製作精美的「明器」，大致符合儒家的思想。

（三）致送喪家財物

現代人送給喪家的東西，主要有輓聯、祭品、賻儀，以及參加喪禮的告別式等禮節，大致合乎傳統的精神。由於現代交通便捷，親友與祭相當方便，少有古代奔喪日行百里的不便。

（四）祭祀的禮節

儒家認為祭祀並非純粹宗教的行為，更重要的意義是表示人子的孝心，對祖先的懷念，是一種人文道德的表現，因此，祭品不必很多，只要以誠敬為原則就可以了。以此觀點而言，台灣某些地區民間的祭祀，祭品過於豐盛，各地廟會常有上千斤的大豬公，彼此競爭名次，似乎也過於好勝，值得吾人深思。此外，臺灣有太多的「淫祀」，信徒妄求升官發財，更值得大家深思與改善。

（五）多元化的喪葬與祭祀

據民國九十三年十月十九日的新聞報導，台北市政府為宣導多元化葬法，於十八日舉辦海葬聯合奠祭，有六位往生者家屬在外海約六公里處，將親人骨灰放入大海。之前，台北市政府也曾舉辦樹葬，將親人骨灰葬在樹下。喪葬與祭祀，開放為多元化。

（六）入祀忠烈祠

當前，政府將有功於國家、社會、人民而犧牲生命者，入祀忠烈祠，接受國家祭祀，以示尊崇，符合儒家的人文道德教化。

四、善惡報應的現代意義

我們是重視歷史的民族，歷史的價值是通古今之變，鑑往知來。歷史是一面鏡子，歷史更是一種用實例教育人的哲學。我們應該可以從歷史人物的成敗和帝國的興亡，看出歷史的道德意義。換言之，沒有瞭解歷史的人，可能認為歷史興衰與道德善惡沒有必然的因果關係。但是，深究歷史的人，知悉道德的重要性和普遍性。例如：夏桀，商紂為何滅亡？成湯、周文王、周武王為何興起？

因此，孔子作《春秋》，寓褒貶（褒善貶惡、明是非、善善、惡惡、賢賢、賤不肖。），就是以道德善惡為標準，評論歷史人物與事件，這是一種「道德史觀」，誠如孫中山先生說：「有道德始有國家，有道德始成世界。」。我們論述善惡報應，仍要強調道德善惡的重要性。易言之，善惡報應的哲學基礎，乃是道德史觀。

然而，善惡報應一直困擾人心，也一直影響人心，其實，社會上種種不合理的現象，有其主、客觀的條件和環境，包括：最

高執政者的心態是否愛民？執法者是否公正清廉？官員是否顢頇無能？官吏是否貪污邪惡？是否枉顧人權、人命？國家政策是否正確或錯誤？社會福利保險是否合理？社會財富分配是否公平？司法判決是否公正？各級政府行政人員是否嚴明依法行政？社會治安是否符合人民需求？地理環境（氣候冷熱、自然資源）的優劣，個人性向的差異，傳統文化的影響，個人智能品德的不同，教育能否培養良善的道德人格？宗教信仰能否安頓苦難人心？等等因素。

在這個開放、自由、多元的寶島社會，以勸善教化的目的而言，儒、釋、道、耶的善惡報應思想，可以相輔相成，並行而不悖。肯定地說四教聖人，所同者心，因爲心是善惡之本，誠如彭希涑《二十二史感應錄·原序》說：

> 凡國之廢興，人之生死，事之成敗，必先原其善惡得失之所由，而究其所終極，如立竿覩影，持鏡取形，無毫髮之爽，其人也，其天也，其皆一心之自爲感應也。

換言之，儒、釋、道、耶四教雖不同源，但可以殊途同歸，四教的善惡報應心同理同，可以會通。四教會通的平台是基於「心爲善惡之本」，皆強調「德爲福之基，惡爲禍之源。」儒之五教（父義、母慈、兄友、弟恭、子孝）與佛之六度（布施、持戒、忍辱、精進、禪定、智慧）、耶之勿殺、勿淫、勿盜、勿妄證、勿貪他人之財物等誡律並行不悖，都是勸善教化的妙道；仁愛、慈悲與博愛，都是真實無妄的善心，儒、釋、道、耶，雖四教而共轍，均臻於圓滿勸善的境界。

總持言之，善惡報應是最困擾人心的生死難題，誠如司馬遷在《史記·伯夷列傳》的省思。司馬遷強烈質疑天道（命）對有善德者的回報經常出錯，傳統稱爲「報施多爽」，西方稱爲「惡的

問題」（the problem of evil）。即是人世間常存在著不公平，例如：伯夷、叔齊，有善德而餓死首陽山，顏回好學而早夭，可是，盜跖凶暴，殺害無辜，取人牛馬，強暴婦女，侵略諸侯，橫行天下，竟以壽終。其他還有微子、箕子、比干、關龍逢、屈原、伍子胥等賢人，亦遭不幸。司馬遷說：「或曰：天道無親，常與善人。余甚惑焉，儻所謂天道，是邪非邪？」

屈原在憂傷幽怨時，也懷疑天命不公，而作〈天問〉：「天命反側，何罰何佑？…比干何逆，而抑沉之？雷開何順，而賜封之？…梅伯受醢，箕子佯狂…」屈原認為天命反覆無常，何者將受懲罰？何者將得福佑？比干有何罪過，而遭紂王剖心而死？雷開阿諛奸佞，紂王賜金而受封？梅伯被剁成肉醬，賢者箕子佯狂為奴。柳宗元遭貶謫時，也懷疑天道的存在。為什麼有人行善而得惡報？董仲舒認為是政治不清明所造成的惡果。

《呂氏春秋·應同》說：「禍福之所自來，眾人以為命，安知其所？」一般人沒有深入探究善惡與吉凶禍福的因果關係，誤以為吉凶禍福是天命注定，殊不知吉凶禍福有主客觀的因素。主觀因素是個人善惡同類相召應（行善或行惡）的結果。客觀條件是政治是否清明？劉禹錫所謂「法大行」或「法大弛」。劉禹錫〈天論〉說：「法大行，蹈道必賞，違善必罰。」《荀子·堯問》說：「天下不治，為惡得福，善者有殃。」徐幹《中論》說：「行善者獲福，為惡者得禍，是治世常道。」可知，行善得福，為惡得禍，是政治清明的治世常道；反之，為善得禍，為惡得福，是亂世惡政常有的現象。易言之，善惡禍福與現實政治的良窳，有密切的因果關係。

因為人類社會時常發生不正義的罪惡行為，例如：詐欺、搶劫、強盜、謀殺、謀財害命、強暴、姦殺等惡行，國家法律及執

法者，無法完全保護善良百姓，因此，善惡報應是人心對最後正義之實現的深切期盼。易言之，在現實人間社會中，善良百姓遭受各種不公平的欺凌或冤死，不能不希望有一主持完全正義的至善尊神，以賞善罰惡於現在、未來、或死後、或來生，由此，凡人不能不希望人有死後的生命，以實現最後的正義。因此，古今中外皆有宗教信仰，而世界各大宗教皆主張死後的最後審判，最後審判是人心對善惡報應最終的渴望。

不過，古聖先賢仍然強調實踐道德的重要性，也就是戮力修德，為善去惡，善無小而不為，惡無小而不去，誠如《周易・繫辭下傳第五章》說：「善不積不足以成名，惡不積不足以滅身；小人以小善為無益而弗為也，以小惡為無傷而弗去也，故惡積而不可掩，罪大而不可解。」

因此，劉備臨終時，殷切叮囑其子劉禪：「勿以善小而不為，勿以惡小而為之。」蓋數千年來，傳統文化以善惡作為人生價值和生命意義的判準，知識份子以儒家忠孝仁義等德目為善惡的準則，世俗百姓以習俗倫理規範為善惡的標準，並以善惡的德目取代法律的條文，其判斷是非的標準是善和惡，不是合法或非法，而善惡報應的內涵是：吉凶、禍福、貧富、貴賤、壽夭、餘慶、餘殃等結果。

古人主張「吉凶禍福，惟人自召。」更強調「福能轉禍，禍能轉福。」關鍵在於人是否戒慎修省、改過遷善、謹言慎行、不違禮法、恭敬謙卑、自禁自律、中正慎微、智慮知幾、知足淡泊、不貪不淫、防微杜漸、防患未然等，這也是人生趨吉避凶，得福免禍的不二法門，願與大家共勉之！

參考書目

干寶著《搜神記》：台灣書房，二〇〇七年出版。

王充撰《論衡》：台北，世界書局，民國六十一年十月。

王明編《太平經合校》：北京，中華書局，一九九七年十月。

王符著《潛夫論》：台北世界書局，一九八七年出版。

王多珍等校注《新編管子》：國立編譯館，二〇〇二年出版。

王更生註譯《晏子春秋今註今譯》：台北，商務印書館，民國八十
　　五年八月。

《太上感應篇》：仁化出版社，二〇〇三年九月，四版第一刷。

司馬光撰《司馬溫公全集》：北京，線裝書局，二〇〇四年。

司馬遷撰《史記》：台灣商務印書館，民國八十四年。

《玉歷寶鈔》：仁化出版社，二〇〇四年二月，六版第四刷。

列子撰《列子》：台北世界書局，民國六十一年十月。

朱熹撰《四書集注》：台灣中華書局，民國七十八年。

老子撰《道德經》：台北世界書局，民國六十一年十月。

呂坤著《去偽齋文集》：莊嚴文化，一九九七年。

李昉編《太平廣記》：新文豐公司，民國八十年。

呂不韋編著《呂氏春秋》：台北，世界書局，民國六十一年十月。

呂富枝語譯《歷史感應統紀語譯》：台中佛教蓮社，民國九十三年
　　九月。

李滌生著《荀子集釋》：台北，學生書局，民國八十三年十月，第
　　七次印刷。

李德裕撰《李衛公會昌一品集》：台北，藝文印書館，民國五十六
　　年。

紀昀撰《閱微草堂筆記》：台灣古籍出版社，民國九十五年。

柳宗元撰《柳河東集》：台北，世界書局，民國六十一年十月。

袁枚撰《子不語》：瑞德出版社，民國七十一年。

班固撰《漢書》：台北，台灣商務印書館，民國八十五年，七刷。

唐君毅著《中國文化之精神價值》：台北，中正書局，民國六十二
　　年三月。

劉禹錫撰《劉夢得文集》：上海古籍出版社，一九九四年。

陳兵著《生與死的超越》：台北，圓明出版社，民國八十四年十一
　　月。

陳確著《陳確集》：北京，中華書局，一九七九年。

馮友蘭著《中國哲學史新編》：台北，藍燈文化有限公司，民國八
　　十年二月。

蔡仁厚著《孔孟荀哲學》：台北，學生書局，民國八十三年九月，
　　第四刷。

張居正撰《張太岳集》：上海古籍出版社，一九八四年。

勞思光著《中國哲學史》：台北，三民書局，民國七十年一月，初
　　版。

傅偉勳著《生命的學問》：台北，生智文化有限公司，民國八十七
　　年四月。

傅偉勳著《學問的生命與生命的學問》：台北，正中書局，民國八
　　十三年一月。

傅偉勳著《死亡的尊嚴與生命的尊嚴》：台北，正中書局，民國八
　　十二年十一月，初版第四次印行。

道宣撰《廣弘明集》：台北，新文豐出版公司，《大正藏》卷五十

二。

葛洪著《抱朴子》：台北，世界書局，民國六十一年十月。

董俊彥著《桓子新論研究》：文津出版社，民國七十八年。

僧祐撰《弘明集》：台北，新文豐出版公司，《大正藏》卷五十二。

鳩摩羅什譯《金剛經》：光慧文化出版社，民國九十五年。

墨子著《墨子》：台北，世界書局，民國六十一年十月。

劉安編著《淮南子》：台北，世界書局，民國六十一年十月。

劉向編著《說苑》：北京圖書館出版社，二〇〇三年出版。

唐臨著《冥報記》：淨土宗文教會，二〇〇五年版。

唐臨撰《報應記》：國家圖書館善本書（微卷）。

實義難陀譯《地藏菩薩本願經》：瑞城書局，二〇〇六年出版。

鄭志明著（中國社會鬼神觀念的衍變）：台北，中華大道有限公司，
　　民國九十年十月。

鄭曉江著《中國死亡智慧》：台北，東大圖書有限公司，民國八十
　　三年四月。

鄭曉江著《生死智慧》：台北，漢欣文化有限公司，民國八十六年
　　十月，初版。

鄭曉江著《超越死亡》：台北，正中書局，民國八十八年一月，台
　　灣初版。

錢泳撰《履園叢話》：台北，大立出版社，民國七十一年。

錢穆著（靈魂與心）：台北，聯經出版有限公司，民國八十三年，
　　初版第八刷。

錢穆著《朱子新學案》（全五冊）：台北，三民書局，民國七十一
　　年四月再版。

謝應芳著《辨惑編》：藝文，民國五十九年。

賴瑞鼎註釋《了凡四訓》：法務部編印，民國九十三年四月。

蕭登福著《道佛十王地獄說》：新文豐有限公司，民國八十五年九
　　月。

顏之推著《顏氏家訓》：天津人民出版社，一九九八年出版。

顏之推撰《冤魂志》：巴蜀書社，二〇〇一年。

韓非撰《韓非子》：台北，世界書局，民國六十一年十月。

韓愈撰《昌黎先生集》：台北，新興出版社，民國四十五年。